Dieter Tönsmeier
Einheimische Fische
im Aquarium

Dieter Tönsmeier

Einheimische Fische im Aquarium

Die Tier- und Pflanzenwelt des Süßwassers

54 Farbfotos
68 Zeichnungen

E.U.
VERLAG
EUGEN
ULMER

CIP-Titelaufnahme der Deutschen Bibliothek

Tönsmeier, Dieter:
Einheimische Fische im Aquarium :
Die Tier- und Pflanzenwelt des Süßwassers / Dieter Tönsmeier. –
Stuttgart: Ulmer, 1989
ISBN 3-8001-7195-3

Wollgrasweg 41, 7000 Stuttgart 70 (Hohenheim)
Printed in Germany
Einbandgestaltung: Alfred Krugmann, Stuttgart
Satz: Typobauer, Filmsatz GmbH, Ostfildern 3
Druck und Bindung: Friedrich Pustet, Regensburg

Vorwort

Ganz zufällig bin ich dazu gekommen, mich mit heimischen Fischen zu beschäftigen. Vor einigen Jahren zog es mich an einen alten Entwässerungsgraben vor dem Haus. In dem Dickicht aus Unterwasserpflanzen bemerkte ich plötzlich ein Insekt, das mir zunächst seltsam vorkam. Um es näher betrachten zu können, besorgte ich mir rasch einen Eimer und ein größeres Glasgefäß, tauchte den Eimer ein, um das Tier mit dem Wassersog einzufangen und kippte das Wasser auf die Wiese. Zu meiner Überraschung wimmelte es dort dann von verschiedenen, meist kleineren Lebewesen, Insekten und Wasserschnecken. Auch ein mir bis dahin völlig unbekannter, beinahe exotisch aussehender Fisch war dabei, länglich hell und dunkel gestreift mit mehreren Barteln am Maul. Ich nahm den Fisch, das Insekt, ein paar Käfer und Schnecken mit. Am nächsten Tag kaufte ich ein kleines Aquarium, um die Tiere eine Weile beobachten zu können. Zur Dekoration nahm ich noch ein paar Pflanzen aus dem Graben.

Die Tatsache, daß diese Tiere weder mir noch jemandem aus meinem Bekanntenkreis bekannt waren, weckte mein Interesse. Erst etwas später, mit Hilfe von Bestimmungsbüchern, fand ich heraus, daß es sich bei dem Fisch um einen Schlammpeitzger und bei dem Insekt um die Larve eines Gelbrandkäfers handelte. Die überraschend vielseitige Gemeinschaft in dem kleinen Aquarium erschien meinen Freunden beinahe wie eine kleine aquaristische Sensation. Kaum einer hatte bis dahin von der Existenz lebendgebärender Sumpfdeckelschnecken in Gewässern vor der Haustür gewußt, noch jemals die ungeheuerliche Gefräßigkeit von Gelbrandkäfer- und Libellenlarven beobachtet.

Ich sah mich in zoologischen Handlungen und einigen Großaquarienanlagen um und fand nichts Vergleichbares. Neben den vielen bunten exotischen Fischen waren heimische Arten kaum vertreten. Es gab auch sonst wenig lebendiges Anschauungsmaterial zur heimischen Unterwasserfauna. Ebenso die Literatur: In den Bestimmungsbüchern fanden sich nur äußerst kurz gefaßte Erläuterungen der Lebensweisen und kaum einmal Tips und Beschreibungen zur artgerechten Haltung. Ich hatte damals den Eindruck, ich hätte aquaristisches Neuland betreten.

Dieses Buch wendet sich an alle diejenigen, die sich um die artgerechte Haltung heimischer Fische bemühen wollen. Seine Informationen und Hinweise sollen vor allem unnötige Verluste, insbesondere seltener und gefährdeter Arten, vermeiden helfen. Oft besteht auch die Vorstellung, daß die Kaltwasseraquaristik sehr aufwendig und kompliziert sei. Dies ist aber keineswegs der Fall, im wesentlichen sind heimische Fische einfach zu pflegen.

Ich habe mich um eine knappe und genaue Darstellung bemüht, um damit möglichst viele Zusammenhänge ansprechen und einbeziehen zu können. Besonders solche Themen, die unmittelbar mit der Aquarienpraxis heimischer Arten verknüpft sind, z.B. Artenschutz, Eigenfang, Transport, Temperaturbedingungen, heimische Wildpflanzen, werden ausführlich behandelt. Selbstverständlich kann dabei nicht auf alle auftauchenden Fragen erschöpfend eingegangen werden, und es lassen sich manche Wiederholungen nicht immer vermeiden.

Um mit den verschiedenen aquarientechnischen Spezialbereichen, z.B. Wasserchemie, Sauerstoffversorgung, Pflanzenphysiologie (CO_2- und Mineraldüngung), Beleuchtung, Bodengrund, Aquarienhygiene, Filteranlagen, Fischkrankheiten usw., vertraut zu werden, sollte der Leser auch die entsprechende, auf einzelne Themenkomplexe zugeschnittene Fachliteratur zu Rate ziehen, auch wenn sie nicht die heimischen Arten zum Mittelpunkt hat. Im Rahmen dieses Buches geht es hauptsächlich um die Strukturunterschiede zwischen Kalt- und Warmwasseraquaristik. Eine direkte Übertragung vieler Empfehlungen aus der Warmwasserpraxis auf das Kaltwasseraquarium ist nicht möglich, man muß in mancherlei Hinsicht differenzieren.

Ich habe die Reihenfolge der besprochenen Fischarten so gegliedert, wie es in Fischbestimmungsbüchern üblich ist: nach Familien, den zugehörigen Arten und Artverwandtschaften. Dadurch erscheinen einige Arten, die in ihren Ansprüchen an die Aquarienhaltung sehr ähnlich sind, nicht als zusammengefaßt. Dies ließ sich zugunsten des wissenschaftlich orientierten Systems nicht vermeiden.

Herrn Dr. Jürgen Lange vom Aquarium in Berlin danke ich für die Medikamentenhinweise bei den besprochenen Fischkrankheiten sowie für eine Reihe weiterer wertvoller Hinweise.

Dieter Tönsmeier
Bremen, im Frühjahr 1989

Inhaltsverzeichnis

Die unumgängliche Auseinandersetzung

Zur Geschichte und Entwicklung der Aquaristik

Bereits in antiken ägyptischen Wohnanlagen standen Fischbehälter, die offensichtlich nicht nur der Hälterung von Nutzfischen dienten. Von den Römern, durch die Ausgrabungen in Pompeji, ist nachgewiesen, daß sie Schmuckbehälter mit Fischen besaßen. Auch die Azteken haben sich früh der Fischzucht gewidmet und sich dabei nicht nur auf Speisefische beschränkt. Vor allem aber die Chinesen sind mit ihrer traditionellen Aquaristik und der Zucht eigentümlicher Formen – Goldfisch, Schleierschwanz oder Löwenkopf – allgemein bekannt. Diese Tradition ist über 1000 Jahre alt. Der Goldfisch kam Anfang des 17. Jahrhunderts nach Europa. Bereits aus dem Mittelalter stammt die frühe Einbürgerung des Karpfens in Teichanlagen und darüber hinaus in freie Gewässer Mitteleuropas. Mönchen diente der Karpfen als Fastenspeise für fleischfreie Tage.

Das erste europäische Fischbuch, das »Vogel-, Fisch- und Tierbuch«, 1666, stammt von einem Straßburger Fischer namens Leonhard Baldner. Er widmete sich darin ausführlich den heimischen Arten, z. B. dem Schlammpeitzger (der »Muhrgrundel«) und den angeblichen Wetterprognosen dieses luftdruckempfindlichen Fisches.

Im 19. Jahrhundert war es in Deutschland in bürgerlichen Kreisen weit verbreitet, zum Zwecke »wissenschaftlicher Unterhaltung«, heimische Pflanzen und niedere Tiere in Aquarien zu beherbergen. Über die längerfristige Haltung von Fischen gab es zunächst nur ungenügende Kenntnisse, obwohl der Atmungsvorgang bei Fischen in Verbindung mit Sauerstoffaufnahme aus dem Wasser bereits im 18. Jahrhundert nachgewiesen werden konnte. Erst im Jahr 1876 wurde das Brutverhalten der Bitterlinge beschrieben.

Mitte des 19. Jahrhunderts erschienen in Deutschland die ersten regelmäßigen Artikel zur Aquarienkunde in der Familienzeitschrift »Die Gartenlaube«. Sie trugen Titel wie: »Der Ozean auf dem Tisch« oder »Der See im Glas«. Ihr Verfasser war E. A. Roßmässler, der als Vater der deutschen Aquarienkunde gilt. Sein erstes umfassendes Buch hieß »Das Süßwasseraquarium«. In diesem Zusammenhang betonte der Verfasser den Begriff »belehrende Unterhaltung«, der auch heute noch recht präzise die Frage nach dem Sinn eines Aquariums beantworten kann. Das war im Jahre 1857. Die belehrende Unterhaltung verfolgte damals auch den Zweck, die verbreiteten Gefühle wie Abscheu und Ekel vor Tieren wie Molchen und Insekten ausräumen zu helfen. Selbst dieser Aspekt ist aktuell geblieben.

Die Aquarien in den Wohnstuben dienten dann zunehmend rein dekorativen Zwecken, und sie enthielten in der Regel neben den Pflanzen und Tieren kleine Burgen, Schlösser und andere Skurrilitäten. Auf alten Abbildungen findet sich selbst der obligatorische Springbrunnen.

Auf erste Aquarienausstellungen, mit Seewasserbecken 1853 in London und 1860 in Wien, folgte 1861 das erste feste Aquarienhaus in Paris. In Deutschland war es das Aquarienhaus in Berlin, 1869, im Rahmen des zoologischen Gartens, gegründet von Alfred Brehm, dem bekannten »Tiervater«.

Die Beschäftigung mit fremdländischen Fischen begann in größerem Umfang Ende des vorigen Jahrhunderts und führte zum ersten Aquarien-Boom etwa um die Jahrhundertwende. In Deutschland begann die regelmäßige Einfuhr von nordamerikanischen Sonnenbarschen. Ein Taschenkalender von 1912 erwähnt etwa 180 bis dahin eingeführte Zierfischarten; im Jahre 1950 sind es dann ca. 800 Arten (Daten nach Frey, 1959).

»Die fremdländischen Fische und Pflanzen verdrängten nun die einheimische Lebewelt mehr und mehr aus den Aquarien, die Gründe sind vornehmlich darin zu suchen, daß die Artenzahl kleiner und anspruchsloser, dabei aber farbenprächtigerer und leichter zu züchtender Aquarienfische unter den Exoten erheblich größer ist als die entsprechende Zahl unter den einheimischen Süßwasserfischen« (Frey, 1959).

Über den heutigen Stand der Entwicklung vermittelt uns der Autor Kaspar Horst in seinem Buch »Pflanzen im Aquarium«, 1986, ein paar beachtenswerte Daten. Demnach gibt es in der Bundesrepublik zur Zeit etwa 1,5 Millionen Aquarienbesitzer, 13% davon besitzen drei oder mehrere Becken. Der Anteil tropischer Fische macht 90% aus. Im Jahre 1982 wurden 35 Millionen Zierfische gezüchtet und gehandelt, eine ähnliche Anzahl stammt aus Importen. Das macht zusammen einen »Umsatz« von 70 Millionen Aquarienfischen jährlich« (Horst, 1986). Bei seiner kritischen Betrachtung kommt der Autor zu einer statistischen Lebenserwartung von 9,5 Monaten pro Aquarienfisch. Gleichzeitig wird darauf verwiesen, daß die Fluktuation unter den Zierfischhaltern bei ca. 40–60% liegt. Vor allem Mißerfolge bei der längerfristigen *gesunderhaltenden* Pflege der Tiere – vielfach aufgrund mangelhafter Kenntnis der biologischen Zusammenhänge im Aquarium – machen solche Zahlen verständlich.

Die Entwicklung der Aquaristik hat bis heute dazu geführt, die Exotik, das Bunte, Seltene, Komplizierte und repräsentativ Teure stärker in den Vordergrund zu rükken. Manche fischinteressierte Laien suchen in der Aquaristik (neben den dekorativen Ansprüchen) aber auch die fachmännische Aufgabe, die es bei der artgerechten Haltung und Zucht anspruchsvoller exotischer Tiere zu lösen gilt. Darüber hinaus hat sich auch ein verbreitetes Vorurteil festgesetzt, denn das Stichwort Kaltwasserfische steht manchmal noch als Synonym für aquaristische Anfängerhaftigkeit und kindliche Zoologie und bezieht sich unter anderem auf die Haltung heimischer Arten. Wer einen Blick auf die Rückläufigkeit heimischer Arten und die damit zusammenhängende Problematik von Umwelt- und Naturschutz wirft, den können solche Vorurteile kaum mehr beeindrucken. Ein vielschichtiges Aquarium mit heimischen Arten, nach natürlichen biologischen Gesichtspunkten konzipiert, stellt eine aquaristische Rarität dar und steht der spezialisierten modernen Aquaristik um nichts nach.

Im Zuge der Entwicklung ist nicht nur eine industriell-kommerziell genutzte Massenbasis (Tierhandel, Aquarientechnik) entstanden, sondern auch ein Bruch in der Kenntnis der heimischen Arten zu verzeichnen. Seit der ersten Beschreibung des Schlammpeitzgers vor rund dreihundert Jahren hat sich der allgemeine Bekanntheitsgrad dieses Fisches kaum gesteigert. Da er im Mittelalter gelegentlich als Speisefisch Verwendung fand (wegen seiner Fetthaltigkeit jedoch nicht besonders geschätzt wurde), muß er damals bekannter gewesen sein als heute. Eine heute verfaßte Beschreibung seiner Lebensweise würde keine unendliche Wiederholung darstellen. Neben anderen Arten gilt der Schlammpeitzger zur Zeit in der Bundesrepublik allgemein als stark gefährdet, in manchen Gegenden sogar als vom Aussterben bedroht, gleichwohl ist er so gut wie unbekannt geblieben.

In Zimmeraquarien leben hierzulande mit Sicherheit weitaus mehr Neonfische als etwa Strömer in freien Gewässern. So gesehen kommt dem Strömer, heute vielfach ein völlig unbekannter Fisch, die größere »exotische« Bedeutung zu als dem Neonfisch, den praktisch jedes Kind einmal gesehen und zur Kenntnis genommen hat. Der unterhaltsam-belehrende Effekt eines Aquariums kann dazu benutzt werden, Tieren aus der näheren Umgebung zu »neuem« Ansehen zu verhelfen. Dieser Nutzeffekt dient letztlich auch dem Schutz der Arten. Für erfolgreiche Schutzbemühungen auf breiter Ebene ist das Wissen um die Existenz und die Lebensweisen der Tiere Voraussetzung.

Die Aquarienpraxis mit heimischen Fischen hat zur Zeit keinerlei Massenbasis. Es ist deshalb kaum zu befürchten, daß den bedrohten Arten von daher weiterer Schaden droht. Dem Argument, daß ein Buch wie dieses, als ein Beitrag zu einer sich langsam abzeichnenden Entwicklung, Anregungen vermitteln könnte, die den Artenschutzbemühungen zuwider laufen, kann man begegnen. Zum einen hat die Unkenntnis der Existenz mancher Arten sicher dazu beigetragen, ihr Verschwinden »ungerührter« zu ertragen, zum anderen kann man davon ausgehen, daß bei einem steigenden aquaristischen Bedarf angemessen nachgezüchtet wird. Der Eigenfang, von dem teilweise noch ausgegangen werden muß, wäre in der Folge dann nicht mehr nötig.

Ist die Pflege heimischer Arten Bestandteil von Artenschutzmaßnahmen?

Über die Aquarienhaltung heimischer Arten ergibt sich beinahe zwangsläufig ein Bezug zu Fragen des Biotop- und Artenschutzes. Von den über 70 einheimischen Fischarten gelten rund $^2/_3$ als in irgendeiner Form gefährdet. Einige sind bereits ausgestorben.

Die Priorität beim Artenschutz für Fische liegt jedoch zweifellos beim Gewässerschutz, also der Erhaltung angestammter Biotope. Der wirksamste Artenschutz besteht in der Verhinderung weiterer Zerstörung der Natur. Wer sich sinnvoll für Fische engagieren möchte, sollte sich daher der Erhaltung der Naturräume widmen, und ebenso gehört zum Artenschutz auch die Rekultivierung ursprünglicher Lebensräume, z.B. der naturnahe Ausbau kanalisierter Flüsse und Bäche.

Die Möglichkeit über Vermehrungserfolge im Aquarium und durch das Aussetzen der überzähligen Jungfische in freier

Natur zur Arterhaltung beizutragen, ist dagegen mit Vorsicht zu betrachten. Eine solche Art der Hege heimischer Bestände sollte nicht zum Vorwand oder zur Rechtfertigung dienen, wenn dazu Elterntiere der Natur entnommen werden müssen oder gar Verluste bei der Haltung auftreten. Geschieht das Aussetzen von Jungfischen in einem Gewässer mit gesunder, ausreichender Populationsdichte und bei guten Umweltbedingungen für die dort lebenden Tiere, dann ist diese Maßnahme ohnehin überflüssig. Erfolgt dies an einem Gewässer, in dem die Individuenzahl rückläufig ist und die Gründe dafür in schlechter werdenden äußeren Bedingungen (z.B. Gewässerverschmutzung) zu suchen sind, so ist es dort ohnehin sinnlos, Jungfische auszusetzen, solange die Ursachen für den Rückgang des Fischbestandes nicht ausgeräumt werden.

Möglichkeiten zum praktischen Artenschutz bestehen evtl. darin, besonders gefährdeten heimischen Arten über Vermehrung im Aquarium und Wiederaussetzen in neu geschaffenen Biotopen zu weiterem Lebensraum zu verhelfen. Gartenteiche oder Gräben zur Grundstücksbegrenzung sind für einige Arten (z.B. Stichlinge, Moderlieschen, Schlammpeitzger, Bitterlinge, Frösche und Molche) durchaus besiedlungsfähige Gewässer. Angesichts der bedrohlichen Rückläufigkeit mancher Arten erscheinen solche Maßnahmen tatsächlich hilfreich. Man sollte allerdings streng darauf achten, daß die Tiere aus biotopisch nahezu identischen Gewässern und möglichst aus der näheren Umgebung stammen. Nicht wenige Arten zeigen bestimmte Populationsmerkmale, also Besonderheiten und Variationen im äußeren Erscheinungsbild, die auf ihre Herkunft aus ganz bestimmten Gewässern oder Landschaften hindeuten. Von Bachforellen weiß man, daß sie, wenn sie in geeigneten Seen ausgesetzt werden, ihre Körperfärbung und ihr Wachstum den dort lebenden Seeforellen bis zur Identität anpassen können. Das ist nicht bei allen Arten so. Barben aus der Jagst sehen anders aus als ihre Artgenossen aus der Donau; und Bachschmerlen aus der Jagst sehen anders aus als die Bachschmerlen der Bäche in Norddeutschland. Es wird allgemein gesagt, daß die Körpermuster und Farben der Tiere durch Anpassung an den jeweiligen Gewässergrund entstehen und sich beim Umsetzen entsprechend verändern. Die Aquarienpraxis steht dem entgegen: Bachschmerlen oder Elritzen aus unterschiedlichen Gewässern bleiben im Aquarium lebenslang deutlich unterscheidbar. Die Beachtung der jeweiligen Populationsmerkmale ist also von Bedeutung.

Die Einbürgerung eines einzigen Hechtes in einen kleineren Teich, in dem zuvor keine Hechte zu Hause waren, kann unter den anderen Fischen verheerende Folgen haben. Der Hecht frißt dort die Fische weg und stirbt danach womöglich vorzeitig den Hungertod. Hechte können nur dauerhaft mit anderen Arten in einem Gewässer zusammenleben, wenn das Gleichgewicht des Nahrungskreislaufes gewahrt bleibt. Es ist also kein Beitrag zum Artenschutz, wenn Aquarienfische in Gewässer ausgesetzt werden, in denen sie ursprünglich nicht vorkommen.

Ein Verstoß gegen den Artenschutz ist es, wenn Tiere, die eindeutig nicht zu den heimischen Arten gehören, in die Freiheit unserer Gewässer gelangen. Die Fischer am Bodensee klagen über das massenhafte Auftreten Dreistachliger Stichlinge, die dort ursprünglich nicht vorkommen und wahrscheinlich einmal von »Aquarianern« in geringer Anzahl ausgesetzt wurden. Nordamerikanische Sonnenbarsche, als eingebürgerte »Fremdlinge«, verfälschen ebenso das Bild ursprünglicher Artenzusammensetzung; ihre Überlebensstrategie kann bis zur Dominanz ihrer Art führen. In der Alten Donau in Wien oder in einigen Gewässern im Loire-Raum läßt ein Blick unter Wasser glauben, man befände sich in einem Heimatgewässer für Sonnenbarsche. Nach Angaben des Deutschen Naturschutzringes e. V. (1982) befinden sich im Rheingebiet insgesamt 43 fremde Tierarten, darunter 12 Krebse und 13 Fische, also über die Hälfte im Wasser lebende Arten. Zwergwelse, die man in einen Teich entläßt, entfachen dort unter den Larven der Lurche regelrechte Ausrottungskampagnen. Solche Beispiele ließen sich fortführen.

Im Zierfischhandel werden in verstärktem Maße Kaltwasserfische angeboten, die für die Haltung in Gartenteichen geeignet sind. So gelangen Goldfische, Goldorfen, Graskarpfen, Zwergwelse und andere nicht heimische Arten in die angrenzenden Gewässer. Besonders im Umkreis der Städte kann man die Folgen falsch verstandener »Artenschutzbemühungen« einiger Amateure registrieren. Exotische Kaltwasserfische werden vielfach aus Unkenntnis gekauft oder gelten als »Alternative«, wenn die geschützten heimischen Arten nicht in den Handel gelangen dürfen.

Was sind heimische Arten?

Der Begriff heimische Arten umfaßt hier im weitesten Sinne die angestammten europäischen Arten. Bei den Süßwasserfischen stehen etwa 190 Arten 'zur Verfügung'.

Diese Zahlen sind insofern relativ unverbindlich, weil zusätzlich eine Reihe von Unterarten und lokaler Rassen existieren, die sich von den Stammformen ableiten und sozusagen Variationen sind. Einschließlich aller Unterarten müßte man die Zahlen etwa doppelt so hoch ansetzen. Ferner sind die Grenzen der jeweiligen Vorkommen selten präzise festzulegen. (Ich habe mich bei diesen Schätzungen auf: Ladiges/Vogt: »Die Süßwasserfische Europas«, 1979, gestützt).

Zusätzlich existieren eine Reihe eingebürgerter Arten, deren ursprüngliche Heimat nicht Europa ist, z. B. einige Lachsfische, als Angelobjekte vielfach ausgesetzt (wie die bekannte Regenbogenforelle). Auch Sonnenbarsche (Scheibenbarsche), Zwergwelse, außereuropäische Kärpflinge und eine ganze Reihe Karpfenartiger, z. B. Graskarpfen, Goldfische können sich in manchen Gegenden erfolgreich halten. Von diesen und den zahlreichen Unterarten einmal abgesehen, ergibt sich die geschätzte Zahl von annähernd 190 europäischen Süßwasserarten.

Die Artenfauna in der Bundesrepublik stellt etwa ein Drittel der europäischen Fauna. Von den Formenkreisen her betrachtet zeigt sich, daß hier ein annähernd gleiches Niveau besteht: 25 europäische Formenkreise gegenüber 21 in der Bundesrepublik. Damit zeigt sich die Fischfauna in der Bundesrepublik in nahezu europäischer Dimension. Es fehlen hier nur Vertreter der Formenkreise der Hundsfische, Schleimfische, Kärpflinge und echte Süßwasser-Seenadeln.

Einige europäische Formenkreise sind wesentlich artenreicher als andere. Vor allem die Karpfenartigen, gefolgt von den Grundeln, Schmerlen und Barschen, fallen durch große Artenfülle auf. Bei diesen

Europäische Süßwasserfische

Familie/ Formenkreis (Name)	Anzahl der Arten innerhalb des Formenkreises	Davon in der Bundesrepublik beheimatet	In diesem Buch beschriebene Auswahl
Neunaugen	7	4	1
Störe	7	2	1
Heringe	9	2	–
Forellen (Lachse)	6	4	1 (und 1 eingebürgerte Art)
Renken (Maränen)	7	5	1
Äschen	1	1	1
Stinte	1	1	1
Karpfenfische	74	30	21
Schmerlen	13	3	3
Welse	2	1	1 (und 1 eingebürgerte Art)
Aale	1	1	1
Hundsfische	1	1	1 (und 1 eingebürgerte Art)
Hechte	1	1	1
Kärpflinge	3	–	3 (und 1 eingebürgerte Art)
Ährenfische	3	1	–
Meeräschen	6	3	–
Sägebarsche	1	1	–
Barsche	13	6	3 (und 1 eingebürgerte Art)
Grundeln	19	1	2
Schleimfische	1	–	1
Groppen	5	2	1
Stichlinge	3	2	2
Schollen	2	1	1
Dorsche	1	1	1
Seenadeln	1	–	1 (nicht die Süßwasserform)
insgesamt: 25 europäische Formenkreise mit	188 Arten	22 Formenkreise mit zusammen 74 Arten	21 Formenkreise 49 angestammte Arten und 5 eingebürgerte Arten

artenreichen Formenkreisen muß man hinsichtlich der Ähnlichkeiten oder Besonderheiten der einzelnen Arten zueinander am stärksten differenzieren, in der Gruppe der Karpfenartigen z.B. reicht die Spanne vom winzigen Moderlieschen bis zum schwergewichtigen Barben.

Angehörige aus den Formenkreisen der Heringe, Meeräschen, Sägebarsche und Ährenfische kommen für das Süßwasseraquarium ohnehin kaum in Frage; es sei denn, man findet aquariumfähige Jungfische im reinen Süßwasser küstennaher Flüsse. Weiterhin sind manche Arten von Natur aus äußerst selten, oder vom Aussterben bedroht (z.B. die Spindelbarsche Zingel und Streber aus dem Formenkreis der Barsche). Dadurch schränken sich die Möglichkeiten für das Aquarium weiter ein. Dennoch: Wer an einem vielschichtigen Aquarium mit nahezu europäischen Dimensionen bei der Artenzusammensetzung interessiert ist, kann sich mit einer gezielten Artenauswahl aus den einzelnen Formenkreisen bereits einen guten Überblick verschaffen. Die hier aufgestellte »Rechnung« versteht sich daher nur als mögliche Anregung für eine differenzierte Präsentation.

In diesem Buch sind über 50 Arten beschrieben. Neben einigen ursprünglich nicht heimischen Arten (Regenbogenforelle, Zwergwels, Amerikanischer Hundsfisch, Koboldkärpfling) sind Beispiele aus allen im reinen Süßwasser vorkommenden Formenkreisen gegeben.

Der Transport über größere Entfernungen setzt große Hindernisse bei der Beschaffung. Oft ist das Entdecken und der Fang einiger Exemplare einer bestimmten Art weniger schwierig als deren Transport über große Entfernungen.

Wer hierüber hinaus zu weiteren Arten gelangen will (von Süddeutschland, Österreich oder der Schweiz aus dürfte dies gut gelingen), mag sich anderweitig informieren, oder von sich aus die erforderlichen Faktoren zur artgerechten Pflege schaffen. Das dürfte immer dann einigermaßen gelingen, wenn die naturgegebenen Ansprüche im Aquarium so weit wie möglich berücksichtigt werden können. Stammt eine Art aus einem rasch fließenden, sauerstoffreichen, klaren und kühlen Gewässer, versteht sich von selbst, daß sie nicht in ein stark erwärmtes, trübes und verkrautetes Tümpelaquarium gehört. Anpassungsexperimente gelingen aber nur dann ohne Verluste, wenn von zunächst optimalen Bedingungen ausgegangen wird und die Tiere notfalls einem mißlingenden Experiment entzogen werden können.

Was kommt mit der Einrichtung eines Aquariums auf uns zu?

Gefangengehaltene Tiere sind von ihrem Halter abhängig. Und auch der Halter gerat über seine Verpflichtung zur artgerechten Pflege in eine gewisse Form der Abhängigkeit. Es ist von daher gesehen kein Fehler, wenn man sich vor der Anschaffung eines Aquariums über einige Umstände im klaren ist, die sich aus der aquaristischen Praxis ergeben:

Anschaffung der Tiere. Eine Reihe heimischer Arten sind ohne weiteres über den Zierfischhandel (Kaltwasserangebot), in Anglergeschäften (Köderfische) und über Zuchtanstalten zu beziehen. Wer darüber hinaus zu weiteren Arten gelangen will, muß sie sich zwangsläufig in der Natur beschaffen. Voraussetzung dafür ist, neben dem Wissen über Vorkommen und Lebensweise, vor allem eine sachgerechte Auseinandersetzung mit dem Thema Natur- und Artenschutz und die

Beachtung der Fischereirechte an den Fanggewässern.

Wiederaussetzen oder Verkauf. Heimische Fische sind ihrer Natur nach zumeist großwüchsig. Für das Aquarium kommen daher in der Regel nur kleinere Jungfische in Frage. Sie wachsen je nach Art unterschiedlich schnell heran. Der Zeitpunkt, zu dem ihre Größe im Mißverhältnis zum Becken steht, ist immer absehbar. Es entsteht die Frage: Wohin damit? Zoologische Handlungen und Züchter nehmen (entgegen manchen Behauptungen) die Tiere nicht zurück; das Einschleppen von Krankheiten wird befürchtet. Man ist also gezwungen, sich von den Tieren zu trennen (sie im Extremfall zu töten) oder sie in freie Gewässer zu entlassen. Nicht jede Fischart paßt in jedes Gewässer. Man muß also erneut den Transportweg berücksichtigen oder ein anderes geeignetes (!) Gewässer ausfindig machen. Das verlangt Kenntnisse und Zeitaufwand.

Aquariengröße. Die meisten, vor allem die großwüchsigen Arten, entfalten ihre artspezifischen Merkmale (Körperfärbung, Körperform, Verhalten) erst in einem gewissen Alter, also ab einer bestimmten Größe. Die Kaltwasserpraxis verlangt daher in vielen Fällen sehr geräumige Becken, will man die Tiere auch außerhalb des »Babyalters« kennenlernen (trotz der Tatsache, daß sie weiterhin als Jungfische gelten). Ausnahmen bilden nur die sogenannten Kleinfischarten.

Temperatur. Grundsätzlich müssen die heimischen Fische in kühlem Aquariumwasser leben. 20 °C gilt als dauerhafte Obergrenze. Dies bedeutet entweder die Anschaffung teuren Geräts (Durchlaufkühler) oder erfordert einige pflegerische Maßnahmen, die zusätzliche Anstrengungen verlangen. (Es ist durchaus einfacher, mit einer regelbaren elektrischen Heizung eine gleichbleibende Temperatur von 24 °C anzubieten, als dauerhaft unter 20 °C zu bleiben).

Aquarientechnik. Zur Erleichterung für eine artgerechte Pflege vieler heimischer Arten empfiehlt es sich, die Möglichkeiten moderner Aquarientechnik einzusetzen. Insbesondere im Zusammenhang mit einer wünschenswerten üppigen und in vielerlei Hinsicht vorteilhaft wirkenden Pflanzenkultur im Aquarium zeigt sich, daß gut funktionierendes Gerät (ausreichend Kunstlicht, Filteranlagen, CO_2-Düngung, Tagesdünger und der Einsatz von Meßpräparaten) notwendig ist. Der Verzicht auf üppigen Pflanzenwuchs bedeutet in der Regel einen Qualitätsverlust beim Aquariumwasser.

Lebendfutterbeschaffung. Einige Arten sind ausschließlich oder überwiegend auf echtes Lebendfutter angewiesen (Hecht, Wels, Grundeln), ausgenommen die anspruchslosen Karpfenartigen. Man ist also gezwungen, regelmäßig aus einer Zoohandlung oder draußen an Bach und Tümpel Futter zu besorgen, Vorräte anzulegen oder neben der eigentlichen Aquarienanlage einen weiteren Komplex mit einer Futtertierzucht zu installieren. Dies alles beansprucht Zeit.

Den genannten Schwierigkeiten kann man nur dann erfolgreich ausweichen, wenn man sich auf jene Arten beschränkt, die all jene Kriterien erfüllen,

Oben: Bachneunauge (s. S. 124). Erst nach mehrjähriger Larvenzeit bilden sich bei den erwachsenen Tieren die Augen aus. Unten: Sterlet (s. S. 126). Die Familie der Störe ist über 200 Millionen Jahre alt.

wie sie von »pflegeleichten« Aquarienfischen verlangt werden. Nur durch eine gezielte Einschränkung des Artenspektrums ist dies möglich.

Artenschutzbestimmungen und Fischereirechte

Die vom Gesetzgeber erlassenen Schutzbestimmungen sowie die jeweiligen Fischereirechte an den Gewässern bilden eine besondere Barriere für den Eigenfang von Aquarienfischen. Das Studium der entsprechenden Gesetze und Verordnungen ist Voraussetzung für eine sachgerechte Auseinandersetzung mit diesem heiklen Thema.

Einen vollständigen Überblick über all diese gesetzlichen Bestimmungen zu geben, ist an dieser Stelle nicht möglich. (Eine tabellarische Übersicht über die Bestandsbewertung der Arten befindet sich auf S. 24 im Abschnitt: Beschaffung der Tiere.) Ein paar allgemeine Informationen und Gedanken dazu erscheinen jedoch nötig.

Die Artenschutzbestimmungen sind Bestandteile der jeweiligen Naturschutzgesetze der Bundesländer. Im einzelnen beziehen sich diese Bestimmungen nicht auf bestimmte Tiere, wie z. B. auf Fische, sie sind meist ganz allgemein abgefaßt. Da kann es heißen: »Es ist verboten: Tiere der besonders geschützten Arten zu fangen, ihnen nachzustellen, sie zu verletzen, zu töten ... usw.« Gelegentlich tauchen dabei gewisse Einschränkungen auf, wie etwa: »... ohne vernünftigen Grund ...«, oder: »mit Ausnahme von Bediensteten wissenschaftlicher Institute ...«. Ebenso ist es verboten, art- oder gebietsfremde Fische in freie Gewässer auszusetzen. Auch dies ist in den Naturschutzgesetzen geregelt (!).

Die Frage, welche denn nun die besonders geschützten Arten sind, wird in den Naturschutzgesetzen selbst nicht beantwortet. Hierzu wiederum gibt es in einigen Bundesländern sogenannte Rote Listen, in denen die unter Schutz stehenden Arten aufgeführt sind. Diese Listen haben allerdings nur Gesetzeskraft, wenn sie in Form von Verordnungen erlassen wurden.

Die Bundesartenschutzverordnung v. 19. 12. 1986 (Verordnung zum Schutze wildlebender Tier und Pflanzenarten – BArtSchV), ist länderübergreifend zuständig, hilft aber auch nicht weiter. In der Anlage 1, unter der Überschrift »Fische«, sind neben einigen tropischen Formenkreisen nur die einheimischen Rundmäuler (Neunaugen – alle Arten) angeführt. Alle anderen schutzwürdigen Arten kommen hier nicht vor.

Der Artenschutz für Fische wird dagegen in den jeweiligen Fischereirechten der Bundesländer zum Teil ausführlich behandelt. Für unser Anliegen sind deshalb z. Z. die Fischereigesetze vielfach aufschlußreicher und verbindlicher als die meisten Formulierungen in den Naturschutzgesetzen.

Manche Fischereigesetze wiederum sind überaltert und beschäftigen sich hauptsächlich mit den sogenannten »Nutzfischen«. Gefährdete Kleinfischarten sind teilweise überhaupt nicht er-

Oben: Bachforelle (s. S. 128). Eine der schönsten einheimischen Arten. Leider wird sie immer seltener.
Unten: Regenbogenforelle (s. S. 129). Aus Nordamerika importiert, besiedelt sie inzwischen viele unserer Bäche.

wähnt; aber gerade sie sind es, die eines besonderen Schutzes bedürfen. So bleiben also Gesetzeslücken und fehlende Schutzbestimmungen bestehen. Nach Aussagen der zuständigen Behörden befinden sich diese veralteten Fischereigesetze zumeist in der Phase der Überarbeitung und werden, mit den entsprechenden Zusätzen versehen, irgendwann vorliegen. Einige Bundesländer verfügen jedoch bereits über solche modernen Gesetze, z. B. Bayern und Niedersachsen.

Es ergibt sich daraus, grob skizziert, folgendes Bild: Im großen und ganzen unterliegen die tatsächlich seltener vorkommenden Kleinfisch- und Nutzfischarten irgendwelchen Schutzbestimmungen und dürfen ohne Einschränkungen (Verbote, Schonmaße) nicht gefangen werden. Noch bestehende Gesetzeslücken werden in absehbarer Zeit geschlossen. Nur wenige Fischarten, vor allem die häufig bis übermäßig vorkommenden karpfenartigen Weißfische, stehen zum Fang in allen Größen »frei« zur Verfügung.

Eine weitere und wesentliche Barriere zum Eigenfang bilden die Fischereirechte an den Gewässern. Von naturschutzbezogenen Fangverboten und -beschränkungen einmal abgesehen, ist es ohnehin nicht möglich, frei und ungezwungen an jedem beliebigen Gewässer zu fischen. Dazu ist fast immer eine gesonderte Erlaubnis oder die Mitgliedschaft in einem Verein erforderlich, denn in der Regel sind alle Gewässer verpachtet, in privatem Besitz oder mit Sonderrechten belegt.

Antworten auf Fragen zum Artenschutz und zu den Fischereirechten geben die Naturschutzbehörden der Bundesländer und die örtlichen Fischereivereine, die überdies mit den Artenschutzbestimmungen in ihrem Zuständigkeitsbereich bestens vertraut sein dürften. Der primäre Ansprechpartner für unser Anliegen wäre deshalb in jedem Fall der Besitzer oder Pächter des Gewässers, für das wir uns interessieren.

Streng genommen bedeutet dies alles, daß man zunächst kaum an ein Exemplar aus der »freien Natur« herankommt. Auch angesichts der Fangverbote und Schonmaße zeigt sich rasch, daß im Grunde nur eine begrenzte Auswahl heimischer Arten zur Verfügung steht. Wesentliche und interessante Arten, gerade wegen ihrer Empfindlichkeit und Seltenheit, bleiben ausgeklammert. Dies alles ist ein wenig kompliziert, und man steht vor einem Geflecht aus Widersprüchen.

In den meisten Fällen genügt jedoch eine formlose Sondererlaubnis, die man bei der zuständigen Behörde, dem Fischereiverein oder dem Besitzer eines Gewässers einholt. Es ist sicher kaum etwas dagegen einzuwenden, wenn ein interessierter Laie wenige Jungfische »unter Maß« entnimmt, um sie später – ein paar Zentimeter gewachsen und gesund – an ihren Fundort zurückzusetzen.

Oft läßt sich auch unmittelbar vor Ort eine Lösung finden. Fischereiaufseher und einzelne Angler haben erfahrungsgemäß meist keine Einwände, wenn es sich bei diesem Anliegen um eine seltene Ausnahme handelt, sie »drücken ein Auge« zu, vor allem, wenn man mit dem Argument der »Ausleihe« glaubwürdig erscheint. (Dabei kommt es auch darauf an, auf welche Weise man sich einem Gewässer nähert. Ein Senknetz z. B. wirkt bereits als ein professionelles Gerät, im Gegensatz zu einem kleinen Handkescher). Von einiger Bedeutung ist hierbei auch die Wahl der Fischarten. Der Fang unbedeutender Kleinfischarten oder massenhaft vorhandener Weißfische bedarf selten wortgewandter Rechtfertigung.

Die unterschiedliche Bewertung der Schutzwürdigkeit einzelner Arten innerhalb der verschiedenen Bundesländer erlaubt es, über die Ländergrenzen hinweg zu gehen, um dort eventuell fündig zu werden.

Gute Kenntnisse in Gewässerkunde, sowie detailliertes Wissen über bestimmte Fundorte sind bei der Argumentation in jedem Fall von Bedeutung. Beispiel: Eine Art, die als stark gefährdet eingestuft wird, kann an einigen Stellen in gesunden Populationen auftreten, während an anderen Stellen nur noch stark dezimierte Restbestände vorhanden sind; wer es sich absolut nicht verkneifen kann, einige Exemplare zu entnehmen, sollte dies wenigstens dort tun, wo das Fehlen eines Pärchens nicht von Gewicht ist, und darüber hinaus die Tiere im Aquarium besonders schonend pflegen, um die spätere Rückführung abzusichern.

Im Interesse der freilebenden Fauna ist es allerdings ratsam, die bestehenden Gesetze über die persönlichen Belange zu stellen. In Diskussionen zu diesem Punkt kommt hin und wieder der Einwand, daß die staatlichen Organe selbst vielfach widersprüchlich handeln, indem sie einerseits Schutzbestimmungen erlassen, andererseits aber immer noch unerlaubte, massive Gewässerverunreinigungen dulden. Derartige Widersprüche lassen sich aber keinesfalls dadurch lösen, daß man die Naturschutzgesetze und Verordnungen mißachtet. Betroffene dabei sind nicht die Behörden oder die Gewässerverschmutzer, sondern die Tiere.

Schauaquarien mit Süßwasserfischen

Wer an Fischen interessiert ist, wird es auf Dauer sicher unbefriedigend finden, die Tiere hauptsächlich nur von Abbildungen und Beschreibungen her zu kennen. Die Schwierigkeiten der Beobachtung freilebender Fische liegen auf der Hand, und auch der Aquarienhaltung sind deutliche Grenzen gesetzt.

Der Besuch von Fischmärkten ist eine gute Möglichkeit, bisher »unbekannte« Arten überhaupt einmal flüchtig zu Gesicht zu bekommen. Überwiegend trifft man hierbei auf Meeresfische, denn die Binnenfischerei hat kaum noch Bedeutung, und auch seltene Kleinfischarten werden dort kaum einmal angeboten.

Die beste Beobachtungsmöglichkeit bieten daher die Schauaquarien. Viele solcher Anlagen verfügen neben ihrer exotischen Hauptabteilung auch über einige Kaltwasserbecken. Nur wenige Schauaquarien aber haben sich auf europäische Arten spezialisiert oder verfügen über eine repräsentative Auswahl. Hier nun einige kurze Hinweise, in welchen west- oder nordeuropäischen Städten man beim Besuch der Aquarienhäuser (meist im Rahmen zoologischer Gärten) auf eine spezialisierte größere Auswahl europäischer Fische treffen kann. (Der Überblick ist unvollständig und subjektiv, denn übersichtliche Kataloge mit einem Artenverzeichnis, wie sie für die großen zoologischen Gärten in aller Welt existieren, gibt es für Aquarienanlagen nicht)

Bundesrepublik:

- Berlin (8 Süßwasserbecken 35 m^3 – 7 Seewasserbecken 25 m^3)
- Bremerhaven (Seewasseraquarium – Nordsee)

- Düsseldorf (Süß- und Seewasserabteilung)
- Hannover »Landesmuseum« (zahlreiche Süßwasserarten – einige Seewasserbecken)
- Helgoland (Seewasseraquarium – Nordsee)
- Straubing (nur jeweils im August, etwa vom 8.–14. im Rahmen eines Volksfestes Aquarienschau mit zahlreichen Süßwasserfischen, darunter gelegentlich auch seltene Arten aus der Donau)
- Stuttgart (große Auswahl Süßwasserfische)

Österreich:

- Innsbruck (fast ausschl. Süßwasserarten eröffnet 1987)

Schweiz:

- Basel (Süß- und Seewasserabteilung)

Dänemark:

- Aquarium Charlottenlund bei Kopenhagen (See- und Süßwasserabteilung)

Frankreich:

- Paris »Aquarium du Trocadero« (fast alle in Frankreich vorkommenden Süßwasserarten)
- St. Malo und weitere Städte entlang der Bretagneküste (mehrere kleinere Aquarienanlagen mit ausschl. Seewasserbecken)

Niederlande:

- Amsterdam (See- und Süßwasserabteilung)

Norwegen:

- Elverum (überwiegend Süßwasserarten)
- Bergen (überwiegend Seewasserarten)

Schweden:

- Göteborg (See- und Süßwasserabteilung)
- Malmö (See- und Süßwasserabteilung)

Woher? – Wohin?

Beschaffung

Die übliche und bequemste Art, einheimische Fischarten zu beschaffen, ist in zoologischen Handlungen und Anglergeschäften (Köderfischangebot) gegeben. Bisher eher mager, scheint das Angebot im Zierfischhandel zu wachsen; manche Geschäfte haben diese Marktlücke entdeckt.

»Kaltwasserfische« sind nicht automatisch gleichzusetzen mit heimischen Arten, es werden darunter auch viele Importe aus den gemäßigten Zonen anderer Kontinente verstanden.

Die heimischen Arten im Handel entstammen in der Regel Züchtungen, über die der Züchter bzw. Händler genauen Nachweis zu führen hat. (Ein geübtes Auge kann bei manchen Zuchtfischen den Unterschied zu den Wildformen erkennen).

Das Köderfischangebot in Anglergeschäften bezieht sich überwiegend auf die häufig vorkommenden karpfenartigen Weißfische, die man im Zoohandel wiederum seltener bekommt.

Wer auf Reisen entsprechend ausgerüstet ist, kann sich in anderen Städten im Handel umsehen. Von Nord nach Süd und über die Ländergrenzen hinweg ergeben sich dabei häufig Überraschungen. Man trifft vielleicht auf Arten, die in der eigenen näheren Umgebung nicht vorkommen (oder unter Schutz stehen) und von daher auch nicht in die Netze der Köderfischlieferanten gelangen.

Weitere Möglichkeiten ergeben sich eventuell über Aquarien-Vereine. Manchmal sind Kaltwasserexperten dabei, die gern tauschen; entsprechende Anzeigen findet man jedenfalls hin und wieder in Aquarienzeitschriften.

Zoohändler verfügen meist über gute Kontakte zu Züchtern. Es ist ratsam, daran anzuknüpfen, sofern einem das Angebot im Laden nicht genügt.

In den Anglerzeitschriften werden regelmäßig im Frühjahr (März bis Juni) Jungfische heimischer Arten als Besatzfische für Pachtgewässer angeboten. Man kann sich an den örtlichen Anglerverein wenden, um ihm ein paar Exemplare abzukaufen, wenn ein Besatz vorgesehen ist, oder man wendet sich direkt an den Züchter. Der Versand erfolgt auf schriftliche oder telefonische Bestellung. Eine vorherige telefonische Anfrage ist angebracht, da manche Züchter ausschließlich in größeren Mengen liefern und (oder) der Paket-Expressversand besonders empfindlicher Arten, z. B. Forellen oder Äschen, ausgeschlossen sein könnte. Hierbei ist anzumerken, daß man bereit sein sollte, den Preis für eine Mindesteinheit – selten unter 50 Stück – zu bezahlen, auch wenn nur wenige Exemplare gebraucht werden. Man verzichtet dann auf die Lieferung der überzähligen Tiere. Die

Tiere selbst haben den geringsten Preis, die Kosten ergeben sich durch die aufwendige Verpackung und den Bahntransport per Express. Für den Verkäufer ist zum Zeitpunkt der Anzeigenveröffentlichung Hochsaison; er läßt sich auf keine Preisfeilscherei ein, und man sollte dafür Verständnis zeigen und den Geldwert der Tiere nicht allzu kleinlich betrachten.

Die folgende Tabelle gibt einen nahezu vollständigen Überblick über die Beschaffungsmöglichkeiten der Süßwasserarten in der Bundesrepublik. Diese Einschätzung beruht auf den eigenen Erfahrungen des Autors. Es ist also durchaus möglich, daß das Kaufangebot gefährdeter Arten im Handel inzwischen um gezüchtete Fische erweitert worden ist; Anzeichen dafür gibt es bereits.

Die von dieser Tabelle abweichenden unterschiedlichen Beurteilungen hinsichtlich der Gefährdungsgrade einzelner Arten in den verschiedenen Bundesländern müssen beachtet werden. In der Tabelle sind auch diejenigen Arten berücksichtigt, die in diesem Buch nicht beschrieben sind.

Besonders der problematische Aspekt Eigenfang/Artenschutz ist hier den Arten nach einigermaßen übersichtlich hervorgehoben. Wenn es heißt »wahrscheinlich nur über Eigenfang zu beschaffen« und die Art gleichzeitig als stark gefährdet oder gar als vom Aussterben bedroht gilt, so ist mit einem Fangverbot zu rechnen und eine Ausnahmeerlaubnis erforderlich. Für vom Aussterben bedrohte Arten wird erfahrungsgemäß für eine reine Aquarienhaltung keine Erlaubnis gegeben.

Nähere Angaben zu Gründen der Gefährdung finden sich in den Beschreibungen der einzelnen Arten.

Eigenfang

Der Ausflug in die Landschaft an die jeweiligen Gewässer und die Beschäftigung mit Gewässerkunde und Naturschutzprobleme sind zweifellos spannender als der Kauf von Fischen über den Ladentisch – allerdings auch wesentlich mühevoller und zeitaufwendiger.

Aquarianer können sich ihre Fische nur auf eine meist amateurhafte Weise selbst fangen, die professionelle Methode, z. B. der Elektro-Fischerei, scheidet für sie in der Regel aus.

Der Fang mit der **Angel** ist uneffektiv. Durchweg sind die so erbeuteten Tiere zu groß oder durch den Haken verletzt. Nur mit sehr dünnen Schnüren, winzigen Haken und Ködern gelangt man ausnahmsweise zu geeigneten Aquarienfischen, die man jedoch auch anders fangen kann.

Der Fang mit der **Reuse** ist ebenfalls problematisch. Reusen mit engmaschiger Umspannung sind im Handel nicht erhältlich. Man könnte sie sich notfalls selbst bauen. Die Reuse hat aber den Nachteil, daß sie mehrere Tage im Wasser liegen muß und sich dann meist Aale in das Gerät verirrt haben, die bei ihren Ausbruchsversuchen die Jungfische meist arg in Mitleidenschaft ziehen. Zudem ist das Fischen mit der Reuse ein grober Verstoß gegen das Fischereirecht und findet daher kaum Verständnis. Im wesentlichen ist von diesem Gerät abzuraten.

Der Fang mit der **Senke**, diesem 1 m^2 großen Senk- und Hebenetz, das mit einem dünnen und kräftigen Seil an einem längeren Stab befestigt wird, ist eine Standardmethode zum Fang kleinerer Fische (Köderfische). Auch hierbei gilt es, die bereits erwähnten Fischereirechte zu beachten. Mit der Senke kann man in den meisten Gewässern fischen, mit Ausnahme von schnellfließenden Bächen, weil hier das Netz vom Wasserstrom mitgerissen wird (Ausnahme: in stilleren Buchten). Man läßt das Netz auf den Gewässergrund absinken und holt nach einer Weile ein. Fische, die umherziehen, und sich im Moment des Anhebens über dem Netz befinden, versuchen nach unten hin zu entweichen und werden so gefangen. Da das relativ weiche Netzmaterial die Tiere selten verletzt, liegt hier ein weiterer Vorteil. Vom Ufer oder einem Boot aus, bei ruhigem Wetter und vorzugsweise zur Abenddämmerung hin, wird die Senke in nicht sehr große Tiefen herabgelassen (1–3 m). So gelingt in fischreichen Gewässern fast immer ein Fang. Vor allem in trüben, schlecht einsehbaren Gewässern ist die Senke das geeignete Gerät; das Fangergebnis ist jedoch dem Zufall unterworfen. Vorwiegend diejenigen Arten, die im Schwarm leben und sich als Jungfische in Ufernähe aufhalten, kommen für die Senke in Frage. Einzelgängerische und äußerst seltene Arten geraten naturgemäß selten ins Netz. Um gezielte Fänge machen zu können, muß man über Vorkommen, Verhaltensweisen und die örtliche Gewässerbeschaffenheit zuvor gut informiert sein.

Da mit der Senke nicht selten verschiedene Arten gleichzeitig gefangen werden, ist es unbedingt ratsam, neben Bestimmungsbüchern einen kleineren Sichtbehälter dabei zu haben, um einzelne Exemplare begutachten zu können (Auswahlkriterien: Art, Geschlecht, Größe, Krankheitsanzeichen). Bestimmungsbücher gehören zur Grundausrüstung. Wobei selbst große zeichnerische oder fotografische Perfektion der Abbildungen oft nicht sofort auf die Sprünge hilft. Selbst Fachleute können die Bestimmungen eines wenige Zentimeter langen Jungfisches, der sich zudem in hektischer Bewegung befindet, nicht immer auf Anhieb vornehmen. Es empfiehlt sich daher in Zweifelsfällen, gleich mehrere Bestimmungsbücher zu benutzen.

In diesem Zusammenhang ist eine wichtige Grundregel zu beachten, die für den Fang überhaupt gilt: Fische möglichst nicht mit der Hand berühren! Der Grund dafür liegt in der hohen Empfindlichkeit vieler Arten. Besonders kleine Karpfenartige mit beschuppter Oberhaut sind anfällig, ihre Schuppen lösen sich bei der geringsten Berührung mit unseren klebrigen warmen Händen (s. hierzu auch den Abschnitt über Moderlieschen). Dies läßt sich aufgrund praktischer Erfahrungen anschaulich belegen. Unsanft behandelte Tiere, die man in die »Freiheit« entläßt, kann man kaum auf ihrem weiteren Werdegang mehr verfolgen, im Aquarium dagegen lassen sich die Folgen nicht verbergen. Daher läßt man die Tiere nach dem Fang in einen Behälter gleiten oder befördert sie vorsichtig mit einem kleinen Kescher.

Der Fang mit dem **Handkescher** ist gezielt auf bestimmte Tiere gerichtet. Vor allem freischwimmende, oberflächenorientierte, einzelne oder im Schwarm befindliche Jungfische und die Bodenbewohner klarer Flüsse, Bäche oder flacher Seeufer lassen sich mit dem Kescher fangen. Dazu gehört ein bißchen Geschick, Geduld und Beobachtungserfahrung über das Verhalten der Arten.

In klaren Fließgewässern ist der Blick unter Wasser von außen her durch die bewegte Wasseroberfläche gestört. Wind und Regen verstärken diesen Eindruck. Es empfiehlt sich eine Taucherbrille oder ein sogenannter Guckkasten, ein auf das Wasser gelegter abgedunkelter Behälter mit Sichtscheibe nach unten. Dabei wird

Beschaffungsmöglichkeiten für einheimische Süßwasserfische

Art	im Zierfischhandel (Kaltwasserangebot)	in Anglergeschäften (Köderfischangebot)	über Zuchtanstalten zu beziehen	wahrscheinlich nur über den Eigenfang zu beschaffen	der Fang wäre aus Naturschutzgründen problematisch	**Gefährdungsgrad**
Meerneunauge	–	–	–	X	X	stark gefährdet +)
Flußneunauge	–	–	–	X	X	v. Aussterben bedroht +)
Bachneunauge	–	–	–	X	X	stark gefährdet +)
Donauneunauge	–	–	–	X	X	wahrscheinlich v. Aussterben bedroht
Sterlet	(g)	–	X	–	X	ausgestorben *)
Stör	–	–	–	–	X	ausgestorben *)
Maifisch	–	–	–	X	X	v. Aussterben bedroht +)
Finte	–	–	–	X	X	v. Aussterben bedroht +)
Lachs	–	–	X	–	X	v. Aussterben bedroht +)
Meerforelle	–	–	X	–	X	v. Aussterben bedroht +)
Bachforelle	–	–	X	–	X	potentiell gefährdet *)
Regenbogenforelle	–	–	X	–	–	eingebürgert
Seeforelle	–	–	X	–	X	gefährdet *)
Huchen	–	–	(?)	X	X	v. Aussterben bedroht *)
Saibling	–	–	X	–	X	stark gefährdet *)
Maränen, Renken	–	–	X	–	X	gefährdet (fast alle Arten)
Äsche	–	–	X	–	X	stark gefährdet *)
Stint	–	–	–	X	–	stark gefährdet *)
Binnenstint	–	–	–	(?)	–	keine Angaben
Rotauge	–	(r)	X	–	–	nicht gefährdet
Frauennervling	–	–	–	X	X	v. Aussterben bedroht +)
Perlfisch	–	–	–	X	X	v. Aussterben bedroht +)
Moderlieschen	(g)	(g)	X	–	–	gefährdet +)
Hasel	–	(g)	–	–	–	nicht gefährdet
Döbel	–	(g)	–	X	–	nicht gefährdet
Strömer	–	–	–	X	X	v. Aussterben bedroht +)
Aland	–	(g)	–	X	–	gefährdet *)
Elritze	(g)	(g)	–	–	X	gefährdet +)
Rotfelder	–	(r)	X	–	–	nicht gefährdet
Rapfen	–	–	–	X	X	stark gefährdet +)
Schleie	(g)	(g)	X	–	–	nicht gefährdet
Nase	–	–	–	X	–	gefährdet +) (in Bayern nicht)
Lau	–	–	–	–	X	ausgestorben *)
Gründling	(g)	(g)	X	–	–	nicht gefährdet
Steingreßling	–	–	–	X	X	v. Aussterben bedroht +)
Weißflossengründling	–	–	–	(?)	X	gefährdet *)
Barbe	–	–	–	X	– (Donau)	stark gefährdet *) (in Bayern nicht)
Mairenke	–	–	–	X	X	v. Aussterben bedroht +)
Ukelei	–	(g)	X	–	–	nicht gefährdet

Schneider	–	–	–	X	X	stark gefährdet +)
Güster	–	(r)	–	–	–	nicht gefährdet
Brasse	–	(r)	–	–	–	nicht gefährdet
Zobel	–	–	–	X (Donau)	X	v. Aussterben bedroht +)
Zope	–	–	–	X	X	v. Aussterben bedroht +)
Zährte	–	–	–	X	–	potentiell gefährdet +)
Ziege	–	–	–	X	X	v. Aussterben bedroht +)
Bitterling	(r)	(g)	X	–	X	stark gefährdet +)
Karausche	(g)	(g)	X	–	–	nicht gefährdet
Giebel	(g)	(g)	X	–	–	gefährdet +)
Karpfen (Zuchtform)	(g)	–	X	–	–	nicht gefährdet
Karpfen (Wildform)	–	–	–	X (Donau)	X	v. Aussterben bedroht +)
Bachschmerle	(g)	–	–	X	X	stark gefährdet +)
Schlammpeitzger	–	–	–	X	X	stark gefährdet +)
Steinbeißer	(g)	–	–	–	X	stark gefährdet +)
Wels	–	–	X	–	X	gefährdet *)
Zwergwels	(r)	–	–	–	–	eingebürgert
Aal	–	–	–	X	–	nicht gefährdet
Hecht	–	–	X	X	–	nicht gefährdet
Meeräsche	–	–	–	X	–	keine Angaben
Seebarsch	–	–	–	X	–	keine Angaben
Flußbarsch	–	–	–	X	–	nicht gefährdet
Zander	–	–	X	X	–	gefährdet +)
Kaulbarsch	–	–	–	X	–	gefährdet +)
Schrätzer	–	–	–	X (Donau)	X	v. Aussterben bedroht +)
Streber	–	–	–	X (Donau)	X	v. Aussterben bedroht +)
Zingel	–	–	–	X (Donau)	X	v. Aussterben bedroht +)
Strandgrundel	–	–	–	X	–	nicht gefährdet
Vierhörniger Seeskorpion	–	–	–	X	–	keine Angaben
Groppe	–	–	–	X	X	stark gefährdet +)
Sibirische Groppe	–	–	–	X (?)	X	keine Angaben
Stichling	(g)	–	–	–	–	keine Angaben
Zwergstichling	(g)	–	–	–	X	gefährdet *)
Flunder	–	–	–	X	–	nicht gefährdet
Quappe	–	–	–	X	X	gefährdet +)
Grasnadel (Seenadel)	–	–	–	X	–	keine Angaben

(r) = regelmäßig
(g) = gelegentlich
+) nach: Rote Liste BRD, 1981.
*) nach: Naturschutz aktuell: Bestandsänderungen der Fischfauna in der Bundesrepublik/R. Bless, 1978.
Bei den Angaben zu den Gefährdungsgraden wurde von der Roten Liste ausgegangen und der Band 'Bestandsänderungen der Fischfauna' erst in zweiter Linie zitiert, nämlich dann, wenn sich aus der Roten Liste keine Bewertung ergab.
Sofern keinerlei Bewertungen vorlagen, wurde 'nicht gefährdet' eingesetzt oder die Aussage 'keine Angaben' verwendet.
Die Reihenfolge der Artenaufzählung (anhand der Formenkreise) orientiert sich an Ladiges/Vogt 'Die Süßwasserfische Europas', 1979.
Einige Arten zählt man insofern zu den Süßwasserfischen, weil sie – gelegentlich oder regelmäßig – vom Meer aus in das Süßwasser der Flüsse eindringen (anadrome Wanderfische), z. B. Stinte, die im Süßwasser laichen. Der eigentliche Lebensraum ist jedoch das Salzwasser der Küstengebiete. Vielfach ist dabei die Aussicht, solche Arten im Süßwasser vorzufinden, äußerst gering, z. B. bei Meeräschen, Seebarschen, Seeskorpionen, Seenadeln, Meerneunaugen, Maifischen, Finten und Strandgrundeln.

die gekräuselte Wasseroberfläche durchbrochen. (Solche Sichtweisen eignen sich auch für die reine Beobachtung, die als Ergänzung zu Verhaltensstudien sehr zu empfehlen ist).

In flachen Uferzonen mit starker Strömung wird beim Abschreiten des Grundes Sand oder Schlamm aufgewirbelt. Man bewegt sich beim Suchen daher am besten gegen die Strömung. Sehr oft auch ist die Fluchtrichtung aufgescheuchter Fische gegen die Strömung gerichtet, oder sie versuchen, sofort in tiefere Wasserzonen zu entweichen. Handkescher stülpen sich mit ihrem weichen Netzwerk im fließenden Wasser um, man kann sie aber mit festem Draht stabilisieren. Auch die Suche nach Fischen während der Dunkelheit ist vielversprechend. Manche Arten halten sich dann ruhend in Ufernähe auf und lassen sich mit der Taschenlampe leicht finden.

Mit dem Handkescher lassen sich auch Zufallsfänge machen. Ein nicht zu kleiner, dabei aber stabiler Kescher, durch das undurchsichtige Pflanzendickicht schmaler Wiesengräben oder Tümpelufer gezogen, bringt, wenn er nicht sofort im Kraut steckenbleibt, manchmal Überraschungen hervor. Kescher von minderer Qualität gehen schnell kaputt. Empfehlenswert ist auch ein Sortiment verschiedener Größen.

Tiere, die in stark verkrauteten Gewässerabschnitten leben, lassen sich manchmal weder mit der Senke noch mit dem Handkescher fangen, diese Geräte bleiben sofort im Pflanzendickicht stecken oder verscheuchen die Tiere, sobald die Wasseroberfläche durchstoßen ist. Für solche Arten, z.B. Stichlinge, Schlammpeitzger, Karauschen, Schleien, kleine Hechte, Molche und Wasserinsekten, eignet sich die **»Eimermethode«**. Sie besteht darin, einen Eimer in allernächster Nähe des gesichteten Tieres (am besten von vorn oder von der Seite) sehr rasch ins Wasser zu drücken, jedoch ohne Hektik. Mit etwas Geschick und Glück gelangt dabei das Tier mit dem Wassersog in den Eimer.

Die **»Zufallsmethode«** besteht darin, einen Graben, ein Fluß- oder Teichufer abzuschreiten und den Eimer an verschiedenen Stellen, mit der Öffnung zur Landseite hin, kräftig einzutauchen. Auf diese Weise gelangen Tiere in den Eimer, die sich zufällig an diesen Stellen im Schutz überhängender Uferböschungen aufhalten. Diese Methode ist selten auf Anhieb erfolgreich, man muß dabei oft eine gehörige Strecke abschreiten. Dennoch lassen sich so einige Arten fangen, die man ansonsten kaum zu Gesicht bekommt.

Diese Methode ist allerdings ziemlich barbarisch und problematisch, weil man damit auf jeden Fall eine Reihe von Kleinstlebewesen, dazu Schnecken, Wasserinsekten, Kaulquappen, Molchlarven usw. zutage fördert. Kippt man den Eimerinhalt unbedacht auf die Wiese, gehen die Organismen zugrunde. Es ist daher ratsam, diese Methode nur in Ausnahmefällen anzuwenden (wenn offensichtlich keine anderen Möglichkeiten bestehen) und den Eimerinhalt grundsätzlich durch einen feinmaschigen Kescher zu kippen. Die so zurückgehaltenen Bestandteile kommen nach Besichtigung ins Wasser zurück; dabei entstehen kaum Verluste. Im Frühjahr, wenn im Gewässer Laich zu erwarten ist, verzichtet man auf diese Methode.

Es ist deutlich geworden, daß der Fischfang mit den hier beschriebenen Methoden mehr oder weniger vom Zufall beherrscht wird. Dennoch kommen mit diesen notgedrungen amateurhaften Möglichkeiten, sowie mit Ausdauer und Geduld, meistens eine Reihe interessanter und manchmal nicht anders erreichbarer Arten zusammen, wenn man sich zuvor über diese Arten und ihre Vorkommen informiert hat. (Kurzhinweise zur Beschaffung finden sich außerdem bei den einzelnen Artenbeschreibungen.)

Transport

Für die Fangaktion muß man selbstverständlich mit geeigneten Transportbehältern und Zubehör ausgerüstet sein. Eine Grundregel für die Abmessungen solcher Behälter lautet: möglichst geräumig, dabei eher flach (mit großer Grundfläche) als hoch. Je großflächiger die Wasseroberfläche ist, desto mehr Luftkontakt (Sauerstoffeintrag) findet statt. Beim Transport bewegt sich die Wasseroberfläche und der Gasaustausch wird intensiviert. In geschlossenen Behältern verbraucht sich die Luft, sie sollten daher zwischenzeitlich kurz geöffnet werden, um frische Luft hereinzulassen.

Diese Hinweise sind wichtig und sollten Beachtung finden. Sie lassen sich jedoch nicht immer verwirklichen; wer beispielsweise mit dem Fahrrad unterwegs ist, kann aus begreiflichen Gründen keinen großräumigen und zugleich flachen Behälter benutzen. Für eine Transportzeit von wenigen Stunden, mit nur wenigen Tieren, genügt in diesem Fall auch ein gut gefüllter Wassereimer oder ein ähnlicher Behälter (Köderfischbehälter). Das Gefäß sollte oben geschlossen sein, sonst springen die Tiere eventuell heraus. Zusätzlich alle halbe Stunde ein bis zwei Sauerstofftabletten (im Zoohandel erhältlich) oder ein Frischwasseraustausch an einem nicht verschmutzten Gewässer beugen der Erstickungsgefahr vor. Dabei sollte man krasse Temperaturschwankungen beim Wasserwechsel vermeiden, da kaltes Frischwasser leicht zum Schock führt (s. dazu auch den Abschnitt »Das Temperaturproblem«).

Der Sauerstoffverbrauch der Tiere steigt unter Streßbedingungen enorm. Man erkennt dies leicht an der beschleunigten Atmung, dem raschen Heben und Senken der Kiemendeckel. Die Erträglichkeitsgrenzen sind bei den einzelnen Arten unterschiedlich. Eine aquaristische Faustregel besagt, daß ein etwa fingerlanger Fisch drei bis fünf Liter Mindestlebensraum benötigt; diese Regel könnte ebensogut für den Transport gelten.

In Apotheken und gelegentlich auch im Zoohandel gibt es Medikamente, die speziell zur Ruhigstellung von Tieren, auch Fischen, während des Transports entwickelt worden sind. Wichtig ist vor allem die genaue Dosierung nach Vorschrift, da sonst eine Betäubung leicht zum Tod führen kann. Der Einsatz solcher Medikamente ist in der Regel nur in Ausnahmefällen nötig, z. B. bei sehr empfindlichen Grundfischen, die auf Versteckmöglichkeiten angewiesen sind und in einem glatten Transportbehälter übermäßigen Streß erleiden.

Für Fischtransporte mit dem Auto eignen sich Camping-Kühlboxen sehr gut. Sie sind relativ großräumig (bis 60 l), können fest verschlossen werden (gegen Wasseraustritt während der Fahrt) und sind gegen Wärme einigermaßen gut isoliert, was ein entscheidender Vorteil gegenüber dünnwandigen Behältern ist. Zudem bieten sie Dunkelheit, in der sich die Tiere ruhiger verhalten und deutlich weniger Streß erleiden. Die Bemessungen der Kühlboxen entsprechen bereits einem kleinen Aquarium.

Bei Transporten über mehrere Tage oder gar länger als eine Woche muß man genügend Sauerstofftabletten dabeihaben und mindestens einmal täglich einen Wasserwechsel (höchstens ein Drittel bis zur Hälfte) vornehmen. Gut ist auch, wenn man mit einem kleinen Schlauch täglich den Boden absaugt und grobe Schmutzteile entfernt. Die Tiere sollten zwischenzeitlich nicht aus dem Behälter herausgenommen werden; solche Maßnahmen verhindern die mögliche Eingewöhnung und lassen den enormen Anfangsstreß von neuem aufleben. Trotz täglichen Wasserwechsels (temperiert!) gibt man zusätzlich eine Dosis von einigen Sauerstofftabletten. Zur Sauerstoffversorgung eignen sich auch batteriebetriebene Belüftungsgeräte (im Zierfischhandel erhältlich). Weiterhin gibt es die Möglichkeit, Belüftungsgeräte an die Autobatterie anzuschließen (nur bei Geräten, die von vornherein auf 12 Volt – wie die Autobatterie – ausgerichtet sind, oder bei Geräten, die einen Transformator besitzen, der ausgebaut wird, damit das Gerät die entsprechende Stromspannung der Autobatterie aufnehmen kann). Der Einsatz empfiehlt sich nur während der Fahrt, während sich die Autobatterie auflädt. Nachts und bei längeren Fahrtpausen kann ein zusätzliches Belüftungsgerät evtl. über eine Steckdose laufen. Auf diese Weise kann man beinahe optimale Wasser- und Sauerstoffbedingungen schaffen, so daß manche Arten selbst wochenlange Transporte überleben. Pflanzen gehören nicht in den Behälter, sie würden das Wasser nur unnötig belasten. Um den Tieren dennoch gewisse Versteck- und Orientierungsmöglichkeiten zu bieten, eignen sich Kunststoffpflanzen aus weichem Material, die man im Zoohandel erhält und im Behälter fest verankert.

Fische können ohne weiteres einmal mehrere Tage hungern. Unter Streß fressen sie ohnehin nicht. Sehr kleine Jungfische von wenigen Zentimetern Länge müssen bei längerfristigen Transporten jedoch zwischenzeitlich Futter bekommen. Trockenfutter, selbstgefangene Wasserflöhe, Bachflohkrebse oder unterwegs gekaufte *Tubifex* (die sich entsprechend aufbewahrt einige Tage am Leben halten) sind ein geeignetes Futterangebot. Wenn die Tiere die Fütterung annehmen, ist dies immer ein Hinweis darauf, daß der Transport gelingen könnte.

Zum Wasserwechsel läßt sich Leitungswasser verwenden, es ist in der Regel von besserer Qualität als die recht unterschiedlichen Bach-, Fluß- oder Tümpelwässer, die in vielen Gegenden stark verschmutzt sind. Einen für Fische gefährlich hohen Chlorgehalt im Leitungswasser trifft man nur noch selten an (siehe auch den Abschnitt Wasserbeschaffenheit).

Nicht selten kommt es vor, daß unter Transport-, also Streßbedingungen, eingekapselte Krankheiten zum raschen Ausbruch kommen. Um hier vorzubeugen, ist die Mitführung zumindest eines mehrfach wirksamen Medikamentes ratsam, z. B. gegen Ichthyophthirius (Weißpünktchenkrankheit) und Oodinium (Geißeltierchen). Seitliches, ruckartiges Scheuern der Tiere am Boden ist ein deutliches Indiz für eine parasitäre Erkrankung.

Transportbehälter müssen besonders gut gegen Wärmeeinfluß geschützt sein. Vor allem im Auto entsteht im Sommer leicht tropisches Klima. Dabei erwärmt sich das Transportwasser übermäßig und die Tiere gehen rasch ein. Es eignen sich nur gut isolierte Behälter, und diese müssen zusätzlich gegen direkte Sonneneinstrahlung »eingepackt« werden.

Die Praxis längerfristiger Transporte überstehen nur Arten, die mit dem gebotenen Streß einigermaßen fertig werden können. Dazu gehören (mit Einschränkung) Barsche, Hechte, Aale und einige Karpfenartige. Andere Arten, vor allem Äschen, Groppen und Grundeln, zeigen sich weitaus empfindlicher. Eine umfangreiche und genaue Tabelle läßt sich begreiflicherweise hier nicht aufstellen, deshalb sei vor längerfristigen Transporten ausdrücklich gewarnt. Sie gelingen in der Regel nur, wenn für die jeweiligen Arten die Transportbedingungen etwa den normalen Haltungsbedingungen im Aquarium angepaßt sind.

Wiederaussetzen

Das Wiederaussetzen der Aquarientiere bringt mit Sicherheit weitaus größere Gefahren für die freilebende Fauna mit sich als eine geringfügige Dezimierung der Tierbestände durch Eigenfang.

Zu den bereits erwähnten Möglichkeiten einer Faunenverfälschung mit art- oder gebietsfremden Tieren (gesetzlich verboten!) und der Gefahr der Zerstörung gewässertypischer Populationsmerkmale kommt eine weitere Gefahr hinzu: Ein Tier könnte sich im Aquarium mit Krankheiten oder Parasiten infiziert haben und diese nun in ein Gewässer einschleppen. Die möglichen Folgen sind unabsehbar. Deshalb gilt der Grundsatz: Tiere nur garantiert gesund dort aussetzen, wo sie hergekommen sind. Auf keinen Fall gehören Aquarientiere in das nächste x-beliebige Gewässer. Eine Groppe, in den nächsten Karpfenteich entlassen, hätte keine Überlebenschancen, abgesehen davon, daß sie mit Sicherheit keine Artgenossen antreffen würde. Sie ginge langsam zugrunde, man könnte sie also genausogut vorher töten. In diesem Fall wäre dies sogar humaner.

In Fällen, in denen eine Rückkehr an den Fundort nicht möglich ist, muß man nach einem Ausweg suchen. Das Töten eines Tieres kann eine solche Lösung sein. Falsch verstandene Tierliebe oder Sentimentalität sind in diesem Zusammenhang unangebracht. Das Wiederaussetzen an anderer Stelle als am Fundort ist nur unter bestimmten Voraussetzungen unbedenklich: Erstens müssen dort Artgenossen vorhanden sein, die der heimischen Fauna zuzuordnen sind; zweitens sollten diese Arten nicht zu denjenigen gehören, die gewässertypische Merkmale aufweisen. (Aale, Flußbarsche, einige Karpfenfische und Neunaugen z. B. sind fast überall als identisch zu betrachten, dagegen zeigen Grundeln, Groppen, Schmerlen, Elritzen, Barben, Hechte, Forellen, Quappen usw. oft gewässer- und gebietstypische Merkmale.) Für das Wiederaussetzen sind also gute fischkundliche Kenntnisse eine wichtige Voraussetzung. Für den Rücktransport gelten die erwähnten Transportregeln. Ein mindestens dreitägiger Aufenthalt in einem mit vorbeugenden Medikamenten gut dosierten Quarantänebecken, sowie eine eingehende Beobachtung unter der Lupe schaffen Sicherheit gegen parasitäre Krankheiten.

Fischvorkommen

In den Bestimmungsbüchern für europäische Süßwasserfische befinden sich neben den Kurzbeschreibungen der einzelnen Arten und ihrer Biotopansprüche auch kleine Übersichtskarten der Verbreitungsgebiete. Solche Hinweise bieten die ersten brauchbaren Informationen. Allerdings sind die Bezeichnungen für

Gewässerabschnitte, wie Forellen-, Äschen- oder Barbenregion, für den Anfänger nicht ohne weiteres auf die in der Natur sehr verschieden angelegten Gewässer zu übertragen. Jedes Gewässer hat sein »eigenes Gesicht«. Auch Begriffe wie – schnell fließend, sauber, klar – sind zu differenzieren. Schnell fließend und klar kann auch ein kanalisierter, chemisch verunreinigter Bach sein, der lediglich Entwässerungsfunktion hat und seiner Natürlichkeit beraubt wurde. In ihm findet man keine Forellenbrut.

In Anglerzeitschriften finden sich regelmäßig Informationen über Artenvorkommen in bestimmten Gewässern. Der Kontakt zum örtlichen Fischereiverein wegen einer Sondererlaubnis bietet ebenso die Möglichkeit, sich über die örtlichen Fischbestände genauer zu orientieren.

Ferner existieren in einigen Bundesländern sogenannte Biotopkartierungen oder Artenerhebungen, zum Teil mit sehr präzisen Markierungen bestimmter Fischvorkommen. Einige dieser Arbeiten befinden sich in öffentlichen Bibliotheken (Universitätsbibliotheken), andere nur im Besitz der zuständigen Behörden und wissenschaftlicher Institute. Sie liegen also nicht in jedem Fall öffentlich auf.

Solche Informationen sind nicht nur für den Fischfang nützlich, sie sind außerdem wichtige Grundlagen für die Beurteilung von Biotopen und zur Beobachtung der einzelnen Arten.

Die Kaltwasserpraxis

Beckengröße

Viele Fischarten verfügen über ein ausgeprägtes Raumempfinden, sie registrieren die Abmessungen ihres Lebensraums und reagieren darauf mit ihrem Verhalten und ihrer Wachstumsgeschwindigkeit. Beengende Verhältnisse schaffen Streß, Unwohlsein und damit Krankheitsanfälligkeit. Das gilt insbesondere für das Aquarium. Die meisten Karpfenartigen und einige Verwandte wachsen im Aquarium langsamer als in der Natur und bleiben letztlich kleiner. Dagegen halten sich Raubfische nicht an diese Regel und wachsen, je nach Futterangebot, ohne »Rücksicht«.

Für das Aquarium mit heimischen Arten gilt: Je größer das Becken, je weiter können sich die Jungfische unserer meist großwüchsigen Arten entfalten, viele zeigen erst nach Überwindung des ersten Jungfischstadiums ihre ausgeprägten arteigenen Körpermuster und Verhaltensweisen. Man lernt einen Fisch oft erst richtig kennen, wenn er eine bestimmte Größe erreicht hat. An Forellen z.B., die es in einem winzigen Becken nur auf 5–6 cm bringen dürfen und bereits dann als zu groß erscheinen, ist nichts typisches zu beobachten. Bewegliche Schwarmfische brauchen entsprechend ihrer Anzahl und Größe genügend Schwimmraum, nebst Pflanzen und Dekoration.

In der Aquarienliteratur tauchen dazu immer wieder einige Grundregeln auf. Zwei davon sollte man sich zu eigen machen. Erstens: Mindestens 2 l Lebensraum pro cm Fisch. Für 5 Fische von je 5 cm Länge ist danach ein 60 l-Becken angemessen; 50 l für die Fische und ca. 10 l für Bodengrund und Dekoration. Zweitens: Der freie Schwimmraum sollte so bemessen sein, daß dem Fisch ein einmaliger Flucht-Schwimmstoß, etwa von der Beckenmitte her gesehen, also in beide Richtungen, ohne weiteres möglich ist. Ein 5 cm langer Karpfen kommt dabei etwa 40 cm weit. Sein Aquarium müßte also 80 cm Mindestlänge besitzen. Weshalb es auf diese beiden Regeln gleichzeitig ankommt, ergibt sich aus einem weiteren Beispiel: Für einen 15 cm langen Hecht würde allein nach der ersten Regel ein ca. 40 l-Becken (einschließlich Dekoration) genügen. Das Becken hätte üblicherweise die Abmessungen von ungefähr 50 × 30 × 30 cm (45 l). Vom Schwimmraum her ist dies jedoch zu kurz, der Fisch wäre ein Drittel so lang wie das Becken und würde bei jeder raschen Bewegung an die Scheiben stoßen. In solch einem Fall müßte man unbedingt großzügiger sein.

Der moderne Trend in der Aquaristik geht dahin, bei der Wahl der Beckengröße eine möglichst große Sichttiefe für den Betrachter zu schaffen. Der Einblick unter Wasser wirkt um so natürlicher, je weiter die Rückseite entfernt ist. Optische Sichttiefe ist zum einen ein ästhetisches Kriterium; zum anderen bietet sie folgenden Vorteil: Ein breites und nicht sehr hohes Becken hat gegenüber einem schmalen und hohen Becken (bei gleichem Rauminhalt) eine wesentlich vergrößerte Wasseroberfläche. Damit ist auch der Gasaustausch, also der Sauerstoffeintrag über die Luft, stärker. Die meisten im Handel angebotenen Becken der genormten Größen sind immer noch zu schmal und hoch; ihre Grundfläche soll möglichst wenig Platz beanspruchen. Wer die Wahl hat (evtl. mit Sonderanfertigungen), sollte bei den Abmessungen zugunsten größerer Sichttiefe unter Berücksichtigung ausreichender Länge und Höhe entscheiden und damit das Becken so groß wie möglich halten. (Dabei kann unter Umständen die Statik des Fußbodens Grenzen setzen. Ein volles 500 l-Becken wiegt einschließlich Glas, Bodengrund und Dekoration über $^1/_2$ Tonne!)

In diesem Zusammenhang sei einem verbreiteten Vorurteil begegnet. Viele Laien meinen, je größer ein Becken, je aufwendiger und zeitraubender die Pflege. Diese Befürchtung gilt nur bedingt. Je größer und großzügiger ein Aquarium ausgestattet ist (dichte, gesunde Pflanzenbestände – nicht zu viele Tiere), je seltener ergeben sich jene Probleme, die aus Kleinräumigkeit entstehen. Größere Wassermassen verfügen über mehr chemische Stabilität (pH- und Sauerstoffwerte verändern sich meist weniger rasch). Eine relative Ausgewogenheit zwischen Wassermenge, Pflanzen- und Tierbestand läßt sich in einem größeren Becken eher erreichen. Reinigung und Pflege eines großen Beckens sind in der Tat zwar aufwendiger, müssen aber unter Umständen weniger oft vorgenommen werden (und erweisen sich letztlich als zeitsparender).

Wer nicht die Möglichkeit hat oder die Umstände scheut, mehr als ein großes Becken aufzustellen und dabei auf eine gewisse Artenvielfalt nicht verzichten will, kann einzelne Arten nacheinander, oder jeweils nur wenige Arten gleichzeitig pflegen. Der Genauigkeit der Beobachtungsergebnisse ist dies zuträglich.

Dekoration – Aquarienabdeckung

Die Wahl und Anordnung der Einrichtungsgegenstände im Aquarium ist grundsätzlich dem Geschmack des Betrachters überlassen, muß jedoch gleichzeitig an den Lebensbedürfnissen der Tiere und Pflanzen orientiert sein, also die neueren biologischen Erkenntnisse so weit wie möglich berücksichtigen.

Die Dekoration aus Pflanzen, Bodengrund, Steinen und Baumwurzeln hat überdies die Funktion, Versteckmöglichkeiten und Anhaltspunkte zur räumlichen Orientierung für die Tiere zu liefern, so daß diese sich nach Bedarf für eine Weile zurückziehen können. Solche Gesichtspunkte sind durchaus von einiger Wichtigkeit. Ein zweckmäßig eingerichtetes Aquarium enthält verschiedenartige Zonen, dunkle und sichere Versteckmöglichkeiten (dabei aber wiederum nicht

Oben: Große Schwebrenke (s. S. 130). Die Familie der Renken umfaßt zahlreiche Variationen.
Mitte: Äsche (s. S. 131). Sie gilt als noch empfindlicher als die Bachforelle.
Unten: Stint (s. S. 133). Diese Art ist bekannt für ihren Kannibalismus.

derart abgeschirmt, daß der Pfleger einen kranken oder toten Fisch übersieht) und freien Schwimmraum zur Auswahl.

Dekorationsmaterial darf nicht aus Stoffen bestehen, die die Wasserqualität beeinträchtigen könnten, z. B. faulendes Holz, oxidierende Metalle, kalkhaltiges lösliches Gestein oder Kies (erhärtet unnötig das Wasser) oder Kunststoffe, die Substanzen abgeben.

Die Farben der Einrichtung haben einen nicht geringen Einfluß auf die Farbwirkung der Fische. Dunkle Hintergründe schirmen nicht nur überschüssiges Tageslicht ab, sondern lassen die Farben der Fische intensiver erscheinen und schaffen gleichzeitig den Eindruck räumlicher Tiefe (z. B. dunkle Rückwände, die im Becken oder außerhalb angebracht sein können).

Die zeitgemäße Aquaristik geht davon aus, daß es vor allem der gesunde und kräftige Pflanzenwuchs ist, der ein Aquarium sowohl »schön« als auch biologisch zweckmäßig erscheinen läßt. Dabei werden die Pflanzen immer weniger als reines Dekorationsmaterial angesehen. Man hat ihre beinahe lebenswichtige sauerstoffspendende, wasserreinigende und krankheitsvorbeugende Funktion für die Fische im Aquarium erkannt.

Heute ist es üblich, die Aquarien bis an den oberen Rand aufzufüllen. Dadurch erhöht sich noch die Wassermenge und der Lebensraum der Insassen wird erweitert, im Gegensatz zu dem früher niedrigeren Wasserstand mit seinem meist deutlich sichtbaren Schmutzrand um die Wasseroberfläche, die durch Verdunstung ständig absank.

Oben: Rotauge (s. S. 134). Eine der häufigsten Arten unserer Gewässer.
Oben rechts: Hasel (s. S. 139). Die gewandten Schwimmer fühlen sich nur im Schwarm wohl.
Unten: Moderlieschen (s. S. 136). Die erwachsenen Tiere werden kaum länger als 8 cm.

Solche randvoll gefüllten Becken erfordern allerdings eine Abdeckung, oder besser noch einen stehenden Kragen aus Glas, damit die Fische nicht herausspringen können.

Abdeckungen mit eingebauter Beleuchtung auf den Aquarien sind für die Kaltwasserpraxis nicht geeignet, da sonst die Gefahr eines Wärmestaus zu groß ist.

Farbloses Glas, in leicht abnehmbaren oder verschiebbaren Platten, eignet sich gut als Abdeckung. Dabei muß der Luftkontakt der Wasseroberfläche gewährleistet sein, und es darf zu keinem Wärmestau (von darüberhängenden Lampen ausgehend) kommen. Die Glasplatten sollten stets sauber sein, sonst entsteht ein erheblicher Lichtverlust.

Es ist auch möglich, Rahmen aus Holz, Kunststoff oder Glas, die mit einem Maschengewebe aus Gaze bespannt sind, als Abdeckungen zu verwenden. Dabei eignen sich Gazestreifen aus Kunststoff (nicht oxidierend) und mit nicht zu eng geflochtenen Maschen am besten. So wird der Lichtverlust klein gehalten und ein Wärmestau verhindert. Die Rahmen sollten leicht abnehmbar sein. Für pflegerische Eingriffe oder zur Fütterung kann man Löcher in die Gaze schneiden.

Abdeckungen sind dann hinderlich, wenn Wasser- und Sumpfpflanzen vorhanden sind, die über die Wasseroberfläche hinauswachsen. Für einzelne Pflanzen muß man dann Platz schaffen und die Abdeckung an einigen Stellen auflokkern; dies genügt in vielen Fällen.

Sauerstoff – Belüftung – Wasserbewegung

In der Natur sorgen selbständige Gewässerströmungen sowie Wind und Regen für Bewegung im Wasser und somit für einen aktiven Kontakt der Wasseroberfläche mit der Luft. Auf diese Weise nimmt das Wasser Sauerstoff auf. Deshalb sind rasch fließende Wildbäche in der Regel die sauerstoffreichsten Gewässer, weisen Tag und Nacht beinahe gleich hohe Werte auf und beherbergen die empfindlichsten Arten. Forellen, Äschen, Groppen, Schmerlen, Strömer und Schneider haben sich diesen Verhältnissen angepaßt.

Selbst stehende Gewässer, die ohne Strömung auskommen müssen, werden an der Oberfläche von Wind und Regen in Bewegung gehalten und umgewälzt.

Einen bedeutenden Anteil an der Sauerstoffversorgung der Fische haben die Unterwasserpflanzen und Algen. Dichte Wasserpflanzenbestände sind vor allem in stehenden oder nur langsam fließenden Gewässern, z. B. in Teichen und Tümpeln an der Sauerstoffversorgung beteiligt, denn hier reicht die Bewegung durch Wind und Regen allein nicht aus.

Darüber hinaus sind der Luftdruck (hoher Druck fördert die Löslichkeit von Sauerstoff im Wasser) und vor allem die jeweils herrschenden Wassertemperaturen von entscheidender Bedeutung für den Sauerstoffgehalt in einem Gewässer. Je kühler ein Wasser, desto mehr Sauerstoff kann sich darin lösen. Man spricht in diesem Zusammenhang von Sauerstoffsättigung. Damit ist die jeweilige Menge an Sauerstoff gemeint, die das Wasser entsprechend seiner Temperatur lösen und halten kann (100%).

Löslichkeit von Sauerstoff im Wasser:

°C	0	5	10	15	20	25	30
mg/l	14,1	12,3	10,9	9,7	8,8	8,1	7,5

nach W. Baur (1980).

Für das Kaltwasseraquarium sind zur hinreichenden Sauerstoffversorgung drei der genannten Faktoren (in Kombination miteinander) von großer Bedeutung:
- gesunde und dicht wachsende Unterwasserpflanzen,
- Wasserbewegung,
- relativ niedrige Temperaturen.

Beginnen wir mit den Pflanzen. Es ist bekannt, daß Wasserpflanzen Sauerstoff an das Wasser abgeben und darüber hinaus eine Reihe weiterer biologischer Regelfunktionen ausüben. Voraussetzung ist, daß die Pflanzen stets gut wachsen (nicht stagnieren), dauerhaft gesund sind und das Aquarium gleichzeitig nicht mit Schmutzteilen belastet, also gut gepflegt ist. Zweite Voraussetzung ist ein möglichst geringer Fischbesatz, zu viele oder zu große Fische verhindern eine mögliche Ausgewogenheit. Ein gutes Verhältnis hierbei wäre: pro cm Fisch etwa 4 l Aquarienwasser (siehe hierzu auch den Abschnitt Beckengröße).

Bei genügend Licht und günstigen Nährstoffbedingungen geben die Unterwasserpflanzen ununterbrochen Sauerstoff an ihre Umgebung ab (Assimilation). Bei Dunkelheit, also nachts, läßt die Sauerstoffproduktion nach, Tiere und Pflanzen verbrauchen einen Teil der vorhandenen Reserven und der Sauerstoffgehalt sinkt ab (unter Umständen bis auf unter 50% der tagsüber gemessenen Werte). Viele Fische befinden sich nachts in einem schlafähnlichen Ruhezustand, bei dem ihr Sauerstoffbedürfnis nicht so hoch wie am Tag ist, sie sind an solche Schwankungen gewöhnt. Dies gilt in erster Linie für Fische, die an stehende oder langsam fließende Gewässer angepaßt sind und auch dort größtenteils mit pflanzlichem Sauerstoff versorgt werden. Hiermit erklärt sich aber auch, weshalb z. B. Forellen, Äschen, Groppen und einige andere Arten allein mit Sauerstoff aus pflanzlicher Produktion im Aquarium nur schwer auskommen. Diese Tiere sind an hohe und relativ konstante Werte angepaßt, denn in strömungsreichen Bächen sinken die Werte in der Nacht kaum, manchmal sogar überhaupt nicht. Insofern muß man bei einigen Arten im Kaltwasseraquarium Einschränkungen machen und darf die Sauerstoffversorgung nur unter bestimmten Bedingungen (niedrige Temperaturen, sehr wenige Tiere, Sauerstoffsättigung tagsüber – in der Nacht nicht unter 50%) allein den Pflanzen überlassen.

Karpfen sterben bei Sauerstoffwerten um 0,7 mg/l
(wünschenswerter Dauerwert: 4,0 mg/l)

Forellen bei Werten um 2,4 mg/l
(wünschenswerter Dauerwert: 9,0 mg/l)

Minimal-Dauerwert für
Karpfen : 3,0 mg/l
Forellen: 6,0 mg/l

nach W. Baur (1980).

(Anmerk. d. Verf.: Die Werte geben einen ungefähren Eindruck vom Anspruch der heimischen Arten, der im Durchschnitt – also statistisch gesehen – etwa in der Mitte liegen dürfte. Karpfen gehören zu den zählebigen, weniger empfindlichen, Forellen dagegen zu den sehr empfindlichen Arten.)

Diese Werte machen deutlich, warum z. B. Forellen in einem tropischen Warmwasseraquarium mit konstanten 26 °C dauerhaft nicht leben können, oder warum sie in einem sommerlich erhitzten Tümpel rasch eingehen, selbst wenn beide Biotope dichte sauerstoffproduzierende Pflanzenbestände aufweisen. Der Sättigungsgrad bei 26 °C liegt (wenn er 100% erreicht) bei 8 mg/l, entspricht also nicht dem wünschenswerten Dauerwert von 9 mg/l (gemessen am Bedürfnis der Tagaktivität). In der Nacht sinken die Werte um bis zu 50%, also unter Umständen auf Werte unter 4 mg/l. Wenn das Aquarium oder der Tümpel zusätzlich noch stark sauerstoffzehrenden Einflüssen ausgesetzt ist (organische Verschmutzung), sinken die Werte weiter (leicht bis auf unter 3 mg/l), und die Forellen können noch in der ersten Nacht verenden.

Wasserbewegung. Entsprechend den Verhältnissen in der Natur ist auch im Aquarium eine ständige, umwälzende Wasserbewegung wünschenswert. Der Strömungseffekt verteilt den Sauerstoff im Wasser, läßt keine »toten« Zonen entstehen, animiert die Fische zu ihren natürlichen Schwimmbewegungen (»Fischgymnastik«) und hält die Pflanzen von schädlichen Mulmablagerungen frei. In einem dicht bepflanzten Becken mit nicht sehr anspruchsvollen Fischarten und ausreichenden Sauerstoffwerten genügt ein sanfter Strömungseffekt.

Je nach Intensität kann die Wasserbewegung auch der rein mechanischen Sauerstoffversorgung dienen. Eine kräftig bewegte Wasseroberfläche reißt Sauerstoff aus der Luft ins Wasser.

Im Aquarium benutzt man zur Erzeugung der nötig erscheinenden Wasserbewegung am besten stufenlos regelbare Kreiselpumpen oder Membran-Luftpumpen (Belüfter). Auch manche Umwälzpumpen von evtl. vorhandenen Filteranlagen liefern bereits genügend Bewegung. Die modernen **Kreiselpumpen** schaffen in der Regel stärkere Bewegung und sind bei fehlenden Filteranlagen unerläßlich. So läßt sich mit beiden Systemen durch einen dicht unterhalb der Wasseroberfläche (oder direkt an der Oberfläche) austretenden Wasserstrahl Druck und damit Bewegung erzeugen. Bei optimaler Nutzung kann damit eine Sauerstoffsättigung (100%) auch ohne Pflanzen im Aquarium erreicht werden.

Wasserschichten in Bewegung zu bringen, sollte der Sprudelstein möglichst dicht am Bodengrund sitzen. Auch solche Geräte sind zum Teil stufenlos regelbar und lassen sich in ihrer Wirkung verstärken oder abschwächen.

Der Nachteil einer solchen mechanischen Sauerstoffversorgung ist folgender: Die hineingepumpte Luft (beim Sprudel-

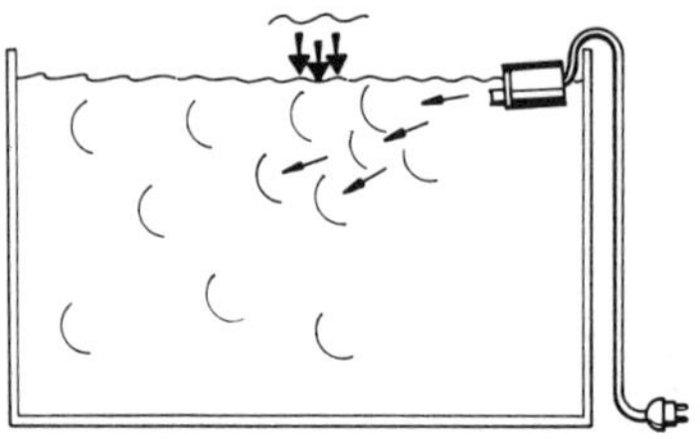

Kreiselpumpe

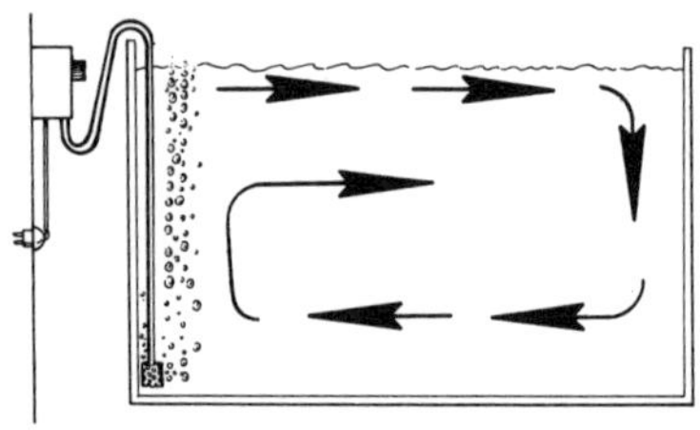

Membran-Durchlüfter

stein noch deutlicher als bei der Kreiselpumpe) treibt nicht nur Sauerstoff ins Wasser, sondern gleichzeitig auch Kohlendioxid (CO_2) heraus. Diesen Vorgang nennt man Gasaustausch. Da Kohlendioxid aber als der wohl wichtigste Basis-Nährstoff für Pflanzen überhaupt gilt, ist die Folge: Mit einer kräftig sprudelnden Belüftung ist meist keine gesunde, vor allem aber keine dichte Pflanzenkultur zu erreichen. Manche Aquarianer sagen dazu, daß die Pflanzenpflege auch dann nicht gelingt, wenn das Aquariumwasser von außen mit CO_2 versorgt wird, weil der Sprudeleffekt zu groß ist und das CO_2 sich im belüfteten Wasser nicht lange halten kann. Über diesen Punkt (Intensität des Gasaustausches – also dem Verlust von CO_2) gibt es unterschiedliche Meinungen. Festzuhalten ist aber auf jeden Fall, daß es bei einem Mangel an Nährstoffen (in diesem Fall CO_2) nicht gelingt, vorhandene dichte Pflanzenbestände am

Von einer echten oder natürlichen Strömung kann man in diesem Zusammenhang allerdings nicht reden. In Fließgewässern reißt die Strömung Schmutzteile mit sich fort, führt ständig Frischwasser heran und läßt die Sauerstoffwerte konstant erscheinen (wenn keine Verschmutzung von außen erfolgt). Im Aquarium bleiben anfallende Schmutzteile auf engstem Raum erhalten und wirbeln lediglich herum. Die Kreiselpumpe ersetzt also keineswegs pflegerische Hygiene.

Die üblicherweise zur Sauerstoffversorgung des Aquariums verwendeten **Membran-Durchlüfter** (»Luftpumpen«) haben einen ähnlichen Effekt wie Kreiselpumpen. Das elektrische Gerät pumpt Luft über einen Schlauch zu einem im Wasser angebrachten porösen Ausströmerstein (Sprudelstein). Luftblasen steigen auf, zerplatzen und bewegen die Wasseroberfläche. Um auch die unteren

Leben zu halten. Ihre biologische Funktion würde somit ausfallen. Über diesen umstrittenen Komplex sollte sich der Leser mit Hilfe spezieller Literatur intensiver auseinandersetzen. Erfahrungsgemäß ist es in der Tat so, daß man in einem kräftig belüfteten Wasser nur relativ wenige, anspruchslose Pflanzen dauerhaft gesund halten kann.

In einem Forellen-, Äschen- oder Groppenaquarium (Wildbachaquarium) ist eine dichte Pflanzenkultur ohnehin nicht nötig. Hier sorgt man am besten mit einer kräftigen Kreiselpumpe (oder Belüftung) für ausreichenden Sauerstoff und Bewegung, und man begnügt sich mit wenigen anspruchslosen Pflanzen, z.B. Quellmoos, einigen Vallisnerien, Javamoos, Wasserminze, Wasserpest usw.

Temperatur. Für das Kaltwasseraquarium ist die Temperatur mitentscheidend bei der Sauerstoffversorgung. (Siehe Tabelle S. 34: Löslichkeit von Sauerstoff im Wasser). Relativ niedrige Temperaturen, wie sie für heimische Fische ohnehin gefordert sind, ermöglichen höhere Sauerstoffwerte. Von gewisser Bedeutung in diesem Zusammenhang ist auch die Tatsache, daß die Löslichkeit von Kohlendioxid, als Pflanzennährstoff, ebenfalls temperaturbedingt ist; je kühler ein Wasser, desto mehr CO_2 kann sich darin lösen. Man kann es auch so sagen: Bei niedrigen Temperaturen kann das Wasser entsprechend mehr Sauerstoff in sich lösen, und sowohl die Sauerstoffversorgung durch die Pflanzen als auch die mechanische Sauerstoffversorgung wird damit erleichtert. Man braucht letztlich nicht so viele Pflanzen, oder die Belüftung kann sparsamer erfolgen. Gleichzeitig verbleibt mehr CO_2 im Wasser und kommt den vorhandenen Pflanzen zugute. Niedrige Temperaturen begünstigen also auch die Pflege der Kaltwasserpflanzen. Die Temperaturen müssen allerdings innerhalb der Verträglichkeitsgrenzen bleiben. Es kommt dabei sehr darauf an, welche Pflanzenarten man verwendet. Aquarientemperaturen von 14–18 °C (für die artgerechte Haltung der Fische) sind für echte Kaltwasserpflanzen gut geeignet.

Zur Frage der Sauerstoffversorgung im Aquarium sind aber noch weitere Umstände von Bedeutung: Nicht nur die Fische, sondern sämtliche andere im Aquarium befindlichen, sauerstoffabhängigen Organismen benötigen ausreichend Sauerstoff zum Leben. Zahlreiche Mikroorganismen (Bakterien, winzige Algen, Pilze usw.) erfüllen im Aquarium eine beinahe lebenswichtige Funktion, sie verzehren Ballaststoffe (Fischkot, Futterreste usw.), verarbeiten sie zum Teil zu gelösten Pflanzennährstoffen und verwandeln fischgiftige Substanzen in weniger gefährliche Stoffe (Bakterien oxidieren Ammoniak zu Nitrit und anschließend zu Nitrat). Auch diese Organismen sind also vom Sauerstoff abhängig, und je mehr Sauerstoff vorhanden ist, desto zahlreicher können sie sich vermehren und ihre Aufgabe besser erfüllen. Das Aquarium insgesamt braucht möglichst hohe Sauerstoffwerte. Das heißt: Sauerstoffwerte, die für Fische gerade noch erträglich erscheinen (minimale Dauerwerte), stellen keine guten Bedingungen für das gesamte System Aquarium dar.

Bei überreichlich vorhandenen organischen Abfällen finden die Bakterien günstige Nährstoffverhältnisse für sich vor, vermehren sich dementsprechend und werden, da sie Sauerstoff verbrauchen, zur Atmungskonkurrenz für die Fische (von anderen ungünstigen Zwischenprodukten einmal abgesehen), bei der die Fische auf Dauer immer unterliegen. Deshalb spricht man in diesem Zusammenhang von sauerstoffzehrenden Substanzen. Viel Schmutz im Aquarium verhindert also die ausreichende Sauerstoffversorgung der Fische.

Aus dem bisher gesagten ergibt sich nun die Frage, welche konkreten Sauerstoffwerte für das Aquarium nötig sind. Die Antwort ist: Die besten Voraussetzungen sind gegeben, wenn am frühen Nachmittag – dann haben die Pflanzen aufgrund der Lichteinwirkung den Höhepunkt ihrer Sauerstoffproduktion erreicht – der Sättigungsgrad annähernd erreicht oder leicht überschritten wird (bis ca. 120%). In einem Forellen- oder Wildbachaquarium bei artgerecht niedrigen Temperaturen von ca. 12–15 °C wären dies etwa 10–12 mg/l, wobei die Werte in der Nacht nicht unter 6 mg/l sinken sollten (z.B. wenn eine rein pflanzliche Sauerstoffversorgung angestrebt wird). In einem Karpfenaquarium mit weniger empfindlichen, anpassungsfähigen Arten – bei 18 °C – wären dies ca. 8,8–8,0 mg/l und in der Nacht nicht weniger als 4,0 mg/l. Wird tagsüber der Sättigungsgrad nicht annähernd erreicht oder erscheinen die Temperaturen als zu hoch (Hitzeperioden im Sommer), dann sind die idealen Voraussetzungen nicht erfüllt. In der Nacht kann ein zu niedriger Sauerstoffgehalt dann unter Umständen katastrophale Folgen haben.

Die Sauerstoffwerte in einem gut gepflegten Aquarium liegen also zumindest tagsüber deutlich höher als die für die Fische wünschenswerten Dauerwerte. (Hierzu ist anzumerken, daß sich zählebige, weniger empfindliche Fische den besseren Sauerstoffwerten immer sehr gut anpassen; umgekehrt ist dies vielfach nicht der Fall.) Zur Kontrolle sind regelmäßige Sauerstoffmessungen erforderlich. Einfach zu handhabende Präparate mit annähernd genauen Meßergebnissen erhält man in jedem gut sortierten Zierfischhandel.

Die Herstellung und Pflege einer üppig wachsenden, dauerhaft gesunden und ausreichend sauerstoffspendenden Wasserpflanzenkultur im Aquarium bereitet oft erhebliche Schwierigkeiten und gelingt nur unter Beachtung aller wichtigen Wirkungsabläufe (CO_2-Düngung, Mineraldüngung, Bodengrund- und Lichtverhältnisse, Wasserbeschaffenheit, Aquariengröße, Fischbestand). Dazu sind aquarientechnische Zusatzeinrichtungen erforderlich und die Bereitschaft für eine erhöhte Aufmerksamkeit (Ergebnismessungen).

Für das Kaltwasseraquarium steht im Handel nur eine begrenzte Auswahl echter Kaltwasserpflanzen zur Verfügung, den Hauptanteil bilden stets die exotischen Warmwasserpflanzen. Heimische Wildpflanzen sind wenig erprobt und erweisen sich vielfach als äußerst empfindlich. Eine artgerechte kalte Überwinterung der Fische (unter 10 °C) gefährdet viele Pflanzenarten, es eignen sich daher nur wenige wintergrüne Arten, die auch bei sehr niedrigen Temperaturen biologisch wirksam bleiben. Deshalb muß man hier sehr gezielt vorgehen und die dekorativ-repräsentativen Ansprüche bei den Pflanzen zugunsten der Funktion weitgehend vernachlässigen.

Die in den Beschreibungen zu den einzelnen Fischarten in diesem Buch wiederholt auftauchenden Hinweise auf die mechanische Sauerstoffversorgung (Kreiselpumpe oder Belüftung) gelten zum einen für besonders empfindliche Fische (z.B. Bachneunaugen, Forellen, Groppen) und zum anderen richten sie sich an den aquaristischen Anfänger, der zunächst die

Pflege der Fische in den Vordergrund stellen möchte, oder an denjenigen, der die intensive Pflanzenpflege bewußt außer acht lassen will. Die rein mechanische Sauerstoffversorgung schafft keine idealen Voraussetzungen im Aquarium (Pflanzen können mehr als nur Sauerstoff produzieren), das ist auf jeden Fall festzuhalten. Dennoch lassen sich unter Berücksichtigung der übrigen pflegerischen und hygienischen Regeln die Tiere lange Zeit gesund und am Leben erhalten.

Wenn Fische unter Atemnot leiden, können auch andere Ursachen als Sauerstoffmangel dafür verantwortlich sein. Es genügt in einem solchen Fall nicht, einfach nur die Belüftung zu verstärken. Bei zu hohen Temperaturen z. B. ist der Erfolg gleich null. Zunächst muß man messen, ob der Sauerstoffgehalt tatsächlich zu niedrig ist, oder annähernd dem Sättigungsgrad entspricht. Veränderungen im Wasserchemismus können dazu führen, daß Erstickungsanzeichen mit verstärkter Belüftung nicht zu beheben sind, z. B. bei starkem CO_2-Überschuß oder bei einer Ammoniakvergiftung. Durch solche Art Vergiftung, die manchmal bei krassem Überbesatz mit Fischen, bei nur geringem Pflanzenbestand, übermäßiger Fütterung und/oder Mangel an Hygiene entstehen, kann es zu einer Atemnot vieler Fische gleichzeitig kommen, wobei nicht unbedingt ein Sauerstoffdefizit vorliegen muß (siehe hierzu auch den Abschnitt über Fischkrankheiten).

Aquarienfilter – Kläranlagen

Für die Kaltwasserpraxis mit heimischen Fischen sind Filteranlagen nicht zwingend erforderlich. Die notwendigen hygienischen Verhältnisse lassen sich auch ohne Filter herstellen: Geringer Fischbesatz, regelmäßige Frischwasserzufuhren mit geeignetem Leitungswasser, manuelle Pflege des Bodengrundes (Mulmabsaugen), gesunde Wasserpflanzen, hohe und konstante Sauerstoffwerte in Verbindung mit angemessen niedrigen Temperaturen, ausreichend Licht und eine sparsame Fütterung der Tiere ermöglichen eine langfristige Stabilität. Das gilt selbst für empfindliche Fische. Ein Beispiel aus der Praxis:

In einem 160 l Becken lebten anfangs 4 kleine Bachforellen von je 4 cm Länge. Mit zunehmender Körpergröße wurde der Lebensraum zu klein (aggressive Revierbildung) und 2 Tiere wurden herausgenommen. Die verbleibenden Tiere wuchsen in zweieinhalb Jahren auf ca. 10 bzw. 14 cm heran. Die Wassertemperatur lag bei durchschnittlich 14 °C. Pflanzenbestände: 4 große Büschel heimisches Quellmoos, ca. 2 Dutzend wurzelfassende Vallisnerien, einige Büschel frei schwimmendes Hornkraut und zeitweise einige Stauden heimischer Wasserminze. Regelmäßige CO_2- und Mineraldüngung, pH-Wert ziemlich konstant um 8,2. Strömungssimulation mittels Kreiselpumpe. Sauerstoff bei durchschnittlich 10 mg/l (tagsüber), morgens ca. 6 mg/l. Von Frühjahr bis Herbst Verwendung von fein dosiertem Tageslicht (Jalousie-Steuerung), im Winter zum Ausgleich Kunstlicht. Das Becken wurde zu keiner Zeit gefiltert. Wasserwechsel ca. alle 14 Tage $^1/_3$ des Beckeninhalts (Leitungswasser: pH um 8, Karbonathärte zwischen 8–10 °dH). Der Bodengrund mußte im Durchschnitt alle 2 Monate abgesaugt werden. Die Fütterung erfolgte gezielt und sparsam. Algen traten nur in unerheblichem Maße in Erscheinung. Bei kalter Überwinterung stagnierten die Pflanzen teilweise (unter 10 °C). Der Kreiselpumpeneffekt wurde daraufhin verstärkt zur Sauerstoffversorgung (Belüftung) eingesetzt. Dadurch gerieten die Pflanzen zeitweise in Gefahr, an Nährstoffmangel (CO_2) einzugehen und wurden gelichtet (die Vallisnerien und das Quellmoos blieben vollständig erhalten). Im Frühjahr wurden Hornkraut und Wasserminze wieder aufgestockt und der Kreiselpumpeneffekt zurückgenommen. Das Aquariumwasser war zu keiner Zeit getrübt, die Forellen mußten nicht ein einziges Mal auf Krankheiten behandelt werden. Das Becken blieb insgesamt rund 3 Jahre lang in Betrieb und kam mit relativ geringem Pflegeaufwand zurecht.

Der entscheidende Faktor an diesem gelungenen Beispiel ist der sehr großzügig bemessene – also geringe – Fischbesatz, in Verbindung mit reichlich lebenden Wasserpflanzen, artgerecht niedrigen Temperaturen, regelmäßigen Frischwasserzufuhren und Pflanzendüngung.

Dennoch: Als technische Hilfsmittel, die die Pflege eines Aquariums spürbar erleichtern können, seien moderne Filteranlagen sehr empfohlen. Notwendig erscheinen sie immer dann, wenn verhältnismäßig viele, oder wenige große Tiere vorhanden sind (Gesellschaftsbecken), oder bei Forellen-, Äschen- oder Groppenaquarien, die eine hohe Stabilität aufweisen müssen.

Die Funktion von Filteranlagen läßt sich damit beschreiben, daß sie zur Stabilität des biologischen Systems Aquarium einen wertvollen Beitrag liefern. Als eine automatische Voraussetzung für gute und stabile Verhältnisse kann man sie nicht betrachten.

Der Fachhandel bietet eine Reihe verschiedener Filtersysteme und Varianten an. Diese können hier nicht ausführlich zur Sprache kommen (der Autor hat nicht sämtliche Modelle erproben können). Die hier gelieferten Kurzhinweise sind als Vorinformation zu verstehen, sie erklären keinesfalls vollständig die komplizierten Vorgänge bei der Abwassertechnik im Aquarium.

Filter dienen in erster Linie als Auffangbecken für im Wasser anfallenden Schmutz, sie sind eine Art Mülldeponie und brauchen ihrerseits Pflege und Wartung. Gegen übermäßigen Fischbesatz, ungesunde oder gar absterbende Pflanzen, zu hohe Temperaturen, überreichliche Fütterung und schlechte Lichtverhältnisse kommen die besten Filter nicht an. Überbeanspruchte und schlecht gepflegte Filter verlieren ihren Sinn und können zu einer Gefahr für die Fische werden, da giftige Substanzen, die sich in den Kammern bilden, schließlich ins Aquariumwasser gelangen.

Es ist ein Mißverständnis zu glauben, Filter beseitigen die Abfallstoffe vollständig. Dies trifft im Grunde nur für den Vorfilter (Watte) zu, der grobe Schmutzteile auffängt, die beim Auswechseln des Vorfiltermaterials mechanisch entfernt werden. Filter sind an den Wasserkreislauf angeschlossen und die umgewandelten Stoffe gehen nicht verloren. Ein guter Filter sorgt für die optische Klarheit des Aquariumwassers, organische Abfälle zersetzen sich in den Filterkammern (in einem sehr komplizierten Ablauf, bei dem zum Teil giftige Zwischenprodukte anfallen) und gelangen in gelöster Form (unsichtbar – aber meßbar) ins Aquarium zurück. Die gelösten (mineralisierten) Stoffe sind zum Teil wichtige Pflanzennährstoffe, so z. B. CO_2. »Das Grundproblem aller Filtermaßnahmen ist die Erhaltung des Sauerstoff-Kohlensäure-Gleichgewichtes bei gleichzeitiger mechanischer Reinigung« (G. Hückstedt, 1978).

Für die Kaltwasserpraxis hier nun einige eingrenzende Hinweise:

a) Chemische Filter Hier sind solche Systeme gemeint, die, von verschiedenen Filtersubstanzen ausgehend, das Aquariumwasser chemisch aufbereiten sollen. Sie sind für die Kaltwasserpraxis erfahrungsgemäß nur in Ausnahmefällen zu empfehlen:

Kohlefilter: (Filtersubstanz: Kohle – Aktivkohle). Die Hauptfunktion besteht in der Bindung von Eiweißstoffen (Harnstoffe, faulende Futterreste), also in der Entgiftung des Aquariumwassers und in der Neutralisierung von Medikamenten nach Behandlung von Fischkrankheiten. Kohlefilter eignen sich auch zur Beseitigung von Chlor im Leitungswasser. Ihr Einsatz im Kaltwasseraquarium ist sinnvoll nach Überdosierungen mit Fischmedikamenten. Dabei ist die Qualität der Kohlesubstanz von entscheidender Bedeutung (Beratung im Fachhandel).

Torffilter: (Filtersubstanz: Torf). Die Hauptfunktion besteht darin, Leitungswasser mit hohen alkalischen pH-Werten mit im Torf enthaltenen Humussäuren anzusäuern und somit den pH-Wert zu senken. Dies ist im Kaltwasseraquarium in den allermeisten Fällen nicht nötig. (Siehe hierzu auch den Abschnitt Wasserbeschaffenheit.) Dabei ist die Qualität des Torfs von entscheidender Bedeutung (»Steigt der pH-Wert durch Belüftung an, enthält der Torf flüchtige organische Säuren und ist untauglich« (G. Hückstedt, 1978)). Die pH-Senkung mit Torffiltern ist nur dann evtl. sinnvoll, wenn der pH-Wert im Leitungswasser über 8,6 liegt und die Karbonathärte nicht zu hoch erscheint (bei hoher Karbonathärte ist zuviel Säure erforderlich). Manche Torffilter sind in ihrer Wirkung schlecht kontrollierbar.

Kunstharzfilter: (Ionenaustauscher/Teilentsalzungs- oder Vollentsalzungsverfahren zur Senkung der Karbonatshärte). Die Hauptfunktion besteht darin, dem durchlaufenden Wasser Mineralsalze (Härtebildner) zu entziehen – oder vorhandene Substanzen gegen andere auszutauschen (z. B. Nitrat gegen Chlorid). Dieses Verfahren der Wasseraufbereitung erscheint für die Kaltwasserpraxis nur in extremen Ausnahmesituationen sinnvoll, nämlich dann, wenn ein sehr hoher pH-Wert (ab ca. 8,6) durch eine sehr hohe Karbonathärte (ab ca. 20 °dH) verursacht wird. (Siehe hierzu auch den Abschnitt Wasserbeschaffenheit.) Normalerweise genügt ein Ansäuern des Leitungswassers mit CO_2-Düngung zur Senkung eines zu hoch erscheinenden pH-Wertes.

b) Mechanische Filter Hierunter versteht man Filtersubstanzen, die ausschließlich aufgrund ihrer sehr engmaschigen Substanz Schmutzstoffe zurückhalten. Viele Systeme verstehen sich als mechanische Filter, werden aber auch von Bakterien besiedelt, so daß die Filterfunktion zu einem Teil auf biologischer Basis besteht.

Der sogenannte *Diatomeenfilter* ist als ein rein mechanischer Filter anzusehen. Eine weißpulvrige Kieselerde (Kieselalgen-Gur) bildet die Filtersubstanz. Diese ist derart eng, daß das Wasser beim Durchlauf auch von allerfeinsten Schmutzteilen befreit wird, es wird in kurzer Zeit optisch klar. Solch ein System ist evtl. als Zusatzeinrichtung von gewissem Wert, etwa nach Umräumaktionen im Aquarium, wenn störende Trübungen kurzfristig beseitigt werden sollen.

Empfehlenswert für die Kaltwasserpraxis sind in erster Linie Filter und Kleinkläranlagen, die auf bakteriell-biologischer Basis arbeiten. Das Grundprinzip ist dabei im wesentlichen bei allen Modellen gleich: Das Aquariumwasser wird mit einer Kreiselpumpe, Tauchkreiselpumpe oder durch ein Überlaufrohr durch eine oder mehrere Filterkammern geschleust. Ein Vorfilter (Perlonwatte oder ähnliches) hält zunächst die großen Schmutzteile zurück. In den nachfolgenden biologischen Filterkammern haben sich Bakterien (Nitrosomonas – Nitrobacterbakterien) angesiedelt, die die organischen Substanzen aus dem durchlaufenden Wasser zur Nahrung zersetzen und (in einem komplizierten Prozeß) in weniger schädliche Substanzen und zum Teil auch in gelöste Pflanzennährstoffe umwandeln. Die Bakterien befinden sich naturgemäß im Aquarium und gelangen über den Wasserkreislauf in die für sie eingerichteten Filterkammern (nach etwa 2 Wochen). In den Kammern befinden sich geschichtete Tonröhrchen, Lavasteinchen, Kies, Watte oder ähnliches »bakterienfreundliches« Material. Die Materialien bieten durch ihre Form und Masse den Bakterien eine große Besiedlungsfläche. Je größer die Fläche, desto mehr Organismen können sich ansiedeln. Anschließend fließt das Wasser in das Aquarium zurück. Bei ihrer Lebenstätigkeit verbrauchen die Mikroorganismen Sauerstoff aus dem durchfließenden Wasser. (Das Prinzip des »biologischen Rasens« ist der Natur abgeschaut. In Bächen, deren Bodengrund nicht einfach nur flach ist, sondern aus vielen Kieseln und abgerundeten Steinen besteht, ist von vorn herein eine enorme große Besiedlungsfläche für Bakterien vorhanden. Gleichzeitig fließt unablässig sauerstoffreiches Wasser vorbei und der Wasserstand ist meist nicht sehr hoch. Einschließlich der Strömung, die Schmutzteile einfach wegtransportiert, verfügen sauerstoffreiche, rasch fließende Wildbäche mit reichlich Geröllgrund daher über eine hohe Selbstreinigungskraft, im Gegensatz zu stehenden Gewässern mit lediglich ebenflächigem Grund, Mulmablagerungen und hohem Wasserstand.)

Hier einige Kriterien, die eine gute Filterleistung ausmachen:

- Je größer die Wasseroberfläche in einem Filter, desto mehr Luftkontakt – also Sauerstoffaufnahme – ist möglich (bei nicht zu hohem Wasserstand). Dementsprechend viele Bakterien können sich ansiedeln und ihre Aufgabe erfüllen
- Bei einem langsamen Wasserdurchfluß verbraucht sich der Sauerstoff rasch. Ein schneller Durchfluß garantiert zum einen, daß für die Bakterien eine Sauerstoffzufuhr besteht und zum anderen, daß das ins Aquarium zurückfließende Wasser nicht gänzlich ohne Sauerstoff ist. Der Begriff »biologischer Langsamfilter« kann daher irreführend sein. Eine allgemein anerkannte Regel hierzu sagt, daß die Wassermenge des Aquariums in etwa einer Stunde vollständig oder mindestens zur Hälfte den Filter passiert haben sollte. Insofern muß die Größe des Filters (Leistung) im richtigen Verhältnis zur Aquariengröße (Fischbesatz) stehen.
- Das gefilterte Wasser ist zum Schluß wesentlich sauerstoffärmer geworden (in Langsamfiltern nahezu sauerstofffrei). Es sollte daher vor dem Rückfluß mit der Luft in Berührung kommen, um neuen Sauerstoff aufzunehmen (evtl. auch, um überschüssiges CO_2 an die Luft abzugeben). Wenn keine oder nicht genügend andere Sauerstoffquellen vorhanden sind (dichte Pflanzenbestände oder zusätzliche Belüftungsgeräte) kann ein Diffusor (kräftiger, auf-

gelockerter Wasserstrahl) für Bewegung an der Wasseroberfläche sorgen. Es kommt hierbei ganz auf die gewünschte Wirkung an. Bei vorhandener, genügend Sauerstoff produzierender Pflanzenmasse sollte der Rücklauf sanft und ohne starken Belüftungseffekt erfolgen, da das CO_2 als Pflanzennährstoff verbleiben sollte. Es geht also oft nur darum, das Wasser nicht völlig sauerstofflos zurückzuführen, nicht aber kräftig zu belüften.

- Bei einem sanften Rücklauf, der nicht in der Lage ist, den nötigen Strömungseffekt zu erzeugen, ist der Einsatz einer zusätzlich installierten Kreiselpumpe nötig.
- Im Interesse der eigenen Sicherheit sollte man beim Kauf von Aquarienfiltern nicht kleinlich sein und auf Qualität achten, also nur gut gegen elektrischen Strom abgesicherte Geräte verwenden, die zudem so konstruiert sind, daß die nötigen Wartungsarbeiten (z. B. öfteres Auswechseln der Vorfilterwatte) leicht durchzuführen sind. Manche Pumpen sind außerdem recht laut, es empfiehlt sich, geräuscharme Pumpen zu nehmen. (Ein Aquarium muß nicht weithin laut brummen.)

Filter gibt es in verschiedenen Formen und Größen. Man unterscheidet auch Innen- und Außenfilter, die sich direkt im Aquarium installieren lassen oder außerhalb. Innenfilter haben den Nachteil, daß sie Platz nehmen (den Lebensraum der Fische einschränken) und als technische Objekte den »natürlichen« Eindruck der Unterwasserlandschaft stören können. Man kann sie allerdings geschickt verstecken (integrieren) und sie brauchen keinen Platz außerhalb des Aquariums.

Die wohl bekanntesten Außenfilter sind die **Topffilter**. Sie verfügen zwar nicht über eine große Wasseroberfläche, können aber bei genügender Leistung aufgrund eines raschen Wasserkreislaufs ihre Wirkung voll entfalten. Moderne Topf-Filter enthalten zum Teil auswechselbare Filterpatronen (Kassetten), deren Inhalt man gelegentlich auswaschen kann, oder man setzt einfach eine neue Kassette ein. Die Vorfilterwatte muß in kürzeren Zeitabständen erneuert werden (ca. alle 2 Wochen).

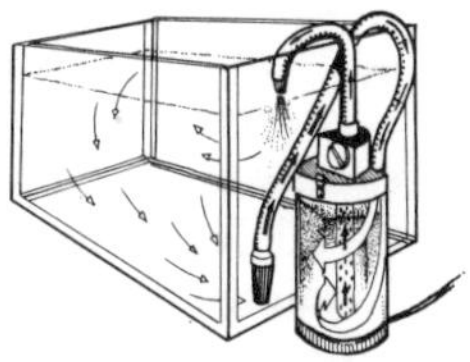

Topffilter

Biologische Langsamfilter (»Kleinkläranlagen«) sind mehrkammrige flache Glasbehälter (aquariumähnlich), die unter oder neben dem Becken stehen (Einbaumöglichkeit im Unterschrank). Sie verfügen über eine große Wasseroberfläche. Bei sachgerechter Anwendung (rascher Durchfluß, nicht zu hoher Wasserstand) laufen sie mehrere Jahre weitgehend wartungsfrei; das regelmäßige Auswechseln der Vorfilterwatte macht keine

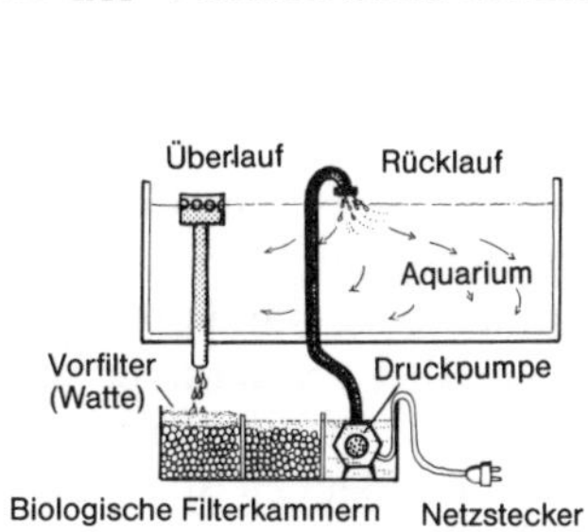

Biologisches Langsamfilter

Umstände. Dieses System wird zur Zeit im Handel nur noch selten angeboten, weil die moderneren Rieselfilter (die aber auch wesentlich teurer sind) es als überholt erscheinen lassen. Es ist aber damit zu rechnen, daß sich dieses System wieder durchsetzt.

Das zur Zeit wohl modernste Filtersystem ist der **Rieselfilter**. Hier fällt das Wasser durch einen Rieselkörper, der mit »Bioballen« als Besiedlungsfläche für Bakterien gefüllt ist. Es handelt sich um ein altes Prinzip aus der Abwasser-Aufbereitungstechnik. Das den Rieselkörper durchlaufende Aquariumwasser bildet dabei keine geschlossene Masse mehr, es tropft und rieselt an den Bioballen vorbei. Hier hat die Wasseroberfläche ihre größtmöglichste Ausdehnung erfahren, der Sauerstoffeintrag aus der Luft ist optimal genutzt. Ein gewisser Verlust an CO_2, der durch den intensiven Gasaustausch entsteht, ist nicht gravierend und kann durch Zufuhr von außen (oder auch nicht, wenn nur wenige anspruchslose Pflanzen vorhanden sind) leicht ausgeglichen werden.

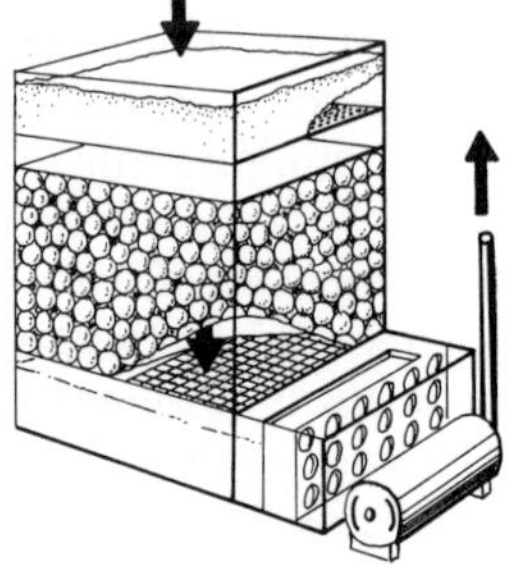

Rieselfilter

Das Temperaturproblem oder: Kaltwasserfische brauchen kühles Wasser

Nach Reichenbach-Klinke vertragen die meisten einheimischen Süßwasserfische nach langsamer Gewöhnung (!) bis 28 °C (Barsch), Karpfen sogar bis 40 °C und die empfindlichen Forellen bis 26 °C; immer vorausgesetzt, der Sauerstoffgehalt ist noch ausreichend. »Normalerweise wird angenommen, daß für Forellen (Regenbogenforellen – Anmerk. d. Verf.) und Renken ein Sauerstoffgehalt von 5 mg/l notwendig ist. Bei 20 °C brauchen sie (also in Ruhestellung) 3,5 mg/l« (Reichenbach-Klinke, 1970).

Solche Temperaturwerte sind als Obergrenzen (bzw. Untergrenzen) ermittelt. Das bedeutet nicht, daß man Barsche, Renken und Forellen im Aquarium bei dauerhaft 24 °C halten kann (siehe hierzu auch den Abschnitt Sauerstoff).

Für eine artgerechte Aquarienhaltung heimischer Fische braucht man relativ niedrige Dauertemperaturen. Mit ansteigenden Temperaturen wird im allgemeinen der gesamte Stoffwechselprozeß (ausgenommen die Reifung der Geschlechtszellen) angekurbelt. Die Tiere werden aktiver, fressen mehr und wachsen viel schneller. Bei unverträglich hohen Temperaturen dagegen läßt die Freßlust nach, die Tiere geraten in Apathie oder unternehmen Fluchtversuche und die Atemfrequenz steigt. Mit den Temperaturen steigt auch die Krankheitsanfälligkeit. Krankheitsbedingte Verluste einzelner Tiere und Seuchen treten im Sommer erfahrungsgemäß weitaus häufiger auf als in der kälteren Jahreszeit. Im warmen Wasser vermehren sich Fäulnisbakterien und viele Fischparasiten schneller und zahlreicher. Die Temperatur im Aquarium ist also auch ein sehr wichtiger Hygienefaktor.

Kurz gesagt: fast alle heimischen Arten sind bei Temperaturen zwischen 14–18 °C im Aquarium am besten aufgehoben. Entsprechend den natürlichen Verhältnissen draußen können die Temperaturen im Winter weitaus niedriger liegen, bis zu einer Untergrenze von 4 °C. Als dauerhafte Obergrenze sind 20 °C einzuhalten. Kurzfristige Erwärmungen auf 22–24 °C, wie sie bei Hitzeperioden im Sommer leicht auftreten können und die nicht länger als 8 Tage anhalten, werden von vielen Arten vertragen; immer vorausgesetzt, die Wasserqualität ist gut (sauberer Bodengrund, gesunde Pflanzen, Sauerstoffwerte nahe dem Sättigungsgrad, nicht zu viele Fische). Fische aus stehenden oder langsam fließenden Gewässern, also viele karpfenartige Weißfische, vertragen höhere Temperaturen besser als solche aus kühlen Bächen, z. B. Forellen, Äschen, Groppen und Schmerlen. Diese grobe Regel, abgeleitet von der biotopischen Herkunft der Tiere, sollte man sich für die artgerechte Haltung zu eigen machen.

Aus dem bisher gesagten ergibt sich, daß die meisten Fische bei Temperaturen, wie sie in Wohnungen in der Regel herrschen, überlebensfähig sind. Optimale, also artgerechte Bedingungen ergeben sich dabei aber nicht. Wohnungen sind dafür meistens zu warm. Das gilt sowohl im Sommer, mit Innentemperaturen bis oftmals weit über 20 °C, als auch im Winter in beheizten Räumen mit ähnlich hohen Temperaturen. Die geringe Menge Wasser im Aquarium paßt sich den Umgebungstemperaturen ziemlich genau an, zumal das temperaturleitfähige Glas das Aquarium praktisch nach allen Seiten hin offen erscheinen läßt.

Um optimale oder zumindest günstige Temperaturwerte zu erreichen, gibt es folgende Möglichkeiten:

Das beste Hilfsmittel ist sicher ein **Durchlaufkühler**, wie er z. B. von der Firma EHEIM speziell für die Kaltwasseraquaristik entwickelt wurde. Das kompakte Aggregat läßt sich stufenlos regeln, bei normalen Zimmertemperaturen bis hinunter auf 5 °C. Die verschiedenen Modelle eignen sich für Becken von 100–900 l, um auch bei 25 °C Raumtemperatur den gewünschten Kühleffekt zu erzielen. Die größeren Aggregate laufen über einen vorgeschalteten Filter. Die Geräte sind sehr teuer, ab etwa DM 2000,–, und erfordern viel Strom. Sie sind für den Dauerbetrieb geeignet, brauchen aber in der Regel nicht unablässig eingesetzt zu werden (evtl. nur wenige Wochen im Jahr), insofern hält sich der Stromverbrauch in Grenzen.

Stehen die finanziellen Mittel dafür nicht zur Verfügung, gibt es die Möglichkeit, Kühlaggregate (Kühlplatten) aus Haushalts-Kühlschränken auszubauen und diese in einem Aquarium mit ständig bewegtem Wasser zeitweise einzusetzen. Der Strömungseffekt (Kreiselpumpe) verteilt das gekühlte Wasser. Wer einen versierten Techniker kennt oder handwerklich selbst dazu in der Lage ist, kann das Problem auf diese Weise angehen. Wichtig hierbei ist die Absicherung des elektrischen Stromkreislaufs (!). Die Kühlplatte muß wasserdicht (mit wasserfreundlichem, beständigem Kunststoff) und reißfest umhüllt sein.

Ideale Voraussetzungen sind auch dann erfüllt, wenn für das Aquarium ein Raum zur Verfügung steht, der vor allem im Sommer ausreichend kühl bleibt und im Winter unbeheizt oder nur schwach beheizt bleiben kann.

Ferner sollte das Aquarium den am wenigsten warmen Platz im Zimmer bekommen, also im Sommer nicht in einer sonnendurchfluteten Fensterecke und im Winter nicht zu nahe dem Heizkörper stehen. Fensterbänke, wenn sie gar noch nach Süden hin ausgerichtet sind, eignen sich schlecht.

Standortwechsel im Halbjahresrhythmus sind sehr mühsam, sie stellen eine erhebliche Störung der Tiere und Pflanzen dar. Selbst für einen noch so kurzen Transport muß das Aquarium fast vollständig entleert sein. Standortwechsel lassen sich allenfalls als Notlösung bei kleineren Becken anwenden.

Wenn im Winter jedoch nur ein beheizter Raum zur Verfügung steht, ist das Aquarium in unmittelbarer Fensternähe allerdings am besten aufgehoben. Die Fensterscheibe, wenn sie nicht zu sehr isoliert ist und gegen Sonnenlicht abgeschirmt werden kann, gibt immer etwas Kälte ab und die Wassertemperaturen liegen dann erfahrungsgemäß meist um zwei oder drei Grad niedriger als die Zimmertemperaturen in der Raummitte. In einem beheizten Raum ist dann mit ca. 18 °C Aquarientemperatur ein erträglicher Kompromiß erreicht. Nachts, wenn die Heizkörper ausgeschaltet sind, sinkt die Temperatur und schafft weiteren Ausgleich, paßt sich aber tagsüber wieder an.

Eine weitere Möglichkeit könnte darin bestehen, die Druckluftpumpe oder den Wasserkreislauf der Filteranlage nach draußen zu verlegen. Nachts (oder im Herbst und Winter) würden dabei die Außentemperaturen bis zu einem gewissen Grad angenommen und an das Aquariumwasser weitergegeben werden. Dazu müssen allerdings Löcher zumindest in die Fensterscheibe geschnitten werden und Schläuche und Kabel entsprechend lang sein. Außen angebrachte elektrische Geräte bedürfen Schutz vor Feuchtigkeit (!) und im Winter vor Frost (!). Die Geräte werden in ihrer Leistungsfähigkeit (Pumpleistung) über größere Entfernungen stärker gefordert, auch dies ist zu beachten. Wenn die Außentemperaturen zudem draußen nicht mehr niedrig genug sind, kommt keine Kühlung mehr zustande.

Kritisch wird es erfahrungsgemäß hauptsächlich im Sommer bei anhaltenden Hitzeperioden.

Das äußerste und zugleich aufwendigste Mittel wären kurzfristige und häufige Wasserwechsel mit kühlerem Leitungswasser. Solche Wasserwechsel müssen allerdings besonders vorsichtig erfolgen, damit es zu keinen radikalen Temperaturstürzen und groben Veränderungen der Wasserbeschaffenheit kommt. Rasche Temperaturwechsel innerhalb weniger Minuten können den plötzlichen Tod vieler Fische zur Folge haben. Eine kurzfristige Temperaturveränderung von nur 3 °C ist grundsätzlich bedrohlich und muß vermieden werden (!). Solche »Unfälle« passieren auch leicht bei den üblichen Wasserwechseln, wenn sie zu massiv erfolgen. Jungfische aller Arten sind hierbei, wie in allen anderen Belangen der Haltung und Pflege, weitaus empfindlicher als erwachsene Tiere. Erwachsene Exemplare klein bleibender Arten wiederum sind weniger empfindlich als etwa gleichgroße Jungfische größerer Arten.

Frischwasserzugaben bei sommerlichen Temperaturen sind also eine zweifelhafte Maßnahme. Ihre Wirkung ist auch gering, weil die notwendigen kleinen Dosierungen durch den Anpassungseffekt des Wassers an die Umgebungstemperatur kaum zu einer echten Erleichterung führen. Dasselbe gilt auch für Eiswürfel aus dem Kühlschrank, die man ins Aquarium gibt, der Effekt ist gleich null.

Frischwasser hilft allenfalls gegen aufkommenden Sauerstoffmangel; erwärmtes Wasser ist weniger sauerstofflöslich als kühleres. Filteranlagen, die das Wasser sauber halten, sowie eine verstärkte Belüftung helfen mit, kritische Zustände zu bewältigen.

Die Installation kleinerer Quarantänebecken im Keller oder anderen ausreichend kühlen Räumen stellt mit Sicherheit eine bessere Lösung dar, vor allem für die empfindlichen Arten, wenn es sonst keine Möglichkeiten gibt. Man kann dann empfindliche Tiere für eine Weile umsetzen.

Und am besten wäre es schließlich, auf die besonders temperaturempfindlichen Arten zu verzichten und sie zum Sommer hin in die Freiheit ihrer Heimatgewässer zu entlassen.

Wasserbeschaffenheit – Leitungswasser als Lebenselement für Fische und Pflanzen

Die Frage nach der richtigen Wasserbeschaffenheit nimmt in der Aquaristik eine zentrale Stellung ein. Die Begriffe und Zusammenhänge dazu werden in der Aquarienliteratur hinreichend erläutert, der Leser kann sich dort leicht grundsätzlich informieren oder sein Wissen vertiefen. Bei dem Verständnis für einige wichtige Zusammenhänge aus der Wasserchemie ist der aquaristische Laie sicher am stärksten gefordert, und es braucht eine gewisse Zeit, um sich einzuarbeiten.

Zwischen der Kaltwasser- und Warmwasseraquaristik besteht ein bemerkenswerter Unterschied, der die Pflege heimischer Fische deutlich unkomplizierter erscheinen läßt. Und um diesen Unterschied geht es hier. Er läßt sich (grob vereinfacht) folgendermaßen erklären: Tropische und subtropische Gewässer sind vielfach sogenannte Weichwässer. Aufgrund des raschen Wasserkreislaufs in den Tropen und des meist geringen Kalkgehalts der Böden besitzen dort die Gewässer im Durchschnitt eine geringe Wasserhärte und der pH-Wert liegt meist im sauren Bereich. An solche Verhältnisse haben sich die Fische und Pflanzen angepaßt. Im Gegensatz dazu verläuft der Wasserkreislauf in den gemäßigten Zonen (Mitteleuropa) langsamer und die Böden sind durchschnittlich wesentlich kalkhaltiger. Die Gewässer können mehr Härtebildner in sich lösen, die Wasserhärte liegt höher und der pH-Wert befindet sich öfter im alkalischen Bereich. Die heimischen Organismen haben sich dem angepaßt.

Aus diesen Gründen ist auch unser Leitungswasser, das aus den heimischen Gewässern (überwiegend Grundwasser) gewonnen wird, im Mittel deutlich härter und alkalischer als die Tropengewässer.

Für viele tropische und subtropische Zierfische (vor allem zur Zucht) ist damit eine Aufbereitung unseres Leitungswassers notwendig. Für die heimischen Fische stellt sich dieses Problem im Grunde nicht, denn sie vertragen hartes und leicht alkalisches Wasser gut, sie haben sozusagen einen »Heimvorteil«.

Sowohl für die erste Füllung des Aquariums als auch für die regelmäßigen Wasserwechsel verwendet man das jeweils vorhandene Leitungswasser. (Bei der Erstfüllung sollte man es zwei Tage lang abstehen lassen, bevor man die Fische einsetzt.)

Ganz ohne Einschränkung kann dies allerdings nicht immer gelten. Gelegentlich ergeben sich von der Beschaffenheit des Leitungswasser her gewisse Ausnahmesituationen. Extrem weiches Wasser z. B. eignet sich schlecht für die Zucht heimischer Fische. (Nach W. Baur (1980) bei

Werten unter 0,5 mol/m^3 Säurebindungskapazität = ca. 1,5 °dH Karbonathärte; solche Werte dürften im Leitungswasser in der Bundesrepublik aber sehr selten sein.) In der Teichwirtschaft mit heimischen Nutzfischen sagt man, daß hartes Wasser »fruchtbarer« ist. Von Ausnahmen abgesehen gilt dies für tropische Fische im umgekehrten Sinn. Man kann weiches Wasser mit löslichen Tabletten (KH-Bildner zur Erhöhung der Karbonathärte) aufbereiten. Die Leitungswasserwerte erfährt man bei den zuständigen Wasserbehörden, oder man ermittelt sie selbst, mit Testlösungen, die im Zierfischhandel erhältlich sind.

Zusammenfassend kann man sagen, daß die heimischen Fische sowohl in weichem, mittelhartem und hartem Wasser gut aufgehoben sind. Schwierigkeiten könnten sich evtl. dort ergeben, wo Tiere und Pflanzen aus sehr weichem Wasser, z. B. Schlammpeitzger oder Moderlieschen aus moorigen Teichen und Gräben, plötzlich in extrem hartes Wasser umgesetzt werden. Bei behutsamer Gewöhnung ist die Anpassungsfähigkeit allgemein jedoch sehr hoch.

Ein weiterer wichtiger Indikator für die Frage, ob ein Wasser gut oder schlecht geeignet ist, ist der pH-Wert. Er steht in einem engen Zusammenhang mit der Wasserhärte und bestimmten Säuren (im Aquarium hauptsächlich Kohlensäure). Die Skala für den pH-Wert reicht von 1–14: unter 7,0 ist sauer, 7,0 ist chemisch neutral, über 7,0 ist basisch (alkalisch). Die pH-Verträglichkeit, also der jeweilige Gehalt an Säuren oder Laugen, ist bei den einzelnen Fischarten unterschiedlich ausgeprägt:

»Der Lebensbereich der Bachforelle (Anmerk. d. Verf.: eine der empfindlichsten heimischen Arten) wird nach unten hin durch pH 5,5 (Regenbogenforelle 4,5) und nach oben hin durch pH 9,4 begrenzt. Der tödliche Oberwert liegt für Hechte bei 10,7, für Schleien (Anmerk. d. Verf.: eine der am wenigsten empfindlichen heimischen Arten) bei 10,8 (unterster Grenzwert bei 4,0) und für Barsche bei pH 9,2. Der Lebensbereich fast aller Fische liegt in diesem Bereich, die Schwankungen betragen nur wenige Zehntel. Ideal ist ein Fischgewässer meist, wenn der pH-Wert zwischen 7–8 liegt.« (W. Baur, 1980)

Dazu ist anzumerken, daß kleinere Jungfische (insbesondere auch Eier und Fischlarven) gegenüber den oberen und unteren pH-Werten deutlich empfindlicher sind als größere oder erwachsene Tiere. Junge Bachforellen, die man ständig bei pH-Werten knapp an ihrer Verträglichkeitsgrenze hält, z. B. bei 8,9 oder 5,8 pH, reagieren darauf mit Unwohlsein, erhöhter Krankheitsanfälligkeit und vorzeitigem Tod. Die Zahlenbeispiele für die Verträglichkeitsgrenzen schwanken allerdings in der Literatur.

Nach der derzeit gültigen Trinkwasserverordnung für die Bundesrepublik muß das Leitungswasser Werte zwischen pH 6,5–9,5 aufweisen.

Festzuhalten ist: Ein chemisch neutrales oder leicht alkalisches Wasser mit 7,0–8,0 pH eignet sich am besten als Aquariumwasser.

Je näher die Werte bei 7,0 pH, dem neutralen Punkt liegen, desto günstigere Voraussetzungen sind gegeben. Der Hauptvorteil liegt darin, daß ein annähernd neutraler Wert einen guten Kompromiß ergibt für die Vergesellschaftung verschiedener Arten aus unterschiedlich beschaffenen Biotopen – und weiterhin, daß unausweichliche Veränderungen des vorgegebenen pH-Wertes, aufgrund des

Stoffwechselgeschehens im Aquarium, nicht so leicht an die Erträglichkeitsgrenzen führen; die Sicherheitszone ist größer.

Nach unten hin sind grobe Abweichungen im Leitungswasser nicht zu erwarten (Trinkwasserverordnung: 6,5). Werte von pH 8,0 oder leicht darüber sind jedoch keine Seltenheit. Auch sie werden, aufgrund der natürlichen Verträglichkeit härteren oder alkalischen Wassers von den heimischen Fischen gut angenommen. In Bremen z. B. (Wohnort des Autors), wo der pH-Wert im Leitungswasser (weich) stets bei 8,0–8,2 liegt, bereitet die Haltung selbst empfindlicher Arten keinerlei Schwierigkeiten. Trotz der relativ hoch erscheinenden Grenzwerte in der Trinkwassserverordnung (9,5) sind die Wasserversorgungsunternehmen in der Bundesrepublik fast überall bemüht, den pH-Wert stabil zu halten. Werte über 8,5 sind nur in Ausnahmefällen zu erwarten.

Für die heimischen Fische bedeutet die Verwendung von Leitungswasser mit pH-Werten bis ca. 8,5 also keine unmittelbare Gefahr, solang eine Stabilität dieser Werte gewährleistet ist.

Hohe pH-Werte können aber auch bestimmte Nachteile haben. Wenn dabei (generell über 7,0) saure Ammoniumverbindungen im Aquarium vorliegen, bildet sich giftiges Ammoniak, das schon in geringen Konzentrationen schädlich ist (für empfindliche Fische ab 0,2 mg/l). Ammonium entsteht bei der Bakterientätigkeit beim Eiweißabbau (aus den Ausscheidungen der Fische und aus Futterresten nach Überfütterung). Im Kaltwasseraquarium mit alkalischen pH-Werten sollte man deshalb besonders großen Wert auf Sauberkeit und Hygiene legen. (Ammonium und Ammoniak lassen sich mit Meßpräparaten nachweisen.)

Wer nun ausnahmsweise ein Leitungswasser (Rohwasser) mit besonders hohen pH-Werten (etwa ab 8,6) vorfindet, sollte auf sehr empfindliche Fische z. B. Forellen, Äschen oder Groppen verzichten oder das Wasser vor seiner Verwendung aufbereiten.

Bei der Wasseraufbereitung kommt es darauf an, von welchen Faktoren der pH-Wert im Leitungswasser geprägt ist.

Für das Stoffwechselgeschehen im Aquarium gilt allgemein, daß der pH-Wert hauptsächlich vom Kalk-Kohlensäure-Gleichgewicht abhängt. Das heißt: Die Höhe der Karbonathärte (Säurebindungskapazität) und der Gehalt an freier Kohlensäure (CO_2), die nötig sind, um den Kalk in Lösung zu halten, bestimmen den pH-Wert. Allerdings wird der pH-Wert im Leitungswasser nicht überall nur vom Kalk-Kohlensäure-Gleichgewicht bestimmt, hier spielen auch andere Faktoren eine Rolle. Es kann also vorkommen, daß ein weiches Wasser einen relativ hohen pH-Wert zeigt.

Zusammenfassend ergibt sich: Sollte ausnahmsweise der pH-Wert im Leitungswasser zu hoch erscheinen und von einer hohen Karbonathärte herrühren (beispielsweise 18 °dH Karbonathärte und 8,6 pH) genügt es nicht, das Wasser einfach anzusäuern, um den pH-Wert auf das gewünschte Niveau zu senken, etwa mit der Zugabe von Salzsäure oder über eine CO_2-Düngung. Hierbei wäre unter Umständen eine zu hohe Säuredosis nötig, die auf der anderen Seite den Fischen schaden könnte. In solch einem Fall ist es eher zu empfehlen, die Karbonathärte selbst zu senken. Dazu eignen sich z. B. Kunstharzfilter (Ionenaustauscher – Teilentsalzungsverfahren zur Senkung der Karbonathärte). Eine ausführliche Beratung im Fachhandel hilft das Problem zu lösen. Wer einen pH-Wert von 8,6 oder darüber vorfindet, erkundigt sich am besten auch bei seinem Wasserversorgungsunternehmen, inwieweit die Karbonathärte für den pH-Wert bestimmend ist.

Bei einem hohen pH-Wert, der jedoch nicht in erster Linie durch eine hohe Karbonathärte verursacht wird, genügt dann ein einfaches Ansäuern des Wassers, z.B. über eine CO_2-Düngung oder mit chemischen Präparaten aus dem Zierfischhandel. Eine Mindestkarbonathärte von ca. 3 °dH sollte allerdings vorliegen, da sonst der gewünschte Effekt in Frage gestellt ist (Beratung im Fachhandel).

Eine hohe Karbonathärte im Leitungswasser, die mit einem gut verträglichen pH-Wert einhergeht, bietet auch einen Vorteil: Aufgrund der »Pufferwirkung« der Karbonathärte gegen einen raschen CO_2-Verlust beim Stoffwechsel der Pflanzen (biogene Entkalkung) bleibt der pH-Wert längerfristig stabil und gerät weniger leicht außer Kontrolle. In einem weichen Wasser dagegen kommt es eher zu massiven pH-Schwankungen.

Unter dem Einfluß des Stoffwechselgeschehens im Aquarium verändert sich die anfängliche Wasserbeschaffenheit dennoch rasch, wenn man nicht entsprechend gegensteuert. Für eine gute und artgerechte Tier- und Pflanzenpflege kommt es immer sehr darauf an, daß die Verhältnisse langfristig stabil bleiben. Große Schwankungen verlangen nach ständig neuer Anpassung und verursachen Streß bei den Tieren. Deshalb sind regelmäßige Kontrollen in Form von Messungen der Wasserbeschaffenheit angebracht. (Auch die Leitungswasserwerte sind gewissen Schwankungen unterworfen.) Die wichtigsten Messungen sind: Sauerstoffgehalt – pH-Wert – Karbonathärte (Gesamthärte) – CO_2-Gehalt – Eisen (bei Mineraldünger) – Ammonium, Ammoniak (bei alkalischen pH-Werten, vor allem vor Wasserwechseln mit noch höheren pH-Werten) – Nitrit und Nitratanteile – und die Temperatur.

Im Aquarium ist vor allem das Kalk-Kohlensäure-Gleichgewicht, also die stark wechselseitige Beziehung von Karbonathärte, Kohlensäure (CO_2) und pH-Wert von großer Bedeutung, der als »in sich geschlossener Komplex« (Horst, 1986) gilt. Der pH-Wert ist dabei zunächst der einfachste und am leichtesten zu messende Anhaltspunkt dafür, ob der Wasserchemismus einigermaßen ausgewogen ist. Er läßt sich aber, ebenso wie die anderen Indikatoren, nicht isoliert verstehen und behandeln (!).

In manchen Gegenden befindet sich im Leitungswasser ein gewisser desinfizierender Chlorgehalt, der ätzend auf die Kiemenschleimhäute einwirkt. Er sollte auf jeden Fall entfernt werden. Man bekommt diesen gasförmigen Stoff relativ leicht aus dem Wasser heraus, indem man es vor seiner Verwendung ein paar Tage stehen läßt (bei kräftiger Belüftung) oder indem man es direkt beim Einfüllen ins Aquarium durch einen sehr kräftig aufgelockerten, diffusen Wasserstrahl verdüst. Das Gas entweicht dann (Schwimmbadgeruch). Solche Maßnahmen genügen in der Regel. Auch eine Filterung über Aktiv-Kohle ist möglich.

Wenn man hauptsächlich Fische und nur wenige anspruchslose Wasserpflanzen pflegt, so spielt die anfängliche Beschaffenheit des Leitungswassers keine bedeutsame Rolle. In einem härteren und leicht alkalischen Wasser gedeihen auch die meisten Kaltwasserpflanzen der gemäßigten Zonen und viele heimische Wildpflanzen. Tropische Arten jedoch bevorzugen weicheres Wasser, sie passen sich unseren Wasserverhältnissen (und Temperaturen) nur bis zu einem gewissen Grad an. Auch einige heimische Arten, z.B. *Myriophyllum* und Pflanzen aus moorigen Gegenden, bevorzugen weiches und nicht zu alkalisches Wasser. Bei sehr hartem Wasser könnte es in einigen Fällen Schwierigkeiten bei der Haltung geben. Man muß ausprobieren, wie weit die Anpassungsfähigkeit geht (beim Pflanzenkauf läßt man sich im Fachhandel beraten) oder das Artenspektrum einschränken und die verträglichen Arten in größeren Gruppen halten.

Wichtig zu wissen ist auch, daß unser Leitungswasser grundsätzlich unausgewogen ist in seinen Bestandteilen an Pflanzennährstoffen. CO_2 wird dem Leitungswasser weitgehend entzogen. Wird es nicht genügend nachgeliefert, so entsteht Nährstoffmangel. Viele Spurenelemente, z.B. Eisen und Mangan, fehlen im Leitungswasser. Andererseits enthält es manche Nährsalze, z.B. Nitrat, vielerorts überreichlich (bis 50 mg/l). Unser gereinigtes Leitungswasser kann damit die Nährstoffversorgung der Pflanzen nicht übernehmen.

Das bei der Atmung der Fische abgegebene CO_2 und die Zersetzung organischer Abfälle tragen zwar zur Nährstoffanreicherung des Aquariumwassers bei, ein automatisch voll funktionierender Nahrungskreislauf ergibt sich dabei aber nur selten und eher zufällig. In einem Aquarium mit wenig Pflanzen und verhältnismäßig vielen Fischen kann es sogar zu einem CO_2-Überschuß kommen, so daß die Belüftung nicht nur die Sauerstoffversorgung übernehmen sondern gleichzeitig CO_2 austreiben muß.

Ein hoher Nitratgehalt im Aquariumwasser (ob er nun aus dem Leitungswasser stammt oder im Aquarium produziert wird) führt bei viel Licht zu einer raschen Wachstumsförderung der Pflanzen, die aber durch den Mangel an anderen wichtigen Elementen bald wieder gestoppt wird. Algen, die mit einem hohen Nitratgehalt besser zurechtkommen, erlangen rasch die Oberhand.

Man wird also in vielen Fällen eine gezielte Düngung vornehmen müssen, um dichte Pflanzenbestände dauerhaft am Leben zu erhalten. (Siehe dazu den Abschnitt über Pflanzendüngung.)

Abschließend noch ein paar kurze Stichworte zum Begriff Wasserhärte:

Gesamthärte. Begriff aus der Aquaristik, gemeint ist die »Summe der Erdalkalien«, die Menge der im Wasser gelösten Mineralien, hauptsächlich Calcium- und Magnesiumsalze. Die Gesamthärte (GH) ist die Summe aus Nichtkarbonathärte (NKH) und Karbonathärte (KH): NKH + KH = GH. Gemessen wird in °dH. In den mitteleuropäischen Gewässern und im Leitungswasser ist der Anteil der Karbonathärte an der Gesamthärte im allgemeinen als hoch zu bewerten.

Karbonathärte. Begriff aus der Aquaristik, wissenschaftlicher Begriff: Säurebindungskapazität (SBK). Calcium und Magnesium in Verbindung mit Kohlensäure nennt man Bikarbonate und Karbonate. Diese Verbindungen ergeben die Karbonathärte. Karbonat ist im Wasser kaum löslich, Bikarbonat jedoch sehr leicht. Insofern bestimmt die Menge des Bikarbonats die Höhe der Karbonathärte. Bikarbonat zerfällt z.B. beim Kochen (Kesselstein) oder durch die Nahrungstätigkeit von Wasserpflanzen (biogene Entkalkung) in Karbonat und CO_2. Das abgespaltene Karbonat setzt sich bei diesen Vorgängen (auch bei der Verdunstung) als Kalk ab. Durch Zufuhr von CO_2 kann man das Karbonat wieder in Lösung zurückversetzen. Deshalb heißt die Karbonathärte auch temporäre (vorübergehende) Härte. In ihrer Eigenschaft als Säurebindungskapazität ist die Karbonathärte in der Aquaristik von größerer Bedeutung als die Gesamthärte oder die Nichtkarbonathärte. Vereinfacht ausgedrückt: Kalk ist in der Lage, eine bestimmte Menge Säure an sich zu binden oder umgekehrt, Kohlensäure ist in der Lage, den Kalk im Wasser in Lösung zu halten. Da im Aquariumwasser andere Säuren außer Kohlensäure kaum eine bedeutende Rolle spielen (ausgenommen evtl. Humussäuren bei der Verwendung von Torffiltern oder humusreichem Bodengrund) ist in erster Linie das sogenannte Kalk-Kohlensäuregleichgewicht, das sich in dem leicht zu messenden pH-Wert niederschlägt, von Bedeutung. Die Höhe der Karbonathärte hat hierauf großen Einfluß. Eine hohe Karbonathärte stabilisiert den pH-Wert aufgrund ihrer Pufferwirkung, eine geringe Karbonathärte hat wenige Pufferwirkung: Das an die Calciumbikarbonate gebundene CO_2 ist bei hoher Karbonathärte reichlicher vorhanden als umgekehrt, es bildet sozusagen einen größeren Vorrat. Ein Verlust an CO_2 (Gleichgewichtskohlensäure), durch die Nahrungsaufnahme der Pflanzen verursacht, wirkt sich bei hoher Karbonathärte kurzfristig weniger negativ aus; der pH-Wert gerät erst bei fortschreitendem Entzug außer Kontrolle. In einem weichen Wasser verläuft dieser Prozeß entsprechend rascher. Die Karbonathärte-Werte im Leitungswasser reichen etwa von 2–17 °dH (nur in Ausnahmefällen liegen sie darunter oder darüber) und liegen im Durchschnitt etwa bei 6–14 °dH (geschätzt!).

Nichtkarbonathärte. Hier sind in erster Linie die Verbindungen von Calcium und Magnesium mit anderen Säuren gemeint, hauptsächlich schwefelsaure Salze. Deshalb auch der Begriff Sulfathärte. Diese Verbindungen lassen sich durch Kochen und biologische Stoffwechselvorgänge im Aquariumwasser nicht zerstören, aus diesem Grunde heißt die Nichtkarbonathärte auch permanente (bleibende) Härte. Sie hat keinen so großen Einfluß auf Fische und Pflanzen.

Zur weiteren Information und zur Auseinandersetzung mit dem Thema Wasserbeschaffenheit – Wasserchemie (Aufbereitungsmethoden), sowie zur Ernährungsphysiologie der Pflanzen hier einige Literaturempfehlungen:

W. Baur: Gewässergüte bestimmen und beurteilen. Parey, 1980.

H. Frey: Das Aquarium von A–Z. Neumann, 1959.

R. Geisler: Wasserkunde für die aquaristische Praxis. Kernen, 1964.

K. Horst: Pflanzen im Aquarium. Ulmer, 1986.

K. Horst/H. E. Kipper: Das optimale Aquarium. aqua documenta, 1985.

G. Hückstedt: Aquarienchemie. Kosmos, 1978.

J. Schwoerbel: Einführung in die Limnologie. UTB, Gustav Fischer, 1964.

G. Sterba: Enzyklopädie der Aquaristik und speziellen Ichthyologie. Neumann, 1978.

Ebenso sei auf die einschlägigen, regelmäßig erscheinenden Aquarien-Zeitschriften verwiesen, die mit vielen Artikeln zu technischen Problemen Stellung nehmen.

Bodengrund

Dem Bodengrund im Aquarium kommt eine wichtige biologische Aufgabe zu. In ihm leben bestimmte Bakterien, winzige

Algen, Pilze und Kleinstlebewesen, deren Funktion darin besteht, organische Substanzen aufzuzehren und zu einem Teil zu gelösten Pflanzennährstoffen aufzubereiten. Dieser Vorgang beruht auf einem recht komplizierten Stoffwechselgeschehen, das uns in diesem Zusammenhang aber nicht in allen Einzelheiten beschäftigen muß.

Der Bodengrund ist Lebensgrund für wurzelfassende Pflanzen. Einige Wasserpflanzen brauchen einen Bodengrund nur, um sich in ihm festzuhalten. Das Stoffwechselgeschehen solcher Pflanzen vollzieht sich überwiegend über ihre Grünanteile, also über die Blätter. Manche Arten gedeihen schwimmend und sind auf einen Bodengrund nicht angewiesen, z. B. Hornkraut, Wasserpest, Wasserlinsen oder Schwimmfarn.

Daneben spielt der Bodengrund für einige gründelnde Fischarten eine Rolle. Manche sind es gewohnt, einen weichen, feinen Sand- oder Kiesgrund nach Nahrung durchzupflügen oder sich in ihm einzugraben, z. B. Steinbeißer, Neunaugen, Aale, Schlammpeitzger. Sie brauchen also entsprechende Verhältnisse.

In erster Linie jedoch richtet sich die Art und Stärke des Bodengrunds nach den Bedürfnissen der Pflanzen und damit nach der Bedeutung, die diese für das Aquarium einnehmen sollen.

Hier ein kleiner Überblick über Bodengrundmöglichkeiten im Kaltwasseraquarium:

Ein reiner **Schlickgrund**, wie er in der Natur häufig vorkommt (als Ablagerung am Gewässergrund), scheidet für das Aquarium aus (ausgenommen vielleicht in einem spezialisierten Wattenmeeraquarium mit einem Anteil an Originalgrund). Schlickgrund besteht aus übermäßig vielen Trübstoffen, die bei Bewegung im Wasser leicht aufwirbeln und insgesamt eine große Belastung im Aquarium sind.

Ein reiner **Sandgrund** aus feinstem Flußsand liefert ein natürliches Bild. Viele Flüsse, Bäche und Seeufer verfügen über einen meist hellen Sandgrund. Sehr feinkörniger Sandgrund hat jedoch den Nachteil, daß er kaum Zwischenräume für die Bodenbakterien bietet, er erscheint »dicht«. Ein Wasserdurchfluß und damit eine notwendige Sauerstoffzufuhr wird weitgehend verhindert. Daraufhin bilden sich leicht anaerobische (sauerstoffunabhängige) Bakterienkulturen, deren giftige Stoffwechselprodukte beim Freiwerden die Biologie des Aquariums stark beeinträchtigen können.

Wenn nur schwimmende Wasserpflanzen oder nur wenige, leicht wurzelfassende Pflanzen, z. B. Vallisnerien, vorhanden sind, kann ein reiner Sandgrund durchaus einmal Verwendung finden. Die Sauerstoffversorgung der Fische muß dann allerdings auf mechanische Weise erfolgen, z. B. in einem Steinbeißer-, Forellen-, Äschen- oder Groppenaquarium.

Kies- oder Steingrund aus größeren Kieseln oder flachen Steinplatten kann sehr dekorativ wirken, eignet sich aber für eine differenzierte Pflanzenkultur ebenfalls nicht. Nur anspruchslose schwimmende Wasserpflanzen gedeihen dabei. Der einzige Vorteil wäre, daß man radikale Säuberungsaktionen bequemer vornehmen könnte; Steine und Pflanzen lassen sich rasch herausnehmen.

In manchen Aquarienbüchern wird das Einbringen einer äußerst humusreichen Schicht aus **Blumenerde** empfohlen, abgedeckt mit einer trennenden Kiesschicht. Diese Maßnahme ist für das Kaltwasseraquarium nicht zu empfehlen. Der Humusgrund soll die Nährstoffbedingungen hauptsächlich für wurzelfassende Sumpfpflanzen längerfristig verbessern. Die Gefahr einer Wasservergiftung ist bei solcher Art »fettem«, fäulnisempfänglichen Bodengrund besonders groß. Humussäuren nehmen starken Einfluß auf den pH-Wert, der leicht unter den neutralen Bereich von 7,0 absinken kann. Für einige tropische Fisch- und Pflanzenarten mag dies durchaus erträglich sein, für unsere heimischen Arten, die an neutrale bis leicht alkalische Werte angepaßt sind, jedoch nicht. Solch ein humusreicher Bodengrund kommt nur dann evtl. in Frage, wenn es beinahe ausschließlich um die versuchsweise Haltung heimischer Sumpfpflanzen geht und keine oder nur wenige, äußerst widerstandsfähige Fische anwesend sind, z. B. Schleien, Karauschen, Giebel oder Schlammpeitzger.

Erfahrungsgemäß eignet sich ein Aquariengrund aus mittelfeinem Quarzkies, ca. 2–3 mm Körnung und ca. 6–8 cm hoch geschichtet, am besten. Wurzelfassende Pflanzen können sich in ihm bequem ausbreiten, die Bodenorganismen finden zwischen den Kieskörnern Lebensraum und ein sanfter Wasserdurchfluß wird erleichtert.

Dabei kann dem unteren Drittel des Bodengrundes etwas verwitterter Lehm oder ein Anteil (1/3) aus gröberen Tonkugeln beigemischt werden. Lehm oder Ton binden z. B. den wichtigen Pflanzennährstoff Eisen eine Weile. (Der tropische Aquariengrund Laterit erfüllt diese Funktion gegebenenfalls auch, sein Eisengehalt ist jedoch recht hoch.)

Der Bodengrund stellt eine sauerstoffarme (»reduzierte«) Zone dar. Er muß, um seine Funktion erfüllen zu können, eine leichte Wasserdurchströmung zulassen und zugleich relativ abgeschlossen erscheinen. Die spezialisierten Bodenorganismen bevorzugen solch ein reduziertes Milieu. Zuviel Frischwasser bringt zuviel Sauerstoff heran. Dieses besondere Milieu herzustellen, ist im Kaltwasseraquarium ein gewisses Problem. Für Warmwasseraquarien wird eine Bodenheizung empfohlen; wobei die aufsteigende Wärme die gewünschte, äußerst sanfte Durchströmung verursacht. Eine Bodenheizung ist im Kaltwasseraquarium nicht zu empfehlen. Der leichte Strömungseffekt transportiert die im Bodengrund gelösten Nährstoffe ins freie Aquarienwasser, so daß die Pflanzen sie über die Blätter aufnehmen können. Umgekehrt gelangen dabei organische Abfälle in den Bodengrund und können dort mineralisiert werden. Es findet also ein Austausch statt.

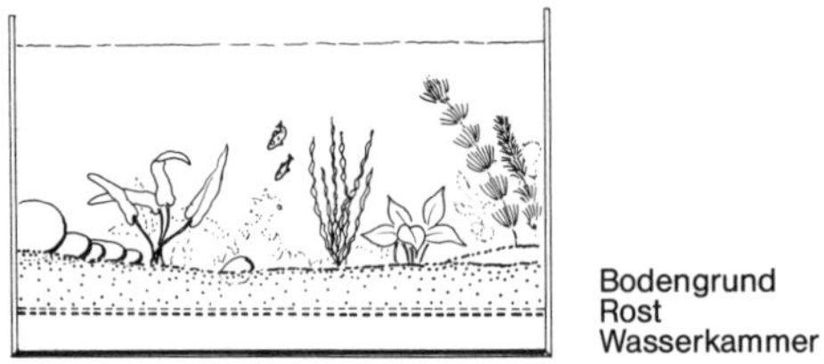

Bodengrundbelüftung

Im Kaltwasseraquarium empfiehlt sich hierfür eine Boden-Belüftung (Beratung im Fachhandel). Dabei wird der Kies auf einen Rost (mit einer Kunststoffgaze abgedeckt) gelegt. Zwischen dem Glas des Aquariumbodens und dem eigentlichen Bodengrund entsteht ein Zwischenraum von 1–2 cm. Dadurch kann der Bodengrund leichter durchströmt werden. In dem wassergefüllten Zwischenraum (Wasserkammer) kann evtl. ein sparsames (!) Belüftungssystem installiert werden. Es besteht aber immer die Gefahr, daß zuviel Sauerstoff in den Boden ge-

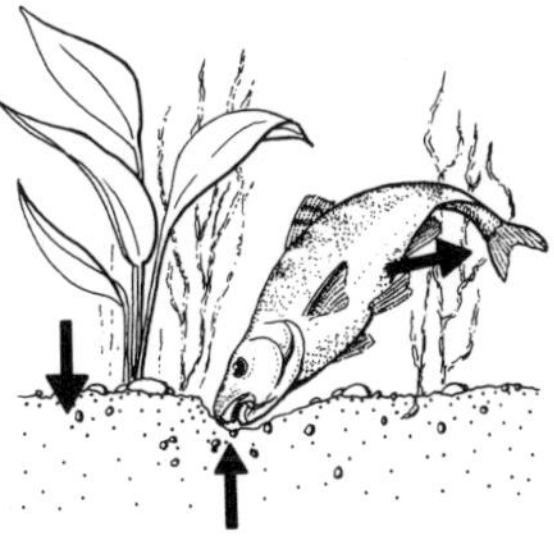

Stoffwechselaustausch durch gründelnde Fische

langt und das reduzierte Milieu zerstört wird. Es ist nicht einfach, die richtigen Verhältnisse auf Anhieb herzustellen.

Ein weiterer Kompromiß ergibt sich, wenn im Aquarium einige mäßig gründelnde Fische vorhanden sind, z. B. Steinbeißer, Gründlinge, Schmerlen, kleine Schleien oder kleine Karpfen. Solche Fische pflügen den Bodengrund ständig sanft um, der Stoffwechselaustausch und Sauerstoffeintrag ist dadurch einigermaßen gewährleistet. Andererseits kann dieser Effekt auch negativ sein, wenn stark gründelnde Fische, z. B. größere Karpfen, Aale, Welse, dem Bodengrund rabiat zu setzen. Dann werden Trübstoffe aufgewirbelt und verunreinigen das Wasser. Im Extremfall kann eine andauernde Trübung entstehen, die erheblichen Lichtverlust verursacht, und der auf den Blättern abgelagerte Mulm erstickt die Pflanzen. Sanft gründelnde Fische haben aber immer einen positiven Effekt.

Aquaristische Anfänger neigen leicht dazu, bei der Bodengrundmasse zu sparen, die Schicht wird zu flach angesetzt. Man sollte sich vergegenwärtigen, daß die Pflanzen in der Natur ihre Wurzeln frei austreiben können und nicht selten meterweit verzweigen. 6–8 cm Bodengrund in einem kleinräumigen Gefäß (wie es ein Aquarium in jedem Fall dargestellt) erscheinen einem reichlich, sind aber, wenn möglichst viele Pflanzen gedeihen sollen, eine Minimalforderung.

Noch häufiger wird bei der Neueinrichtung eines Aquariums bei den Pflanzen selbst gespart. Es erscheint jedoch gerade zu Beginn sinnvoll, eine sich kräftig entwickelnde Pflanzenkultur aufzubauen, um der Gefahr der Veralgung von vornherein zu begegnen. Die höher entwickelten Pflanzen entscheiden den Kampf um die vorhandenen Nährstoffe für sich, die Algen bleiben zunächst relativ chancenlos. Es ist daher ratsam, gleich am Anfang relativ dicht mit rasch wachsenden, anspruchslosen Kaltwasserpflanzen ein gesundes Milieu herzustellen. Die hierfür geeigneten Pflanzenarten sind zudem im Zoohandel regelmäßig und preisgünstig zu bekommen, z. B. Wasserpest, Vallisnerien, Javamoos, Myriophyllum, Hornkraut, Ludwigia. Zur Eingewöhnung kann man das Aquarium erst einmal zwei bis drei Wochen fischfrei lassen. Haben sich dann kräftige, festsitzende Wurzeln gebildet, lassen diese sich von mäßig gründelnden Fischen nicht mehr so leicht ausgraben.

In der Natur ist zu beobachten, daß die Pflanzen zumeist in größeren, zusammenhängenden Gruppen der eigenen Art leben und nicht etwa mit vielen verschiedenen Arten systemlos durcheinander. Dieses Prinzip sollte man sich auch bei der Pflanzenpflege im Aquarium zunutze machen. Pflanzen gedeihen in arteigenen, größeren Gruppen erfahrungsgemäß besser. Repräsentativ-dekorative Ansprüche sollten zugunsten natürlicher Gegebenheiten zunächst vernachlässigt werden. Wenn sich die Pflanzen gut entwickeln, lassen sich später weitere Exemplare vorsichtig dazusetzen (oder austauschen).

Sand oder Kies müssen vor dem Einbringen ins Aquarium gründlich gewaschen werden, sie sind fast immer staubig (auch beim Kauf in Aquariengeschäften). Bei selbst herangeschafftem Material ist darauf zu achten, daß es chemisch neutral, z.B. nicht kalkhaltig ist, oder in der Nähe von Kalk oder Zement gelagert hat, da solche Substanzen das Wasser für Tiere und Pflanzen unbrauchbar machen können.

Wenn man die äußere Form der Bodengrundmasse so anlegt, daß vorn oder in der Mitte einige flache Mulden entstehen (also sich im schwer zugänglichen Hintergrund keine Vertiefungen bilden), sammelt sich anfallender Mulm hauptsächlich in den Mulden und man kann ihn rascher absaugen.

In einem biologisch gut funktionierenden Becken kann der Bodengrund seine Funktion mehrere Jahre lang unberührt erfüllen. Die Pflege (abgesehen von der Pflanzendüngung) beschränkt sich normalerweise auf das gelegentliche Mulmabsaugen.

Wenn der Bodengrund schwarz durchwachsen ist (im Querschnitt durch die Trennscheibe leicht erkennbar) und wenn er bei Berührung trübe Wolken in das Wasser entläßt, hat er ausgedient. Er ist zu einer Gefahr (giftige Stoffwechselprodukte) geworden und man muß ihn vollständig erneuern oder gründlich auswaschen. Es ist wichtig, daß ein solcher Zustand nicht oder nur äußerst selten eintritt, denn Bodengrunderneuerungen bedingen ein völlig ausgeräumtes Becken. Vor allem die Pflanzen vertragen solche Störungen schlecht und man steht erneut am Beginn einer kritischen Eingewöhnungsphase. Weitere vertiefende Betrachtungen über den »richtigen« Bodengrund entnimmt man der Literatur.

Pflanzendüngung

In einem gut bepflanztem Aquarium mit verhältnismäßig wenig Fischen kommt es leicht zu einem Nährstoffmangel für die Pflanzen. Deshalb ist es heute üblich, Aquariendünger einzusetzen. Zunächst steht dabei die Zufuhr des wichtigsten Pflanzennährstoffs Kohlenstoff in Form von Kohlendioxid (CO_2) im Vordergrund.

Die jeweils notwendige Menge an CO_2 hängt in erster Linie von der Zahl der Pflanzen ab, die CO_2 verbrauchen. Sind nur wenige Pflanzen vorhanden, so ist eine Düngung nicht nötig.

Im Zusammenhang mit dem CO_2-Verbrauch sind natürlich auch das Licht, die Wasserbewegung, die Temperatur und vor allem die Höhe der Karbonathärte von Bedeutung. Viel Licht kurbelt den Stoffwechselprozeß an. Eine kräftige Belüftung treibt einen großen Teil CO_2 aus dem Wasser (Gasaustausch). Bei höheren Temperaturen kann sich weniger CO_2 lösen. Bei einer hohen Karbonathärte ist viel freie Kohlensäure nötig, um den Kalk in Lösung zu halten (Gleichgewichtskohlensäure). Liegt ein Mangel an CO_2 vor, so sind viele Pflanzen der gemäßigten Zonen, also unsere Kaltwasserpflanzen (z.B. Wasserpest, Laichkräuter, Hornkraut, *Ludwigia*), die naturgemäß an härteres Wasser angepaßt sind, in der Lage, den Härtebildnern (Bikarbonate) das CO_2 zu entziehen; sie »knacken« diese Verbindung. Man nennt diesen Vorgang biogene Entkalkung. Er wird sichtbar daran, daß sich Calciumkarbonat (Kalk) als grauer Belag auf den Pflanzen absetzt. Je höher die Karbonathärte, desto geringer ist die Gefahr, daß die pH-Werte rasch außer Kontrolle geraten. Das an das Calciumkarbonat gebundene CO_2 ist bei ei-

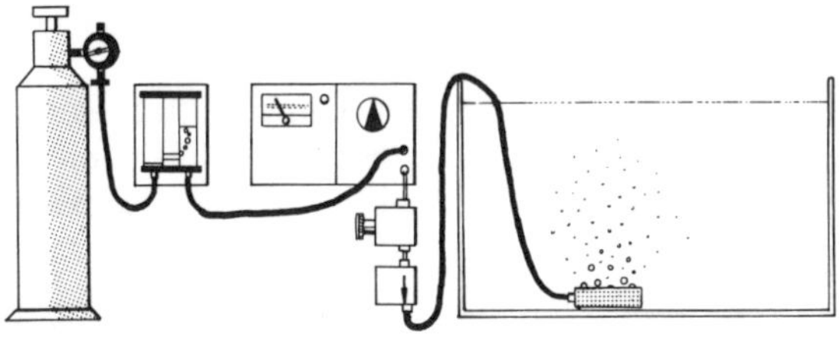

CO_2-Düngung mit Durchflußreaktor

ner hohen Karbonathärte sozusagen »auf Vorrat« vorhanden, der die Stabilität des pH-Wertes eine Zeitlang garantiert. Geht dieser Prozeß weiter, so kommt es trotz hoher Karbonathärte (Pufferwirkung gegen Kohlensäureverlust) in der Folge zu kräftigen pH-Sprüngen nach oben. Ist die Karbonathärte dagegen von vornherein gering, so kommt es bei einem Mangel an CO_2 schneller zu einer Störung des Kalk-Kohlensäure-Gleichgewichtes (geringe Pufferwirkung).

Der pH-Wert ist ein Indikator dafür, ob das Kalk-Kohlensäure-Gleichgewicht vorhanden oder gestört ist. Verändert sich der vorgegebene Wert (im Kaltwasseraquarium ca. pH 7,0 bis 8,0), so kann man daraus den Schluß ziehen, daß das Gleichgewicht gestört ist. Vereinfacht gesagt: Durch die Zufuhr von CO_2 verhindert man eine biogene Entkalkung, liefert den Pflanzen Nahrung und kann somit den pH-Wert stabilisieren. Zuviel CO_2 läßt den pH-Wert sinken (Kohlensäure macht das Wasser sauer), zuwenig CO_2 läßt ihn ansteigen, bei richtiger Dosierung bleibt er stabil, vorausgesetzt es liegen keine anderen massiven Einflüsse von Säuren oder Laugen vor.

Die moderne Aquaristik bietet zur CO_2-Düngung speziell für das Aquarium entwickelte Verfahren an (Druckbehälter mit Ausströmer). Diese Geräte sind zum Teil mit Kleincomputern zur Feinsteuerung des pH-Wertes ausgerüstet. Die CO_2-Zufuhr (oder Drosselung) erfolgt dabei automatisch anhand des zuvor festgelegten pH-Wertes. Dies ist die einfachste und bequemste Lösung (zugleich aber auch die kostspieligste).

Vielfach wird, um das CO_2-Gas nicht aus dem Aquariumwasser herauszutreiben, auf eine Belüftung zur Sauerstoffversorgung der Fische verzichtet. Das ist nur dann zulässig, wenn die vorhandenen Aquarienpflanzen genügend (!) Sauerstoff abgeben. Vor allem nachts, wenn die Pflanzen nicht assimilieren, ist die Gefahr eines Sauerstoffdefizites besonders groß. Daher kann es sinnvoll sein, eine schwach eingestellte Belüftung beizubehalten. Man muß also in Verbindung mit der CO_2-Düngung unbedingt auch die Sauerstoffwerte im Auge behalten. Automatische Geräte haben, je nach Ausstattung, neben der pH-Regelung auch Sauerstoff-Anzeiger; die vorhandenen Werte sind jederzeit ablesbar. Neben solch hochentwickelten Geräten gibt es eine Reihe anderer, einfacherer Methoden (Beratung im Fachhandel). Man sollte beim Kauf möglichst nicht kleinlich sein, denn nur technisch ausgereifte Modelle garantieren die gewünschte Wirkung und Kontrolle. Hoher Druck in den Flaschen verlangt z.B. nach stabilen Druckminderern. (CO_2-Flaschen nicht in Heizungsnähe installieren, Wärme verstärkt den Druck). Mit einer 1,5 kg-Flasche läßt sich ein 150 l-Becken ca. 1 Jahr lang versorgen.

Eine massive Überdosierung mit CO_2 ist für die Fische gefährlich. Die Tiere geraten in Atemnot. In solch einem Fall sollte man die Tiere sofort behutsam in temperiertes Frischwasser umsetzen, die CO_2-Zufuhr abschalten oder das Aquariumwasser kräftig belüften, um das CO_2 auszutreiben (Gasaustausch).

Ein gravierender Mangel an CO_2 in Verbindung mit einem raschen Ansstieg des pH-Wertes führt zur Laugenkrankheit (s. Seite 112) mit ähnlichen Symptomen.

Außer dem CO_2 benötigen die Pflanzen eine ganze Reihe weiterer Nährstoffe und Spurenelemente. Pflanzen, die z.B. an Eisenmangel leiden, werden gelb und glasig. Düngt man zuviel Eisen nach, werden sie bräunlich dunkel und zerfallen ebenfalls. Es kommt also darauf an, die richtigen Substanzen zu gegebener Zeit anzubieten. Grobe Mißverhältnisse im Nährstoffangebot führen auf Dauer zu Mangelschäden.

Einige im Handel angebotene Aquariendünger verfügen über ein breites Angebot an Spurenelementen (Basisdünger), andere jedoch sind an bestimmten, erfahrungsgemäß häufig auftretenden Mängeln, z.B. Eisenmangel, ausgerichtet. Es empfiehlt sich hauptsächlich Basisdünger zu verwenden.

Üblicherweise düngt man immer im Anschluß an einen Wasserwechsel, also im Durchschnitt alle 10–14 Tage. Dabei richtet man sich nach den empfohlenen Dosierungs-Anweisungen, die den Präparaten beigelegt sind. Dies ist die einfachste Methode. Da aber einige Spurenelemente im Wasser rasch ausfallen (Eisen zerfällt in Gegenwart von Sauerstoff), ist eine ausgewogene Düngung auf Vorrat und eine genaue Kontrolle schwer durchführbar.

Düngemittel werden flüssig oder in Form von löslichen Tabletten angeboten. Eine grobe Regel hierzu besagt, daß Sumpfpflanzen mit starker Wurzeltätigkeit besser mit Tabletten zu düngen sind, die man in Wurzelnähe in den Bodengrund drückt. Reine Wasserpflanzen ernähren sich vorwiegend über ihr Blattgrün im freien Wasser, hier erscheint Flüssigdünger angebracht, der sich sofort mit dem Wasser vermischt und eine gleichmäßige Verteilung ermöglicht.

Eine moderne Methode zur Mineraldüngung mit einem Basisdünger besteht in einer sehr gezielten Dosierung: »Man geht davon aus, daß Eisen ein ähnliches chemisches und ernährungsphysiologisches Verhalten aufweist wie die meisten übrigen Spurenelemente. Die Ermittlung des individuellen Bedarfs geschieht über eine Eisenmessung. Versuche haben ergeben, daß genau wie in den tropischen Pflanzengewässern ein permanenter Eisengehalt von 0,1 mg/l am günstigsten ist. Wichtig ist nun, daß auch noch nach 24 Stunden mindestens Spuren von Eisen nachweisbar sein müssen. Durch wiederholte Messungen pendelt man die Dosierung des Spezialdüngers ein. Wird der vorgegebene Wert unterschritten, ist die Dosis zu erhöhen, wird er überschritten, ist sie zu verringern, solange bis der gewünschte Eisengehalt nachweisbar bleibt« (Horst, 1986).

Diese Werte sind anhand tropischer Gewässer ermittelt und für das tropische Warmwasseraquarium konzipiert. Tropische Böden sind in der Regel eisenhaltiger als die meisten mitteleuropäischen Böden. Kaltwasserpflanzen kommen daher in der Regel mit etwas niedrigeren Dosierungen aus. Meiner persönlichen

Erfahrung nach reichen 0,05 mg/l in den meisten Fällen aus.

Eine grobe Überdüngung ist gefährlich. Forellen vertragen nur geringe Eisenwerte, ab ca. 0,8 mg/l können sie eingehen, im allgemeinen liegt der schädliche untere Grenzwert bei ca. 1,0 mg/l.

Die regelmäßig notwendigen Wasserwechsel verändern augenblicklich die Nährstoffsituation im Aquarium. Beispielsweise wird dabei ein hoher Nitratgehalt abgeschöpft und die Pflanzen sind entlastet. Nicht selten ist die anschließende Zufuhr von nitrathaltigem Leitungswasser dennoch als Entlastung zu verstehen, da die Nitrat-Eigenproduktion eines Aquariums (Fischkot, faulende Pflanzenreste, Futterreste) vielfach höher liegt als die Werte im Leitungswasser. Von daher sind häufige Frischwasserwechsel auch für die Pflanzen eine wichtige Hygienemaßnahme.

Wer sich mit einer differenzierten Pflanzenpflege nicht beschäftigen möchte, oder die recht hohen Kosten für entsprechende Aquarientechnik und Dünger nicht aufbringen kann, muß sich in den meisten Fällen mit einer mäßigen Pflanzenkultur aus anspruchslosen Arten zufrieden geben.

Licht – Beleuchtungskörper – Tageslicht

Einige Fischarten gelten als ausgesprochen lichtscheu, sie sind dämmerungs- oder nachtaktiv, z. B. Aale, Welse, Quappen, Schmerlen, Groppen, Schlammpeitzger. Manche davon sind vorwiegend am Geruchssinn orientiert. Tagaktive Arten sind hauptsächlich am Gesichtssinn orientiert. Beide Gruppen sind auf Licht angewiesen, weil sie es entweder zur Aktivität oder zur Ruhepause benötigen. Dabei hat die Lichtintensität keine lebenswichtige Funktion, Fische kommen mit relativ wenig Licht aus. Hier spielt ein ausgewogener Tag- und Nachtrhythmus die entscheidende Rolle.

Licht wirkt auch auf Mikroorganismen. Fäulnisbakterien reagieren auf intensives Licht (vor allem Sonnenlicht) negativ, sie vermehren sich weniger rasch. Licht ist also auch ein Hygienefaktor.

Vor allem für die Pflanzen im Aquarium hat Licht allergrößte Bedeutung. Ohne genügend Licht lebt, wächst und vermehrt sich keine Pflanze. Der gesamte Stoffwechsel der Pflanzen ist in hohem Maße auf Licht als Energieträger angewiesen. Der Stoffwechselprozeß steigert sich mit der Lichtintensität und Bestrahlungsdauer. Dabei geben Wasserpflanzen je nach Art unterschiedliche Mengen Sauerstoff an das Wasser ab (Assimilation). Diesen Vorgang kann man beobachten, wenn (meist an Bruchstellen) aus den Pflanzen kleine Luftbläschen entweichen. Diese Bläschen bestehen aus fast reinem Sauerstoff. Während der Dunkelheit atmen und verbrauchen die Pflanzen Sauerstoff aus dem Wasser. Die bekannte Regel, daß Wasserpflanzen tagsüber Sauerstoff produzieren und nachts nicht, ist nur dann richtig, wenn tagsüber genügend (!) Licht und Nährstoffe vorhanden sind. Der Begriff Assimilation (Angleichung) besagt, daß die Pflanzen als Endprodukt ihres Stoffwechsels überschüssigen Sauerstoff in gelöster Form ausscheiden, den sie nicht weiter verwerten können. Bei zu wenig Licht wird dieser Prozeß nur ungenügend angeregt, die Assimilation unterbleibt, die Pflanzen stagnieren. Bei zuviel Licht wuchern die Pflanzen und verbrauchen die vorhandenen Nährstoffe schneller. Ein rasches Wachstum bei übermäßigem Licht verlangt nach vielen Pflanzennährstoffen. Sind diese nicht vorhanden, kann das für die Pflanzen tödliche Folgen haben.

Die Wahl der richtigen Beleuchtung, also Dauer und Intensität, richtet sich in erster Linie nach dem Bedürfnis der jeweiligen Pflanzen. Größe und Wasserstand des Aquariums müssen zudem einkalkuliert werden. Hoher Wasserstand (und Trübungen) verlangen nach mehr Licht, vor allem für die kleinwüchsigen Arten am Bodengrund.

Erfahrungsgemäß wird bei der Beleuchtung gern gespart; das ist ein Fehler, denn trotz unterschiedlicher Ansprüche der einzelnen Pflanzenarten läßt sich sagen, daß der Lichtbedarf überwiegend recht hoch ist.

Fast alle Pflanzen besitzen ein hohes Anpassungsvermögen (chromatische Adaption); sind sie erst einmal an bestimmte Verhältnisse gewöhnt und gedeihen dabei, dann sind Beleuchtungsexperimente überflüssig. Rasch wechselnde Milieuveränderungen, z. B. eine plötzliche Steigerung der Lichtintensität, können unter Umständen mehr Schaden als Nutzen bringen.

Zahlreiche Prospekte der Hersteller von Beleuchtungskörpern, Aquarienliteratur und Beratung im Fachhandel geben umfassende Auskunft. Hier daher nur einige Hinweise, die für die Kaltwasserpraxis von Bedeutung sind:

Aquarienlampen für unsere Zwecke müssen kalt bleiben. Normale Glühbirnen sind deshalb als Dauerbeleuchtung ungeeignet, abgesehen davon, daß sie viel Strom verbrauchen.

Geeigneter sind die üblichen Aquarien-Leuchtstoffröhren. Sie geben nur sehr wenig Wärme ab und werden »freischwebend«, in einer gewissen Entfernung von der Wasseroberfläche (ca. 15 cm) angebracht. Dabei ist auf eine stabile Halterung und auf sichere Isolierung gegenüber dem Wasser zu achten!

In Abdeckkästen, die als Aquarienabdeckung dienen, sind Leuchten problematisch, da es dort leicht zu einem Wärmestau kommen kann.

Für den Kauf oder auch den Eigenbau von Beleuchtungskörpern ist beachtenswert, daß Röhrenkästen mit eingebauten Reflektoren (Lichtspiegel) ökonomischer sind (Eigenbau: evtl. mit Alufolie beschichten). Ebenso ist zu bedenken, daß die Leistung der Leuchtstoffröhren nach etwa 6 Monaten (oft unbemerkt) nachläßt. Man muß die Röhren also gelegentlich erneuern.

Leuchtstoffröhren gibt es mit unterschiedlichen Farbanteilen: Warmton (Rot) fördert das Längenwachstum, Kaltton (Blau) den buschigen, gedrungenen Wuchs. Die Mischung daraus ist violett. Röhren mit hohem Violettanteil (unter der Bezeichnung Gro-Lux angeboten) erscheinen für die Pflanzen günstig, verändern aber die Farben der Fische (hauptsächlich das Rot) und lassen sie auf die Dauer etwas künstlich wirken. Der Begriff Tageslicht bezieht sich in der Regel auf weißes Röhrenlicht. Ausschließlich weißes Licht ist nicht besonders vorteilhaft. Die meisten Aquarienleuchten haben 2 Röhren; eine geeignete Kombination ergibt sich z. B. aus je einer Röhre Warmton und Tageslicht.

Die herkömmlichen Röhren unterliegen gewissen Normen. Eine 90 cm-Röhre läuft mit 30 Watt. Ein Becken von 100 cm und normalem Wasserstand von 40 cm und einer Lampe von zwei 90 cm-Röhren verbraucht 60 Watt. Das ist erfahrungsgemäß und bei einer nicht überaus anspruchsvollen Pflanzenkultur ausreichend. Bei einer sehr dichten und anspruchsvollen Pflanzenkultur (in Verbindung mit CO_2 + Mineraldüngung) sollten 3 Röhren vorhanden sein. Für einen Wasserstand von mehr als 50 cm sind die üblichen Leuchtstoffröhren kaum noch geeignet, ihre lichtintensive Breitenwirkung geht nicht genügend in die Tiefe.

Die seit einigen Jahren angebotenen Quecksilberdampflampen sind ebenfalls geeignet. Sie dürfen nicht zu nahe an der Wasseroberfläche sein (Wärme) und man sollte darauf achten, daß sie nicht blenden (zu hoch angebracht sind). Ihre Lichtintensität ist sehr groß und mehr punktuell ausgerichtet. Bei einem Wasserstand unter 40 cm jedoch zu intensiv; und daher für kleinere Becken weniger geeignet. Ihr Vorteil ist u.a. ihr allmähliches An- und Ausgehen, also der Dämmerungseffekt. Die Fische bekommen keinen plötzlichen Lichtschock, bei dem sie jedesmal kurzzeitig unter Streß stehen.

Halogen-Metalldampflampen kommen für das Kaltwasseraquarium kaum in Frage, da sie zuviel Wärme abgeben.

Beleuchtungskörper mit verstellbarer Höheneinstellung (an der Zimmerdecke angebracht) sind sehr praktisch und bieten bei genügender fester Halterung optimale Sicherheit. Man kann sie bei pflegerischen Eingriffen am Aquarium leicht entfernen und sie lassen sich bei Pflanzen, die aus dem Wasser herauswachsen entsprechend höher stellen. Größerer Abstand vermindert die Lichtintensität für die bodenorientierten Pflanzen.

Bezüglich der Beleuchtungsdauer wird allgemein gesagt, daß 10–12 Stunden täglich vollkommen ausreichend sind. Um die Beleuchtungsdauer gleichmäßig zu regeln, benutzt man am besten Zeitschaltuhren, die das Zeitmaß automatisch einhalten. Die Frage, ob genügend Licht vorhanden ist, läßt sich natürlich nicht generell beantworten. Auch hier müßte man im Grunde für jedes Aquarium individuell ermitteln. Sauerstoffmessungen erleichtern jedoch die Beantwortung: In einem Aquarium mit guten Pflanzenbeständen und annähernder Sauerstoffsättigung (100%) in den Nachmittagsstunden, ist genügend Licht vorhanden. Bei zuwenig Licht läßt sich der gewünschte Sättigungsgrad kaum erreichen. (Dies gilt nur, wenn keine übermäßige Veralgung an der Sauerstoffproduktion beteiligt ist.) Bei einer rein mechanischen Sauerstoffversorgung des Aquariums mit Kreiselpumpen oder Belüftungsgeräten ist der Sättigungsgrad kein Kriterium für genügend Licht.

Die Verwendung von Tageslicht gilt heutzutage schlichtweg als überholt. In der Tat sind die technischen Möglichkeiten derart ausgereift, daß man damit wesentlich einfacher zurechtkommt und effektiv bleibt. Der Haupteinwand gegen Tageslicht gilt wegen der weitgehenden Unkontrollierbarkeit zu Recht. Dadurch kann es zur Erwärmung, zu unerwünschtem Algenwachstum und im Herbst und Winter zu gravierenden Lichtmängeln kommen.

Dennoch soll die Diskussion hier noch einmal aufgenommen werden: Tropische Warmwasseraquarien orientieren sich logischerweise an den Verhältnissen der Herkunftsgebiete der Tiere und Pflanzen. Für das Kaltwasseraquarium (»Umweltaquarium«) kann dasselbe gelten. In unseren Breiten herrschen ganz andere Temperatur- und Lichtbedingungen als in den Tropen. Eine Orientierung an europäischen Verhältnissen ist also in jedem Fall angebracht.

Tageslicht hat den unschätzbaren Vorteil »natürlich« zu sein. In dieser Beziehung ist es zumindest ein ästhetisches

Kriterium: Klares Wasser, die Farben der Tiere und Pflanzen kommen dabei sehr deutlich zur Geltung. Die Betrachtung eines zeitweise sonnendurchfluteten Aquariums verstärkt den Modellcharakter der Unterwasserlandschaft enorm. Und selbst an düsteren Tagen ergibt sich eine Atmosphäre, die als naturgemäß gelten kann. Die Unregelmäßigkeit des Tageslichts schafft augenblickliche und jahreszeitliche Veränderungen, also Bewegung und Spannung, und vermittelt vielerlei optische Eindrücke, im Gegensatz zur »Statik« des mit Kunstlicht ausgerüsteten Beckens.

Aquarien, die ausschließlich mit Tageslicht versorgt werden, können bei geschickt vorgenommener Dosierung mehrere Jahre ohne gravierende Mängel bestehen. Dazu bedarf es allerdings günstiger Voraussetzungen und ständiger Kontrolle. Es muß ein vor allem im Sommer ausreichend kühl bleibender Raum (oder ein Kühlgerät) zur Verfügung stehen. Die Becken stehen dabei auf der Fensterbank oder auf gut ausgebauten, tragenden Fensterbänken (Beckentiefe!) oder – zumindest in Fensternähe – auf jeden Fall so, daß genügend Licht und zeitweise direkte Sonneneinstrahlung einfließen kann. Die Becken sind hinten und an den Seiten dunkel abgeschirmt, z. B. durch Styroporrückwände (als Aquariendekoration im Zoohandel erhältlich), so daß der Lichteinfall nur schräg von oben möglich ist. Vorhandene Kühlgeräte oder tagsüber geschlossene und nachts leicht geöffnete Fenster (spaltbreit), mit gut isolierenden Doppelscheiben versehen, ermöglichen einen gewissen Temperaturausgleich; in der Nacht gelangt kühlere Luft in den Raum. Die Fenster müssen verstellbare Jalousien haben (!), die in Zeiten intensiver Sonneneinstrahlung heruntergelassen werden. Der Kippmechanismus in den Jalousien (Rippen) ermöglicht eine differenzierte Feinabstufung bis hin zur Verdunklung. Dieses Prinzip funktioniert auch bis zu einem gewissen Grad mit Rollos; verstellbare Rippenjalousien eignen sich am besten. Zusätzliche, betriebsbereite Lampen ermöglichen die Aquarienbetrachtung zu später Stunde, als auch einen evtl. erwünschten Lichtausgleich im Winter. Ansonsten hängt der Lichtbetrieb weitgehend vom Tag- und Nachtrhythmus ab.

Die Anwendung dieses Verfahrens erfordert neben den erwähnten technischen Voraussetzungen ein gewisses Fingerspitzengefühl und vor allem ständige Aufmerksamkeit; es ist also arbeitsintensiv. Unkontrollierte Einstrahlung von Sonnenlicht bringt dagegen erhebliche Nachteile. Mehr als zwei bis drei Stunden direkte Sonneneinstrahlung pro Tag sind eher schädlich. Neben der Gefahr von zuviel oder zuwenig Licht für die Pflanzen ist vor allem eine eventuelle Überwärmung schädlich für die Fische. So verzichtet man zunächst besser auf besonders empfindliche Arten, z. B. Groppen, Forellen, Äschen, Schneider, Strömer und Grundeln, bis man sicher ist, daß das Verfahren unter Berücksichtigung aller Kriterien (Sauerstoff, pH-Werte, Temperatur, Pflanzennährstoffe) funktioniert.

Im Winter, wenn die Tageslängen kürzer werden und die Lichtintensität nachläßt (verbunden mit niedrigen Temperaturen), gehen hierbei naturgemäß viele Pflanzen ein. Eine vorhandene Raumheizung und der Einsatz von Beleuchtungskörpern können dann den nötigen Ausgleich (bei behutsamer Umgewöhnung) schaffen.

Wenn aber eine echte Überwinterung zur Zucht bestimmter Fischarten nötig ist, bei der niedrige Temperaturen und annähernd natürliche Tageslängen eine große Rolle spielen, muß man auf eine differenzierte Pflanzenkultur verzichten. Es eignen sich dann nur wenige wintergrüne Pflanzen, die solche Verhältnisse gesund überstehen können. Oder man nimmt die betroffenen Pflanzen heraus, um sie im kommenden Frühjahr mit neuen Exemplaren aufzustocken. Bei einer echten Überwinterung präsentiert sich das Aquarium dann winterlich düster. Auch hierbei ist zu beachten, daß die Lichtintensität im Freien größer ist als in einem Raum, der Lichtverlust darf also nicht zu weit gehen.

Die Bedeutung der Pflanzen im Aquarium

In der modernen Aquaristik setzt sich zunehmend die Erkenntnis durch, daß die Aquarienpflanzen nicht nur bloße Dekorationsobjekte sind. Auf eine üppige Pflanzenkultur wurde auch in der Vergangenheit großen Wert gelegt, einige Wirkungsmöglichkeiten der Pflanzen sind immer wieder hervorgehoben worden, z. B. ihre wasserreinigende Wirkung (»Grüne Kläranlage«) und die Sauerstoffproduktion unter Lichteinwirkung. Zusammenfassend läßt sich dazu zitieren:

Die Wasserpflanzen leisten:
- bei entsprechender CO_2-Aufnahme: Sauerstoffabgabe
- Entnahme von Stickstoff
- Abbau der im freien Wasser befindlichen Bakterien (Colibakterien durch Tubifex-Fütterung)
- Abbau von Giftstoffen wie Zyankali, Arsen und Blausäure
- Abgabe von Antibiotika und organischen Stoffwechselprodukten für die Gesundheit der Fische
- Versorgung der Bodenzone mit Sauerstoff
- grobe mechanische Filterung

(K. Horst/H. E. Kipper, 1985)

Dazu kommt, daß Pflanzen Versteckplätze für Fische sind, vielfach als Laichsubstrat in Frage kommen (Krautlaicher), Besiedlungsflächen für winzige Futtertiere darstellen (»Weideplätze« für Jungfische) und für pflanzenfressende Fische eine natürliche Nahrungsquelle bedeuten.

Verhältnismäßig neu in der Aquaristik ist dabei die Entdeckung der antibiotischen Wirkung von Pflanzen. Eine Reihe von Arten, z. B. *Myriophyllum*, geben Substanzen an das Wasser ab, die keimtötend wirken. Gesunde Aquarienpflanzen sind somit auch vorbeugend gegen Fischkrankheiten wirksam. Einige schnellwüchsige Arten sind durchaus in der Lage, einen hohen Nitratgehalt im Leitungswasser rasch auf ein erträgliches Maß zu reduzieren, z. B. Wasserpest, Hornkraut, Vallisnerien, Wasserlinsen, Schwimmfarn; sie beugen somit der Gefahr der Veralgung vor. Die Funktionstüchtigkeit der Pflanzen hängt von ihrer Anzahl ab, ein spärlicher Bewuchs hat kaum Wirkung.

Die heimischen Pflanzenarten und die Aquarienpflanzen

Bei den Aquarienpflanzen unterscheidet man zunächst zwei große Gruppen: Wasserpflanzen und Sumpfpflanzen. Wasserpflanzen sind ihrer Natur nach vollkommen an das Leben im Wasser angepaßt und können dauerhaft untergetaucht leben (manche entwickeln dabei Schwimmblätter oder aus dem Wasser ragende Blütenstengel). Man bezeichnet diese Formen auch als submers (hauptsächlich untergetaucht). Sumpfpflanzen dagegen sind ihrer Natur nach in dem Zwischenbereich Wasser/Land angesiedelt, sie können zeitweise sowohl ganz untergetaucht als auch auf dem Land direkt am Ufer oder im flachen Wasser der Uferzone leben oder sie wachsen über die Wasseroberfläche hinaus und entfalten einen Großteil ihrer Masse an der Luft (z. B. Schilf). Für diese Eigenschaften steht der Begriff emers (auch außerhalb). Nahrungsaufnahme und Stoffwechselabgabe an die Umgebung finden bei den Sumpfpflanzen nicht ausschließlich im freien Wasser statt. Bei den Wasserpflanzen ist dies umgekehrt. Für die Sauerstoffproduktion im Aquarium kommen in erster Linie die echten Wasserpflanzen in Frage. Sumpfpflanzen sind, je nach Art, an diesem Vorgang nur wenig oder gar nicht beteiligt. Über eine wasserreinigende Wirkung verfügen in der Regel beide Gruppen.

Da Sumpfpflanzen im Aquarium zumeist gezwungen werden, vollkommen untergetaucht zu leben, erweisen sie sich in der Regel als empfindlicher und anspruchsvoller in der Pflege. Viele Sumpfpflanzen verfügen über kräftige Wurzelstöcke und brauchen einen nährstoffreichen Bodengrund. Stärker als bei den Wasserpflanzen findet ihr Stoffwechselgeschehen im Wurzelbereich statt. Auf solche Umstände sollte man bei der Bepflanzung eines Aquariums achten. Ein zu hoher Anteil an Sumpfpflanzen erschwert die Pflege und stellt die notwendige Sauerstoffproduktion in Frage.

Die im Zoohandel erhältlichen Aquarienpflanzen sind zu einem großen Teil Angehörige tropischer oder subtropischer Arten (entsprechend der üblichen Warmwasserpraxis). Daneben gibt es eine Reihe Arten aus den gemäßigten Zonen, also aus Nordamerika, dem nördlichen Südamerika, Japan, Australien oder Asien. Direkt aus Europa stammen nur sehr wenige. Die Arten der gemäßigten Zonen eignen sich für die Kaltwasserpraxis gut, da sie mäßige Temperaturen vertragen.

Auch von vielen tropischen und subtropischen Arten weiß man, daß sie im Aquarium eher die »niedrigen« Temperaturen bevorzugen und sich besser daran gewöhnen als an sehr hohe Werte. Einige davon eignen sich auch für normale Zimmertemperaturen, wie sie im Kaltwasserbecken vorherrschen (18–20 °C) Beratung im Fachhandel). Dabei ist jedoch Vorsicht geboten, da bei wesentlichen Unterschreitungen (unter ca. 15 °C) zwar vielfach die Lebensfähigkeit eine Zeitlang erhalten bleibt (im günstigsten Fall stagnieren die Pflanzen), üppiges Wachstum und damit die biologische Funktion jedoch ausbleiben.

Das Pflanzenangebot im Handel erweist sich also als sehr eingeschränkt. Dies mag für jemanden, der hauptsächlich an einer vielschichtigen, repräsentativen Pflanzenkultur interessiert ist, als ein Manko erscheinen, was es aber im Interesse der Fische nicht ist. Für das Kaltwasseraquarium ist unbedingt zu empfehlen, den Hauptanteil (vier Fünftel) der Pflanzen auf wenige, dafür aber voll funktionsfähige echte Kaltwasserarten zu beschränken.

Experimente mit tropischen Arten oder auch mit heimischen Sumpf- und Wasserpflanzen sollten nur kontrolliert erfolgen. Eine einzelne Pflanze (oder eine kleine Gruppe) ohne biologische Funktion richtet keinen Schaden an und läßt sich beim Absterben unter ungünstigen Bedingungen leicht wieder entfernen.

Das Angebot an echten Kaltwasserpflanzen im Handel ist immerhin so groß, daß sich damit eine dekorative und einigermaßen differenzierte Unterwasserlandschaft gestalten läßt.

In unserem speziellen Zusammenhang erscheint es nun besonders naheliegend, neben den Tieren entsprechende heimische Pflanzen zu beherbergen. Die heimischen Pflanzen spielen in der Aquaristik heute aber nur eine sehr untergeordnete Rolle.

Auch die reichhaltige Aquarienpflanzenliteratur äußert sich weit weniger ausführlich dazu als zu den Exoten. Einerseits liegt dies sicher an den geringeren praktischen Erfahrungen mit Kaltwasserpflanzen, andererseits weiß man, daß die heimischen Pflanzen im Aquarium im allgemeinen empfindlicher sind als viele, inzwischen speziell für die Aquarienhaltung gezüchtete Arten. Die europäischen Witterungsverhältnisse bedingen, daß manche Sumpf- und Wasserpflanzen einjährig sind, d.h. sie gehen zum Winter hin ein, nachdem sie zuvor Samen gebildet haben. Bei der Mehrzahl sterben nur die Grünanteile ab, Wurzelknollen, Rhizome oder Winterknospen bleiben erhalten. Erst im kommenden Frühjahr treiben sie wieder aus. Solche Umstände machen eine mehr als halbjährige Aquarienhaltung in der Regel unmöglich. Nur wenige Arten bleiben sowohl in der Natur als auch im Aquarium wintergrün. Die zeitlich beschränkte Aquarienhaltung bietet zumindest die Möglichkeit zu näherem Kennenlernen.

Wiederum ist es so, daß viele Pflanzenfamilien weltweit verbreitet sind, sie kommen außer in Europa auch in Asien, Nordamerika oder in den Tropen vor und gelangen auf diesem Weg zum Teil in die Aquarienpraxis.

Bei der Betrachtung der heimischen Arten als Aquarienpflanzen zeigt sich, daß auch hier vor allem die stark wurzelfassenden Sumpfpflanzen die höheren pflegerischen Ansprüche stellen und sehr empfindlich – bis völlig ungeeignet – sind. Wildpflanzen benötigen eine Umgewöhnungsphase; die natürlichen Bodengrund- und Wasserbedingungen ihrer Standorte sind grundverschieden von den Bedingungen im Aquarium.

Auch bei den Pflanzen ist es so, daß viele wegen ihrer Seltenheit oder Gefährdung unter Naturschutz stehen. Es ist nicht nötig, Pflanzen aus der Natur zu entfernen, fast alle heimischen Arten sind als gezüchtete Exemplare in Gärtnereien (Staudengärtnereien) direkt zu kaufen oder über den Postversand zu beziehen. Die entsprechenden Adressen und Angebote werden regelmäßig über Anzeigen in Gartenzeitschriften veröffentlicht.

Trotz aller Mühe gelingt die Aquarienhaltung vieler heimischer Arten nicht immer. Dagegen haben die im Zoohandel gekauften Aquarienpflanzen den Vorteil, daß sie zumeist von vornherein an Leitungswasser gewöhnt sind. Es lohnt sich aus ästhetischen Gründen jedoch immer, heimische Pflanzen oder verwandte, ähnliche Aquarienpflanzen zu verwenden.

Hier nun eine Gegenüberstellung heimischer Arten mit den verwandten Aquarienpflanzen. Die Zeichnungen sind schematisch, sie dienen nur zur Anschauung, nicht zur exakten Bestimmung. Die Temperaturangaben beruhen auf groben Schätzungen. Wintergrüne Arten können Frost vertragen; bis 4 °C bezieht sich auf die allgemeinen Aquarienbedingungen im Interesse der Fische. Nicht wintergrüne Pflanzen gehen bei dauerhaften Temperaturen unter 10 °C langsam zurück, ihre biologische Funktionstüchtigkeit reicht etwa bis 12 °C, darunter stagnieren sie, selbst wenn sie nicht augenblicklich absterben.

Heimische Arten		Aquarienpflanzen
Armleuchteralge *(Nitella flexilis)* 	Wasserpflanze (submers). Sehr artenreiche Familie der Grünalgen. In stehenden Gewässern, Seen, Gräben. Grüne, quirlige, nadelähnliche Blätter, manchmal grau von Kalkablagerungen. Bis 50 cm lang. Im Aquarium recht ausdauernd, auch in Sandgrund. Viel Licht, aber wenig Sonnenlicht. Bis 12 °C. Nicht wintergrün. Empfehlenswerte Aquarienpflanze. Guter Sauerstofflieferant.	**Nitella**-Arten (Da die volkstümlichen Namen in der Aquaristik kaum mehr eine Rolle spielen, werden sie meist weggelassen.) *Nitella* ist in Europa, Asien und Nordamerika verbreitet. Die verschiedenen Arten sind nur schwer zu bestimmen. Typische Kaltwasserpflanze. Gelegentlich im Handel. Eigenschaften: Viel Licht, verträgt hartes Wasser, empfindlich gegen Mulm auf den Blättern (wie alle feinblättrigen Pflanzen). Bis 12 °C.
Bachbunge *(Veronica beccabunga)* 	Sumpf- und Wasserpflanze (emers und submers). Sehr artenreiche Familie. Auf kalkhaltigen Böden an Bachufern, oder direkt unter Wasser. Bis 50 cm hoch, stumpfe Blätter. Die Unterwasserform läßt sich eine Zeitlang im Aquarium halten, bleibt evtl. wintergrün, blüht aber im Aquarium nicht. Braucht einen kräftigen, gedüngten Bodengrund, viel Licht und klares Wasser. Etwas schwierig in der Haltung. Bis 4 °C. Versuchsweise zu empfehlen.	**Veronica** Über eine entsprechende Aquarienpflanze ist mir nichts bekannt.

Brachsenkraut
(Isoetes lacustris)

Sumpfpflanze (emers und submers). Artenreiche Familie, die einzelnen Arten sind schwer voneinander zu unterscheiden. Die bekannteste Unterwasserform ist *Isoetes lacustris.* Sie gilt als vom Aussterben bedroht und ist geschützt (!). In der Natur häufig auf Moorgrund, direkt im Wasser oder in Ufernähe stehender Gewässer. Bis 25 cm hoch, dunkelgrüne, harte, schmale Blätter. Im Aquarium sehr hohe Ansprüche an einen kräftigen, gedüngten Bodengrund, viel Licht und weiches Wasser, dann evtl. eine Zeitlang ausdauernd. Wintergrün. Als Sauerstoffspender nicht von Bedeutung. Bis 4 °C. Versuchsweise zu empfehlen.

Isoetes-Arten
Europa, Asien, Nordamerika. Selten im Zoohandel, als typische Kaltwasserpflanze offensichtlich wenig gefragt. Asiatische und nordamerikanische Arten gelten als relativ anspruchslos, kommen mit etwas weniger Licht aus und sollten gedüngt werden. Bis 12 °C, vielleicht auch darunter.
Die heimische Art erhält man in Staudengärtnereien.

Brunnenkresse
(Nasturtium officinale)

Sumpfpflanze (emers und submers). Auch Bitterkresse genannt. Häufig an Bachufern, manchmal auch unter Wasser, in klaren Forellenbächen mit Sandgrund. Bis 50 cm hoch. Gilt als Heilpflanze. Die Unterwasserform ist im Aquarium bei nährstoffreichem Bodengrund, viel Licht, stets klarem und kühlem Wasser einigermaßen ausdauernd. Empfindlich gegen Nährstoffmangel, daher etwas schwierig bei der Haltung. Nur mäßiger Sauerstoffspender. Bleibt wintergrün. Bis 4 °C. Versuchsweise zu empfehlen.

Nasturtium
Weltweit verbreitet. Über eine entsprechende Aquarienpflanze ist mir nichts bekannt.

Froschbiß
(Hydrocharis morsus-ranae)

Sumpfpflanze – Schwimmpflanze, größtenteils unter Wasser, seltener mit den Wurzeln im Boden haftend. Häufig in stehenden Gewässern mit Schlammgrund, in Ufernähe. Für das Aquarium gut geeignet, läßt sich bei nährstoffreichem, weichem (!) Wasser eine Zeitlang halten. Als Sauerstoffspender kaum von Bedeutung, bei Wachstum aber guter Wasserreiniger. Wintergrün, bis 4 °C. Empfehlenswert.

Froschbiß (*Hydrocharis-* oder *Limnobium*-Arten)
Europa, Asien. *Limnobium spingia* aus Nordamerika gelegentlich im Handel (etwas andere Blattform, daher der heimischen Art nicht sehr ähnlich).
Eigenschaften: Schwimmpflanze. Bis 12 °C, vielleicht auch darunter. Viel Licht, nährstoffreiches, gedüngtes Aquariumwasser.

Froschlöffel
(Alisma plantago-aquatica)

Sumpfpflanze (emers). Artenreiche Familie. Häufig in flachen, stehenden Gewässern in Ufernähe, auf Schlammgrund. Bis 80 cm, wächst über die Wasseroberfläche hinaus. Erst die Überwasserblätter zeigen die typische Löffelform, die Unterwasserblätter sind schmal und länglich. Für das Aquarium nur bedingt geeignet. Hohe Ansprüche an einen nährstoffreichen Bodengrund (Ton- oder Lehmzusatz – Düngung) und viel Licht. Die etwas seltenere Unterwasserform *Alisma graminifolium* bleibt wesentlich kleiner und eignet sich etwas besser. Bis 12 °C. Kein Sauerstoffspender. Versuchsweise zu empfehlen.

Froschlöffel (*Alisma*-Arten)
Weltweit verbreitet. Gelegentlich im Handel. Die Blattformen sind sehr unterschiedlich. Je nach Herkunft temperaturabhängig, im allgemeinen bis 12 °C.

Hornkraut *(Ceratophyllum demersum)* 	Wasserpflanze (submers). Häufig in stehenden und langsam fließenden Gewässern. Schwimmpflanze ohne Wurzeln, mit quirligen, zerbrechlichen Blättern. Bis max. 1 m lang. Für das Aquarium gut geeignet. Nicht einpflanzen. Viel Licht, evtl. CO_2-Düngung. Hält bis weit in den Winter. Guter Sauerstoffspender. Bis 10 °C. Empfehlenswerte Aquarienpflanze	**Hornkraut** (*Ceratophyllum*-Arten) Weltweit verbreitet. Eine der häufigsten Aquarienpflanzen. Verschiedene Arten im Handel, z. T. tropisch. Je nach Herkunft temperaturabhängig. Nordamerikanische Arten eignen sich am besten für Kaltwasser. Eigenschaften: Viel Licht und klares Wasser, empfindlich gegen Mulm. Bis 12 °C, tropische Arten bis ca. 16 °C.
Kalmus *(Acorus calamus)* 	Sumpfpflanze (emers). Nur der kräftige Wurzelstock befindet sich unter Wasser. Steht an den Rändern langsamer oder stehender Gewässer mit Schlammgrund. Bis über 1 m hoch. Stark duftend, gilt als Heilpflanze. Für das Aquarium nur schlecht geeignet, stellt sehr hohe Ansprüche an einen kräftigen, nährstoffreichen Bodengrund (hoch geschichtet). Sehr junge Pflanzen halten sich im Aquarium evtl. 2–3 Monate. Nicht wintergrün. Kein Sauerstoffspender. Versuchsweise zu empfehlen, am besten nur mit einem Exemplar. Bis 10 °C.	**Acorus** Asien, Europa, Nordamerika. Meist ist die sehr klein bleibende und ganz untergetaucht haltbare *Acorus gramineus* (Zwergkalmus) im Handel. Sie ist als Alternative zur heimischen Art und als ausdauernde Aquarienpflanze zu empfehlen. Eigenschaften: Anspruchslos, kommt auch mit etwas weniger Licht aus. Bis 15 °C.

Heimische Arten | **Aquarienpflanzen**

Krebsschere
(Stratiotes aloides)

Wasserpflanze – Schwimmpflanze (emers.) Verlandungspflanze stehender, nährstoffreicher Gewässer. Als Wildpflanze geschützt. Aus dem Wasser ragende, spitze Blätter, bis 35 cm lang. Im nährstoffreichen, weichen (!) Wasser mit viel Licht längere Zeit haltbar. Gedeiht schwimmend. Nicht wintergrün, die verbleibenden Knospen können aber im Aquarium evtl. überwintern. Als Sauerstoffspender nicht von Bedeutung. Bis 12 °C. Versuchsweise zu empfehlen.

Stratiotes
Über eine der heimischen Art ähnliche Aquarienpflanze ist mir nichts bekannt. Auch in Asien beheimatet.

Laichkräuter
(z. B. *Potamogeton natans* – Schwimmendes Laichkraut)

Wasserpflanze (submers), mit Schwimmblättern. Laichkräuter bilden eine sehr artenreiche Familie, in Deutschland ca. 20 Arten, z. T. selten. Den Arten nach sehr verschieden aussehend. Die meisten in langsam fließenden und stehenden Gewässern, meist mit Schwimmblättern. Teilweise sehr groß werdende Pflanzen.

Potamogeton-Arten
Weltweit verbreitet. Selten im Zoohandel mit Arten der gemäßigten Zonen. Da die Blattformen sehr unterschiedlich ausfallen, fehlt oft die entsprechende Ähnlichkeit zu heimischen Arten.

Krauses Laichkraut
(Potamogeton crispus)

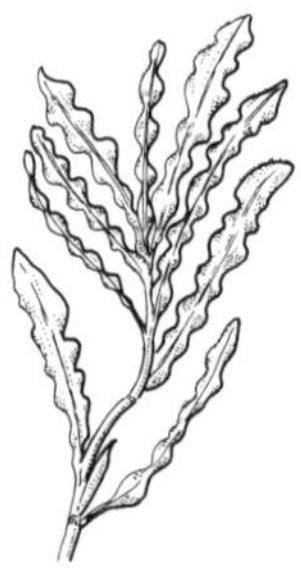

Wasserpflanze (submers). In nährstoffreichen Gewässern auf Sand- oder Schlammgrund. Etwas zackige Blätter, grün.

Fadenförmiges Laichkraut
(Potamogeton filiformis)

Auch Teichfaden genannt. Wasserpflanze (submers) mit dünnen Schwimmblättern. Verzweigte, festsitzende Wurzeln. Häufig in stehenden und langsam fließenden Gewässern auf Sand- oder Schlammgrund. Nicht wintergrün. Bis 12 °C. Versuchsweise zu empfehlen.
– Im Aquarium verhalten sich die Laichkräuter den Arten nach unterschiedlich, sind aber zumeist sehr empfindlich und stellen gewisse Anforderungen an nährstoffreiches Wasser und einen kräftigen Bodengrund (Düngung). Der Teichfaden eignet sich erfahrungsgemäß noch am besten, er hält eine Zeitlang durch. Einige Arten der Laichkräuter stehen unter Naturschutz (!).
Kauf in Staudengärtnereien; Laichkräuter werden häufig angeboten. Wenn sie im Aquarium gedeihen, sind sie gute Sauerstofflieferanten.

Lobelie
(Lobelia dortmanna)

Sumpfpflanze (emers). Artenreiche Familie. Die heimische Lobelie gilt als selten und steht unter Schutz. In Norddeutschland sieht man sie gelegentlich in flachen Heidetümpeln. Bis 60 cm hoch. Die Blütenstengel ragen aus dem Wasser. Die Pflanze ist giftig. Die Blätter sterben zur Blütezeit ab. Über ihre Aquarienhaltung ist mir nichts bekannt; wegen ihrer Giftigkeit evtl. ungeeignet.

Lobelia (*Lobelia*-Arten)
Die *L. cardinalis* aus Nordamerika ist gelegentlich im Handel.
Eigenschaften: Kräftiger Bodengrund (Düngung) und viel Licht. Wächst über die Wasseroberfläche hinaus. Bis 12 °C.

Heimische Arten		Aquarienpflanzen
Ludwigia *(Ludwigia palustris)* 	Sumpfpflanze (emers). Auch Sumpflöffelchen genannt. Hauptsächlich in Südeuropa beheimatet. Über 50 cm lange Pflanzen mit kleinen rundlichen Blättern. Wächst am Ufer oder im flachen Wasser mit herauskriechenden Trieben. Im Aquarium mit viel Licht und nährstoffreichem Wasser recht ausdauernd. Man sollte die Pflanze aber nicht gewaltsam unter Wasser halten, sondern herauswachsen lassen. Auch in feuchten Blumentöpfen auf dem Beckenrand, von wo aus sich die Zweige im Wasser ausbreiten können. Bis 12 °C. Empfehlenswert.	**Ludwigia** Weltweit verbreitet. Artenreiche Familie. Eine der häufigsten und bekanntesten Aquarienpflanzen im Handel. Manchmal werden auch schmalblättrige Arten und Kreuzungen angeboten. Aus Nordamerika stammen z.B. *L. repens* u. *L. mullertii.* (Die Artenbestimmung ist nicht einfach.) Die im Handel erhältlichen Arten der gemäßigten Zonen sind als Alternative zur heimischen Art sehr zu empfehlen. Eigenschaften: Anspruchslos, gedeihen auch unter Wasser und schwimmend. Es sind reine Unterwasserformen dabei. Einige vertragen auch hartes Wasser. Bei gutem Licht sehr wuchsfreudig. Bis 12 °C.
Nadelsimse *(Elocharis acicularis)* 	Sumpfpflanze (emers). Artenreiche Familie mit einigen reinen Unterwasserformen. Im flachen, meist stehenden Wasser auf Sandgrund, die Blüten ragen heraus. Im Aquarium bei viel Licht, Sandgrund und nicht zu hartem Wasser einigermaßen ausdauernd. Wintergrün. Als Sauerstoffspender nicht von Bedeutung. Bis 4 °C. Versuchsweise zu empfehlen.	**Elocharis**-Arten Weltweit verbreitet. Nur gelegentlich im Handel, auch mit tropischen Arten. Asiatische Arten sind den heimischen ähnlich. Je nach Herkunft temperaturabhängig. Eigenschaften: Submers, lange dünne, bei gutem Wuchs an der Oberfläche schwimmende grüne Fadenblätter. Asiatische und nordamerikanische Arten bis ca. 8 °C, vielleicht auch darunter.

Pfeilkraut
(Sagittaria sagittifolia)

Sumpfpflanze (emers). In stehenden, nährstoffreichen Gewässern mit Schlammgrund, in Ufernähe. Bis 1 m hoch. Grobe Wurzelknollen, fest verankert. Die pfeilförmigen Blätter ragen aus dem Wasser, die Unterwasserblätter sind länglich spitz. In einem großen Aquarium mit kräftigem Bodengrund (gedüngt) eine Zeitlang haltbar. Nicht wintergrün. Kein Sauerstoffspender. Bis 12 °C. Versuchsweise zu empfehlen.

Sagittaria-Arten
Europa, Asien, Nordamerika. *S. graminea* und *S. subulata* gelegentlich im Handel. Diese Aquarienpflanzen bleiben wesentlich kleiner und sind der heimischen Art nicht sehr ähnlich. Als Alternative jedoch zu empfehlen. Eigenschaften: Robust, kommen auch mit etwas weniger Licht aus. Bis 15 °C, vielleicht auch darunter.

Pfennigkraut
(Lysimachia nummularia)

Sumpfpflanze (emers). Bodendeckende Uferpflanze, auch im flachen Wasser von Teichen und Gräben. Kriechende Wurzelstöcke. Läßt sich im Aquarium eine Zeitlang unter Wasser halten, die Triebe streben nach oben. Auch auf Sandgrund. Viel Licht und Düngung. Blüht unter Wasser nicht. Auch im Blumentopf als Randbepflanzung geeignet, die Triebe gehen evtl. ins Wasser. Wintergrün. Als Sauerstoffspender nicht von Bedeutung. Bis 4 °C. Versuchsweise zu empfehlen.

Lysimachia-Arten
Europa, Asien, Nordamerika. Nur sehr selten im Handel, die heimische Art bekommt man in Staudengärtnereien. Über eine entsprechende Aquarienpflanze ist mir nichts bekannt.

Heimische Arten		Aquarienpflanzen
Quellmoos *(Fontanilis antipyretica)* 	Wasserpflanze (emers). Nur mit einer Art vertreten. Grüne Pflanze mit kleinen, schuppenartig angeordneten Blättern. Vorwiegend in klaren Fließgewässern. Für das Aquarium sehr gut geeignet. Sehr anspruchslos und ausdauernd. Man nimmt die Pflanze samt ihrer Haftunterlage (Stein) mit und setzt sie damit ins Aquarium. Die Pflanzen aus stehenden Gewässern sollen haltbarer sein, die aus Fließgewässern eignen sich ebenfalls sehr gut. Das Wassermoos ist sehr zählebig und gehört sicher zu den empfehlenswertesten Kaltwasserpflanzen. Guter Sauerstofflieferant. Wintergrün. Bis 4 °C.	**Javamoos** *(Vesicularia dubyana)* Da das heimische Quellmoos so gut wie nie in den Handel gelangt, sei als Alternative, oder zusätzlich, das Javamoos empfohlen. Eigenschaften: Anspruchslos, zählebig. Kommt auch mit relativ wenig Licht aus. Gedeiht frei schwimmend nicht so gut wie an einer Unterlage haftend (rauher Stein oder Deko-Wand). Bis 12 °C. Das Javamoos ist dem heimischen Quellmoos nicht sehr ähnlich.
Schilf *(Typha latifolia)* 	Sumpfpflanze (emers). Auch Breitblättriger Rohrkolben genannt, aus der Familie der Rohrkolbengewächse. Häufig im flachen, nährstoffreichen Wasser der Uferzonen, auf Sand oder Schlammgrund. Weit aus dem Wasser ragend, bis über 2 m hoch. Wurzelstöcke meterweit verzweigt. Junge Triebe mit möglichst viel Wurzelstockmaterial halten im Aquarium längere Zeit durch und wachsen evtl. über die Wasseroberfläche hinaus. Kräftiger, nährstoffreicher Bodengrund und viel Licht. Kein Sauerstofflieferant. Versuchsweise mit einem oder zwei Exemplaren zu empfehlen.	**Typha** Über eine entsprechende Aquarienpflanze ist mir nichts bekannt. Die heimische Art erhält man in Staudengärtnereien.

Schwimmfarn
(Salvinia natans)

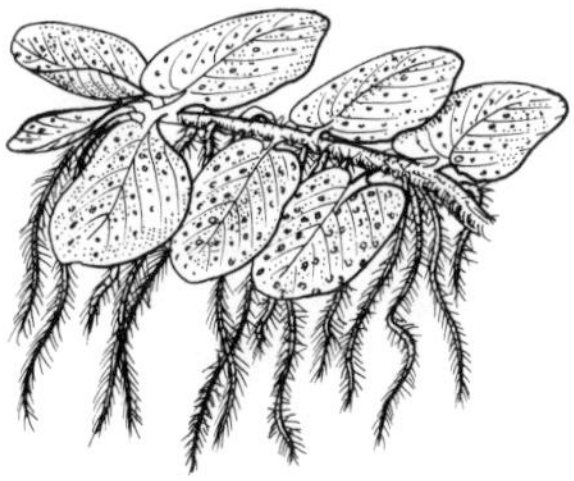

Schwimmpflanze mit aus dem Wasser ragenden Blättern. In Gräben, Teichen und Flüssen in Ufernähe treibend. Die Wildpflanze steht unter Naturschutz, sie gilt als vom Aussterben bedroht. Kauf in Staudengärtnereien. Für das Aquarium gut geeignet. Viel Licht und nährstoffreiches Wasser (Düngung). Nicht wintergrün. Bis 12 °C.

Salvinia-Arten
Weltweit verbreitet. Im Zoohandel meist tropische und subtropische Arten mit anderen Blattformen, daher der heimischen Art nicht sehr ähnlich. Manche sehr klein. Die heimische Art gelangt so gut wie nie in den Handel. Eigenschaften: Tropische Arten bis 18 °C, nur bedingt für Kaltwasser geeignet.

Seekanne
(Nymphoides peltata)

Schwimmblattpflanze (emers). In stehenden Gewässern mit Sand- oder Schlammgrund. Sehr groß werdende, seerosenähnliche Pflanze, bis zu 1 m lange Stengel, kriechender Wurzelstock. Im Aquarium schwer zu halten. Braucht nährstoffreichen, kräftigen Bodengrund und viel Licht. Versuchsweise mit kleineren Exemplaren zu empfehlen.

Nymphoides-Arten
Europa, Asien. Selten im Handel ist die der heimischen Art ähnliche *Nymphoides humboldtiana.* Über ihre Aquarienhaltung ist mir nichts bekannt.

Sumpfschraube
(Vallisneria spiralis)

Wasserpflanze (submers). Vorwiegend in Südeuropa beheimatet. Bis 70 cm lange schmale Blätter. Im Aquarium relativ anspruchslos und sehr ausdauernd. Guter Sauerstoffspender. Im Aquarium wintergrün. Bis 4 °C. Empfehlenswert.

Vallisnerien
Weltweit verbreitet. Eine der bekanntesten Aquarienpflanzen, regelmäßig im Handel. Die verschiedenen Arten sind nur schwer voneinander zu unterscheiden. Die europäische *Vallisneria spiralis* ist ebenfalls im Handel zu kaufen. Alle Arten der gemäßigten Zonen eignen sich gut für das Kaltwasseraquarium. Eigenschaften: Anspruchslos, kommen auch mit etwas weniger Licht aus und gedeihen sogar in feinem Sandgrund. Bis 10 °C, evtl. darunter.

Heimische Arten		Aquarienpflanzen
Tannenwedel *(Hippuris vulgaris)* 	Auch: *Hippuris palustris.* Volkstümlicher Name: Wasserprimel. Sumpfpflanze (emers). Mit kriechenden, weit verzweigten Wurzelstökken, am Ufer oder im flachen Wasser. Über die Wasseroberfläche hinaus wachsend. Bis über 1 m lang. Nährstoffreiche, meist stehende Gewässer. Im Aquarium nicht sehr ausdauernd. Braucht kalkhaltiges, nährstoffreiches Wasser. Wenn sie gedeiht, dann guter Sauerstoffspender. Nicht wintergrün. Bis 12 °C. Versuchsweise mit einzelnen Exemplaren zu empfehlen.	**Hippuris** Weltweit verbreitet, hauptsächlich auf der nördlichen Halbkugel. Über eine entsprechende Aquarienpflanze ist mir nichts bekannt.
Tausendblatt *(Myriophyllum spicatum)* 	Unterwasserpflanze (submers). Auch Ähriges Tausendblatt genannt. In stehenden Gewässern, z. B. in Wiesengräben. Sehr artenreiche Familie. Blüten oberhalb der Wasseroberfläche, von Juni bis August. Nicht wintergrün, aber Stengelstücke und Winterknospen bleiben selbst im Eis grün. Für das Aquarium gut geeignet, besser als *Myriophyllum verticillatum,* das Quirlblütige Tausendblatt. Viel Licht und nährstoffreiches Wasser. Schwierig ist die Umgewöhnungsphase auf Aquariumwasser. Guter Sauerstoffspender. Bis 12 °C. Empfehlenswert.	**Myriophyllum** Weltweit verbreitet. Eine der häufigsten und bekanntesten Aquarienpflanzen. Verschiedene Arten im Handel, z. T. tropisch. Die Arten der gemäßigten Zonen eignen sich gut für Kaltwasser. Eigenschaften: Viel Licht, empfindlich gegen Mulm auf den gefiederten Blättern und gegen Algen. Die gezüchteten Aquarienpflanzen sind haltbarer als die Wildpflanzen. Bis 12 °C.

Teichlinse
(Lemna minor)

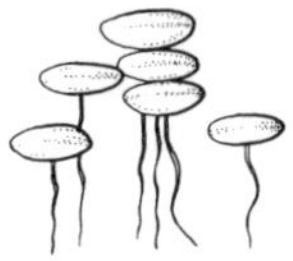

Schwimmpflanze. Es sind mehrere Arten bekannt. In stehenden oder langsam fließenden nährstoffreichen Gewässern. 2–3 mm im Durchmesser. Für das Aquarium gut geeignet, in nährstoffreichem Wasser sehr ausdauernd. Neigt zu Massenvermehrung; dann einfach abschöpfen. Guter Wasserreiniger, als Sauerstofflieferant nicht von Bedeutung. Bleibt im Aquarium wintergrün, stagniert aber bei niedrigen Temperaturen. Bis ca. 6 °C. Empfehlenswert.

Teichlinsen (*Spirodela*-Arten)
Weltweit verbreitet. Häufig im Handel, meist mit asiatischen und tropischen Arten, deren Blätter größer sind und anders aussehen als die der heimischen Arten. Eigenschaften: Die Arten der gemäßigten Zonen sind für das Kaltwasseraquarium gut geeignet. Viel Licht. Bis 12 °C.

Teichrose
(Nuphar luteum)

Sumpfpflanze – Schwimmblattpflanze (submers, mit Schwimmblättern). In Teichen und Seen, in nährstoffreichem Wasser. Wurzelstöcke weit verzweigt. Die Teichrosen stehen unter Naturschutz. Einzelne Triebe und im Frühjahr gekaufte junge Pflanzen halten sich im Aquarium recht gut, längstenfalls bis zum Spätsommer. Braucht nährstoffreiches Wasser und viel Licht. Bei Gedeihen guter Wasserreiniger, kein Sauerstofflieferant. Nicht wintergrün. Bis 12 °C. Dekorative Pflanze für größere Aquarien. Empfehlenswert.

Teichrose
Europa, Asien, Nordafrika. Im Handel gelegentich die heimische Art, oder die *Nuphar japonica* mit ähnlicher Blüte, aber anderer Blattform. Diese Art beibt kleiner und hält im Aquarium evtl. länger durch. Bis 12 °C.

Heimische Arten		**Aquarienpflanzen**

Wasserfeder
(Hottonia palustris)

Wasserpflanze (submers). Blüten ragen aus dem Wasser. In stehenden, flachen Gewässern. Bildet dichte Bestände. Gilt als selten und steht unter Schutz. Im Aquarium recht schwierig, braucht nährstoffreiches, nicht zu hartes Wasser und viel Licht. Nicht wintergrün, einzelne grüne Zweige oder Blattrosetten können jedoch im Eis überleben. Bis 12 °C. Versuchsweise zu empfehlen.

Hottonia
Hauptsächlich in Europa, auch im südl. Nordamerika. Sehr selten im Zoohandel (evtl. eine *Hottonia inflata*). Über ihre Aquarienhaltung ist mir nichts bekannt.

Wasserhahnenfuß
(Ranunculus aquatilis)

Wasserpflanze mit Schwimmblättern (submers und emers). Artenreiche Familie, sowohl mit reinen Unterwasserformen als auch reine Landformen bekannt. Blüten oberhalb der Wasseroberfläche. Große Pflanzen mit meterweit verzweigten Stengeln. In stehenden oder langsam fließenden Gewässern mit Schlammgrund. Einzelne Arten stehen unter Schutz. Im Aquarium schwierig, hohe Ansprüche an nährstoffreiches, weiches Wasser und kräftigen Bodengrund. Viel Licht. Bei Gedeihen guter Sauerstofflieferant. Versuchsweise mit Einzelexemplaren zu empfehlen. Abgebrochene Zweige bilden evtl. Wurzeln und entwickeln sich zu eigenen Pflanzen. Auch zur Randbepflanzung im feuchten Blumentopf geeignet. Die Unterwasserblätter sind gefiedert.

Ranunculus
Weltweit verbreitet. Über eine entsprechende Aquarienpflanze ist mir nichts bekannt.

Wasserknöterich
(Polygonum amphibium)

Wasserpflanze – Schwimmblattpflanze (emers). Artenreiche Familie mit Land- und Unterwasserformen. Sehr groß, bis über 2 m lange Stengel. In stehenden Gewässern auf Schlammgrund. Für das Aquarium schlecht geeignet, sehr hohe Ansprüche an einen kräftigen, nährstoffreichen Bodengrund. Versuchsweise mit kleinen Exemplaren zu empfehlen. Nicht wintergrün. Bis 12 °C.

Polygonum
Weltweit verbreitet, vorwiegend in den gemäßigten Zonen der Nordhalbkugel. Über eine entsprechende Aquarienpflanze ist mir nichts bekannt.

Wasser-Lebermoos
(Riccia fluitans)

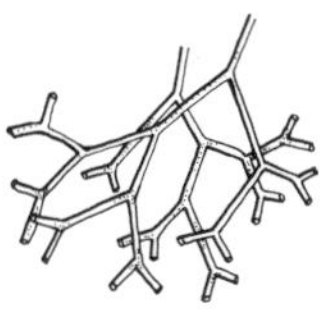

Wasserpflanze – Schwimmpflanze (submers). Kleine, sehr fein gegliederte moosartige Pflanze, bis 5 cm lange Verästelungen. Nennt sich auch Wassersalat. In Gräben, Teichen und langsamen Flüssen in Ufernähe. Bildet polsterartige Ballen. Im nährstoffreichen Aquariumwasser bei viel Licht einigermaßen ausdauernd. Löst sich manchmal langsam auf, daher nicht zu viel einbringen. Sauerstoffspender. Bis 12 °C. Empfehlenswert.

Teichlebermoos
Weltweit verbreitet. Gelegentlich im Handel. Eigenschaften: Dickichtartig, gute Versteckmöglichkeit für Fischbrut. Viel Licht, nährstoffreiches Wasser. Die Exemplare aus den gemäßigten Zonen bis 12 °C.

Heimische Arten		Aquarienpflanzen
Wassernabel *(Hydrocotyle vulgaris)* 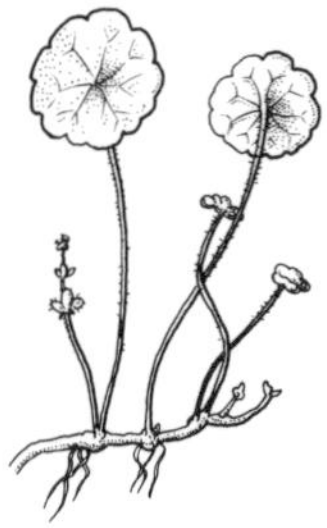	Sumpfpflanze (emers). Artenreiche Familie mit hauptsächlich Land-, aber auch einigen Unterwasserformen. Häufig in moorigen Uferzonen an Bachufern auf schlammigem Grund. Kleine, rundliche Blätter bis 4 cm. Im Aquarium in nährstoffreichem, kalkarmem Wasser längere Zeit ausdauernd. Bei viel Licht schießt die Pflanze leicht ins Kraut und geht ein. Bleibt im Aquarium wintergrün. Kein Sauerstoffspender. Bis 4 °C. Versuchsweise zu empfehlen.	**Wassernabel** (*Hydrocotyle*-Arten) Europa, Asien und Südamerika. Amerikanische Arten manchmal im Zoohandel. Eigenschaften: Anspruchslos, leichter zu halten als die heimische Wildpflanze. Bis 15 °C. Gedeihen auch in feuchter Erde, als Randbepflanzung außerhalb des Aquariums.
Wassernuß *(Trapa natans)* 	Schwimmblattpflanze (submers mit Schwimmblättern). Die Unterwasserblätter gefiedert, ähnlich wie *Myriophyllum.* Die Pflanze bildet in der Natur eßbare Früchte aus. Hauptsächlich in Südeuropa beheimatet. In der Bundesrepublik selten, seht unter Naturschutz. Lebt in stehenden und langsam fließenden Gewässern mit Schlammgrund, vielfach Faulschlamm. Mit den Wurzeln nur lose verankert, gedeiht auch schwimmend. Die Aquarienhaltung ist nicht einfach, da die Pflanzen äußerst nährstoffreiches und kalkarmes, weiches Wasser bevorzugen. Nicht wintergrün. Gedeiht in der Natur im warmen Wasser, nicht unter 15 °C. Versuchsweise zu empfehlen.	**Wassernuß** Europa, Nordamerika, Australien. Eine entsprechende Aquarienpflanze ist mir nicht bekannt. Die heimische Art bekommt man in Staudengärtnereien.

Wasserminze
(Mentha aquatica)

Sumpfpflanze (emers und submers). Riecht stark nach Pfefferminze. Bis zu 1 m lang. Vielfach als Land- und Uferpflanze bekannt. Die reine Unterwasserform findet sich meist in klaren Bächen auf Sandgrund. Diese gedeiht auch im Aquarium, bei viel Licht und nährstoffreichem Wasser. Guter Wasserreiniger. Gilt als Heilpflanze. Bleibt im Aquarium evtl. wintergrün. Bis ca. 8 °C. Empfehlenswert.

Mentha-Arten
Europa, Asien, Nordafrika. Über eine entsprechende Aquarienpflanze ist mir nichts bekannt.

Wasserpest
(Elodea canadensis)

Wasserpflanze (submers). Sehr häufig, in allen Gewässertypen. Im vorigen Jahrhundert in Europa eingebürgert. Im Aquarium im nährstoffreichen Wasser gut haltbar. Die heimische Wildform hat Schwierigkeiten bei der Umgewöhnung, daher sei hier die entsprechende Aquarienpflanze empfohlen.

Wasserpest
Weltweit verbreitet. Häufigste und bekannteste Aquarienpflanze. Verschiedene Arten jederzeit im Handel, z. B. *Elodea densa,* die Kanadische Wasserpest. Eigenschaften: Die Arten der gemäßigten Zonen sind gut für Kaltwasser. Gute Sauerstoffspender. Gedeihen schwimmend. Bis 12 °C.

Heimische Arten		Aquarienpflanzen
Wasserquirle *(Hydrilla verticillata)* 	Wasserpflanze (submers). Sehr ähnlich der Wasserpest, allerdings wesentlich seltener. Nicht wintergrün. In der Aquarienhaltung wenig erprobt. Bei Gedeihen guter Sauerstoffspender. Bis 12 °C. Versuchsweise zu empfehlen.	**Hydrilla** Europa, Asien, Australien, Afrika. Über eine entsprechende Aquarienpflanze ist mir nichts bekannt.
Wasserschlauch *(Utricularia vulgaris)* 	Wasserpflanze (submers). Mehrere Arten. In stehenden Gewässern, z. B. in alten Torfstichen. Wurzellose, untergetaucht lebende Pflanze mit gefiederten Blättern, die Blüten ragen aus dem Wasser. Besonderheit: Die Pflanze gehört zu den Fleischfressern. Mit kleinen Fangblasen erbeutet sie Wasserflöhe und Mückenlarven. Kommt lange ohne tierische Nahrung aus. Gilt als selten und steht unter Schutz. Im Aquarium längere Zeit ausdauernd. Viel Licht und nicht zu hartes Wasser. Nicht einpflanzen. Nicht wintergrün. Bis 12 °C. Empfehlenswert	**Wasserschlauch** (*Ultricularia*-Arten) Weltweit verbreitet. Sehr selten im Zoohandel. Es existiert ein Zwergwasserschlauch, *Ultricularia exoleta*. Er ist der heimischen Art nicht sehr ähnlich. Über seine Aquarienhaltung ist mir nichts bekannt.
Wasserstern *(Callitriche palustris)* 	Wasserpflanze (submers, mit Schwimmblättern). Mehrere Arten, auch reine Unterwasserformen. Auch Frühlingswasserstern genannt. In langsamen oder stehenden Gewässern. Einzelne Triebe überwintern grün am Bodengrund liegend. Im Aquarium meist nicht sehr ausdauernd. Bis 12 °C. Viel Licht, nährstoffreiches Wasser. Versuchsweise zu empfehlen.	**Wasserstern** (*Callitriche*-Arten) Weltweit verbreitet, vorwiegend jedoch in Europa. Sehr selten im Handel, evtl. die nordamerikanische *Callitriche hermaphroditica*. Über die Aquarienhaltung ist mir nichts bekannt.

Aquariumhygiene – Wasserwechsel – Reinigung und Pflege

Nicht selten schreckt die Vorstellung, ständig mit Eimern und Schläuchen hantieren zu müssen, vor der Aufstellung eines Aquariums ab. Wenn man jedoch, wie bereits mehrfach angedeutet, großzügig vorgeht und vor allem nicht zu viele Tiere hält, sind Aquarien leicht zu pflegen, und man ist keineswegs ständig beschäftigt.

Die wichtigsten, unumgänglichen regelmäßigen Eingriffe (außer der täglichen Fütterung) in einem nicht vollautomatisch betriebenem Aquarium sind folgende:

- Gelegentliches Nachfüllen des verdunsteten Aquariumwassers mit frischem Leitungswasser: Man kann dies im Vorübergehen erledigen, etwa im Zusammenhang mit dem Blumengießen, oder beim regelmäßigen Frischwasseraustausch.
- Regelmäßiger Frischwasseraustausch: In einem dicht bepflanzten Becken empfiehlt sich der wöchentliche Austausch von ca. $^1/_4$ bis $^1/_3$ des Gesamtinhalts. In einem weniger bepflanzten Becken genügt in der Regel der vierzehntägige Austausch von $^1/_3$. Im allgemeinen gilt der Grundsatz: besser öfter und mit kleineren Mengen als unregelmäßig und damit evtl. massiver Austausch. Längerfristige Wartezeiten erfordern dann größere Mengen Frischwasser und erhöhen die Gefahr von Temperaturstürzen oder einer zu raschen Veränderung des Gesamtmilieus.

Ein gewisser Indikator ist die Farbe des Aquariumwassers. Bräunliches, leicht dunkel erscheinendes, abgestandenes Aquariumwasser (auch wenn es nicht mit Trübstoffen durchsetzt ist) erfordert den Wasserwechsel. Durch den Frischwasserwechsel werden überschüssige, gelöste organische Stoffe und zu hohe einseitige Pflanzennährstoff-Konzentrationen (Nitrat) teilweise entfernt und gleichzeitig einige fehlende Pflanzennährstoffe wieder eingebracht. Pflanzendünger gibt man entsprechend der ausgetauschten Wassermenge gleich nach dem Wasserwechsel hinzu.

Wenn keine elektronisch gesteuerte, vollautomatische Aquarienanlage zur Verfügung steht (Filteranlagen mit Wasseranschluß), muß man beim Frischwasserwechsel mechanisch vorgehen. Um umständliches Geplansche und Eimerschleppen zu vermeiden, legt man einen entsprechend langen Schlauch vom Aquarium zu einem Wasserabfluß (Badewanne o.ä.). Das Aquarium muß dabei deutlich höher stehen als der Abfluß, damit sich ausreichendes Gefälle ergibt. Damit es zu keinen Überschwemmungen kommt, sichert man beide Schlauchenden gegen ein Verrutschen ab. Den Schlauch füllt man mit Wasser (Stöpsel am unteren Ende), hält ihn mit dem oberen Ende ins Aquarium und läßt das Wasser, nachdem der Stöpsel gezogen ist, in der gewünschten Menge ablaufen. Man kann den Wasserfluß auch (bei nicht sehr langem Schlauch) durch das herkömmliche Ansaugen mit dem Mund in Gang setzen (jedoch ist diese Methode aus hygienischen Gründen bedenklich) oder eine elektrische Pumpe benutzen. Eine Verengung vorn am Schlauch (Aquarium-Staubsauger) verhindert ein Verstopfen des Schlauchs mit Kieseln oder das Verschwinden kleiner Fische, die in die Sogwirkung geraten. Je nach Gefälle und Wasserdruck ist die Sogwirkung unterschiedlich stark; auch Wasserpflanzen können herausgerissen werden, man hält also Abstand.

Futterreste, abgestorbene Pflanzenteile und Fischkot zerfallen zu dunklem Mulm, der sich am Bodengrund sammelt. Fehlt eine Filteranlage, bleibt entsprechend mehr zurück. Ein gewisser Anteil Mulm schadet nicht, er zerfällt weiter und liefert Pflanzennährstoffe. Schädlich wirkt er sich spätestens dann aus, wenn sich beim Aufwühlen durch die Fische das Wasser zu trüben beginnt. Man saugt den überflüssigen Mulm am besten in Verbindung mit einem fälligen Wasserwechsel ab; da er sehr leicht ist, verschwindet er ohne weiteres mit dem Wassersog durch den Schlauch. Sobald es notwendig ist, den Mulm häufiger als einmal im Monat abzusaugen, deutet dies auf eine Störung im Aquarium hin, z.B. Überbesatz mit Fischen, überreichliche Fütterung, Verfallsprozesse bei den Pflanzen (Lichtmangel, ungünstige Nährstoffverhältnisse).

Wenn das Wasser abgeflossen und der gewünschte Wasserstand erreicht ist, kann der Schlauch mit einem Verbindungsstück an einen Wasserhahn angeschlossen werden und Frischwasser zuführen. Das Schlauchende wird am Aquarium gegen Verrutschen abgesichert; der Wassereinlauf macht keine Mühe.

Aquarium-Staubsauger oder Schlammheber zum Mulmabsaugen, die im Handel angeboten werden, laufen mit Batteriebetrieb oder man schließt sie an eine Membran-Luftpumpe an. Hierbei handelt es sich um eine mechanische Filterung in Kleinstausgabe. Sie erscheint dann angebracht, wenn der Mulm nur unter Verlust einer größeren Wassermenge zu beseitigen wäre und dies nicht erwünscht ist.

Wer einen Garten oder Vorgarten besitzt, kann das Altwasser auch direkt aus dem Fenster entlassen, es versickert dort im Boden, oder es in einer Tonne als Gießwasser sammeln. Es muß also nicht ungenutzt verlorengehen.

Gelegentlich sollte man die vordere Sichtscheibe putzen. Das Glas bekommt langsam einen dünnen Belag aus Algen und Ablagerungen von Schwebstoffen. Es handelt sich um eine leicht zu entfernende Schicht, die man mit der Hand, einem sauberen Schwamm, einer Kunststoffbürste oder einem im Handel erhältlichen Scheibenreiniger beseitigt. Der Belag löst sich, verteilt sich im Wasser und verschwindet beim Wasserwechsel oder Mulmabsaugen. Ein behutsames Vorgehen verhindert massive Störungen der Pflanzen und Tiere. Vorsicht: die Geräte dürfen aus keinem Material sein, das die Scheiben zerkratzt! Die Rück- und Seitenscheiben brauchen nicht gesäubert zu werden, der Belag mit seinen dünnen Algenfäden dient manchen Fischen als natürliches Futter und liefert eine dunkle, dekorative natürliche Schicht. Er darf allerdings nicht zu stark sein und zur Wasserverschmutzung beitragen.

Außer diesen regelmäßigen pflegerischen Maßnahmen sind noch gelegentliche kleine Handgriffe notwendig. Nicht gefressene Regenwürmer, Ansammlungen toter Wasserflöhe und größere abgestorbene Pflanzenteile und tote Fische sollten möglichst rasch verschwinden. Vor allem tierische, also stark eiweißhaltige Reste können ein nicht sehr großes Aquarium rasch verseuchen und stellen immer eine Gefahr dar. Ebenso ist eine regelmäßige Kontrolle des Fischbestands und des Pflanzenwachstums angebracht. Absterbende Pflanzenteile, erkenntlich an einer unnatürlichen Verfärbung und dem Verlust ihrer ursprünglicher Stabilität, trennt man mit einer nichtrostenden

Schere ab. Lose Blätter treiben oft an der Wasseroberfläche und lassen sich zwischenzeitlich mit einer Pinzette einsammeln.

Die Wartung und Reinigung der Filteranlagen ist, entsprechend ihrem Einsatz, unumgänglich. Überlastetes und verbrauchtes Filtermaterial erfüllt seine Funktion nicht mehr und kann zu einer akuten Wasservergiftung beitragen. Die Filterwatte im Vorfilter erneuert man etwa alle zwei Wochen.

Abgenutzte, bräunlich-dunkle, ausgefranste Ausströmersteine der Luftpumpe müssen ca. alle 3 Monate ausgewechselt werden.

Zur eigenen Sicherheit sollte man bei pflegerischen Aktionen am Aquarium die elektrischen Geräte entfernen oder die Netzstecker ziehen, sofern die Geräte nicht vollkommen abgesichert sind.

Die verwendeten Gegenstände (Eimer, Schläuche, Bürsten) müssen aus giftfreiem Material (geruchlos) sein. Man kauft sie am besten in Aquariengeschäften und sollte sie nicht im übrigen Haushalt einsetzen, denn Rückstände von Wasch- und Reinigungsmitteln sind gefährlich für die Fische.

Schnecken im Aquarium sind als einzelne Vertreter ihrer Gattung eine große Bereicherung. Als »Reinigungskolonne« eingesetzt, also massenhaft auftretend, sind sie von zweifelhafter Wirkung, ihr Nutzen ist gering. Sie fressen zwar allerhand Abfälle, scheiden aber auch Schleim und Kot aus. Schlammschnecken vergreifen sich auch an höheren Wasserpflanzen und fressen Löcher in dünne Blätter.

Einige Dinge sollten stets griffbereit bereitliegen, damit man in Notfällen pflegerisch rasch eingreifen kann: Verschiedene **Handkescher** zum Herausfangen von Fischen bei Krankheitsfällen, am besten für jedes Becken einen Kescher, um Anstekkungen zu vermeiden. **Pinzetten** zur Fütterung. Eine nichtrostende **Schere** zur Pflanzenpflege und zum Zerteilen von Futter. **Schläuche, Eimer, Schwämme, Bürsten.** Zuverlässige **Thermometer**. Mehrere kleine **Quarantänebecken** für krankheitsverdächtige Fische. Eine **Ersatzluftpumpe** bei akutem Sauerstoffmangel oder beim Ausfall laufender Geräte. **Filterwatte, Filterpatronen.** Eine stark vergrößernde **Lupe** zur Diagnose grob erkennbarer Krankheitsanzeichen (Parasiten). Mindestens ein vielseitig wirksames **Medikament** zur kurzfristigen Behandlung der häufigsten und sich rasch ausbreitenden Krankheiten, z.B. Ichthyophthirius (Weißpünktchenkrankheit). **Meßinstrumente oder Präparate** zur Messung der Wasserbeschaffenheit (pH-Wert – Sauerstoff – Pflanzennährstoff Eisen – Wasserhärte CO_2 – Nitrat usw.). Empfehlenswert ist ein gewisser Bestand an **Literatur** mit Tips zur Aquarienpflege und zum Erkennen von Krankheiten.

Algen und Süßwasserpolypen als lästige Konkurrenten

Algen im Aquarium kommen immer einmal vor. Sie werden durch Pflanzen, Lebendfutter oder einfach durch die Luft eingebracht. Das beste Mittel ist, durch eine von vornherein gesunde und ausreichend dichte Wasserpflanzenkultur gegen Algen vorzubeugen. Kräftige Pflanzenbestände verhindern übermäßiges Algenwachstum, wobei die Pflanzen sich gegen ihre primitiveren Artgenossen durchsetzen und die vorhandenen Nährstoffe für sich verbrauchen. Eine Algenplage zeigt immer einen Mangel bei der Wasserpflege im Aquarium an.

Blaualgen (Cyanophyta) oder Schmieralgen zeigen sich als dunkelgrüner, moosähnlicher schmieriger Belag an Dekoration und Pflanzen. Man kann sie leicht absaugen. Trotz aller Gründlichkeit bleiben aber meist regenerationsfähige Restbestände zurück. Diese Algenart ist typisch für die Anfangsphase eines schlecht bepflanzten Aquariums mit stark belastetem Wasser. Vorbeugung: Dichter Pflanzenwuchs aus anspruchslosen Wasserpflanzen, Einsatz von Filteranlagen und Vermeidung von Überfütterung. Als Radikalkur empfiehlt sich notfalls ein etwa einwöchiger Lichtentzug, den die höheren Pflanzen vertragen, die Algen aber nicht. Die abgestorbenen Algen muß man sorgfältig absaugen ohne anschließend größere Mengen Fischwasser zuzusetzen.

Fadenalgen hier als Vertreter der Grünalgen (Chlorophyta), zeigen sich als hellgrüne dünne Fäden an Pflanzen und Steinen. Sie sind harmlos und gedeihen nur in nährstoffreichem Wasser. Man sollte sie beseitigen, wenn sie feinblättrigen Pflanzen zu sehr zusetzen. Man kann sie mit der Hand abpflücken oder an dünnen Stäben aufrollen und behutsam abreißen. Ein etwa einwöchiger Lichtentzug läßt sie absterben.

Grünalgen (Chlorophyta), auch als watteähnliche, hellgrün-durchsichtige, schwebende lockere Ballen erkennbar, lassen sich ebenfalls mit der Verdunklungsmethode bekämpfen. Eine Verdunklungszeit von drei bis vier Tagen genügt hierbei. Man nennt die Grünalgen auch Wasserblüte, wenn sie massenhaft auftreten und das Aquariumwasser grünlich einfärben und trüben.

Kieselalgen (Bacillariophyta) bilden einen bräunlichen, sehr dünnen Belag auf Scheiben, Steinen und Pflanzen. Sie sind unschädlich, wenn sie nicht überhand nehmen. Ihr Vorhandensein deutet darauf hin, daß zuwenig Licht vorhanden ist, da sie sich häufig in schlecht bepflanzten Aquarien finden. Hier ist die Erhöhung der Lichtintensität und das Einsetzen von wuchsfreudigen Pflanzen eine geeignete Bekämpfungsmethode.

Manche Fische, z.B. Schleien, Karauschen, Bitterlinge, Güster und Rotfedern fressen Fadenalgen. Blaualgen hingegen bleiben unberührt. Sofern keine von Lebendfutter abhängigen Fische dabei sind, gibt man den Tieren eine Zeitlang weniger Futter als sonst, dann machen sie sich evtl. über die Algen her.

Zur Algenbekämpfung werden im Zoohandel einige chemische Mittel angeboten. Zur Vorbeugung kann man z. B. Algizit in der halben angegebenen Dosierung verwenden. Bei der Algenbekämpfung sollte man die empfohlene Dosierung strikt einhalten, denn die Mittel greifen auch die biologisch ähnlich strukturierten Pflanzen an.

Süßwasserpolypen (Hydra oder Hydroidea) werden irgendwann mit Sicherheit einmal über Lebendfutter oder Wildpflanzen eingeschleppt. Diese, mit ihren Tentakeln bis zu 3 cm lang werdenden, schlauchförmigen weißlichen Tiere haften mit Saugfüßen am Bodengrund, an Scheiben und an Pflanzen. Für sich genommen sind diese Wesen interessante Beobachtungsobjekte, aber ihre enorme Gefräßigkeit gegenüber Wasserflöhen, Mücken- und Fischlarven und ihre rapide Vermehrung machen sie zu äußerst lästigen Futterkonkurrenten für die Fische. Sie können sich sogar Futtervorräte anlegen.

Es gibt verschiedene Methoden zu ihrer Bekämpfung. Hier nur zwei wirksame Bespiele: Nach dem Herausnehmen der

Fische erhöht man die Wassertemperatur kurzfristig bis auf ca. 40 °C, dabei gehen die Süßwasserpolypen rasch ein, die Pflanzen jedoch nehmen keinen Schaden. Der fast vollständige Wasseraustausch mit ca. 8–10 °C kälterem Frischwasser bringt ähnliche Ergebnisse. Evtl. muß man die getroffene Maßnahme nach ein paar Tagen wiederholen.

Fütterung – Futtertierzucht – Hälterung

Aquarienfische sollten möglichst täglich gefüttert werden. Hierzu gibt es eine grundsätzliche Regel, die lautet: Besser regelmäßig, in kleineren Zeitabständen und in geringen aber ausreichenden Mengen, als unregelmäßig mit größeren Mengen.

Fütterungspausen von wenigen Tagen und gelegentliche Unregelmäßigkeiten schaden nicht. Die Empfindlichkeit ist den Arten und dem Entwicklungsstadium der einzelnen Tiere nach unterschiedlich. Kleine Jungfische vertragen Fütterungspausen und Unregelmäßigkeiten schlecht, erwachsene Tiere kommen damit wesentlich besser zurecht. Vor allem sehr kleine Raubfische sind längeren Fütterungspausen gegenüber empfindlich. Friedfische können sich notfalls auf vorhandene pflanzliche Kost im Aquarium stützen. Die tägliche Fütterung gehört zum pflegerischen Standard und sollte, soweit möglich, durchgehalten werden. Fütterung und Futterbeschaffenheit haben Bedeutung für Wachstum, Gesundheit und Aussehen (Farben) der Tiere und wirken auf die Fortpflanzungsfähigkeit ein. Anhaltende Unregelmäßigkeiten führen zu Verdauungsstörungen und Mangelerscheinungen und damit zu erhöhter Krankheitsanfälligkeit.

Geeignetes Futter bekommt man in gut sortierten Zierfischhandlungen. Man unterscheidet zwischen 1. Trockenfutter (gefriergetrocknete pflanzliche und tierische Bestandteile gemischt), 2. Lebendfutter (lebende, bewegliche Futtertiere) und 3. Lebendfutterersatz (frisch eingefrorene, unzerkleinerte Futtertiere).

Mit gutem Trockenfutter und Lebendfutterersatz macht die Hauptfütterung vieler heimischer Fische, vorwiegend der Karpfenartigen und einiger Verwandter, keine Mühe. Das Futter wird einfach auf die Wasseroberfläche gestreut, die Tiere nehmen es lebhaft an. Auf den Bodengrund abgesunken, wird es von gründelnden Fischen eingesammelt. Mit ein wenig Fingerspitzengefühl bekommt man bald heraus, welche Mengen jeweils verfüttert werden können, ohne daß sich die Fische überfressen und ein Zuviel das Aquariumwasser unnötig belastet. (Allgemein besteht die Neigung, mehr Futter zu geben als notwendig ist. Man sollte dabei bedenken, daß Trockenfutter im Wasser aufquillt und sich dadurch die anfängliche Menge stark vergrößert.) Selbst wenn die Hauptfütterung der Friedfische mit Trockenfutter gut gelingt, sollte man dennoch auf Lebendfutter nicht ganz verzichten. Die Regel hierzu lautet: Mindestens einmal pro Woche echtes Lebendfutter oder zwei bis dreimal Lebendfutteersatz in Form frisch eingefrorener Futtertiere. Lebendfutter ist im Gehalt an vitalen Nährstoffen dem Trockenfutter überlegen, es stellt die natürlichste Nahrung dar.

Raubfische sind auf eine beinahe ausschließliche Fütterung mit Futtertieren angewiesen, sie reagieren auf Trockenfutter nicht oder nur selten.

Wichtig beim Futterangebot ist die Abwechslung. Ein dauerhaft einseitiges Angebot, auch bei einigen Lebendfuttersorten, führt ebenso zu Mangelerscheinungen wie grobe Unregelmäßigkeiten.

Ob Fische in einem guten Ernährungszustand sind oder nicht, ist nicht ohne weiteres erkennbar. Vor allem Karpfenartige zeigen kurzfristig kaum Unterschiede im Bauchumfang, bei ihnen äußert sich das Fütterungsergebnis zunächst in der Wachstumsgeschwindigkeit. Letzteres gilt natürlich auch für Raubfische. Jedoch zeigen Raubfische und andere Lebendfutterabhängige wie Schmerlen, Groppen und Grundeln eher einmal kurzfristig mit ihrem Bauchumfang an, ob sie mengenmäßig gut oder schlecht ernährt sind. Eine gewisse Erfahrung bei der Beobachtung spielt hier eine wichtige Rolle. Auch neigen Raubfische eher dazu, falsches oder zu einseitiges Futter einmal zu verweigern, was bei Friedfischen äußerst selten vorkommt.

Werden nur Fische einer bestimmten Gruppe in einem Becken gehalten, macht die Fütterung meist keine Mühe. Schwieriger wird es jedoch in einem Gesellschaftsbecken mit Arten unterschiedlicher Ansprüche und Verhaltensweisen. Grundsätzlich bevorzugen alle Fische, gleich welcher Art, Lebendfutter. Das heißt, in einem Gesellschaftsbecken, in dem sich sowohl Fried- wie Raubfische und schwerfällige Bodenfische, z.B. Groppen oder Schmerlen, befinden, ist eine getrennte Fütterung mit Trockenfutter und Lebendfutter schlecht möglich. Um die Raubfische und lebendfutterabhängigen Bodenfische satt zu bekommen, müßte man solche Mengen füttern, daß damit praktisch auch alle anderen Fische satt werden. Flinke und gewandte Karpfenartige würden einem kleinen Zander oder einer Schmerle das Futter abjagen. Es ist daher schon aus ökonomischen Gründen ratsam, nur solche Arten miteinander zu halten, deren Freßverhalten ähnlich ist. Die Nachteile einer solchen Vergesellschaftung liegen auf der Hand.

Das Angebot im Zoohandel an Lebendfutter oder Lebendfutterersatz kann in den meisten Fällen den täglichen Bedarf decken. In den Wintermonaten jedoch ist das Angebot an echtem Lebendfutter erheblich eingeschränkt. Mit den heute zur Verfügung stehenden Alternativen aus eingefrorenem Lebendfutter (Lebendfutterersatz) bereiten solche Übergangszeiten aber keine Probleme. Begrenzte Zeiten mit relativ einseitigem Futterangebot schaden nicht, wenn dies bei wieder einsetzendem, vielfältigerem Angebot ausgeglichen wird. In einzelnen Fällen, wenn ausschließlich echtes Lebendfutter verlangt wird, z.B. beim Hecht oder Wels (oder auch ganz allgemein), ist es empfehlenswert, sich davon einen Vorrat anzulegen (Futtertierhälterung) oder eine separate Futtertierzucht zu betreiben.

Lebendfutter

Wasserflöhe. Hier handelt es sich um einen Sammelbegriff für verschiedene Gattungen und zahlreiche Arten. Man unterscheidet zunächst in 2 Formenkreise: Daphnien (die eigentlichen Wasserflöhe) und die kleineren einäugigen Cyklops (Hüpferlinge). Es sind grundsätzlich verschiedene Formen, deren Merkmale und Lebensweisen interessante Beobachtungen zulassen. Sie ernähren sich von Kleinstlebewesen, Algen, Einzellern und zerfallenen organischen Stoffen (Detrius).

Wasserflöhe (als Sammelbegriff) gehören zur Grundnahrung kleiner Fische und werden von allen Arten gefressen. Man

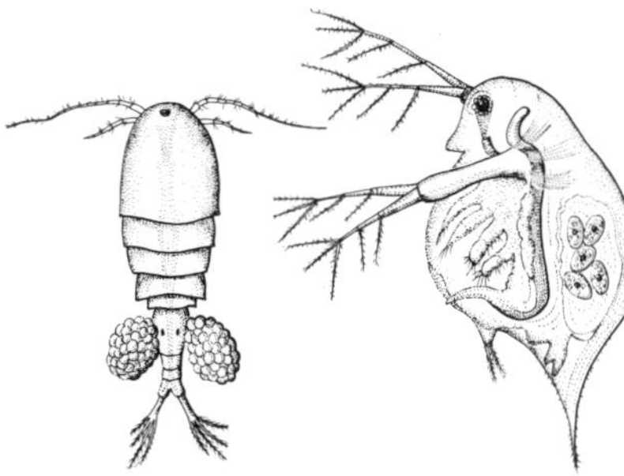

Cyklops (links) und Daphnie (rechts)

bekommt sie im Zierfischhandel von Frühjahr bis Herbst lebend, eingefroren oder als zerriebenes Trockenfutter. Lebend, also beweglich, wirken sie anregend auf diejenigen Fische, die auf Trokkenfutter nicht reagieren.

Wasserflöhe sind sehr empfindlich gegen Sauerstoffmangel (längere Transportzeiten), Temperaturschwankungen und bewegtes Wasser. Wildwasserverhältnisse töten sie praktisch sofort. Die Verfütterung gelingt am besten und ohne Verluste, wenn man für die Dauer von ein bis zwei Stunden die Aquariumbelüftung abstellt oder weitgehend zurücknimmt.

Einen Vorrat an heimischen Wasserflöhen längerfristig zu halten, ist kaum möglich. Eine Luftpumpe wäre hier unangebracht, sie müßte derart schwach eingestellt sein, daß die Hälterung ausreichender Mengen nicht gelänge. Für wenige Tage eignet sich ein relativ flacher Behälter mit großer Wasseroberfläche (Luftkontakt), der möglichst kühl stehen sollte (Kühlschrank). Täglich ein paar Tropfen Dosenmilch oder etwas fein geriebenes Fischmehl als Nahrung und ein Frischwasserwechsel können die Vorratshaltung um einige Tage verlängern. Grobe Fehler können den Bestand in kurzer Zeit vernichten (Sauerstoffmangel, Erwärmung, Temperatursturz, zuviel Futter oder Futtermangel).

Die Nachzucht unserer heimischen Wasserflöhe lohnt sich meiner Ansicht nach kaum. Sie ist recht umständlich und der Ertrag ist gering. In ihrem Buch »Futtertierzucht« berichten die Autoren Friedrich und Volland von der unkomplizierten Nachzucht von Japanischen Wasserflöhen (*Moina macrocopa*). Diese sehr robuste Art läßt sich auch gut hältern. Die Möglichkeit, Zuchtansätze zu bekommen, bespricht man am besten mit einem Zoofachhändler.

In der Natur findet man Wasserflöhe und Hüpferlinge in stehenden Gewässern. Im Sommer treten sie oft massenhaft auf. Ihre Konzentration wechselt innerhalb eines Gewässers rasch, man findet sie also nicht immer an denselben Stellen, jedoch häufig in sonnendurchfluteten Abschnitten. Man fängt sie mit einem feinmaschigen Kescher (Planktonkescher) und transportiert nicht zu große Mengen in einem wassergefüllten Behälter. Man kann sie auch gut einfrieren und im Tiefkühlfach auf Vorrat lagern.

Nahegelegene Teiche, Tümpel und Gräben können eine sehr ergiebige Futterquelle darstellen. Kleine Cyklops leben auch im Winter – die Individuendichte geht dann allerdings stark zurück –, Daphnien gehen zuvor ein. Fischfreie Fanggewässer sind zu bevorzugen, da so die Übertragungsmöglichkeit von Krankheiten und Parasiten weitgehend eingeschränkt ist. Wer einen Gartenteich hat, verfügt über eine leicht zu erreichende, kostenlose Futterquelle für die Aquarienfische.

Tubifex (Schlammröhrenwürmer). Sie sind ebenfalls ein im Handel häufig angebotenes Lebendfutter. Man bekommt sie auch als lösliche Trockenmasse. Lebend werden sie von allen kleineren Fischen angenommen. Sie sind fetthaltig und können auf Dauer zu Leberschäden führen. Zudem sind sie nicht selten mit Krankheitskeimen behaftet. Erfahrungsgemäß infizieren sich Fische, die regelmäßig mit Tubifex (lebend) gefüttert werden, relativ häufig mit parasitären Krankheiten. Soweit möglich, sollte man auf Tubifex verzichten. In den Wintermonaten sind sie jedoch manchmal das einzig angebotene echte Lebendfutter. Man kann sie portionsweise kurz desinfizieren (siehe hierzu den Abschnitt über Krankheiten). Eine zwei- bis dreimonatige, ausschließliche Verfütterung (wenn keine Alternativen vorhanden sind) schadet nicht, wenn man danach wieder für Abwechslung sorgt.

Die Würmer sollten jedoch keine Chance bekommen sich im Bodengrund einzugraben. Dort verenden sie bald und bilden giftige Substanzen. Gründelnde Fische allerdings spüren sie auf und verhindern ihren Zerfall, vorausgesetzt, die verfütterte Menge ist nicht zu groß.

Die ca. 3 cm langen, rötlichbraunen Würmer kommen fast ausschließlich in stark belasteten Gewässern vor (Abwasserkanäle). Sie sind von daher auch ein Indikator für die Gewässergüte.

Man hältert sie ca. 6–10 Tage lang in einem kleinen, mit nur wenig Wasser gefülltem Gefäß (2–3 mm Wasserstand) kühl und dunkel. Das Wasser dient hierbei der Feuchtigkeit, nicht als Lebensraum. Kot und tote Tiere spült man täglich mit frischem Leitungswasser aus, die Würmer wirbeln dabei durcheinander, setzen sich wieder ab und das trübe Wasser kann abgegossen werden. Tote Tubifex verlieren rasch ihre Farbe, sie werden weißlich und riechen nach Verwesung. Als ein mit vielen toten Individuen durchsetztes Häufchen sind sie zur Fütterung nicht mehr geeignet.

Man kann Tubifex auch züchten. Im privaten Rahmen ist weder die Zucht noch der Eigenfang zu empfehlen. Der Eigenfang ist mühsam und als Aktion in schmutzigen Abwässern kein Vergnügen.

Mückenlarven. Verschiedene Arten heimischer Mückenlarven sind häufig im Handel. Sie sind ein wertvolles und natürliches Lebendfutter. Man erhält sie auch eingefroren und als getrocknetes Streufutter. In der Aquaristik unterscheidet man rote (Larve der Zuckmücke), weiße (Larve der Büschelmücke) und schwarze (Stechmückenlarve) Mückenlarven. Diese grobe Einteilung ist ohne wissenschaftlichen Wert.

Vor allem die weißen Larven lassen sich gut hältern. Kühl, in einem nicht zu kleinen, flachen Gefäß aufbewahrt und gelegentlich mit kleinen Wasserflöhen gefüttert, leben sie unter Umständen bis zu vier Wochen.

Mückenlarven finden sich in stehenden Gewässern aller Art. Regentonnen, alte Dachrinnen usw. sind bekannte Fundorte (vorwiegend der schwarzen Larven). Man fängt sie mit einem engmaschigen Kescher. Weiße Mückenlarven sind etwas schwieriger zu finden, sie leben mehr in tieferen Gewässerzonen. Diese Art findet man auch im Winter.

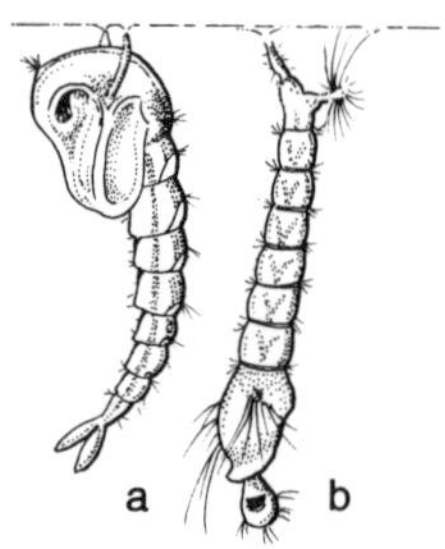

Puppe (a) und Larve (b) der Stechmücke

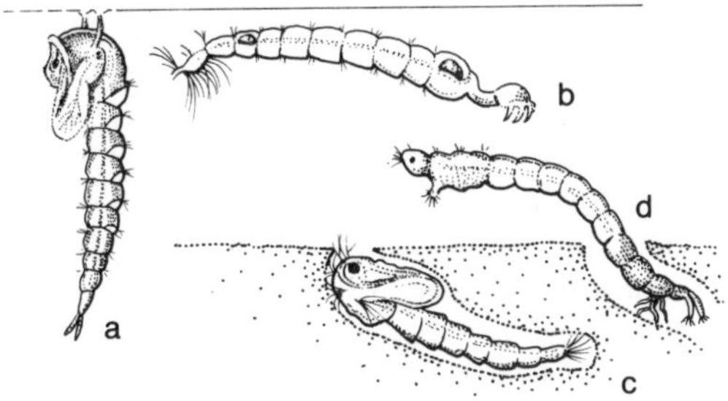

Büschelmücke: a) Puppe, b) Larve
Zuckmücke: c) Puppe, d) Larve

Die Bereitstellung einiger Gefäße im Garten führt dazu, daß sich die Insekten von selbst ansiedeln. Die geschlüpften Weibchen der schwarzen Mückenlarven ergeben unsere Stechmücken (Hausmücken), daher ist eine rasche Verfütterung ratsam. Sie schlüpfen auch im Aquarium, wenn sie dort eine Zeitlang überleben.

Erfahrungsgemäß sind auch Mückenlarven mögliche Krankheitsüberträger. Vor allem rote Mückenlarven aus schlammigen, abwasserbelasteten Gewässern kommen in Frage.

In eingefrorenem Zustand, in flache Tafeln verpackt (gekauft oder selbst hergestellt), sind rote Mückenlarven ein sehr empfehlenswerter Lebendfutterersatz und werden von fast allen Fischarten angenommen. Die Larven sind für Fische gut erkennbar und zerfallen nicht zu rasch. Im Tiefkühlfach eines Eisschrankes gelagert, lassen sie sich portionsweise rasch auftauen.

Regenwürmer. Auch Regenwürmer sind als Fischfutter gut geeignet. Man bekommt sie lebend in Aquariengeschäften oder in Anglergeschäften als Köder. Lebend nimmt sie jeder Fisch, sofern sie von der Größe her maulgerecht sind. Bei ausschließlicher Verfütterung macht ihr hoher Fettanteil den Fischen unter Umständen zu schaffen. Man kann sie zerschneiden oder größeren Fischen ganz anbieten. Wegen ihrer Größe und Beweglichkeit sind Regenwürmer für etwas größere Raubfische besonders geeignet.

Man findet Regenwürmer unter Steinen usw., man kann sie ausgraben oder nach heftigen, warmen Regengüssen in der Dunkelheit auf Rasenflächen mit der Pinzette einsammeln. Bei Bodentemperaturen von weniger als 3–4 °C ziehen sie sich in tiefere Erdschichten zurück, im Winter ist die Suche oft vergeblich.

Würmer aus Mist- oder Komposthaufen eignen sich schlecht, ihr konzentrierter Darminhalt wirkt leicht giftig, sie werden von Fischen und Terrarientieren auch nicht immer angenommen.

Die Regenwurmzucht wird in Gartenbüchern und Zeitschriften oft beschrieben, technische Anleitungen dazu müssen also hier nicht wiederholt werden.

Zur längerfristigen Vorratshälterung genügt ein geräumiges Gefäß, in dem die Würmer zwar überleben, sich aber nicht vermehren. Das genügt und ist (je nach Mengenbedarf) weniger zeitraubend als die Zuchtanlage. Das Hälterungsgefäß muß geschlossen und dennoch luftdurchlässig sein. Lockere Erde, am besten mit etwas Laub vermischt, bietet den Würmern Lebensraum. Die Erde muß immer etwas feucht sein, nicht naß, stauende Nässe ertränkt die Tiere und fördert Fäulnisprozesse. Ungiftige rohe zerkleinerte Gemüseabfälle, einfach in den Behälter geworfen, dienen als Nahrung. Man kann die Würmer zur Verfütterung ausgraben oder man legt ein feuchtes Tuch auf die Erde, unter dem sich stets einige Würmer sammeln.

Bachflohkrebse. Bachflohkrebse erhält man in Aquariengeschäften, wenn auch selten lebend. Eingefroren und somit einigermaßen frisch, stellen sie eine hochwertige Nahrung für alle Fische dar und sind als Alternative zu echtem Lebendfutter auch für kleinere Raubfische interessant, die sich ansonsten nichts aus konserviertem Futter machen.

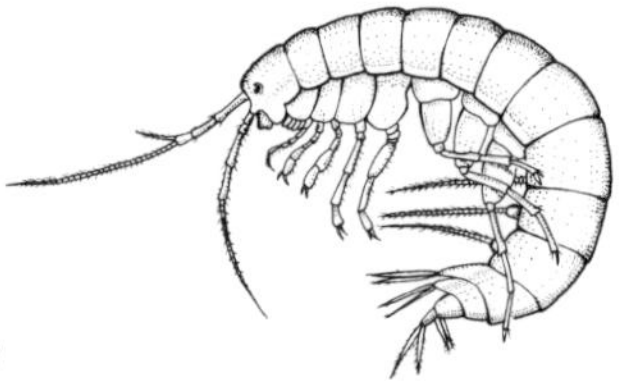

Bachflohkrebs

Bachflohkrebse leben in fließenden, sauerstoffreichen Bächen unter Steinen und im Gestrüpp der Wasser- und Uferpflanzen. Sie sind ausgewachsen ca. 1,5 cm lang und bewegen sich seitlich schwimmend. Zum Eigenfang zieht man den Kescher durch das Pflanzendickicht oder hebt ufernahe Steine im Wasser auf, die über einen Eimer gehalten werden, wobei die Krebschen herabfallen und sich im Eimer sammeln. Ihr Fang lohnt sich nur dort, wo sie dicht zusammensitzen und häufig vorkommen. Heute sind viele Bäche und Flüsse durch eine starke Dezimierung der Bachflohkrebsbestände gekennzeichnet. Auch innerhalb eines Bachverlaufes kann ihr Vorkommen sehr unterschiedlich verteilt sein. Wenn man eine ergiebige Stelle gefunden hat, ist diese meist für längere Zeit zu nutzen.

Bachflohkrebse leben in Aquarien eine Zeitlang weiter und vermehren sich dort unter Umständen, wenn das Wasser klar, kühl, sehr sauerstoff- und kalkhaltig ist. Entsprechend lassen sie sich in separaten Becken hältern und bis zu einem gewissen Grad nachzüchten. Die Zucht ist nicht sehr ergiebig, lohnt also kaum. Eine kräftige Belüftung ist nötig. Der Kalkgehalt im Becken läßt sich durch Kalktabletten, die man im Zierfischhandel bekommt, angemessen dosieren. Bachflohkrebse mögen es nicht zu hell, verstecken sich unter Steinen und brauchen zur Nahrung abgestorbene Pflanzenteile oder tierische Rückstände, z. B. kleine Fischabfälle.

Da schnell fließende Bäche (Forellen-Äschen-Region) im Winter nur selten zufrieren und die Bachflohkrebse ganzjährig aktiv sind, kann man sie praktisch zu jeder Jahreszeit fangen, außer in extremen Kälteperioden, etwa unter −8 °C Lufttemperatur, dann ziehen sie sich in größere Tiefen zurück. Wer einen Bach mit guten Bachflohkrebsbeständen in der Nähe weiß, verfügt über eine natürliche und lohnende Futterquelle für viele Aquarienfische.

Fische. Kleine Fische, als Futtertiere für größere Raubfische, sind im Handel als Köderfische oder als preiswerte Zierfische zu haben. Hecht, Barsch, Zander oder Wels sind auf Futterfische spätestens dann angewiesen, wenn Wasserflöhe, Mückenlarven und Regenwürmer entweder verweigert werden (was ein Zeichen für das Verlangen nach der Hauptnahrung Fisch ist) oder die Futtertiere einfach zu klein sind.

Beim Eigenfang ist streng darauf zu achten, daß Fische der geschützten Arten tabu bleiben! Kleine Brassen, Rotfedern usw. leben in vielen Gewässern überproportional und können eine geringfügige Dezimierung gut vertragen. Für Raubfische stellen Fische die Hauptnahrung dar, sie verlangen kaum einmal nach Abwechslung.

Zur Hälterung lebender Futterfische sind ähnliche Bedingungen erforderlich wie sie für die artgerechte Aquarienhaltung gelten; sie lohnt sich daher kaum. Gefangene oder gekaufte Futterfische lassen sich lange im Gefrierfach eines Kühlschranks lagern und, in kleinere Portionen abgepackt, zu gegebener Zeit gezielt verfüttern. Man tötet kleine Fische mit einem Scherenschnitt im Nacken, wobei das Rückrat rasch durchtrennt wird. Eingewöhnte Raubfische schnappen auch nach toten Fischen, wenn diese ins Wasser fallen und beim Herabsinken in Bewegung sind. Bewegungslose Futtertiere werden meist ignoriert, daher muß man sie wiederholt ins Wasser fallen lassen. Die Kühlschrankmethode erspart die umständliche Lebendhälterung und löst manches Problem.

Von der Verfütterung von Kaulquappen, Molchlarven und Wasserinsekten (Libellenlarven usw.) an Aquarienfische ist dringend abzuraten, obwohl sie in manchen Aquarienbüchern noch als Futtertiere empfohlen werden. Die Gefährdung der meisten dieser Arten verbietet jegliche Verfütterung. An Alternativen dazu ist kein Mangel. Mit der hier besprochenen Auswahl an Futtertieren läßt sich eine artgerechte und abwechslungsreiche Fütterung gut erreichen.

Die Nachzucht heimischer Fische – Überwinterung

Die Nachzucht von Aquarienfischen gilt vielfach als Höhepunkt bei der Haltung und Pflege. Tiere, die sich in Gefangenschaft befinden, erleiden häufig Störungen ihrer natürlichen Verhaltensweisen, so daß ein Zuchterfolg immer auch als ein Beleg für die artgerechte Haltung gilt. Aquarienbedingungen, die lediglich auf ein Überleben der Tiere abgestimmt sind, eignen sich für die Nachzucht nicht. Für den komplizierten Ablauf der Ei- und Samenreifung und die Anstöße zur Aufnahme des Paarungsverhaltens sind weitgehend naturgemäße Lebensbedingungen im Aquarium Voraussetzung; einschneidende Einbußen wirken sich immer negativ aus.

Für die Nachzucht heimischer Arten kommen naturgemäß nur solche in Frage, die sich nach Erreichen der Geschlechtsreife noch in aquariumfähigen Körpermaßen befinden. Das sind in der Regel die Kleinfischarten, z. B. Stichlinge, Schmerlen, Grundeln, Groppen, Sonnenbarsche, Moderlieschen, Elritzen, Bitterlinge, Schneider, Karauschen, Gründlinge. Versuchsweise kann man auch einige Arten heranziehen, die in der Natur größer werden, sich im Aquarium jedoch dem kleineren Lebensraum anpassen, langsamer heranwachsen und letztlich deutlich kleiner bleiben als sonst, z. B. Rotfedern, Haseln, Ukelei, Karpfen, eventuell auch Kaulbarsche. Ausgesprochen großwüchsige Fische, z. B. Hecht, Barbe, Wels eignen sich nicht.

Bei allen heimischen Arten erfolgt die Befruchtung außerhalb des Körpers. Das Männchen (Milchner) läßt seinen Samen über die zuvor vom Weibchen (Rogner) gelegten Eier ab. Lebendgebarende Arten, wie die bekannten exotischen Guppys, kommen hier nicht vor (die in Europa eingebürgerten Koboldkärpflinge bilden die Ausnahme). Bis auf wenige Ausnahmen, z. B. Neunaugen und Aale, unterliegen die heimischen Arten einem einjährigen Zyklus, d. h. sie sind theoretisch imstande, einmal im Jahr für Nachkommen zu sorgen. Sowohl in der Natur als auch im Aquarium kommen dabei Störungen vor, die den Zyklus unterbrechen oder den Bruterfolg zunichte machen können.

Um im Kaltwasseraquarium geeignete Zucht- und Überwinterungsbedingungen herzustellen, kommt es auf einige Voraussetzungen entscheidend an. Nähere Einzelheiten dazu finden sich bei den Beschreibungen der verschiedenen Arten. Die grundsätzlichen, allgemeinen äußeren Bedingungen sind jedoch für alle Arten nahezu gleichrangig.

Für die Überwinterung ist es erforderlich, die geschlechtsreifen Tiere im Winter kalt zu halten und die Beleuchtung den natürlichen Tageslängen soweit wie möglich anzupassen. Die Stoffwechselbedingungen bei fast allen Arten ergeben sich im natürlichen Temperatur- und Lichtwechsel der Jahreszeiten. Der Beginn der Eireifung findet noch in der kalten Jahreszeit statt. Die Hauptlaichzeit ist das Frühjahr, etwa von März bis Ende Juni. Ausgenommen davon sind die Winterlaicher, z.B. Quappen und Forellenartige, und die Sommerlaicher, z.B. Karpfen.

Unter strikter Vermeidung von Frost hält man die Elterntiere etwa von Dezember bis Ende Februar, also ungefähr drei volle Monate lang, bei Wassertemperaturen von 4–10 °C.

Die Tageslängen kann man mit automatischen Zeitschaltuhren simulieren. Bei der kalten Überwinterung und dem damit verbundenen Lichtmangel muß man notwendigerweise auf die Vorzüge einer dichten, differenzierten Pflanzenkultur im Aquarium verzichten. Es eignen sich nur wenige, wintergrüne Pflanzen, deren Bestandsdichte jedoch relativ groß sein kann.

Im Frühjahr, wenn die Temperaturen langsam steigen und die Tageslängen sich strecken, fühlen sich die Aquarienfische dann ausreichend animiert, das Brutgeschäft aufzunehmen.

Junge Tiere, die gerade erst die Geschlechtsreife erreicht haben, eignen sich zur Zucht meist schlecht. Das Paarungsverhalten läuft recht »unbeholfen« ab oder gar nicht; der Erfolg stellt sich dann erst im nächsten Jahr ein. Besser eignen sich vollständig ausgewachsene Tiere. Krankheitserscheinungen und Mißbildungen stellen schlechte Bedingungen für den Nachwuchs dar. Harmlose Verletzungen, etwa ausgefranste Flossen durch Beißereien haben keinen Einfluß.

Im Gegensatz zu der verbreiteten Meinung, daß ein Zuchtbecken klein sein kann, steht die Erfahrung, daß ein beengender Lebensraum zum Ausbleiben des Zyklus führt.

Wer gleichzeitig mehrere Arten züchten will, kann sie gemeinsam in einem größeren Gesellschaftsbecken kalt überwintern und im zeitigen Frühjahr den Arten nach getrennt in Zuchtbecken überführen. Ein übervölkertes Gesellschaftsbecken eignet sich nicht. Es kann hier zwar zur Eireifung kommen, das Paarungsspiel verläuft aber unter der störenden Gegenwart anderer Fische ab, die Besamung der Eier klappt nicht oder die Eier werden, noch bevor sie richtig abgelegt sind, von den anderen weggefressen. Um zur Brut anzuregen, hält man einige Exemplare der gewünschten Art unter sich.

Die Bestimmung der Geschlechtsunterschiede ist bei vielen Arten nicht einfach. Anatomische Studien am lebenden Tier lassen sich kaum durchführen. In diesem Zusammenhang genügt es, wenn man 5–8 Exemplare in einem Becken hält. Bei Schwarmfischen ist dies (mindestens 8 Tiere) ohnehin erforderlich. Lediglich pärchenweise gehalten, fühlen sich scheue Schwarmfische zur Vermehrung nicht animiert. Bei einzelgängerischen Arten, wenn die Geschlechtsunterschiede nicht klar sind, genügen 4–5 Exemplare. So sind mit ziemlicher Sicherheit beide Geschlechter vertreten.

Zu gegebener Zeit erkennt man die Geschlechtsunterschiede leichter, die Weibchen bekommen dicke Bäuche und bei vielen Arten bleiben die Männchen etwas kleiner oder verfärben sich (Bitterlinge, Groppen, Grundeln, Stichlinge) oder eines der Geschlechter (oder beide) bekommt zur Paarungszeit einen Laichausschlag, eine weißkörnige Sprenkelung, hauptsächlich im Kopfbereich (nicht zu verwechseln mit der Weißpünktchenkrankheit – Ichthyophthirius).

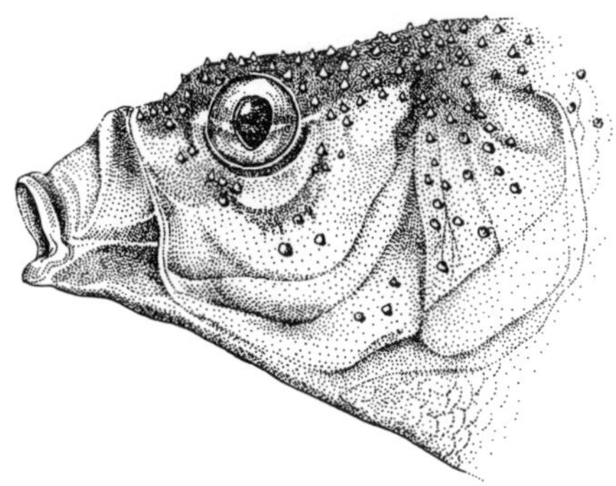

Laichausschlag beim Blei

Zur Nachzucht sind selbstverständlich artgerechte, gute Aquarienbedingungen erforderlich: Wasserqualität (nicht zu weiches Wasser!), Sauerstoffgehalt, die hygienischen Verhältnisse und die Pflanzenbestände sind in bestem Zustand zu halten.

Ebenfalls ist ein vielseitiges und natürliches Nahrungsangebot (regelmäßige Lebendfutterbeigaben) Bedingung. Einseitige oder falsche Ernährung führt zum Ausbleiben des Zyklus.

Im Winter ist auch das Nahrungsangebot in der Natur knapper und die Tiere verhalten sich ruhiger. Man füttert im Aquarium mäßig und legt gelegentlich Fütterungspausen von einigen Tagen ein. Mit der Reifung der Geschlechtszellen im Körper verringert sich die Nahrungsaufnahme (Menge) auf natürliche Weise. Mit Beginn des Paarungsspiels stellen viele Arten die Nahrungsaufnahme für eine gewisse Zeit ganz ein. Man muß also bei der Fütterung sehr gezielt und behutsam vorgehen.

Die meisten Karpfenartigen sind Krautlaicher, sie legen die Eier an Pflanzen ab. Ein gewisser Bestand lebender Wasserpflanzen ist also nötig.

Im Aufzuchtbecken dagegen sind dichte Pflanzenbestände eher fehl am Platze. Die Pflanzen müßten gedüngt werden (CO_2 und Spurenelemente). Düngemittelkonzentrationen, die für erwachsene Fische verträglich sind (z. B. Werte bis 1 mg/l Eisen), sind für Eier und Fischbrut u. U. bereits tödlich. (Der Eisengehalt z. B. sollte nur einen Bruchteil von dem betragen, wie er für größere Pflanzenbestände im Aquarium notwendig erscheint.) Pflanzendünger sollten also nicht in das Wasser gelangen. Auch hierbei ist die Verträglichkeit den Arten nach unterschiedlich ausgeprägt. Forellen, Äschen und Groppen (und damit auch deren Brut) vertragen weit weniger Eisenanteile als etwa Karpfen.

Fischeier sind sehr empfindlich gegen Sauerstoffmangel in ihrer Umgebung. Zur Sauerstoffversorgung im Aufzuchtbecken verwendet man daher Kreiselpumpen oder Membran-Durchlüfter.

Für Arten, die an Kies oder im flachen, überströmten Uferbereich ablaichen, z. B. Groppen, Schmerlen, Grundeln, Steinbeißer, Elritzen, Gründlinge, ist es günstig, im Frühjahr den Wasserstand im Aquarium deutlich zu senken, bis ca. 20 cm. Der niedrige Wasserstand rückt die Forderung nach großzügigen Beckenabmessungen und der Reinhaltung des Wassers weiter in den Vordergrund, da der Lebensraum eingeschränkt ist. Die

Nachbildung einer flach überströmten Uferzone (schräg ansteigender Kiesgrund und Strömungssimulation) fördert die Brutbereitschaft einiger Arten sehr.

Schnecken oder gar räuberische Wasserinsekten gehören auf keinen Fall in ein Brutaquarium. Massive Störungen, etwa bei pflegerischen Aktionen, sollten nicht vorkommen.

Der Ablaich- und Besamungsvorgang erfolgt oft vom Menschen unbeobachtet (z.B. in den frühen Morgenstunden). Die meisten Arten legen die Eier in großen Schüben innerhalb kurzer Zeit, bei manchen dauert das Paarungsspiel einige Tage (z.B. bei Bitterlingen, Stichlingen). Viele Karpfenartige betreiben keinerlei Brutpflege (außer z.B. Moderlieschen, Bitterlinge). Man nimmt die Elterntiere nach der vollständigen Eiablage heraus. Bei solchen Arten, die echte Brutpflege betreiben (Sonnenbarsche, Groppen, Stichlinge, Moderlieschen, Bitterlinge, Grundeln) beläßt man die Männchen (bis auf Sonnenbarsche, bei denen evtl. beide Geschlechter die Brutpflege betreiben, sind es hier ausschließlich die Männchen) länger im Aquarium.

Ob eine Besamung stattgefunden hat, läßt sich beim Vorfinden der Eier erst mit Sicherheit an der Eientwicklung ablesen (Lupe), sobald sich entsprechende Veränderungen zeigen. Von regelmäßigen Frischwasserzufuhren (wöchentlich etwa $^1/_3$ bis $^1/_4$) abgesehen, sind Störungen unerwünscht. Nur bei sehr ungünstigen Verhältnissen kommt es in der folgenden Zeit zu größeren Mulmansammlungen. Man kann den anfallenden Mulm aus der Umgebung der Eier absaugen. Verpilzte Eier sollte man mit der Pinzette behutsam entfernen, da die Pilze ansteckend wirken.

Eventuell vorhandene Filteranlagen können in Betrieb bleiben. Kräftige Ansaugvorrichtungen oder eine zu starke Strömungssimulation sind dabei allerdings zu drosseln, um die Fischlarven nicht zu vernichten oder herumzuwirbeln. Hohe Temperaturen (ca. über 20 °C) führen nicht selten zu Schädigungen oder Mißbildungen an den Larven.

Der Schlupfzeitpunkt nach der Eiablage ist den Arten nach unterschiedlich, im allgemeinen findet er im Aquarium ein bis drei Wochen später statt.

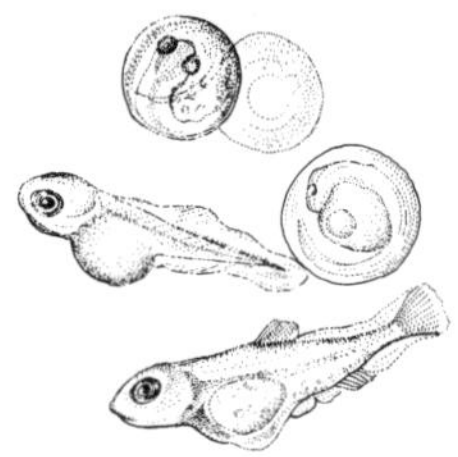

Entwicklung der Eier und Larven

Wenn die Larven, so nennt man die noch unausgeprägten Jungfische, aus den Eiern geschlüpft sind, verhalten sie sich zunächst ruhig und liegen am Boden herum oder haften an Steinen und Pflanzen. Sie ernähren sich einige Tage lang von ihrem Dottersack, der sich in einer auffälligen Verdickung im Brust-Bauch-Bereich zeigt. Erst wenn dieser Vorrat aufgezehrt ist, beginnen die Larven nach Futter zu schnappen. Das ist der Übergang vom Larvenstadium zum freßfähi-

O. li.: Döbel (s. S. 140). Mit zunehmendem Alter wird er zum Raubfisch. O. re.: Strömer (s. S. 142). Gilt als unmittelbar vom Aussterben bedroht. M. li.: Aland (s. S. 144). Die Stammform der bekannten Goldorfe. M. re.: Elritze (s. S. 145). Trotz großer Anpassungsfähigkeit stark gefährdet. U. li.: Rotfeder (s. S. 146). Wegen ihrer Häufigkeit auch als »Fischunkraut« verschrien. U. re.: Rapfen (s. S. 146). Fast nur noch den Anglern bekannt.

gen Jungfisch. Viele Larven schaffen den Übergang nicht und kommen um, z.B. bei dem Versuch, durch Luftschnappen an der Wasseroberfläche die Schwimmblase erstmals zu füllen, oder sie verhungern rasch. Den Übergang muß der Pfleger beobachten und erkennen, da mit Beginn der Freßbereitschaft eine sofortige Fütterung nötig ist.

Einige Karpfenartige nehmen dabei staubfein geriebenes Trockenfutter. Am besten eignet sich jedoch lebendes Zooplankton; dazu gehören Wasserflöhe, Rädertierchen usw. In Aquariengeschäften bekommt man trocken gelagerte Salinenkrebseier (Artemia), die sich in Gläsern oder Flaschen in schwach salzhaltigem Wasser erbrüten lassen (Beratung im Fachhandel). Diese beweglichen winzigen Krebse eignen sich gut als Anfangsfutter, insbesondere für allerkleinste Jungfische. Wenn die Fischlarven anfangs nicht zu klein sind oder bereits ein Stück gewachsen sind, kann man ihnen kleine Hüpferlinge (Cyklops) geben. Größere Wasserflöhe vergreifen sich an Fischlarven! Später kann man dann zu normal großen Wasserflöhen übergehen und den Versuch mit Trockenfutter wagen.

Die Fütterung muß mindestens einmal täglich erfolgen und garantieren, daß die Jungfische mehrere Mahlzeiten davon nehmen können. Eine zwei- oder gar mehrtägige Fütterungspause ist nicht selten der Tod für viele der empfindlichen Jungfische im Anfangsstadium. Insofern stellt die aufwendige Fütterung das wohl größte Problem für den Zuchterfolg dar.

Erkennbare Ansammlungen abgestorbener Futtertiere oder auch toter Jungfische entfernt man rasch durch vorsichtiges Absaugen. Massive Störungen sind zu vermeiden. Jungfische sind außerordentlich streßempfindlich, sie sterben unter Umständen bei großen »Aufregungen« auf der Stelle.

Spätestens bei erkennbar gewordener Selbständigkeit der Jungfische müssen die verbliebenen Elterntiere brutpflegender Arten entfernt werden, da sie sonst, bei nachlassendem Bewachungstrieb, ihre Nachkommen als Beute betrachten. Einen niedrigen Wasserstand erhöht man jetzt langsam wieder mit kleineren Schüben alle paar Tage. Häufige Frischwasserwechsel sind aus hygienischen Gründen notwendig.

Jungfische entwickeln sich in der Regel rasch, mit zunehmender Körpergröße verkleinert sich im Verhältnis dazu der Lebensraum. Die Beachtung gleichbleibend guter Wasserqualität und guter Sauerstoffwerte gewinnt an Bedeutung. Um bessere Bedingungen zu schaffen, kann man die Jungfische auf mehrere, in diesem Fall kleinere Becken verteilen. Sind die Arten auf Versteckmöglichkeiten nicht unbedingt angewiesen, kann man aus hgyienischen Gründen auf Bodengrund und Dekoration verzichten, einige schwimmend gedeihende Wasserpflanzen reichen aus. Umsetzaktionen sollten sehr behutsam vorgenommen werden. Dazu eignen sich extrem weiche Kescher, eine Fangglocke (Beratung im Fachhandel) oder das behutsame Herausschöpfen mit einem Gefäß, wobei die Jungfische mit dem Wassersog in das Gefäß geraten, dabei nicht aus dem Wasser heraus müssen und nicht berührt werden.

O. li.: Schleie (s. S. 148). Sie entspricht dem Bild vom »gemütlichen« Karpfen.
O. re.: Gründling (s. S. 151). Die erwachsenen Tiere werden selten größer als 20 cm.
Unten: Nase (s. S. 149). Über das Verhalten der winzigen Jungfische ist kaum etwas bekannt.

Hierbei kommt es unvermeidbar zu Verlusten, die sich aber geringer halten als beim Verbleiben der Jungfische im ursprünglichen Becken.

Bei Ansiedlungsmaßnahmen in freien Gewässern (in Absprache mit den zuständigen Behörden) hat das Aussetzen – etwa zum Zwecke der Wiederauffrischung einer Population – nur dann Sinn, wenn die Jungfische bereits das empfindlichste Anfangsstadium überschritten haben. Sie sind Anfeindungen durch Wasserinsekten ausgesetzt und werden von größeren Fischen gefressen. Zumindest den Wasserinsekten gegenüber sollten sie einigermaßen gewappnet sein, also bis zu einer Länge von ca. 3 cm im Aquarium verbleiben.

Wer die Überwinterung im Aquarium vermeiden will, kann sich im zeitigen Frühjahr (März, April) einige Elterntiere der gewünschten Arten in freien Gewässern fangen, sie haben dann bereits auf natürliche Weise überwintert, und die Eiablage im Aquarium beoachten. Ist die Laichbereitschaft bereits vorhanden (dicke Bäuche der Weibchen), ist es zu spät, und man läßt die Tiere besser in Ruhe, denn der Streß des Umsetzens stellt eine zu hohe Belastung dar.

Fischkrankheiten und Parasiten

Die Fachliteratur über Fischkrankheiten hat einen großen Umfang; einige hundert Krankheiten und ihre Variationen sind bisher beschrieben worden. Noch mehr als bei anderen Fachbereichen der Aquarienkunde erfordert dies ein eingehendes Studium. Von wenigen Fällen abgesehen, ist die exakte Bestimmung von Krankheiten ohne Erfahrung und längerfristige Einarbeitung schwierig. Gültige Nachweise bestimmter Viren und Bakterien gelingen nur im Speziallabor, das dem Amateur selten zur Verfügung steht.

In der alltäglichen Praxis zeigt sich aber auch, daß im Aquarium meist nur bestimmte Krankheiten auftreten, denn der Kontakt zu freien Gewässern ist unterbrochen oder eingeschränkt, das Aquarium erscheint isoliert. Andererseits aber fördert die Kleinräumigkeit eines Aquariums die Infektionsgefahr in besonders hohem Maße. Es sind also erfahrungsgemäß nur wenige, dafür aber u. U. häufig wiederkehrende Krankheiten, die uns herausfordern. Deshalb sollen an dieser Stelle nur einige Hinweise und Beispiele das Thema skizzieren.

Im Zusammenhang mit einheimischen Arten ist der Versuch einer Abgrenzung zu den »Zierfischkrankheiten« besonders aufschlußreich. Warmwasserfische tropischer Herrkunft leben im Aquarium bei 22–26 °C. Es gibt nun eine Reihe von Krankheiten, die vorwiegend Fische bestimmter Arten befallen und zwar bei relativ hohen Temperaturen, z. B. die Columnaris-Krankheit (Maulschimmel), von der häufig Guppys betroffen sind. Diese Krankheit tritt somit bei Forellen, die bei 15 °C gehalten werden, kaum auf. Allerdings gilt dies wiederum nicht uneingeschränkt, denn man hat eine Variante dieser Krankheit festgestellt (mit einem ähnlichen Erreger), die sich vorwiegend im Kaltwasser entwickelt. Sie wurde in England (E. Amlacher, 1976) beobachtet. Als Aquariumkrankheit dürfte sie z. Z. sicher noch keine Rolle spielen, während die Warmwasser-Columnaris als relativ häufige Aquarienfischkrankheit gilt. Andererseits gibt es Krankheiten, die sich deutlicher im Kaltwasser entwickeln, z. B. die Forellenseuche (VHS), sie gedeiht besser im Winter als im Sommer und befällt bevorzugt Regenbogenforellen, während Bachforellen weniger anfällig sind. Daneben gibt es eine Reihe von Krankheiten, die jeden Fisch, gleich unter welchen Bedingungen, befallen können, so z. B. Ichthyophthirius (Weißpünktchenkrankheit), die wohl bekannteste Aquarienfischkrankheit überhaupt. Fachbücher, die sich hauptsächlich mit den Krankheiten einheimischer Süßwasserfische unter Aquarienbedingungen beschäftigen und dabei zu präzisen Ergebnissen kommen, gibt es noch nicht.

Ein erster grober Vergleich zwischen den häufigsten Süßwasserfischkrankheiten bzw. Zierfischkrankheiten zeigt jedoch, daß einige Krankheiten identisch sind (also dieselben oder ganz ähnliche Erreger haben). Man kann daher sagen, daß die Literatur über Zierfischkrankheiten im allgemeinen auch für die Aquarienpraxis mit heimischen Arten benutzt werden kann. Deckungsgleiche und dabei relativ häufig beschriebene Krankheiten beider Aquarienbereiche sind z. B. Ichthyophthirius (hautparasitäre Infektion), Costia-Krankheit (Hauttrüber, einzellige Parasiten), Hautkrankheiten allgemein (Pseudomonas-Bakterien usw.), Schimmelinfektionen (Mykose – Kiemenfäule, hervorgerufen durch Pilze), Oodinium-Krankheit (parasitäre Geißeltierchen), Taumelkrankheit (Algenpilz), Bauchwassersucht, Wasserschimmelbefall (Pilze), Fischtuberkulose und die große Gruppe der Schädigungen durch ungenügende Aquarienbedingungen (!).

Die Fachliteratur enthält zum Teil übersichtliche Bestimmungsschlüssel zur Eingrenzung für eine mögliche Diagnose der Krankheiten. Äußere Merkmale, Verhaltensänderungen und innere Erscheinungsbilder werden dabei tabellarisch zueinander in Beziehung gesetzt. Diese Bestimmungsschlüssel sind auch für den erfahrenen Amateur sehr hilfreich, denn sie erlauben in der Regel eine einigermaßen eingrenzende Diagnose. Fast alle Krankheiten zeigen sich in Symptom-Mischungen. Daß ein einzelner Fisch oder auch der ganze Bestand eines Aquariums ohne vorausgehende Anzeichen plötzlich tot zu Boden sinkt, kommt so gut wie nie vor (allenfalls bei akuten und massiven Vergiftungen, etwa bei mißbräuchlicher Verwendung von Insektenvertilgungsmitteln oder bei totalem Überbesatz in einem winzigen Behälter und schlagartigem Verbrauch des gesamten Sauerstoffs). Immer gehen deutliche Anzeichen voraus, die Fische erkranken und sterben nacheinander.

Ebenso sind seuchenartige Erkrankungen, die unausweichlich den Tod aller Fische zur Folge haben, selten (rechnen muß man aber letztlich auch damit).

Bei der Benutzung von Bestimmungsschlüsseln ist es Voraussetzung, daß man die normalen, artgemäßen Verhaltensweisen und das natürliche Aussehen der Fische (Körperfärbung) zuvor gut kennt. Die Bestimmungsschlüssel ersetzen also eine gewisse Beobachtungserfahrung und Einfühlungsvermögen nicht.

Ferner sind sich alle Autoren darin einig, daß seuchenartige Infektionen ihre günstigsten Bedingungen oft in einer ungenügenden und fehlerhaften Aquarienhaltung selbst finden. Hier gibt es eine Reihe beziehungsreicher Momente. Die meisten Krankheiten basieren auf »Interaktion« zwischen Erreger und Wirt. Aquarienbedingungen, die ein massenhaftes Einbringen von Krankheitserregern ermöglichen, sowie vorgeschädigte oder geschwächte Tiere, bringen die Seuchen erst zum Ausbruch. Diese Tatsache erscheint bei der Betrachtung von Aquarienfischkrankheiten besonders wichtig.

Aus diesem Grund gilt der Vorbeugung von Krankheiten ein hohes Maß an Aufmerksamkeit. Die Beschäftigung und das Wissen um die artgerechte Haltung der Tiere ist zunächst von größerer Bedeutung als die spezielle Beschäftigung mit komplizierten mikroskopischen und chemischen Untersuchungsmethoden.

Krankheitsverdächtige Tiere sind immer auch seuchenverdächtig. Die Anzahl der Infektionskrankheiten bei Fischen liegt um ein Vielfaches höher als die Individualerkrankung einzelner Tiere. Man nimmt daher krankheitsverdächtige Tiere sofort aus dem Aquarium heraus, setzt sie in ein Quarantänebecken und beobachtet weiter.

Im Zweifelsfall ist es immer besser, ein Tier zu töten (Scherenschnitt im Nacken – Durchtrennung des Rückgrats) als weitere Infektionsmöglichkeiten durch Belassen im Aquarium heraufzubeschwören. Auf keinen Fall gehören kranke oder krankheitsverdächtige Fische in die »Freiheit«.

Grob skizziert lassen sich einige äußere Erscheinungsmuster aufzählen, die darauf hindeuten, daß wahrscheinlich irgendeine Krankheit vorliegt; immer zeigen sie aber ein Unwohlsein, also ein krankheitsverdächtiges Symptom an:

Aussehen.

- Auffallende Dunkelfärbung des ganzen Körpers; beispielsweise Hervortreten des arteigenen Musters (kann sich auch in Erregung, Streß oder bei Paarungsbereitschaft äußern).
- Auffallende Dunkelfärbung der Schwanzgegend, insbesondere bei Forellen (kann die gefürchtete Drehkrankheit anzeigen).
- Auffallende Blässe (kann auch lichtbedingt sein oder latenten Sauerstoffmangel anzeigen, z. B. bei Barschen).
- Abmagerung, knochiger Körper, Hervortreten der Wirbelsäule, »Messerrükken«, stark eingefallener Bauch (immer sind dies Krankheitssymptome. Kurzfristiger Nahrungsmangel zeigt sich nie in Abmagerungserscheinungen, sondern drückt sich in verminderter Wachstumsgeschwindigkeit und nur schwach eingefallenem Bauch aus).
- Verlust der Flossensubstanz (auch sehr häufig als Folge von harmlosen Beißereien der Tiere untereinander. Bei gesunden Tieren wachsen die Flossen langsam wieder nach).
- Veränderungen der Oberhaut: milchig weiße Schleimabsonderungen, sich ablösende Hautfetzen, blutunterlaufene Stellen, helle oder knötchenartige Stellen, beulenartige Ausbuchtungen, hervortretender After, Glotzaugen, Erblindung, Verlust der Kiemensubstanz (immer Krankheitssymptome).
- Aufgeblähter Leib, zunehmender Bauchumfang (nicht zu verwechseln mit der Laichreifung).
- Watteähnliche Schimmelstellen an Haut, Flossen, Kiemen und Körper (immer ein Krankheitssymptom).

Verhaltensänderungen.

- Freßunlust, Futterverweigerung (kann auch von falscher Kost herrühren, Futterverweigerung ist aber immer ein bedenkliches Zeichen).
- Schreckhaftigkeit, hektische Fluchtversuche, erhöhte Atemfrequenz (kann auch vorübergehender Streß, Angst vor anderen Fischen sein).
- Fehlende Fluchtreaktion, an der Oberfläche nach Luft schnappen oder am Boden hocken, Absonderung von übrigen Schwarmfischen (kann auch vorübergehendes Unwohlsein bedeuten).
- Völlig veränderte Schwimmweise, Taumeln auf der Stelle, auf dem Kopf ste-

hen, krampfartiges Schütteln, Seitenlage am Boden, eingeklemmte Flossen, dabei die Brustflossen eng anliegend und nach oben gezogen (solche groben Abweichungen sind immer Krankheitssymptome).
- Seitliches Scheuern an Gegenständen in Verbindung mit ruck- und stoßartigem Vorwärtsschnellen (Anzeichen für Hautparasiten, meist in der Kopfgegend, z. B. an den Kiemen).

Für die Krankheiten selbst kann man eine grobe Einteilung in drei Gruppen vornehmen; sie sind selbstverständlich nicht unabhängig voneinander zu betrachten.

- **Milieubedingte Schädigungen und Krankheiten.**
  Gemeint sind Schwächungen und krankheitsfördernde Faktoren aller Art, die ihre Ursache in falscher oder unzureichender Aquarienhaltung haben.
- **Ansteckende, seuchenartige parasitäre Erkrankungen und Infektionen.**
  Dazu gehören Bakterien- und Virusinfektionen (Fleckenseuche bei Weißfischen, Fischtuberkulose, Hechtseuche, Aalseuche, bakterielle Kiemenfäule, Forellenseuche (VHS), Infektiöse Bauchwassersucht (IBW), Furunkulose usw.
  Pilzkrankheiten (Kiemenfäule, Taumelkrankheit, Wasserschimmel, Flossenfäule usw.).
  Befall mit parasitären Kleinkrebsen.
  Befall mit Würmern.
  Urtierkrankheit (Drehkrankheit, Costia-Krankheit, Ichthyophthirius).
- **Nichtansteckende Einzelerkrankungen.**
  Dazu gehören z. B. bestimmte Tumorerkrankungen, erblich bedingte Mißbildungen, Verletzungen, Verstopfungen nach übermäßigem Fressen und falschem Futter, Farbmutationen (Albinismus). Soweit mit Sicherheit nur ein einzelnes Tier betroffen ist, hat diese Gruppe der Krankheiten keine große Bedeutung. Der Verlust eines einzelnen Tieres wiegt meist weniger schwer als die Bedrohung des ganzen Bestandes. Die Unterscheidung ist jedoch zunächst schwierig.

Die besondere »Naturverbundenheit« der Kaltwasserpraxis läßt die Verbindung zu freien Gewässern als sehr offen erscheinen. Selbstgefangene Fische, mitgebrachte Wildpflanzen, Schnecken, Wasserinsekten und vor allem Lebendfutter sind immer auch mögliche Infektionsquellen. Kranke Fischneulinge stecken die übrigen Insassen in kürzester Zeit an. In solchen Fällen nützt auch die beste Pflege kaum etwas; hier hilft nur spezielle Vorbeugung.

Tiere aus stark belasteten Gewässern sind häufiger infiziert als solche aus unbelasteten. Man sollte sich Neulinge also möglichst aus erkennbar weniger verschmutzten Gewässern holen. Vor dem Transport betrachtet man die Tiere eingehend unter der Lupe (Sichtgefäß) und schließt sie bei dem geringsten Verdacht auf Krankheiten aus. Für ausgewählte Tiere ist eine Quarantänezeit von mindestens vierzehn Tagen angebracht, oder die vorbeugende Behandlung mit einem mehrfach wirksamen Medikament gegen verschiedene parasitäre Krankheiten. Solche Medikamente bekommt man im Zierfischhandel. Wichtig ist, daß nur ein einziges Medikament dabei zur Anwendung kommt, eine wahllose Medikamentenmischung ist gefährlich (das gilt auch für die Behandlung im Aquarium!). In einem gut dosierten Quarantänebecken sollten die Tiere 4–5 Tage verbleiben. Eine vorbeugende Behandlung mit längerer Beobachtungszeit kombiniert, schafft größere Sicherheit, läßt sich aber nicht immer durchführen, denn die Quarantäne erfordert weitgehend artgerechte Haltungsbedingungen und bedeutet somit einigen Aufwand.

Wildpflanzen wäscht man gründlich unter fließendem Wasser ab und hält sie ebenfalls eine Weile in einem Behälter mit einem vorbeugenden fischwirksamen Medikament. Man kann sie auch etwa eine Stunde lang in eine Kochsalzlösung (etwa 3 Teelöffel Kochsalz auf 1 l Wasser) legen. Diese herkömmliche Art der Vorbeugung ist ebenfalls wirksam; eine Reihe von Parasiten verträgt das Salz nicht.

Diese Methode funktioniert auch bis zu einem gewissen Grad bei Lebendfutter aus freien Gewässern. Wasserflöhe, Tubifex, Mückenlarven oder Bachflohkrebse behandelt man evtl. mit einem Medikament (wird im Fachhandel zu diesem Zweck angeboten) oder mit der Kochsalzlösung. Die Futtertiere sollten dabei aber nicht länger als 10 Minuten in der Salzlösung verbringen und anschließend sofort verfüttert werden. Zur Hälterung eignet sich die Vorbehandlung nicht, man muß also portionsweise vorgehen.

Lebendfutter sollte möglichst aus fischfreien Gewässern stammen, dort haben die Erreger keinen Wirt und somit auch weniger Überlebenschancen. Diese Regel wird leider auch von Händlern und Lieferanten nicht immer eingehalten.

Letztlich müssen also die Nachteile dieser offenen Aquarienpraxis in Kauf genommen werden, da z.B. ein völliger Verzicht auf Lebendfutter, wie er manchmal praktiziert wird, einerseits die nicht minder große Gefahr einer Schwächung durch Mangelerscheinungen provoziert und andererseits das Artenspektrum einschränkt.

Auf die positive Wirkung lebender, gesunder und dichter Wasserpflanzenbestände im Aquarium, auch im Sinne der Vorbeugung gegen Krankheiten, wurde bereits hingewiesen.

Hier nun einige Beispiele von Krankheiten und Schädigungen, die als relativ häufig gelten und uns in der Kaltwasserpraxis begegnen können. Die Beschreibungen sowie die stichwortartigen Hinweise auf Medikamente und Dosierungen verstehen sich als erste grobe Hinweise und Anregung zur genaueren Beschäftigung mit dem Thema.

Ichthyophthirius (= Ichthyophthiriose). Parasitäre Erkrankung aus der Gruppe der Ektoparasiten. Der Erreger *(Ichthyophthirius multifiliis)* ist ein rundlicher, winziger Parasit der Unterhaut und der Kiemenepithel der Fische. Er kann bis 1 mm groß werden, seine Form verändern und auch etwas gestreckt aussehen. Man erkennt ihn unter einer starken Lupe, er ist rundum mit haarigen Wimpern behaftet (Wimpertierchen). Die Larven (pro Tag bis zu 1000) schwärmen im freien Wasser und dringen in die Fischhaut ein. Stark befallene Tiere sind mit den typischen weißen Punkten übersät, deshalb auch die Bezeichnung **Weißpünktchenkrankheit**. Die Krankheit äußert sich zunächst in ruckartigen, scheuernden Bewegungen der Fische an Gegenständen oder am Bodengrund, in einem späteren Stadium mit Abmagerung, Flossenklemmen, Freßunlust, Atemnot, Hautablösungen, fehlendem Fluchtverhalten. Sie ist äußerst ansteckend. Im Sommer tritt sie im Aquarium erfahrungsgemäß öfter auf, vorgeschwächte Tiere (zu hohe Temperaturen, latenter Sauerstoffmangel) sind anfälliger. Die Krankheit gilt als häufig, und man muß immer mit ihr rechnen. Wenn ein Fisch sichtbar erkrankt ist, müssen in der Regel alle anderen mitbehandelt werden. Bei rechtzeitiger Diagnose und rascher Behandlung entstehen kaum Verluste, unbehandelt verläuft die Seuche auf Dauer für viele Fische tödlich. Sie breitet sich rasch aus. Geeignete Medikamente mit Dosierungsanweisung erhält man im Zierfischhandel.

Wirkstoff: Malachitgrün – 50 mg/l – Wiederholung mit der halben Menge nach zwei bis drei Tagen.

Hautparasiten. Eine jeweils schwer bestimmbare Parasitengruppe der Ektoparasiten – man nennt sie auch Flagellaten, Oodinium, Geißeltierchen. Erkennbar zunächst am Scheuern der Fische an Gegenständen (meist Kopf- oder Kiemengegend). Dieses Verhalten wirft auch den Verdacht auf Ichthyophtiriose auf, zeigt sich aber nicht mit den weißen Pünktchen, später vielleicht mit dunkleren Punkten, Hautablösungen, Abmagerung, verlangsamter Schwimmweise, Freßunlust. Die Parasiten gelangen leicht über Lebendfutter, Fischneulinge oder Wildpflanzen ins Aquarium. Auch mit diesen Erkrankungen muß man immer rechnen, sie sind im Kaltwasseraquarium relativ häufig. Haltungsbedingt bereits geschwächte Tiere sind deutlich anfälliger.

Costia-Krankheit. Zu dieser Gruppe gehört auch die bekannte Costia-Krankheit, eine ansteckende Haut- und Kiementrübung (Geißeltierchen). Der Befall wird grundsätzlich mit ungenügender Aquarienhaltung in Verbindung gebracht, da sich auf kräftigen Fischen solche Parasiten vielfach finden lassen, ohne daß die Fische zwangsläufig erkranken.

Wirkstoff: Malachitgrün (Oxalat) – 50 mg/l. Hautparasiten Oodinium: Chininsulfat – 1,5 mg/l im Süßwasser, Nachdosierung 0,5 mg/l am 3. und 5. Tag.

Flossenfäule. Verschiedene Bakterien, z. B. Pseudomonas. Die Flossen fransen langsam aus, die Ansatzstellen der Flossen entzünden sich (meist ist zuerst die Schwanzflosse betroffen), es kommt zu blutigen Stellen und zum Schluß zu stark verpilzten Wunden. Die Krankheit ist unter guten Aquariumbedingungen selten. Man findet sie relativ häufig bei gefangenen Fischen aus stark belasteten (verschmutzten) Gewässern. G. Sterba bezeichnet sie als Schwächekrankheit, die mit ungünstigen, nicht artgerechten Temperaturen im Aquarium und mit bakterienbegünstigten Umständen verknüpft ist. Verletzungen der Flossen durch Beißereien können anfangs mit der Krankheit verwechselt werden und sind auch oft Ausgangspunkt für die Erkrankung. Angebissene Flossen wachsen normalerweise langsam nach und regenerieren sich evtl. vollständig. Die Behandlung erkrankter Tiere erfolgt individuell im Quarantänebecken.

Wirkstoff: Unter Umständen kann Bactrim eingesetzt werden – 1 Tabl. auf 60 l.

Wasserschimmel. Pilzbefall durch Algenpilze (Gattung: *Sappolegnia*). Die Krankheit tritt meist nach Bißwunden oder anderen Verletzungen auf und es zeigt sich an diesen Stellen dann ein weißlicher, pelziger Schimmelbefall (ähnlich dem Brotschimmel). Die Krankheit entsteht vor allem in schlechtem Aquariumswasser, bei ausbleibendem natürlichem Heilungsprozeß. Manchmal genügt zu Beginn die Verbesserung der Wasserqualität (häufige Frischwasserzufuhren). Stark befallene, bereits geschwächte Tiere sind kaum noch zu retten. Die

Krankheit ist bedingt ansteckend, die Erreger befinden sich im Wasser und setzen sich an verletzten und vorgeschwächten Tieren fest. Eine rasche Ausbreitung ist bei unverletzten Tieren unter guten Wasserbedingungen kaum zu befürchten.

Wirkstoff: Griseofulvin – 10 mg/l.

Kiemenfäule. Hervorgerufen durch Pilze. Die äußeren Kiemendeckel sehen blutunterlaufen und geschwollen aus, später zerfallen sie und wirken stark verkürzt, ausgefranst oder verpilzt (Pilz unter der Lupe erkennbar). Die Tiere leiden unter Atemnot. Diese Krankheit ist im Kaltwasseraquarium erfahrungsgemäß selten. Sie tritt dann auf, wenn bereits infizierte Fische hinzukommen. Sie ist ansteckend.

Drehkrankheit. Die Kiemenfäule ist leicht mit der Drehkrankheit (Myxosomiose) zu verwechseln, eine der gefürchtetsten Fischkrankheiten, für die es z.Zt. offenbar keine Behandlungsmöglichkeiten gibt. Diese Krankheit befällt vorzugsweise junge Regenbogenforellen, gelegentlich aber auch andere Arten. Die Symptome zeigen sich u.a. in der Verkürzung der Kiemendeckel. Ihren Namen hat die Krankheit von dem typischen Symptom, dem Dreheffekt der Tiere beim »Schwanzjagen«. Erkennungsmerkmal ist eine auffallende Dunkelfärbung im Schwanzbereich, etwa vom Ansatz der Afterflosse an (Schwarzfärbung), sowie eine spätere Verkrümmung des Rückgrats im letzten Drittel (wenn die Krankheit überstanden ist). Bei gesicherter Diagnose dieser Krankheit wird empfohlen, den gesamten Fischbestand zu vernichten.

Die Kiemenfäule dagegen ist vorwiegend eine Erkrankung der Karpfenfische, ist aber auch bei anderen Arten feststellbar. Bei rechtzeitigem Erkennen und unverzüglicher Behandlung ist die Krankheit heilbar, mit einer gewissen Sterblichkeit muß man jedoch rechnen (bis zur Hälfte des Fischbestands).

Wirkstoff: Bactrim – 1 Tabl. auf 60 l Wasser oder: Furanace – 1 mg/l.

Fleckenseuche der Weißfische. Verschiedene Bakterien z.B. Pseudomonas. Relativ häufig bei Rotaugen, Rotfedern und Aland in stark belasteten Gewässern. Die Tiere zeigen rötlichdunkle Flecken am Körper (bei silbrigen Weißfischen gut zu erkennen), ausgefranste Flossen und oft einen vorgestülpten After. Im Aquarium tritt die Krankheit selten auf, wenn man keine erkrankten Tiere einbringt. Hier ist die vorbeugende Beobachtung selbstgefangener oder gekaufter Tiere (Köderfische) angebracht, man nimmt nur Tiere mit vollständigen Flossen und ohne Anzeichen dunkler Flecken am Körper.

Wirkstoff: Bactrim – 1 Tabl. auf 60 l.

Taumelkrankheit. Ichthyosporidiose – Pilz der Gattung *Ichthyosporidium.* Eine der gefürchtetsten Fischkrankheiten. Der Erreger wird durch die Nahrung aufgenommen und breitet sich im Körperinneren aus und über den Kot im Wasser. Auch über aufbrechende Hautgeschwüre besteht zusätzliche Infektionsgefahr. Krankheitssymptome: Schwimmstörungen – die Tiere schaukeln, »taumeln« auf der Stelle. Ferner Abmagerungen, manchmal kleine Knötchen unter der Haut oder sogar grob erkennbare Geschwulste und Erblindung eines oder beider Augen. Häufig gehen kaum erkennbare Symptome voraus und die Tiere sterben plötzlich. Die Krankheit ist schwer zu diagnostizieren, mit Sicherheit gelingt dies nur im Labor. Es gibt z.Zt. keine sicher wirksamen Behandlungsmethoden. Gesunde und kräftige Tiere vermögen den Pilz lange Zeit einzukapseln, gute Aquarienbedingungen dienen der Vorbeugung. Fische, bei denen Verdacht auf Taumelkrankheit besteht, sollten getötet werden. Sind viele Tiere eines Bestandes befallen, ist dieser am besten ganz zu vernichten und das Aquarium vor Neubesatz gründlich zu desinfizieren, da wahrscheinlich alle Süßwasserfischarten diese Krankheit bekommen können. Der Verdacht auf Taumelkrankheit ist dann begründet, wenn innerhalb weniger Tage einige Fische ohne ersichtlichen Grund (oder mit dem Taumelsymptom) eingehen. Das Symptom ist jedoch nicht immer deutlich ausgeprägt, oder die Tiere ziehen sich in Verstecke zurück. Mir ist diese Krankheit bisher nur ein einziges Mal im Aquarium begegnet. Eine wissenschaftlich gesicherte Diagnose liegt jedoch nicht vor. Etwa ein Drittel eines größeren Fischbestandes unterschiedlicher Arten in einem 600 l-Becken starb innerhalb von 10 Tagen. Die Tiere zeigten lediglich das Taumelsymptom, also schaukelnde Schwimmbewegungen auf der Stelle (einige Stunden lang, abgesondert von den anderen Fischen, mit eingeklemmten Flossen) bevor sie eingingen. Es wurden nur die erkrankten Tiere entfernt (beim geringsten Anzeichen) und jeden Tag ein radikaler Wasserwechsel von ca. $^2/_3$ durchgeführt. Medikamente kamen nicht zur Anwendung. Irgendwann hörte das Sterben auf. Die Krankheit wurde vermutlich mit Gründlingen aus einem stark belasteten Gewässer eingeschleppt, da diese zuerst starben.

Fischtuberkulose. Die Taumelkrankheit ist mit der Fischtuberkulose, einer bakteriellen Infektion, leicht zu verwechseln, denn auch bei ihr gehen oft auch keine erkennbaren Anzeichen dem plötzlichen Tod einzelner Tiere voraus. Gegebenenfalls magern die Tiere vorher ab, nachdem sie die Nahrung verweigert haben, der Leib kann auch aufgebläht wirken oder die Tiere bekommen Glotzaugen. Die Tuberkulose ist nur nach Sektion und mikroskopischer Untersuchung zu diagnostizieren. Bei gesicherter Diagnose sollte der ganze Bestand vernichtet werden (am besten auch die Pflanzen). Das Becken ist vor Neubesatz gründlich zu desinfizieren. Die Krankheit ist auch auf den Menschen übertragbar (Hautsymptom). Da erfolgreiche Behandlungsmethoden bei dieser Fischkrankheit z. Zt. nicht bekannt sind, gilt der Vorbeugung durch beste Aquarienbedingungen die Hauptaufmerksamkeit: Geringer Fischbesatz, Vermeidung von Fütterungsfehlern, hohe Sauerstoffwerte usw. lassen die Krankheit kaum in Erscheinung treten. Die Fischtuberkulose gilt als Schwächekrankheit, von der meist nur aquariengeschädigte Tiere befallen werden.

Infektiöse Bauchwassersucht (IBW). Durch Viren und Bakterien verursacht. Die IBW ist ebenfalls eine gefürchtete und schwer zu behandelnde Krankheit. Sie befällt vorzugsweise Karpfen, aber auch andere Fische, z. B. Karauschen und Schleien. Bei den Zierfischkrankheiten wird sie als relativ häufig angesehen, von ihr sind vor allem lebendgebärende Zahnkarpfen betroffen. Man unterscheidet bei der Krankheit in zwei Formen:

a) **Akute Bauchwassersucht.** Diese äußert sich, äußerlich sichtbar, hauptsächlich in einem stark aufgeblähten Leib (nicht zu verwechseln mit der Eireifung), Freßunlust, vorgestülptem After, Glotzaugen, ausgefransten Flossen, blassen Kiemen, evtl. auch durch Hautgeschwüre.
b) **Chronische Bauchwassersucht.** Sehr ähnlich – jedoch ohne aufgeblähten

Leib. Vielfach treten deutliche Geschwüre auf. Man erkennt die Krankheit erst nach der Sektion, hauptsächlich an der eitrigen Flüssigkeitsansammlung im Körper. Bei der chronischen Form erscheint das Körperinnere meist weniger stark geschädigt. Eine einwandfreie Diagnose gelingt nur unter Laborbedingungen. Befallene Tiere sind kaum zu retten. Ungünstige Aquarienbedingungen, z.B. unkontrollierte Schwankungen im Temperatur-, pH- und Sauerstoffbereich sowie einseitiges Futter (ausschließlich Trockenfutter) begünstigen die Seuche. Bei mir ist sie im Aquarium bereits zweimal aufgetreten, betroffen waren Schleien und Elritzen, die fälschlicherweise unregelmäßig und überwiegend mit Trockenfutter gefüttert wurden.

Wirkstoff: Im Aquarium erkrankte Tiere können mit Injektionen – 3 mg Chloramphenicol auf 150–300 g Körpergewicht behandelt werden / oder: 30% Trafigal im Futter vermischt.

Wurmbefall. (Kratzer): Die verschiedenen und zahlreichen Varianten von parasitären Wurmerkrankungen sind jeweils schwer zu bestimmen (einige sind offensichtlich auch noch nicht hinreichend erforscht). Es existieren z.B. Haut-, Kiemen-, Muskel-, Darm- und Blutwürmer verschiedener Arten. Wurmerkrankungen bei Fischen gelten allgemein als relativ häufig sowohl bei heimischen Arten (in freien Gewässern und in Teichanlagen) als auch bei Zierfischen. Manche Fischarten, z.B. Stichlinge oder Stinte, gelten als besonders wurmanfällig. Hervorzuheben sind hier die **Kiemenwürmer**, mit denen insbesondere Äschen leicht befallen sind. In der Kaltwasserpraxis sind Wurmerkrankungen meiner persönlichen Erfahrung nach selten, wenn man keine bereits befallenen Tiere einbringt.

Wirkstoff: Masoten – 0,5 mg/l – Trichloforn.

Schädigungen und Krankheiten durch ungünstige Aquarienbedingungen.

Säurekrankheit. Beim Absinken des pH-Wertes unter ein erträgliches Maß (dauerhaft unter ca. 5,5) kommt es zu Atemnot, Fluchtversuchen, Hauttrübungen und vorzeitigem Tod. Die Verträglichkeit von pH-Werten, die vom neutralen Bereich abweichen, ist den Fischarten nach allerdings verschieden (siehe hierzu auch den Abschnitt Wasserbeschaffenheit). *Vorbeugung:* regelmäßige Frischwasserzufuhren, regelmäßige pH-Kontrolle, optimale Aquariumhygiene, gesunde Wasserpflanzen, angemessener Fischbesatz, evtl. Drosselung der CO_2-Zufuhr.

Laugenkrankheit. Zu hoher pH-Wert, etwa ab 9,0. *Symptome:* Hautabsonderungen, Verätzungen der Kiemenschleimhäute, Flossenausfaserungen, Fluchtversuche oder fehlende Fluchtreaktion. Die Laugenkrankheit entsteht leicht bei zu starker Sonneneinstrahlung, wenn stark wuchernde Pflanzen dem Wasser zuviel CO_2 entziehen. *Vorbeugung:* Regelmäßige Frischwasserzufuhren mit pH-neutralem Wasser, evtl. CO_2-Zufuhr erhöhen, kein direktes Sonnenlicht, angemessen niedrige Temperaturen.

Ammoniakvergiftung. Ammonium entsteht, wenn Bakterien Eiweiß (Futterreste) und Harnstoffe zersetzen. Bei pH unter 7,0 kommt es erst bei sehr hohen Ammoniumkonzentrationen zu Vergiftungserscheinungen. Ab pH 7,0 – im alkalischen Bereich – entsteht aus Ammonium Ammoniak, das schon in geringen Konzentrationen (ab 0,2 mg/l) für sehr empfindliche Fische tödlich sein kann. Je höher der pH-Wert, desto größer die Gefahr.

Die Vergiftung tritt leicht auf, wenn zuviele Fische vorhanden sind, sich Ammonium anreichert und wenn alkalisches Frischwasser dazukommt. *Symptome:* Atemnot (nicht zu verwechseln mit Sauerstoffmangel), Verätzungen an den Kiemen und Augen. *Vorbeugung:* Angemessener Fischbesatz, Vermeidung von Überfütterung (Anhäufung von Futterresten), sauberer Bodengrund, pH-neutrales Wasser, keine massiven Frischwasserzufuhren mit höheren pH-Werten.

Vergiftungen allgemein. Verursacht z. B. durch unsachgemäße Verwendung von Insektenvernichtungsmitteln im Zimmer. Verwendung ungeeigneter Kunststoffe und Metalle im Aquarium. Zu hoher Chlorgehalt (ab 0,1 mg/l bereits schädlich) im Leitungswasser. Überdosierungen mit Algen- oder Schneckenbekämpfungsmitteln. Überdosierungen mit Fischmedikamenten. Rückstände von Waschmitteln, Haushaltsreinigern usw., die über Aquariengeräte (Eimer, Schläuche) ins Wasser gelangen. *Vorbeugung:* Dosierungs- und Gebrauchsanweisungen genau beachten (Pflanzendünger, Medikamente usw.). Aquariumdekoration aus garantiert giftfreiem Material. Eimer und Schläuche nicht im übrigen Haushalt einsetzen. Chlor im Leitungswasser kräftig verdüsen oder das Wasser einige Tage abstehen lassen.

Temperaturschock. Häufiger Anfängerfehler, wenn die Tiere plötzlich sehr starken Temperaturschwankungen unterworfen sind, etwa beim Umsetzen nach Transporten oder bei Frischwasserwechseln. Der Kälteschock erscheint hierbei häufiger und ist gefährlicher. Die Tiere sterben nach wenigen Minuten, das Maul steht manchmal weit offen, wie nach vorausgegangener Atemnot, und die Farben und Körpermuster erscheinen besonders ausgeprägt (Tod mit Prachtfärbung). *Vorbeugung:* Langsames Anpassen an veränderte Temperaturen (nicht mehr als 4 °C innerhalb 30 Minuten).

Mangelerscheinungen – Fütterungsfehler. Einseitiges Futterangebot (z. B. ausschließlich Trockenfutter oder ausschließlich Tubifex) oder grobe Unregelmäßigkeiten bei der Fütterung. Verstopfungen nach schwerverdaulichem Futter (Tubifex, Regenwürmer mit Erde im Darm). Mangelerscheinungen äußern sich nie kurzfristig und sind als solche nur schwer zu erkennen, sie treten in der Folge als »echte« Krankheiten in Erscheinung. Fütterungsfehler gelten als überaus häufige Fehler bei der Aquarienhaltung und daher als Krankheitsverursacher ersten Grades. *Vorbeugung:* Abwechslungsreiches Futter, frisches Lebendfutter regelmäßig, verschiedene Sorten. Vermeidung von Überfütterung, sowie keine längeren Unterbrechungen innerhalb der regelmäßigen Fütterung.

Sauerstoffmangel. Grober Anfängerfehler. Fehlende Belüftung, fehlende Wasserbewegung. Nicht genügend vorhandene Wasserpflanzen, fehlende Filteranlagen. Krasser Überbesatz mit Tieren. Zu hohe Temperaturen. Grobe Unregelmäßigkeiten bei den Frischwasserzufuhren. *Symptome:* Atemnot, Luftschnappen an der Wasseroberfläche (viele Fische auf einmal), Fluchtversuche oder Apathie. Sauerstoffmangel kann auch als Folge massiver Vergiftungen bei reichlich vorhandenen Fäulnisprozessen auftreten (tote Fische, Anhäufungen toter Futtertiere, absterbende Pflanzen; in solch einem Fall hilft auch eine verstärkte Belüftung kaum). *Vorbeugung:* Nicht zuviele Fische, optimale Aquariumhygiene, kräftige Wasserbewegung (Durchlüfter – Kreiselpumpe) oder gesunde, dichte

Pflanzenbestände, Einsatz von Filteranlagen, Vermeidung zu hoher Temperaturen, regelmäßige Kontrollen der Sauerstoffwerte (annähernd den Sättigungsgrad halten).

Verletzungen. Verletzungen entstehen nach Beißereien der Tiere untereinander (Falschbesatz), an scharfkantigem Dekorationsmaterial oder nach unsanfter Behandlung durch den Pfleger. Verletzungen sind nicht selten Voraussetzung für Krankheiten, z.B. Wasserschimmel, Parasiten können leicht eindringen.

Das Gesellschaftsbecken

Hiermit bezeichnet man ein Aquarium, in dem mehrere verschiedene Arten untergebracht sind, im Gegensatz zum Artenaquarium mit nur einer einzigen Art. Die verschiedenen Arten eines Gesellschaftsbeckens können aus einem gemeinsamen Biotop stammen oder auch aus den verschiedenartigsten Lebensräumen. Im letzteren Fall werden sie im Aquarium willkürlich zusammengebracht und zu einer mehr oder weniger künstlichen Lebensgemeinschaft verschmolzen. Beispiel: Moderlieschen, Elritzen, Bitterlinge und Schneider in einem Bekken. Über den ästhetischen und biologischen Wert eines »bunten« Gesellschaftsbeckens herrschen unterschiedliche Meingungen.

Der Vorteil eines Gesellschaftsbeckens ist, daß man eine gewisse Vielzahl verschiedener Arten gleichzeitig präsentieren und kennenlernen kann. Dies sind in erster Linie ökonomische Vorteile, denn man spart sich u.U. pflegerischen Aufwand dadurch, daß man nur ein Becken aufstellt anstatt mehrere. Dabei muß es sich bei der Gemeinschaft nicht ausschließlich um Fische handeln; auch Molche, Krebse, Krabben, Garnelen, Muscheln, Schnecken und einige Wasserinsekten lassen sich mit Fischen vergesellschaften, sofern die jeweiligen Größenordnungen gewahrt bleiben und die Tiere sich nicht gegenseitig behindern, fressen, verletzen oder beängstigen können. In der Gegenwart der meisten karpfenartigen Friedfische befinden sich die genannten Tierarten in der Regel nicht in Gefahr. Schwierig ist solche Art der Vergesellschaftung vor allem im Hinblick auf die gerechte Futterverteilung. Molche und Wasserinsekten sind auf Lebendfutter angewiesen und beim Beutemachen wesentlich langsamer, sie gehen selbst bei großzügiger Fütterung nicht selten leer aus. Vor allem in diesem Punkt sind der Vergesellschaftung Grenzen gesetzt.

Hinzu kommt, daß der pflegerische Aufwand für ein Gesellschaftsbecken sich insgesamt nach der empfindlichsten, anspruchsvollsten Tierart richtet. Bringt man z.B. Groppen mit Karauschen zusammen, fordern die Groppen für sich eine außerordentliche hohe Wasserqualität, stets niedrige Temperaturen und höchste Sauerstoffwerte, während die Karauschen in allen Belangen mit weit weniger auskommen würden. So betrachtet kann ein Gesellschaftsbecken auch eine sehr umständliche Sache sein. Die erwähnten Vorteile kommen erst dann zur Geltung, wenn die vergesellschafteten Arten in ihren Ansprüchen und ihrem Verhalten einigermaßen ähnlich sind. Dies trifft zu für fast alle frei schwimmenden, schwarmorientierten Karpfenfische aus den verschiedensten Biotopen und Gewässerregionen. Weißfische lassen sich mit Karpfen, Elritzen, Barben, Schleien, Karauschen, Gründlingen und Maränen (Felchen) gut zusammenbringen, mit nur jeweils wenigen Exemplaren ihrer Art bilden sie in der Regel immer eine funktionierende Gemeinschaft.

Andererseits gibt es auch unüberwindliche Hindernisse. Raubfische passen nicht in ein Friedfischbecken, mit rasch zunehmender Körpergröße stellen sie einen erheblichen Streßfaktor für andere Tiere dar, selbst dann, wenn die Gefahr gefressen zu werden noch nicht akut ist. Forellen, Äschen, Stichlinge und Barsche verhalten sich aggressiv revierbildend und verletzen durch ihre Beißereien die anderen. Ein einziger fingerlanger Hecht, in ein Becken mit gleichgroßen Fischen eingebracht, versetzt die Gemeinschaft in beständige Unruhe. Barsche der verschiedenen Arten kann man zusammensetzen, Forellen hält man besser unter sich und den von vornherein einzelgängerisch lebenden Hecht pflegt man in einem Bekken ohne Artgenossen.

Bodenorientierte Fische wie Groppen, Grundeln und die verschiedenen Schmerlenarten haben es in einem Gesellschaftsbecken mit anderen, sehr beweglichen Arten immer schwer. Bis das Futter den Boden erreicht hat, haben sich die anderen beinahe schon überfressen. Bei guter Wasserqualität, die sich an den Bedürfnissen der Bachschmerlen orientiert, kann man aber Steinbeißer und Schlammpeitzger dazusetzen. Schlammpeitzger, aus Altwassern stammend, gewöhnen sich gut an höhere Sauerstoffwerte, und Bachschmerlen aus Fließgewässern leicht an stehendes Wasser. Insofern bringt ein Kompromiß gute Ergebnisse.

Um ein im pflegerischen Aufwand ökonomisches und zugleich artengerechtes Gesellschaftsbecken einzurichten, sollten die Tiere also in fast allen ihren Bedürfnissen ähnliche Ansprüche zeigen oder anpassungsfähig sein (Wasserqualität, Sauerstoffbedarf, Raumanspruch, Futterbeschaffenheit, Freßverhalten) und sich untereinander friedlich verhalten. Nähere Angaben zu den Vergesellschaftungsmöglichkeiten befinden sich zum Teil bei den einzelnen Artenbeschreibungen.

Das Biotop- oder Artenaquarium

Als Biotopaquarium bezeichnet man ein Becken, welches durch dekorative Gestaltung, Bodengrund, Wasserbeschaffenheit, Sauerstoffgehalt, Tier- und Pflanzenbestand usw. die Gegebenheiten eines jeweiligen Gewässertyps oder Gewässerabschnitts wiederzugeben versucht. Ein Artenaquarium beherbergt im Sinne des Biotopaquariums nur eine bestimmte Art. Die Einrichtung eines Biotop- oder Artenaquariums stellt eine Spezialisierung dar, sie erfordert Auswahl und Einschränkung und hat gewissermaßen Modellcharakter.

Selbstverständlich setzt der »Glaskasten« Aquarium sehr enge Grenzen. Einen präzisen Eindruck von einem bestimmten Biotop kann man nicht liefern, es handelt sich immer um eine mehr oder weniger oberflächlich bleibende Annäherung an Naturvorgaben. Einige Beispiele: **Gezeitentümpel-Aquarium.** An den Meeresküsten mit Tideeinfluß (z.B. in den Felsen der französischen Bretagneküste) findet man bei Ebbe in Aushöhlungen und Vertiefungen, in denen das Wasser bis zur nächsten Flut verbleibt, eine Vielzahl von Organismen: Fische, Pflanzen, Muscheln, Seenelken, Seesterne, Seepocken, Kleinkrebse, Krabben, Muscheln, Schnecken. Diese Gezeitentümpel erscheinen selbst bereits wie von der Natur geschaffene Aquarien. Die Tiere und Pflanzen sind zum Teil auf den dauerhaften Aufenthalt in diesen Nischen spezialisiert und lassen sich an ein Aquarium gut gewöhnen. Jede neue Flut bringt reichlich Frischwasser heran. Wenn man dies berücksichtigt (und die an Ort und Stelle gemessenen Salz- und Sauerstoffwerte herstellt), läßt sich mit den Organismen ein vielschichtiges und sehr dekoraktives Seewasseraquarium einrichten.

Wattenmeeraquarium. Ein Aquarium mit möglichst großer Grundfläche und nicht sehr hohem Wasserstand, mit Sand- oder Schlickgrund (dem Wattenboden entliehen) eingerichtet, kann einige Tiere und Pflanzen dieses besonderen Biotops beherbergen. Schwimmende Pflanzen mit wasserreinigender Wirkung, wenig bewegtes Aquariumwasser und eine gute Belüftung (Membran-Luftpumpe) machen es eine Zeitlang möglich, den Schlickgrund im Aquarium zu belassen. Häufige Frischwasserzufuhren (Salzwasser) erleichtern die Pflege. Kleine Plattfische, Krabben, Garnelen usw. vermitteln einen Eindruck von der Wattenmeerfauna.

Brackwasseraquarium. Fische der unteren Brassenregion, im Übergang zwischen Süß- und Salzwasser angesiedelt, lassen sich bei einem geringen Salzgehalt (ca. 6–8 o/oo) mit einigen küstennahen Meeresarten bedingt vergesellschaften. Ebenso ist es möglich, einige Salzwasserpflanzen im Brackwasseraquarium zu halten, z. B. Schilfrohr, Gabeltang, Gemeiner Horntang, Roter Meerampfer. Fische wie Rotfeder, Plötze, Aland, Kaulbarsch oder Gründling lassen sich bei nicht mehr als 8 o/oo theoretisch mit typischen Brackwasserbewohnern wie Aalmutter, Flunder, Seestichling, Seeskorpion, Strandgrundel, Strandkrabben, Garnelen, Seepocken und Sandaalen zusammenbringen. (Auswahl nach J. H. Lehmann: Das Nord- und Ostseeaquarium, 1978).

Brassenregion. Die Einrichtung eines größeren Gesellschaftsbeckens mit einer gewissen Vielzahl an friedlichen Weißfischen (Brassen, Rotfedern, Aland, Ukelei usw.) der unteren Gewässerregion (Süßwasser) vermittelt einen ungefähren Eindruck einer solchen Tiergemeinschaft.

Wildbachaquarium. Bewegtes Aquariumwasser (kräftiger Strömungseffekt), Sand- oder Kiesgrund, größere runde Bachkiesel und typische Pflanzen (z. B. Quellmoos) vermitteln einen relativ natürlichen Eindruck der Forellenregion. Auch hierbei kann man die Fische vielleicht einmal außer acht lassen und zunächst andere Lebewesen beobachten: Bachflohkrebse, Steinfliegenlarven, Eintagsfliegenlarven, Köcherfliegenlarven, Strudelwürmer, Tellerschnecken usw. ergeben eine interessante Variante.

Forellenaquarium. Wildbachverhältnisse nachgeahmt ermöglichen die Pflege und Beobachtung der entsprechenden Fischarten. Forellen und ihre Futterfische, die Kleinfischarten Groppe, Schmerle, Schneider, Strömer, Elritze passen allerdings nicht zusammen, man muß sie getrennt halten. Eine Reihe der oben genannten Insekten lassen sich zeitweise mit Fischen vergesellschaften; Köcherfliegenlarven z. B. werden von Forellen und den Kleinfischen kaum gefressen.

Tümpelaquarium. Meist eine fischlose Gemeinschaft von Wasserinsekten, Schnecken, Lurchen, Wasser- und Sumpfpflanzen wie sie in einem Tümpel vorkommen – soweit sie sich überhaupt vergesellschaften lassen. Räuberisch und sogar kannibalisch lebende Wasserinsekten dezimieren sich in einem kleinräumigen Aquarium untereinander rascher als in der Natur. Dieses Geschehen kann man beobachten, es entspricht grundsätzlich den natürlichen Gegebenheiten. Man muß aber bei der Tierauswahl gezielt vorgehen, um einen unnötigen Verschleiß zu vermeiden. (Geschützte Arten, wie z. B. alle Libellenlarven, Stabwanze, Larven von Lurchen usw. sollte man auf diese Weise nicht opfern.)

Die Installation eines Gartenteiches oder eines Grabens kann einer Reihe von Tier- und Pflanzenarten zu neuem Lebensraum verhelfen. In einem Teich finden die Tiere bessere Lebensbedingungen vor als im Aquarium. Zur Beobachtung kann man sie zeitweise entnehmen, im Aquarium pflegen und anschließend wieder zurücksetzen.

Wiesengrabenaquarium. Stichlinge, kleine Schleien, Karauschen, Bitterlinge oder Schlammpeitzger, Froschlurchenlarven usw. leben vielfach in Wiesengräben. Auch hier ist die Kombination von Aquarium und neu angelegtem Biotop eine interessante Variante im Sinne von Naturschutz und Aquarienbeobachtung.

Aqua-Terrarium. Die Kombination von Wasser- und Landteil in einem Becken (beide Teile sollten ausreichend groß sein, man braucht also ein geräumiges Becken) ermöglicht die Haltung und Beobachtung amphibisch lebender Tiere, also Molche, Salamander und bedingt auch Frösche. Der Modellcharakter einer Übergangszone zwischen Wasser und Land läßt sich mit einigen geeigneten heimischen Sumpf- und Wasserpflanzen verstärken. (Über Einrichtung und Pflege eines Aqua-Terrariums muß man sich mit Hilfe der speziellen Terrarienliteratur informieren.)

Wasser- und Sumpfpflanzenaquarium. Mit der Bereitstellung eines »fetten« Bodengrundes (Ton-Lehmzusatz) sowie gut dosierter CO_2- und Mineraldüngung in einem reinen Pflanzenaquarium (bei gutem Licht) lassen sich heimische Sumpf- und Wasserpflanzen auf ihre Aquarienhaltung hin untersuchen und beobachten. Am besten geht man dabei gezielt vor und behandelt zunächst einzelne Pflanzenarten, die man in Gruppen einsetzt. Läßt man das Becken fischfrei, kann man evtl. Standort- und Wasserbeschaffenheitsverhältnisse simulieren (Übertragung der in der Natur gemessenen Werte wenn möglich ins Aquarium). Oder man widmet sich Pflanzengemeinschaften bestimmter Biotope: Quellbäche, Tümpel, Teichufer, Moortümpel, Heidetümpel usw. Die Erforschung heimischer Pflanzenarten in bezug auf ihre längerfristige Aquarienhaltung läßt noch einige Erkenntnisse zu, es handelt sich hierbei um ein lohnenswertes Gebiet.

Zuchtaquarium. Zur Nachzucht heimischer Kleinfischarten sind im Aquarium weitgehend natürliche Bedingungen erforderlich, kalte Überwinterung usw. Solche Becken, in denen in der Regel nur einzelne Arten gehalten werden (evtl. mit Tageslicht) stellen eine Spezialisierung dar, man kann sie als Biotopaquarien einrichten, z. B. als Laichbiotop für Krautlaicher (pflanzenreiche Becken) oder wie flach überströmte Kiesbänke (Uferzone – flacher Wasserstrand, starker Strömungseffekt, nur wenige Pflanzen) gestalten. Ähnliches kann auch für die geschlüpften Jungfische gelten. Diese müssen nicht, wie es vielfach empfohlen wird, aus hgyienischen Gründen in kahlen Becken ohne Pflanzen und ohne Bodengrund leben. In voll eingerichteten Aufzuchtbekken ist allerdings ein erhöhter Pflegeaufwand erforderlich.

Über die Möglichkeit der annähernden Nachbildung bestimmter Gewässerabschnitte hinaus, ergeben sich weitere

Aspekte bei der Betrachtung regionaler Artenvorkommen. Größere Gesellschaftsbecken oder mehrere, aufeinander abgestimmte Becken mit Arten eines namentlichen Gewässers, einer Landschaft, eines Stadtgebietes usw. können zusammengenommen ein Modell darstellen. Dazu einige Beispiele.

Donauaquarium. Artentypische Fauna der Donau, ihrer angrenzenden Nebenflüsse usw. Gesellschaftsbecken mit Friedfischen, Raubfische und Kleinfische getrennt. Es existieren Arten, die ausschließlich im Donaugebiet vorkommen und vielfach »unbekannt« sind.

Mittelmeerküste. Einige europäische Süßwasserarten (auch Seewasserarten) findet man beinahe ausschließlich im wärmeren Gebiet entlang der Mittelmeerküsten, z. B. Kärpflinge, Süßwasserschleimfische. Gesellschaftsbecken oder reine Artenaquarien ermöglichen Auswahl und regionale Übersichten.

Natürlich sind solche Biotopaquarien oder »Heimataquarien«, in Anlehnung an die Problematik des normalen Gesellschaftsbeckens, nicht wahllos mit allen greifbaren Tieren und Pflanzen zu bestücken. In einem Wildbachaquarium z. B. vertragen sich, wie bereits angedeutet, größere Forellen und Groppen nicht. Der Streß der Kleinfische im Zusammenleben mit ihren Freßfeinden, den Forellen, ließe eine artgerechte Pflege nicht zu, obwohl beide Arten in der Natur in einem gemeinsamen Gewässerabschnitt leben. Die Kleinheit eines Aquariums schafft aber auch hier unüberwindliche Hindernisse. Aus solchen Gründen ist ein Biotopaquarium manchmal nur als Artenaquarium vorstellbar. Man hält nur eine Art oder eine geringe, untereinander verträgliche Auswahl. Biotop- und Artenaquarien sind in der modernen Aquaristik sehr beliebt und werden den bunten Gesellschaftsbecken gern vorgezogen. Die Spezialisierung, bei großzügiger Haltung, fördert die Genauigkeit der Beobachtungsergebnisse über das Verhalten der Tiere.

Wesentlich erscheint hierbei vor allem auch der ästhetische Aspekt: Der Rhythmus wechselnder Jahreszeiten und die vielfältigen Gestaltungsmöglichkeiten lassen Bewegung zu, ohne daß man sich gezwungen sieht, dauernde Störungen zu verursachen. Im Gegensatz dazu steht das »statische« Aquarium, welches von seiner Einrichtung und Konzeption her auf einen möglichst jahrelang andauernden, weitgehend unveränderten Zustand hinzielt.

Die herausragenden Strukturunterschiede zwischen Kaltwasseraquarium und Warmwasserbecken (rasches Wachstum und damit nur bedingte Haltungsdauer vieler heimischer Arten, sowie die Empfindlichkeit vieler – heimischer wie exotischer – Pflanzen im Kaltwasser) kommen einer »dynamischen« Aquarienpraxis ohnehin entgegen. Aus den im Anschluß an den nächsten Abschnitt folgenden Beschreibungen der einzelnen Fischarten geht überdies hervor, daß einige kaum anders als in einem reinen Artenaquarium gut untergebracht sind. Der Gedanke der wechselnden Spezialisierung liegt bei der Kaltwasserpraxis mit heimischen Arten geradezu auf der Hand.

O. li.: Barbe (s. S. 152). Einzelne Barben erreichen 90 cm Körperlänge.
O. re.: Schneider (s. S. 157). Man findet ihn nur noch in wenigen Bächen.
Unten: Ukelei (s. S. 154). Auffallend ist ihr starker Silberglanz.

Das Schul- und Lehraquarium im Biologieunterricht

Aquarien, die in Schulen ausgestellt sind oder auch im Biologieunterricht Verwendung finden, sind, traditionell bedingt, zumeist exotische Warmwasserbecken. Ein Vorschlag an dieser Stelle lautet: Anstelle exotischer Tiere und Pflanzen einmal die heimischen Arten in den Vordergrund zu rücken, um ihnen einen höheren Bekanntheitsgrad als bisher zu vermitteln. Diese Art »Nutzanwendung« der Kaltwasserpraxis bezieht sich letztlich auf einen verstärkten Schutz bedrohter und gefährdeter Arten. Voraussetzung dafür ist zunächst die Kenntnis von den Arten und ihrer Lebensansprüche.

Neuangelegte Teiche und Gräben (Freilandbiotope auf freiem Schulgelände oder in der Umgebung) liefern konkrete Ansatzpunkte für eine Reihe von Fragen und Problemstellungen zum Arten- und Gewässerschutz. Freilandbiotope besitzen den Vorteil, daß man mit ihnen einen unmittelbar praktischen Bezug zu Problemen der Gewässerpflege und des Gewässerschutzes bekommt. Aquarien hingegen eignen sich besser zur direkten Präsentation und für Verhaltensstudien an bestimmten Arten. In Verbindung mit Freilandbiotopen sind Aquarien eine sinnvolle Ergänzung. Auch für sich genommen bieten Aquarien eine Reihe beziehungsreicher Möglichkeiten. Inwieweit man diese Möglichkeiten nutzt und ausdehnt, hängt im einzelnen von der Intention des Pädagogen, den finanziellen Mitteln, dem Alter der Schüler und von den Freiräumen innerhalb der Lehrpläne ab.

Wie man Teiche anlegt und pflegt, darüber gibt es inzwischen ausführliche Literatur. Einige Stichworte zu den aquaristischen Möglichkeiten und Ausweitungen.

Gesellschaftsbecken. Präsentation einer Reihe von Arten, um sie vom Äußeren her kennen und unterscheiden zu lernen. Ein Gesellschaftsbecken erscheint hierbei als die einfachste Methode. Gelegentliches Auswechseln einzelner Arten ermöglicht im Laufe der Zeit ein breites Spektrum.

Biotop- und Artenaquarium. Hiermit schafft man bereits eine spezialisierte Form der Aquaristik. Den Gestaltungsmöglichkeiten sind kaum Grenzen gesetzt. Die Beobachtungsmöglichkeiten zum Verhalten und zu den biotopischen Ansprüchen einzelner Arten (oder Gemeinschaften) sind genauer und differenzierter. Fragen zur Gewässerkunde tauchen auf: Was heißt Forellenregion, Barbenregion, Brassenregion, Hecht-Schleiensee, Tümpel?

Zuchtaquarien. Zur Zucht sind bestimmte Aquarienbedingungen erforderlich. Welche Bedingungen zur Laich- und Paarungsbereitschaft müssen in der Natur vorhanden sein? Wie lassen sich diese auf das Aquarium übertragen? In diesem Zusammenhang tauchen wichtige Fragen auf: Weshalb ist ein kanalisierter Bach nicht mehr als Laichbiotop für bestimmte Arten geeignet? Welche Auswirkung hat eine massive Gewässerverschmutzung auf den Bestand von Populationen? Welches sind die Hauptursachen für das Aussterben oder den Rückgang mancher Ar-

Oben: Brasse (s. S. 158). Eine der häufigsten Arten in unseren Gewässern.
Unten: Güster (s. S. 159). Ein kleiner Verwandter vom Brassen.

ten? Welche Arten sind überhaupt gefährdet und welche nicht? Wie stellt sich die Gesamtsituation für Fische und andere Wasserorganismen dar? Welche Maßnahmen wären zur Bestandserhaltung bestimmter Arten erforderlich? Wer ist dafür zuständig und wie sieht die Praxis dazu aus?

Bei Zuchterfolgen in Schulaquarien lassen sich evtl. Wiederansiedlungsmaßnahmen gefährdeter Arten in geeigneten freien Gewässern durchführen als Beitrag zum praktischen Artenschutz. (Siehe hierzu auch den zweiten Abschnitt im Einführungsteil.) Erforderlich dazu ist die Absprache mit den zuständigen Naturschutzbehörden, Fischereiverbänden und Gewässerbesitzern.

Über die Aquarienpraxis werden nicht nur biologische Aspekte angesprochen, sondern »fächerübergreifend« auch die Komplexe Wasserchemie, Trinkwasserbeschaffenheit (Leitungswasser), Wasseraufbereitungstechnik, Gewässerschutz, Grundwasserschutz und Umweltschutzprobleme allgemein. Ein Aquarium eignet sich sehr gut, direkte und anschauliche Bezüge herzustellen:

Wasserchemie. Die artgerechte Pflege von Fischen und Pflanzen erfordert die Auseinandersetzung mit dem Grundstoff Wasser. Notwendige Messungen am Aquariumwasser schaffen Verständnis für eine Reihe von Zusammenhängen: Was sind pH-Wert? Karbonathärte? Gesamthärte? Leitfähigkeit? Sauerstoff? Sauerstoffsättigung? Phosphat? Nitrat? Nitrit? Ammonium? CO_2? Basisnährstoffe für Pflanzen? usw. Welche Stellung nehmen die Pflanzen im Verhältnis zu den Fischen ein? Welche Bedeutung haben gesunde Wasserpflanzen für die Selbstreinigungsfähigkeit eines Flusses, Teiches? Welche Position nehmen dazu die Algen ein? Wieso können Algen eine Gefahr für ein Gewässer sein? Welche Voraussetzungen müssen für eine Massenvermehrung bestimmter Algenarten gegeben sein?

Leitungswasser – Trinkwasserbeschaffenheit. Leitungswasser als Lebenselement für Aquarienfische und -pflanzen. Leitungswasser als Trinkwasser für den Menschen. Welche Voraussetzungen müssen erfüllt sein? Wie lauten die gesetzlichen Vorschriften und Empfehlungen? Wie ist die Zusammensetzung und die Qualität des Trinkwassers der unmittelbaren Umgebung?

Trinkwasserversorgung. Woher kommt unser Trinkwasser? Auf welchem Wege gelangt es zu uns? Wie funktioniert die Verteilung? Wer ist für die Lieferung, Qualität und den Schutz des Trinkwassers zuständig? Wo liegen die Gefahren für unser Trinkwasser? Sind Oberflächengewässer (Fischgewässer) und Grundwasser unerschöpflich und in ausreichender Qualität vorhanden? Wie entsteht überhaupt Grundwasser? Was können wir persönlich zum Schutz unseres Trinkwassers tun?

Abwassertechnik. Aquarienfilter als winzige Modelle von Kläranlagen. Wie funktioniert ein Aquarienfilter? Wie funktioniert eine kommunale Kläranlage? Wo liegen die Grenzen der mechanischen, biologischen und chemischen Wasseraufbereitung? Welche Auswirkungen hat gereinigtes oder ungereinigtes Abwasser auf Fische, Pflanzen? Was kann man persönlich tun, um die Belastung der Gewässer trotz vorhandener Kläranlagen zu verringern?

Gewässerschutz – Grundwasserschutz. Schutz der Gewässer im Sinne von Biotop- und Artenschutz für Fische. Gewässerschutz im menschlichen Interesse. Trinkwasserreservoir, Brauchwasserreservoir. Welchen Einflüssen sind unsere Gewässer ausgesetzt, Oberflächenwasser wie Grundwasser? Welche gesetzlichen Grundlagen für den Gewässerschutz sind vorhanden? Wer erteilt die Erlaubnisse zur Gewässerbenutzung? Welche Auflagen und Einschränkungen sind dabei zu machen? Wer ist für die Überwachung zuständig? Wie sieht die praktische und politische Wirklichkeit zu diesen Problemen aus? Was sagt uns eine Gewässergütekarte? In welchem Zustand befinden sich namentlich Gewässer unserer unmittelbaren Umgebung? Wozu werden Gewässer ausgebaut und in ihrer ursprünglichen Beschaffenheit verändert? Inwieweit sind dabei menschliche Interessen unabdingbar, oder gibt es konkrete Beispiele für einen mehr oder weniger »nutzlosen« Gewässerausbau? Wie sieht überhaupt ein naturbelassenes Gewässer aus? Was heißt Rekultivierung oder naturnaher Ausbau von Gewässern? Gibt es Möglichkeiten, sich für namentliche Gewässer der näheren Umgebung persönlich einzusetzen, sich für ihre Erhaltung und Pflege praktisch zu engagieren? In Absprache mit den zuständigen Behörden besteht evtl. die Möglichkeit eine »Patenschaft« für ein bestimmtes Gewässer seitens einer Schule, Schulklasse, Bürgerinitiative oder eines Vereins zu übernehmen; so bemüht man sich aktiv und verantwortlich um den Gewässerschutz. Wiederansiedlungsmaßnahmen verschwundener oder gefährdeter Tier- und Pflanzenarten können ein Beitrag sein, ebenso wie die naturnahe Gestaltung der Uferzonen oder auch die Beobachtung von Schmutz- und Regenwassereinleitungen. Dabei können makroskopisch-biologische Feldmethoden zur Gewässergütebestimmung erlernt werden.

Allgemeine Umweltschutzprobleme. Welche Bezüge ergeben sich vom Arten-, Biotop- und Gewässerschutz zu anderen Problemen im Umweltschutz? Was ist mit dem Boden, was mit der Luft? Wie wirkt die Luftverschmutzung auf unsere Gewässer? Was ist saurer Regen? Welchen Einfluß hat die landwirtschaftliche Intensivdüngung auf die Gewässer und das Grundwasser?

Wie man sehen kann, lassen sich eine ganze Reihe beziehungsreicher Momente herstellen. Mehr oder weniger kann dabei ein Aquarium oder ein Freilandbiotop Ausgangs- oder Mittelpunkt sein.

Die Fische

Bachneunauge
(Lampetra planeri)

In den Bestimmungsbüchern für Süßwasserfische tauchen die Neunaugen regelmäßig auf; dabei gehören sie eigentlich nicht zu den Fischen, sondern zur Klasse der Rundmäuler, den fischähnlichen Petromyzonidae (Neunaugen oder Lampeen). Nach Ladiges/Vogt existieren in Europa 7 Arten. Vier davon kommen auch in der Bundesrepublik vor: Meerneunaugen, Flußneunaugen, Bachneunaugen und Donaubachneunaugen. Letztere sind eine Variante der Bachneunaugen und finden sich nur im Donaugebiet.

Bachneunaugen sind vermutlich eine stationäre Form der Flußneunaugen. Flußneunaugen leben im Meer in Küstennähe und steigen nur zur Laichzeit in die Flüsse auf. Bachneunaugen leben ortsgebunden in klaren, sauberen Bächen der Forellenregion. Man vermutet, daß ihre endgültige Trennung von den Flußneunaugen und ihre Entwicklung zu einer gesonderten Art noch nicht abgeschlossen ist. Anatomisch gleichen sich beide Arten, Bachneunaugen bleiben jedoch wesentlich kleiner, sie erreichen knapp 15 cm, Flußneunaugen dagegen über 30 cm.

Wegen ihrer Größe scheiden Fluß- und Meerneunaugen (bis 90 cm) für das Wohnzimmeraquarium aus. Zudem leben diese Arten räuberisch, sie schmarotzen an anderen Fischen, indem sie sich an ihnen festsaugen und von deren Körpersäften leben und sich bis in die inneren Organe, z. B. in die Leber, einfressen können. Bachneunaugen tun dies in der Regel nicht.

Auf den ersten Blick verwechselt man die Neunaugen leicht mit Aalen. Neunaugen haben jedoch keine Kiefer, keine Schwimmblase und keine Schuppen. Sie besitzen ein rundes Saugmaul mit einem inneren Rand kleiner Hornzähne, durch das sie Nahrung aufnehmen und mit dem sie sich an glatten Gegenständen im Wasser festhalten können (Vakuumeffekt). Ihr Name leitet sich davon ab, daß sie auf jeder Körperseite vorn sieben lochförmige kleine Kiementaschen haben, dazu eine Nasenöffnung und das Auge, zusammen also neun Punkte, die man allerdings nur mit großem Aufwand an Einbildungskraft als Augen ansehen kann.

Die erwachsenen Bachneunaugen laichen von März bis Juni an seichten Stellen im Oberlauf ihrer Heimatbäche und sterben danach sehr bald. Die Larven der Neunaugen, die man als Querder bezeichnet, brauchen etwa vier Jahre Entwicklungszeit, bis sie sich dann in etwa zehn Monaten zu geschlechtsreifen Tieren umwandeln. Im Zusammenhang mit dieser Umwandlung bekommen sie Augen. Die Querder sind augenlos, daran erkennt man leicht den Unterschied. Ansonsten ähneln sie den erwachsenen Tieren, sie sind nur etwas heller in der Graufärbung und je nach Alter kleiner.

In Neunaugengewässern findet man im Juni, oder etwas später, manchmal Tiere, die an der Wasseroberfläche treiben. Es handelt sich dabei fast immer um erwachsene Tiere mit Augen, die vom Laichakt bereits stark erschöpft sind. Im Aquarium gehen sie rasch ein, manchmal nach wenigen Tagen. Ihr Sauerstoffbedürfnis in diesem Zustand ist enorm, mit einer normalen Belüftung kommen sie kaum aus. Zum raschen äußeren Kennenlernen eignen sie sich durchaus, für die längerfristige Aquarienhaltung nicht. Hierfür kommen nur die bereits gut ausgebildeten, augenlosen Querder in einem Alter von ca. ein bis dreieinhalb Jahren in Frage.

Da Neunaugen wegen der starken Verschmutzung vieler Bäche als stark gefährdet gelten, stehen sie in einigen Bundesländern unter Schutz, und man darf sie dort nicht entnehmen. Dort wo es möglich ist, lassen sie sich leicht unter aufgehobenen Steinen aufscheuchen und mit dem Kescher fangen; die Tiere sind nicht sonderlich gewandt. Man bekommt sie nirgends zu kaufen, sie werden auch nicht gezüchtet.

Ihre Aquarienhaltung ist nicht ganz einfach. Sie benötigen entsprechend ihrer Herkunft stets klares und kühles Wasser, möglichst nicht über 18 °C, nur kurzfristig bis höchstens 22 °C, und eine kräftige Belüftung mit bewegtem Wasser, um ihren hohen Sauerstoffbedarf zu decken.

Ferner brauchen sie unbedingt einen Bodengrund aus sehr feinem Sand, ca. 1–2 mm Körnung und ca. 4–6 cm hoch geschichtet. Sie graben sich ein und leben im Sand verborgen. Dort wandern sie umher und kauen den Sand nach feinen Nährstoffen durch. Als Nahrung dienen organische Abfälle (Detrius), abgestorbene Wasserflöhe, herabgesunkene Tubifex, Trockenfutter, usw. Der Sand sollte daher nicht zu sauber sein. Ein mit dunklen Abfallstoffen gut »durchwachsener« Bodengrund eignet sich besser als ein sauberer, denn die Querder sind sehr nahrungsbedürftig. Wiederum muß man zusehen, daß der Bodengrund nicht zu sehr mit sauerstoffzehrenden Abfallprodukten belastet wird. Eine individuelle Fütterung ist nicht notwendig, sofern sich die Neunaugen in Gesellschaft anderer Fische befinden. Unverwertetes Futter dringt in den Grund ein. Ansonsten gibt man alle paar Tage etwas Futter ins Wasser.

Entsprechend des feinsandigen Grundes verzichtet man besser auf anspruchsvolle Pflanzen.

Beim Einsetzen in das Aquarium verschwinden die Tiere in der Regel sofort im Sand und zeigen sich fortan nur äußerst selten. Wenn sie tatsächlich einmal herauskommen, sieht man sie wie Aale umherschlängeln oder mit dem Saugmaul an den Scheiben haften. Als nachtaktiv, wie manchmal behauptet wird, habe ich sie nie erlebt. Sie bleiben die meiste Zeit unsichtbar und könnten daher für jemanden, der seine Tiere ständig sehen will, leicht langweilig wirken. Es besteht die Gefahr, daß sie unauffindbar und unbeobachtet eingehen und das Wasser vergiften. Man hält sie also am besten mit wenigen Exemplaren in einem großen Aquarium, welches von seiner Wassermasse her eine gewisse Selbstreinigungskraft besitzt.

Bei artgerechter Haltung sind sie im Aquarium recht ausdauernd und machen die Umwandlung zum geschlechtsreifen Tier durch. Sobald die Tiere Augen bekommen haben, setzt man sie besser an ihrem Fundort aus. So bekommen sie die Chance, sich in ihrer natürlichen Umgebung zu vermehren und die Art zu erhalten. (Abbildung: S. 17)

Sterlet

(Acipenser ruthenus)

Der Sterlet gehört zur Familie der Störe. Störe sind Fische der gemäßigten Zonen und haben ihr Verbreitungsgebiet auf der nördlichen Halbkugel. Die meisten Arten sind Meeresbewohner. Zum Laichen wandern sie die Flüsse stromaufwärts. Es existieren etwa 26 Arten. Bastarde und Kreuzungen machen eine präzise Artentrennung in manchen Fällen nicht ganz einfach, denn die Bestimmungsbücher geben unterschiedliche Zahlen an. Für Europa werden sieben Arten genannt. In der Bundesrepublik sind die Störe mit nur zwei Arten vertreten, dem Baltischen Stör *(Acipenser sturio)* und dem Sterlet *(Acipenser ruthenus)*. Der Baltische Stör hat sein Verbreitungsgebiet in den Küstengewässern um ganz Europa, bis ins Schwarze Meer. Er gilt heute innerhalb der Bundesrepublik als ausgestorben. Diese Art wanderte noch im vorigen Jahrhundert in großen Mengen jährlich in die Flüsse zur Nord- und Ostsee ein. Vermutlich durch Überfischen, den Bau unüberwindlich hoher Staustufen und die Gewässerverschmutzung wurde die Art ausgerottet oder an der Rückkehr an ihre Laichplätze gehindert.

Die Familie der Störe ist über 200 Millionen Jahre alt und gewährt uns heute noch einen Einblick in frühe Entwicklungsformen. Der schuppenlose Körper der Tiere ist teilweise mit Knochenplatten bedeckt. Manche Arten kennt man als Kaviarproduzenten, der Rogen des Hausen, der größten Störart, ergibt den berühmten Beluga-Kaviar. Vom Hausen wird gesagt, daß er bis 9 m lang und über 1000 kg schwer werden kann. Die Durchschnittslänge der großen Störarten liegt jedoch bei 2,5–3 m. Das Höchstalter mancher Störe beträgt angeblich über einhundert Jahre. Sehr große Weibchen können bis zu 2,5 Millionen Eier produzieren.

Bei dem Sterlet handelt es sich um eine reine Süßwasserform. Seine Hauptverbreitungsgebiete sind die Donau, einige Zuflüsse zum Schwarzen Meer sowie einige Zuflüsse zur östlichen Ostsee. Früher fand man ihn noch im Oberlauf der Donau bis Ulm (Müller, 1983). Heute findet man ihn vermutlich nur noch gelegentlich unterhalb der großen Staustufen, z. B. bei Linz in Österreich. Ein Fischer in Passau berichtete im Sommer 1985, daß er wieder häufiger Sterlet fangen würde, bei denen es sich angeblich um die Wildform und nicht um Setzlinge aus Zuchtanstalten handelt.

Die Wildformen aller europäischen Störe gelten als selten, der Sterlet in der Bundesrepublik sogar als vom Aussterben bedroht. Er wird jedoch regelmäßig in Zuchtanstalten erbrütet und als Besatzfisch angeboten. Gelegentlich bekommt man kleine Exemplare auch in Aquariengeschäften zu kaufen.

Er hat einen zahnlosen Mund, ein stark unterständiges Maul und am Oberkiefer 4 Barteln, die ihm als Tast- und Geschmacksorgane dienen. Seine sehr kleinen Augen deuten darauf hin, daß er sich nur wenig mit dem Gesichtssinn orientiert. Im Aquarium liefert er mit seinem urtümlichen Aussehen ein beinahe exotisches Bild. Der Sterlet ist eine sehr kleine Störart, er kann jedoch bis 1 m erreichen. Seine durchschnittliche Länge beträgt 40–60 cm.

Im Aquarium hält man ihn in möglichst kühlem Wasser, bei guten Sauerstoffwerten verträgt er jedoch zeitweise bis zu 26 °C. Seine Nahrung besteht hauptsächlich aus wirbellosen Kleintieren, abgesunkenen Wasserflöhen, Tubifex, kleinen Regenwürmern, geschabtem Fisch- oder Rindfleisch. Er frißt auch eingefrorenes oder konserviertes Lebendfutter, jedoch nur ungern reines Trockenfutter. Von größeren Sterlet wird gesagt, daß sie bei der Futterbeschaffenheit zunehmend wählerischer werden und daß man »ihren Geschmack erst herausfinden muß« (Mayland, 1980). Er nimmt das Futter vom Boden auf, jagt nicht gezielt und findet seine Nahrung nur durch Zufall im Vorüberschwimmen. Er ist unablässig in Bewegung und hält nur selten einmal inne. Sein Spürsinn ist nicht besonders entwickelt. Dieses Verhalten macht ihn zu einem schwierigen Gesellschaftsfisch, denn andere Fische lassen kaum etwas übrig, es sei denn, sie sind vollständig satt. Daher kommt es entweder leicht zur Überfütterung der anderen Fische, oder zu einem Mangel beim Sterlet. Er paßt also schlecht in ein Gesellschaftsbecken mit vielen beweglichen Fischen.

Als Notlösung kann man ihn kurzfristig herausnehmen und in einem kleineren Becken individuell füttern. Der Sterlet ist, zumindest im Jugendstadium, ziemlich stumpfsinnig (was vermutlich auf seine urgeschichtliche, primitivere Entwicklungsstufe zurückzuführen ist). Er kennt kaum Streß oder Angst und reagiert nach einem solchen Umsetzen ohne Verhaltensstörungen und frißt sofort weiter. Fast alle anderen Fische wären nach solcher Behandlung erst einmal schwer geschockt und zunächst ohne Appetit. Solche Fütterungstricks stellen jedoch keine Dauerlösung dar und sollten daher nur als vorübergehende Notmaßnahme angesehen werden.

Der Sterlet ist ein mäßig gründelnder Fisch. Er ist zwar äußerst bodenorientiert, durchwühlt aber den Grund nicht. Deshalb kommt er auch auf Kiesgrund zurecht und ist nicht auf einen weichen Sandgrund angewiesen.

Bei seiner ungewöhnlich ausdauernden Aktivität im Schwimmen erscheint er selbst in einem mittelgroßen Aquarium – 6 bis 8 cm Körperlänge bei 1 m Aquarienlänge – sofort wie eingesperrt. In einem beengenden Becken neigt er dazu, häufig unruhig und kopfüber im Kreis zu schwimmen. Dieses Verhalten wirkt sehr störend. Setzt man ihn in ein größeres Becken, ab 1,5 m, verhält er sich weitgehend normal. Er ist also auf ein großes Aquarium angewiesen. Er wächst unter Aquarienbedingungen recht langsam und läßt sich daher einige Jahre problemlos halten.

Größere Mulmansammlungen am Bodengrund behagen ihm nicht, ebensowenig wie dichte, krautige Pflanzenbestände, die ihn am Schwimmen hindern.

Wenn er tagsüber öfter und für längere Zeit stehen bleibt, signalisiert er damit einen Schwächezustand oder eine Krankheit. Er hat zwar kaum Kontakt zu Artgenossen oder anderen Fischen, man sollte ihn jedoch nicht völlig isoliert in »Einzelhaft« halten.

Die Schwierigkeiten seiner Aquarienhaltung bestehen in seinem Raumanspruch und gleichzeitig in seiner etwas umständlichen Vergesellschaftung. (Abbildung: S. 17)

Bachforelle

(Salmo trutta fario)

Leider ist die Bachforelle durch Verschmutzung, gewässerbauliche Maßnahmen (Kanalisierung) und Überfischung sehr selten geworden. Vielfach handelt es sich bei den heutigen Vorkommen nicht um selbsterhaltungsfähige Populationen, sondern um Besatzfische, die von Fischereivereinen eingebracht werden. In Norddeutschland, in Niedersachsen existieren nur im Bergland (Harz) und in einigen wenigen Bächen der Heide selbsterhaltungsfähige Restbestände. Die Bachforelle lebt hauptsächlich in naturbelassenen, klaren, sauerstoffreichen und rasch fließenden Gewässern mit genügend Versteckmöglichkeiten im Uferbereich. Nach ihr ist dieser Gewässerabschnitt benannt: Forellenregion. Ebenso findet man sie in klaren Seen oder Bergseen bis über 2000 m.

Ihr Verbreitungsgebiet sind die gemäßigten Zonen Europas bis zum Ural und Kleinasien. Im Gebirge sieht man sie manchmal in erstaunlich schmalen Bächen, die stellenweise nur 1 m breit und nur 30 cm tief sind. Je nach Wohngewässer und Nahrungsangebot schwankt ihre Körpergröße. In sehr kleinen Bächen soll es erwachsene Tiere geben, die fünf Jahre oder älter und dabei kaum über 10 cm lang sind. Die Durchschnittslänge liegt normalerweise bei 20–25 cm, die Höchstmaße dürften bei 50 cm liegen. Einzelne Exemplare erreichen ein Alter von 30 Jahren.

Wie die meisten Salmoniden (Lachsartige) sind Bachforellen Winterlaicher. Die Eiablage erfolgt, je nach Wassertemperatur, zwischen November und Februar. Die geschlüpften Jungfische halten sich in krautigen, ruhigeren Uferzonen kleinerer Nebenbäche auf.

Wenn man ein Laichgewässer kennt, kann man sie dort im Mai oder Juni fangen. Zum Herbst hin sind die Jungfische bereits ein Stück gewachsen und mit dem Kescher nur schwer zu überlisten. Man bekommt sie auch in manchen Zuchtanstalten. In Aquariengeschäften findet man sie nicht. In einigen Bundesländern stehen sie unter Schutz, und man darf sie »unter Maß« nicht fangen.

Die Bachforelle gehört zu den schönsten Fischen unserer Region. Im Aquarium betrachtet, kann sie es mit vielen Exoten aufnehmen.

Man hält sie am besten in einem reinen Forellenaquarium, mit nur wenigen Artgenossen oder anderen Forellenarten. Bachforellen sind sehr ortstreu und revierbildend. Sie bevorzugen bestimmte Stammplätze und greifen Artgenossen und andere Fische an, sobald diese zu nahe kommen. Sehr kleine Artgenossen werden gefressen. Normalerweise gibt es bei den Revierkämpfen keine Verletzungen; die Unterlegenen flüchten in ihre Verstecke. Angehörige anderer Arten, die immer frei herumschwimmen müssen und sich naturgemäß nicht verstecken, haben nach den Beißereien bald keine intakten Flossen mehr und sind Infektionen (Wasserschimmel) ausgesetzt. Aus diesem Grund sind Forellen keine geeigneten Gesellschaftsfische, ihre Aggressivität duldet keine dichten Schwärme. Bachforellen brauchen aber zu ihrem Wohlbefinden das Moment der dauernden Revierbildung, deshalb hält man sie nicht allein. Als Jungfische leben sie naturgemäß in lockeren Verbänden.

Da sie sehr ortsgebunden agieren, brauchen sie nicht so viel Schwimmraum wie manch andere Arten. Für 3–4 Forellen von 4–6 cm Körperlänge genügt am Anfang ein 80 cm-Becken. Entsprechend ihrer Herkunft stattet man das Becken aus. Hier genügt ein reiner Sand- oder Kiesgrund und eine nicht sehr dichte, anspruchslose Wasserpflanzenkultur. Größere abgerundete Steine (Bachkiesel) und nicht faulende Baumwurzeln verstärken den Eindruck einer Forellenregion. Die Dekoration muß geräumige Versteckmöglichkeiten schaffen. Dort halten sich die einzelnen Forellen an ihren Stammplätzen auf oder »stehen« davor in der Strömung. Bachforellen hocken auch oft am Bodengrund.

Sie brauchen immer klares und sauberes Wasser. Hierfür eignet sich ein kräftiger Filter, oder man muß den Bodengrund öfter absaugen. Luft- oder Filterpumpe können einen gewissen Strömungseffekt simulieren. Bachforellen sind sehr empfindlich gegen Sauerstoffmangel (siehe hierzu auch den Abschnitt Sauerstoff). Die regelmäßigen Frischwasserwechsel sind unerläßlich. Die Idealtemperatur im Forellenaquarium wäre zwischen 10–15 °C. Kurzfristig hohe Temperaturen werden vertragen, wenn die übrigen hygienischen Verhältnisse optimal sind. Die Krankheitsanfälligkeit steigt mit der Temperatur.

Erfahrungsgemäß setzen sich von anfangs etwa gleichgroßen Tieren einige, oder nur ein Exemplar, stärker durch, wachsen schneller heran und verdrängen die anderen, die sich immer häufiger und besser verstecken müssen. Dies geschieht trotz ausreichendem Futterangebot für alle. Es entstehen leicht Kümmerformen. Nach einigen Monaten sind die Unterschiede dann so groß, daß man aussortieren und die Anzahl der Tiere reduzieren muß. Bachforellen wachsen im Aquarium schnell, passen sich aber zunehmend ihrer Umgebung an. Ab einer Länge von ca. 9–10 cm wachsen sie dann erheblich langsamer. Somit können sie in einem mittelgroßen Aquarium, ab etwa 1,2 m Kantenlänge, einige Jahre gehalten werden. In sehr jugendlichem Alter zeigen Forellen, Lachse und Äschen die typischen dunklen Querbinden. Die Verwechslungsmöglichkeiten sind groß. Es empfiehlt sich, ihre Pflege längerfristig zu gestalten, um sie in voller Pracht zu erleben.

Forellen sind Allesfresser. Sie nehmen Bachflohkrebse, kleine Fische, Wasserflöhe, Mückenlarven, Regenwürmer, Fischfleisch, Fliegen. Trockenfutter eignet sich ebenfalls, wenn für Abwechslung mit Lebendfutter gesorgt ist. Ihre Fütterung macht keine Mühe. Sie finden auch abgesunkenes Futter am Boden. Nach Gewöhnung zeigen sich Forellen recht zutraulich und fressen von der Pinzette oder aus der Hand.

Da sie gern über die Wasseroberfläche hinausspringen, muß eine weiche Abdekkung davor schützen. Sie verlieren ihre Zutraulichkeit, wenn man ihre Umgebung durch ständiges Umdekorieren massiv verändert.

Die Geschlechtsreife erreichen sie normalerweise in einem Alter von 2–3 Jahren, die Männchen eher als die Weibchen. Die Nachzucht dürfte trotz ihrer Kleinwüchsigkeit unter Aquarienbedingungen kaum gelingen. (Abbildung: S. 18)

Regenbogenforelle

(Salmo gairdneri)

Für die Aquarienhaltung sind hier ganz ähnliche Bedingungen erforderlich wie für die Bachforelle. Ein Unterschied besteht nur darin, daß die Regenbogenforelle in einigen Ansprüchen etwas weniger empfindlich ist. Sie verträgt höhere Temperaturen, etwa bis 18 °C Dauertemperatur und kurzfristig bis 24 °C. Ihr Anspruch an die Wasserqualität ist etwas geringer, sie ist auch nicht so sehr auf »Unterstände« angewiesen; Versteckmöglichkeiten für die weniger durchsetzungsfähigen Artgenossen sollten auf jeden Fall vorhanden sein. Sie spricht auch auf Trockenfutter und tote Futtertiere leichter an als die Bachforelle. Regenbogenforellen wachsen etwas schneller und werden insgesamt größer. Als Jungfische sind sie den Bachforellen recht ähnlich. Man unterscheidet beide Arten mit Sicherheit daran, daß die Körperbepunktung der Regenbogenforelle auch die Schwanzflosse bedeckt, bei der Bachforelle ist dies nie der Fall. Meist erscheinen auch die Punkte bei der Regenbogenforelle kleiner und zahlreicher. Der Name Regenbogenforelle kommt von der in allen Farben schillernden Haut um die Seitenlinie, wenn sich das Tier im »richtigen« Licht präsentiert.

Man findet sie als Jungfische in der Natur nur selten. Man kann sie von Zuchtanstalten kaufen.

Der Umstand ihrer Schnellwüchsigkeit und ihrer geringeren Ansprüche an die Wasserqualität hat die Regenbogenforelle zum wichtigsten Nutzfisch unserer Binnengewässer gemacht. Sie gehört nicht zu den heimischen Arten, sondern wurde vor rund 100 Jahren in Europa eingeführt. Ihre ursprüngliche Heimat ist Nordamerika. Sie wird in Teichanlagen gezüchtet und ausgesetzt oder direkt zum Speisefisch verarbeitet. Bei den Anglern steht sie hoch im Kurs. Der Rekord liegt bei 9 kg (Seifert, 1984). Oft sieht man Forellen in den Hälterungsbecken der Fischgeschäfte und Speiselokale; hier handelt es sich fast ausschließlich um Regenbogenforellen, nicht um Bachforellen, wie viele glauben.

Die meisten Bäche der Forellenregion beinhalten inzwischen Regenbogenforellen anstelle der heimischen Art; der Eindruck von Naturbelassenheit und ursprünglicher Idylle kann also täuschen. Ein munterer Bach, ausschließlich mit Regenbogenforellen besetzt, ist ein Kunstprodukt.

Rigorose Besatzmaßnahmen geeigneter Gewässer mit Regenbogenforellen als Angelobjekte haben in manchen Gegenden dazu geführt, daß die Gefährdung der Kleinfischarten (neben der Verschmutzung und dem Ausbau) zugenommen hat. Die Kleinfische werden von den größeren und zahlreichen Forellen weggefressen. Die Naturschutzbehörden haben in den letzten Jahren begonnen, überproportionale Besatzmaßnahmen zu untersagen, um den Kleinfischarten nicht noch weiter zuzusetzen. (Abbildung S. 18)

Große Schwebrenke (Maräne, Felchen)

(Coregonus lavaretus)

Renken, Maränen, Felchen sind einige Bezeichnungen für diese heringsähnlichen, silberglänzenden Fische, die mit den Salmoniden verwandt sind und wie diese eine Fettflosse zwischen Rücken- und Schwanzflosse besitzen. Die einzelnen Arten sind schwer zu bestimmen, es existieren zahlreiche Variationen und lokale Formen. Die exakte Bestimmung erscheint selbst für Fachleute schwierig, da keine unumstrittenen Bestimmungsschlüssel vorliegen.

Die überwiegend schlanken Tiere haben ein kleines Maul und sind karpfenartigen Weißfischen recht ähnlich. Die Hauptverbreitungsgebiete dieser Arten liegen in Europa im Norden, zum Teil in der Nord- und Ostsee, und in den Voralpenseen, z. B. im Bodensee (Blaufelchen). Es gibt Wanderformen der See und Standfische der Binnenseen. Zumeist leben sie in größeren Tiefen. Alle Arten sind Schwarmfische. Je nach Art schwankt die mittlere Länge erwachsener Tiere zwischen ca. 20 und 45 cm.

Die Beschaffung einzelner Exemplare für das Aquarium ist nicht leicht. Man bezieht sie entweder von Zuchtanstalten oder von Fischern; wobei die mit Netzen gefangenen Tiere bereits recht groß sind, kaum unter 15 cm. Der Eigenfang scheidet praktisch aus, da man diese Fische kaum im flachen Uferbereich antrifft.

Ihre Aquarienhaltung, hier am Beispiel der Großen Schwebrenke aufgezeigt, ist unkompliziert. Entsprechend ihrer Lebensweise in den mittleren bis tiefen Schichten ihrer Heimatgewässer brauchen die Fische kühles, sehr sauerstoffhaltiges Wasser, möglichst nicht über 18 °C, kurzfristig vertragen sie bis 22 °C. Eine kräftige Sauerstoffzufuhr ist nötig.

Felchen sind sehr bewegliche, lebhafte Schwarmfische, sie brauchen daher möglichst viel Schwimmraum. Wenige Versteckmöglichkeiten und sparsame Bepflanzung schaffen Platz. Einzelne Exemplare passen gut in ein Gesellschaftsbekken. Sie sind friedlich und halten sich hauptsächlich in den mittleren Wasserschichten auf. Sie nehmen jede Art Lebendfutter und nach kurzer Zeit Gewöhnung auch Trockenfutter, wobei Lebendfutter eindeutig bevorzugt wird. Vor allem kleinere Felchen müssen recht intensiv, möglichst täglich gefüttert werden. Häufige und längere Fütterungspausen vertragen sie schlecht. Sie wachsen etwas rascher als die meisten Karpfenartigen. Die Laichzeit fast aller *Coregonus*-Arten ist im Spätherbst oder im Winter. Die Tiere werden etwa ab dem 3. Lebensjahr geschlechtsreif. Ihre Zucht ist im Aquarium wahrscheinlich nicht möglich. (Abbildung: S. 135)

Äsche

(Thymallus thymallus)

An die Forellenregion anschließend, etwas unterhalb, dort, wo der Bach oder Fluß merklich breiter, stellenweise tiefer wird und weniger wild fließt, befindet sich die Äschenregion. Die Äsche ist ein typischer Vertreter dieses Gewässerabschnitts. Sie existiert in Europa im Süßwasser mit nur einer Gattung und einer Art. Sie fehlt in Südfrankreich, Süditalien, Spanien und in den Randzonen Nordeuropas. Im Norden, z. B. in Schweden, lebt sie auch in Seen. In Bayern, am Ammersee, werden zur Zeit Versuche gemacht, sie auch hier in Seen anzusiedeln. Normalerweise sind ihre Heimatgewässer die fließenden Ströme. Dort lebt die Äsche als Standfisch in geselligen, lockeren Verbänden. Ihr Laichbiotop ist identisch mit dem der Bachforelle, deshalb findet man kleine Äschen manchmal an denselben Stellen, in lockeren Schwärmen oder vermischt mit Jungfischen anderer Arten, z. B. Haseln oder Elritzen. Die Äsche gilt als noch empfindlicher gegen Verschmutzung und Gewässerausbau als die Bachforelle, deshalb ist sie selten. Ihre Nachzucht ist ebenfalls schwieriger, man findet sie kaum in Teichanlagen und daher auch seltener im Speisefischhandel. Ihr Fleisch soll nach Thymian riechen, daher die Bezeichnung Thymallus. Wie die Lachsartigen und einige andere Familien, z.B. Stinte und Felchen, hat sie zwischen Rükken- und Schwanzflosse eine Fettflosse. Die Fettflosse hat offenbar keine besondere Funktion, man weiß nicht, wozu sie da ist. Auffälligstes Kennzeichen der Äsche ist die hohe, weitgestreckte Rükkenflosse und die etwas eiförmige, vorn spitz zulaufende schwarze Pupille, die bei den Forellen deutlich runder erscheint. Junge Äschen und Forellen von wenigen Zentimetern Länge sehen sich sehr ähnlich. Äschen sind heller, silbriger. Das sicherste Unterscheidungsmerkmal ist die Charakteristik der Pupille. Ihr typisches Aussehen bekommt die Äsche erst ab einer Länge von ca. 10 cm.

Die Laichzeit der Äschen ist das Frühjahr, zwischen März und Juni, also etwas später als bei den Forellen. Man fängt die Jungfische am besten im August oder September, ab einer Länge von ca. 4 cm, oder als einjährige Tiere von ca. 8–10 cm, dann sind sie nicht mehr so empfindlich und lassen sich besser transportieren. Sie sind nicht so scheu und flüchtig wie Forellen und lassen sich leichter entdecken, denn sie verstecken sich bei Störungen weniger. Dort, wo sie vorkommen, lassen sie sich im flachen, ruhigeren Uferbereich einigermaßen gut überlisten. Sie werden auch als Besatzfische von Zuchtanstalten angeboten. Ihr Lebendtransport gilt als schwierig, man kann sie kaum im Paket verschicken. Als Aquarienfische tauchen sie so gut wie nie im Zoohandel auf. Wegen ihrer Seltenheit sind sie vielerorts geschützt, das heißt, sie unterliegen Schonmaßen. Die erwachsenen Tiere werden ca. 25–50 cm lang.

Für die Aquarienhaltung gelten die gleichen Regeln wie für Bachforellen: Immer frisches, sauberes, klares Wasser, kräftige Sauerstoffzufuhr, am besten mit Strömungseffekt, Temperaturen bis höchstens 18 °C, kurzfristig bis 22 °C, ideal wären 10–15 °C.

Äschen halten sich überwiegend im freien Raum auf und brauchen keine Unterstände. Ein paar Versteckmöglichkeiten sollten jedoch nicht fehlen. Äschen sind aggressiv revierbildend, verletzen sich aber in der Regel nicht. Man hält sie am besten mit wenigen Artgenossen in einem reinen Äschen-Aquarium. Man kann sie nur in großen Aquarien mit anderen Arten vergesellschaften, wenn genügend Schwimmraum und Ausweichmöglichkeiten für alle vorhanden sind. Forellen und Äschen passen schlecht zusammen. Da die Äschen sich ständig im freien Wasser bewegen und das Versteckspiel nicht mitmachen, werden sie garantiert Opfer der Beißereien der Forellen.

Junge Äschen müssen sehr intensiv, möglichst täglich, gefüttert werden, erst wenn sie 6–8 cm lang sind, vertragen sie gelegentliche Fütterungspausen. Trockenfutter nehmen sie erst nach Eingewöhnung, ansonsten gilt der gleiche Speiseplan wie für Forellen. Mit eingefrorenen Mückenlarven sind sie längere Zeit zufrieden.

In einem reinen Äschenaquarium ist keine dichte Bepflanzung notwendig. Der Bodengrund kann aus Sand- oder Kiesgrund bestehen. Einige anspruchslose Wasserpflanzen zur Hilfe bei der Sauberhaltung des Wassers genügen. Äschen brauchen etwas mehr Schwimmraum als Forellen, sind aber dennoch nicht auf sehr große Aquarien angewiesen, da sie meist deren Mittelpunkt für sich als

Standplatz beanspruchen und nur kurze »Ausflüge« in die Ecken machen. Für zwei bis drei Äschen von je 10–15 cm Länge genügt ein Becken von 1,2 m Kantenlänge. Hineingeworfenes Futter nehmen sie im Anflug wie Forellen, finden es aber auch am Grund. In der Literatur wird manchmal darauf hingewiesen, daß Äschen auch unter optimalen Bedingungen anfällig sind gegen bestimmte Krankheiten (Kiemenwürmer). Man sollte ihr Hälterungsniveau immer hoch halten und das Niveau für Bachforellen nicht unterschreiten. (Abbildung: S. 35)

Stint

(Osmerus eperlanus)

An den Unterläufen der tidebeeinflußten Flüsse mit direkter Verbindung zur Nord- oder Ostsee wurden früher zur Laichzeit der Stinte, im März bis April, große Mengen dieser Tiere gefangen und u.a. als Speisefische in den Handel gebracht. Der gurkenähnliche Geruch der Tiere soll sich in Bremen in guten Stintjahren aus dem Wasser der Weser heraus über die ganze Stadt verbreitet haben. Die Masse der einwandernden Tiere soll so groß gewesen sein, daß es genügte, einen Eimer einfach ins Wasser zu senken, um ihn nach wenigen Sekunden mit Fischen gefüllt herausholen zu können. Heute sind die gefangenen Mengen damit nicht mehr vergleichbar. Grund für den Rückgang der Stinte ist u.a. die starke Verschmutzung der Flüsse.

Stinte sind mit mehreren Arten auf der nördlichen Halbkugel weit verbreitet. In Europa kommt der Stint nur in zwei Formen vor. Bekannt ist hauptsächlich die Wanderform, die sich in größeren Tiefen im salzigen Küstenbereich der Nord- und Ostsee und im Atlantik aufhält. Diese Tiere erreichen ca. 15–25 cm. Sie sterben meist nach dem ersten Laichakt ab. Die Jungfische entwickeln sich etwa ein Jahr lang im Süßwasser und wandern ab einer Länge von ca. 5 cm ins Meer. Die zweite Form, der Binnenstint, bleibt wesentlich kleiner, ca. 10–12 cm. Diese Fische kommen in isolierten Binnenseen, hauptsächlich in Nordeuropa vor. Sie bevorzugen ebenfalls tiefere Wasserschichten. In einigen größeren Seen in Schleswig-Holstein existieren Binnenstint-Populationen.

Stinte sind schlanke, silbrig glänzende Fische. Sie tragen eine Fettflosse und sind verwandt mit den Salmoniden und Renken. Sie sind Schwarmfische. Auffällig ist ihr weit gespaltenes Maul mit spitzen Zähnen. Ein weiteres Erkennungsmerkmal ist die verkürzte Seitenlinie, die nicht weiter reicht als bis zum Ende der angelegten Brustflossen, ähnlich der Seitenlinie beim Moderlieschen. Stinte sind evtl. mit anderen Weißfischen zu verwechseln, vor allem mit den in der Körperform ähnlichen Ukelei.

In Norddeutschland ist es kein Problem, im Frühjahr ein paar Stinte zu fangen. Leider eignen sie sich für die Aquarienhaltung außerordentlich schlecht. Während ihrer Laichwanderungen nehmen sie keine Nahrung auf und sterben, wie gesagt, nach dem Laichakt innerhalb von ca. 2 Wochen ab. Sie gewöhnen sich so gut wie nicht an den Aquarienaufenthalt. Die Tiere sind, entsprechend ihrer Lebensweise in größeren Gewässertiefen, sehr lichtscheu und zur Laichzeit vom Wandertrieb erfaßt. Wenn man einige Tiere in ein großes Aquarium einsetzt, sterben sie innerhalb weniger Tage, verhalten sich zuvor sehr unruhig, fressen nicht und versuchen zu entkommen. Zudem ist ihre Schuppenhaut sehr verletzlich; ähnlich wie Moderlieschen gehen sie nach kleinen Verletzungen rasch ein. Nur zu Studienzwecken, zum äußeren Kennenlernen der lebenden Tiere, ist ein kurzer Aquarienaufenthalt zu empfehlen, eine längerfristige Haltung gelingt meist nicht. Hans J. Mayland weist darauf hin, daß Stinte (außerhalb der Laichzeit) sehr intensiv gefüttert werden müssen und außerordentlich viel Schwimmraum beanspruchen, weshalb man sie (Mayland) auch in größeren Schau-Aquarien nur selten zu Gesicht bekommt.

Gelegentlich kann man heranwachsende Stinte im Brutgebiet der Elterntiere fangen. Diese 3–5 cm langen Jungfische sind überaus empfindlich, verletzen sich leicht am Fangnetz, vertragen keinen Streß und überstehen kaum den Transport. Nach zwei Versuchen von mir, sie im Aquarium einzugewöhnen, starben alle Jungfische innerhalb von zwei bis drei Tagen.

Auch über die Aquarienhaltung der kleinbleibenden Binnenstinte ist bisher kaum etwas geschrieben worden. Wahrscheinlich fehlt es hier an gelungenen Versuchen.

Stinte sind Raubfische und ernähren sich von kleinen Krebsen, Würmern und Fischen. Sie sind bekannt für ihren Kannibalismus. Sie bevorzugen größere Wassertiefen, meiden starkes Licht und vertragen mit einiger Sicherheit keine hohen Temperaturen. (Abbildung: S. 35)

Rotauge (Plötze)

(Rutilus rutilus)

Das Rotauge zählt zu den am häufigsten anzutreffenden Fischen unserer Region. Von der unteren Forellenregion, wo man sie gelegentlich findet, bis in die schwach salzhaltigen Küstengebiete der Ostsee besiedeln die Fische fast jeden Gewässertyp. Das Rotauge gehört zu der außerordentlich großen Gruppe der Karpfenfische (Cyprinidae). Rotaugen kommen außer in Südeuropa und den nördlichen Randgebieten Skandinaviens fast überall in Europa vor. Sie sind Schwarmfische vorwiegend stehender und langsam fließender Gewässer. Es existieren eine Reihe Unterarten oder lokale Rassen. Gelegentlich findet man auch Bastarde aus der Vermischung mit verwandten Arten. Man nennt diese Gruppe der Karpfenfische auch »Weißfische«, wegen ihrer hellen, weißlich-silbrigen Schuppenfärbung. Von Anglern werden sie auch als »Friedfische« bezeichnet, weil sie zu den Pflanzenfressern gehören und sich selten an anderen Fischen vergreifen. Bei entsprechendem Größenunterschied – erwachsene Tiere bzw. winzige Jungfische – schnappen jedoch alle Friedfische nach jeder Art Lebendfutter. Einige Weißfische, so z.B. der Rapfen und der Döbel, sind ausgesprochene Räuber, insofern ist der Begriff Friedfisch nur bedingt angebracht.

In den Schwärmen der Weißfische vermischen sich die verschiedenen Arten, und die Jungfische sind leicht miteinander zu verwechseln. Vor allem ihren Verwandten, den Rotfedern, sind die Rotaugen außerordentlich ähnlich. Man unterscheidet die beiden Arten in erster Linie daran, daß sich bei den Rotaugen der Ansatz der Rückenflosse nahezu senkrecht über dem Ansatz der Bauchflossen befindet. Bei den Rotfedern sitzt die Rückenflosse deutlich weiter hinten. Der Name Rotauge leitet sich von der gelblich-rötlichen bis stark roten Färbung der Iris ab.

Die Flossen, bis auf die Schwanzflosse, sind farblos grau oder im Ansatz hellrot; bei der Rotfeder sind die Flossen meist kräftig rot gefärbt. Diese Farbmerkmale sind bei sehr kleinen Tieren bis ca. 5 cm nicht oder noch sehr undeutlich ausgeprägt.

Ihre außerordentliche Häufigkeit verdanken viele Weißfischarten unter anderem ihrer relativen Unempfindlichkeit gegenüber Gewässerverschmutzungen und Biotopveränderungen.

Die Schwärme der Jungfische ziehen durch die verkrauteten und trüben Uferzonen und lassen sich mit der Senke oder dem Kescher leicht fangen. Da sie langsam wachsen, findet man aquariumgerechte Exemplare praktisch zu jeder Jahreszeit, außer in extremen Kälteperioden, dann läßt ihre Bewegungsaktivität nach sie ziehen sich zur Winterruhe in tiefere Regionen zurück. Man findet Rotaugen auch in Anglergeschäften im Köderfischangebot. Sie sind also leicht zu beschaffen.

Ihre Aquarienhaltung ist sehr einfach. Sie sind anspruchslos und nach kurzer Eingewöhnung sehr robust und ausdauernd. Relativ empfindlich sind die Jungfische nur gegen Streß (etwa bei längeren Transporten), gegen Verletzungen und natürlich gegen Krankheiten.

Sie sind Allesfresser, weiden Algen ab, nehmen als Haupt- und Dauernahrung Trockenfutter. Als gelegentliche Beigabe ist Lebendfutter jedoch unerläßlich. Sie vertragen längerfristig Temperaturen bis 22 °C und kurzfristig auch darüber.

An die Wasserqualität stellen sie keine hohen Ansprüche. Ihr Sauerstoffbedarf ist relativ gering. Kleine Jungfische kommen in größeren Aquarien mit ausreichenden Beständen an sauerstoffliefernden Wasserpflanzen auch dauerhaft ohne Filter und Belüftung aus. Größere Tiere verbrauchen den Sauerstoff schneller. Rotaugen vertragen abgestandenes Wasser und zeitweilige Trübungen im Aquarium gut.

Als Schwarmfische brauchen sie unbedingt die Anwesenheit weiterer Fische, zusammen mindestens 6–8 Tiere. In einem reinen Friedfisch-Aquarium kann man eine Reihe verschiedener Arten mit jeweils wenigen Exemplaren zusammenbringen. Rotaugen eignen sich also gut und problemlos für ein großes Gesellschaftsbecken.

In diesem Zusammenhang kann man sich mit einem kräftigen und nährstoffreichen Bodengrund eventuell der Haltung einheimischer Sumpf- und Wasserpflanzen versuchsweise widmen.

In sehr großen Aquarien lassen sich Rotaugen auch züchten. Die Geschlechtsreife stellt sich etwa ab dem dritten Lebensjahr ein, die Körpergröße variiert dabei, je nach Größe und Bevölkerungsdichte des Wohngewässers. Die Durchschnittsgröße erwachsener Tiere in der Natur beträgt etwa 25–30 cm, im Aquarium manchmal nur 12–15 cm. Einzelne Exemplare können bis zu 12 Jahre alt werden.

Die Laichzeit ist von April bis Juni. Die Männchen bekommen einen Laichausschlag auf der Schnauze und am Kopf. Rotaugen sind Krautlaicher und legen ihre Eier an Sumpf- und Wasserpflanzen ab. Nach der Eiablage im Aquarium nimmt man die Elterntiere heraus, sie betreiben keine Brutpflege. Die Larven schlüpfen nach 5–10 Tagen. Man kann die Jungfische mit Trockenfutter aufziehen, Lebendfutterbeigaben sind jedoch unerläßlich. (Abbildung: S. 36)

Moderlieschen

(Leucaspius delineatus)

Moderlieschen gehören zu den kleinsten Fischen Europas, sie erreichen kaum 8 cm, ihre maximale Größe wird mit 10 cm angegeben. Ihr Höchstalter liegt bei etwa 5 Jahren. Man verwechselt sie leicht mit Jungfischen anderer Weißfische, mit denen sie gemeinsam in langsam fließenden oder stehenden Gewässern vorkommen. Man unterscheidet sie dadurch, daß sie eine verkürzte Seitenlinie haben, die vom oberen Rand des Kiemendeckels schräg nach unten verläuft und etwa am Ende der angelegten Brustflosse endet.

Ihr Verbreitungsgebiet ist Mittel- bis Osteuropa, westlich des Rheins und des Donaugebietes kommen sie kaum mehr vor, ebenso fehlt die Art im nördlichen Europa. In Niedersachsen gelten Moderlieschen als potentiell gefährdet, in Baden-Württemberg sogar als stark gefährdet, also selten. In Gewässern, in denen sie noch vorkommen, sind sie jedoch oft massenhaft vertreten. Möglicherweise sind sie etwas weniger gefährdet als ursprünglich angenommen, da sie für Fischer uninteressant sind und wegen ihrer Verwechslungsmöglichkeit mit anderen Arten selten registriert werden.

Man fängt sie in ihren Heimatgewässern am besten mit der Senke. An warmen Sommerabenden sind sie sehr aktiv. Sie sind außerordentlich empfindlich gegen geringste Verletzungen; die Schuppen lösen sich leicht und die Tiere sterben rasch. Diese Empfindlichkeit soll im Winter deutlich geringer sein (Lehmann). Man nimmt sie besser nicht in die Hand.

Vielerorts werden sie auch gezüchtet und als Köderfische angeboten. Neuerdings tauchen sie auch in manchen Zierfischhandlungen auf.

Moderlieschen sind ausgezeichnete Aquarienfische. Nach kurzer Eingewöhnung erweisen sie sich als zäh, ausdauernd und anspruchslos. Silbrig glänzend, mit bläulich schimmernden Streifen entlang der Körpermitte sind sie sehr dekorativ. Im Aquarium bleiben sie meist kleiner als in der Natur, im Durchschnitt um 6 cm. Man kann sie daher lebenslang beherbergen. Als Haupt- und Dauernahrung nehmen sie Trockenfutter. Ihre Ansprüche an die Wasserqualität und den Sauerstoffgehalt sind gering. Die Wassertemperatur kann dauerhaft um 20 °C betragen, kurzfristig sogar bis 26 °C. Als ausgesprochene Schwarmfische leben sie gesellig und man hält sie mit mindestens 6–8 Exemplaren, oder in Gesellschaft anderer Fische. Sie fügen sich gut ein. Für sich gehalten braucht ein kleiner Schwarm Moderlieschen kein großes Becken, 80 cm Kantenlänge reichen aus.

Zur Zucht sind größere Becken erforderlich, etwa ab 120 cm für 8–12 Tiere. Moderlieschen sind Krautlaicher. Die Weibchen bekommen zur Laichzeit, April bis Juni, eine kurze Legeröhre. Etwa 50–100 Eier von ca. 1 mm Durchmesser werden in kleinen Ketten spiralförmig an Pflanzen geklebt. Das Männchen treibt eine gewisse Brutpflege, es tippt regelmäßig an die Pflanzen und will

O. li.: Karausche (s. S. 162). Im Notfall verfügen Karauschen über eine Darmatmunng.
O. re.: Bitterling (s. S. 160). Die Vermehrung gelingt nur über lebende Muscheln.
Unten: Giebel (s. S. 164). Dies ist die Stammform des Goldfisches.

damit offenbar für ein bißchen Bewegung und Frischwasser um die Eier sorgen. Die Zucht ist einfach, eine kalte Überwinterung ist jedoch erforderlich. (Abbildung: S. 36)

Hasel

(Leuciscus leuciscus)

Hasel sind kleine karpfenartige Weißfische mit schlankem, im Querschnitt rundlichem Körper. Sie haben ein unterständiges Maul, das heißt, die Oberlippe ragt über die Unterlippe hinaus. Hasel gelten als sehr gewandte Schwimmer. Im Durchschnitt sind die erwachsenen Tiere 15–20 cm lang. Sie leben gesellig in Schwärmen in fließenden, sauberen Gewässerabschnitten der Äschen- und Forellenregion. Man findet sie auch in größeren Seen, z. B. im Bodensee und Ammersee. Dort ziehen die Haselschwärme, vermischt mit anderen Arten, im flachen Wasser umher. Sie gründeln kaum und sind an der Wasseroberfläche orientiert. Hasel kommen in ganz Europa vor, »ausgenommen die Pyrenäenhalbinsel, Italien und Griechenland« (Seifert).

Man kann sie leicht mit anderen Weißfischen verwechseln, vor allem mit ihren nächsten Verwandten, den Döbeln. Von diesen unterscheiden sie sich hauptsächlich dadurch, daß Döbel eine deutlich nach außen gewölbte, rundliche Afterflosse besitzen. Die Afterflosse der Hasel ist leicht nach innen gebuchtet. Hasel gehören nicht zu den gefährdeten Arten. Fischereilich spielen sie wegen ihrer geringen Größe keine Rolle. Daß diese Art gelegentlich auch in stärker belasteten Gewässerabschnitten der Brassenregion vorkommt, beweist ihre hohe Anpassungsfähigkeit. Dies kann man sich bei der Aquarienhaltung zunutze machen, denn Hasel passen ausgezeichnet in Gesellschaftsbecken mit anspruchslosen Karpfenfischen. Nach der Eingewöhnung sind sie sehr zäh und ausdauernd. Sie wachsen langsam und bleiben klein. Jungfische brauchen mehrere Jahre, um es auf 10–12 cm zu bringen. Wegen des eher etwas stumpfen Silberglanzes im Schuppenkleid werden Hasel auch als »Zinnfische« bezeichnet.

Hasel haben ganz ähnliche Aquarieneigenschaften wie Rotaugen. Sie sind allerdings etwas empfindlicher gegen Sauerstoffmangel. Sie vertragen Temperaturen um 20 °C und kurzfristig auch darüber. Als ausgesprochene Schwarmfische brauchen sie die Geselligkeit mit mindestens 6–8 Artgenossen oder anderen Karpfenartigen. Hasel sind sehr schwimmfreudig, man hält sie in nicht zu kleinen Aquarien mit ausreichendem freien Schwimmraum.

Sie kommen lange Zeit mit reinem Trockenfutter aus und nehmen notfalls sogar pflanzliche Kost. Große Hasel schnappen auch nach sehr kleinen Fischen, und da sie schnelle Schwimmer sind, gelingt ihnen der Zugriff fast immer. Sie springen gelegentlich über die Wasseroberfläche hinaus und brauchen zu ihrem Schutz evtl. eine Abdeckung.

Oben: Bachschmerle (s. S. 167). Diese Kleinfische sind Bodenbewohner klarer Fließgewässer. Mitte: Schlammpeitzger (s. S. 169). Trotz großer Zählebigkeit weithin stark gefährdet. U. li.: Karpfen (s. S. 165). Seine ursprüngliche Heimat ist Mittelasien. U. re.: Steinbeißer (s. S. 171). Bei Gefahr graben sie sich blitzschnell in feinen Sand ein.

Mit Sicherheit gelingt die Nachzucht nur nach sachgerechter Überwinterung und in einem großen Aquarium. Laichzeit ist von März bis Mai.

Kleine Jungfische lassen sich mit dem Kescher leicht fangen. Im Köderfischangebot findet man sie selten, in Süddeutschland jedoch gelegentlich. Zierfischhandlungen bieten kaum einmal Hasel an. (Abbildung: S. 36)

Döbel

(Leuciscus cephalus)

Die Bezeichnung *Leuciscus* bedeutet etwa: weißglänzend; *cephalus:* Kopf, – großköpfig. Der Döbel ist also ein großköpfiger Weißfisch, er gehört in den Formenkreis der Karpfenfische. Sein bevorzugter Lebensraum ist in sauberen, raschfließenden Flüssen und Bächen der Barben-, Äschen- und Forellenregion. In stehenden Gewässern sucht man ihn meist vergeblich, im Bodensee und einigen anderen großen Seen gibt es jedoch gute Döbelbestände.

Er ist eng verwandt mit dem Hasel und dem Aland (*Leuciscus*-Gruppe). Über die Verwechslungsmöglichkeiten der Jungfische, vor allem mit der Hasel, wurde im vorangegangenen Abschnitt bereits kurz gesprochen. Typisch für den Döbel sind seine torpedoförmige, gestreckte Gestalt (auch als »walzenförmig« bezeichnet), der große Kopf mit den verhältnismäßig kleinen Augen, die breite Maulspalte, die leicht nach außen gewölbte Schwanzflosse (als unverwechselbares Merkmal) und die dunkel umrandeten Schuppen, die eine netzartige Zeichnung ergeben. All diese Merkmale sind bei nur wenigen Zentimeter kleinen Jungfischen nicht leicht zu erkennen. Erst ab 6–8 cm erscheint der Döbel für das einigermaßen geübte Auge als unverwechselbar. Bauch- und Afterflossen sind bei kleinen bis mittelgroßen Exemplaren rötlich gefärbt, bei großen Tieren verblassen sie wieder. Wenn man Fische aus dem Wasser holt und betrachtet, intensivieren sich die arttypischen Farben in der angstvollen Erregung der Tiere kurzfristig besonders stark. Im Sichtgefäß oder im Aquarium angekommen, verblassen die Farben für eine gewisse Zeit und erscheinen dann wiederum untypisch, bis sich die Tiere eingewöhnt haben und die farbliche Anpassung sich eingependelt hat.

Döbel gelten als beliebte Angelobjekte. Sie sind sehr vorsichtig, scheu und nicht leicht zu überlisten; das erhöht den »sportlichen« Reiz ihres Fangs. Ähnlich wie Forellen und Äschen stellt man ihnen mit künstlichen Fliegen und »Spinnern« nach; manchmal hört man auch, daß sie sehr gut auf Kirschen beißen. Döbel sind schnelle, gewandte Schwimmer und sehr kräftig. Verzehrt werden sie allerdings kaum, ihr grätenreiches weiches Fleisch ist nicht sehr beliebt, sie sind als Speisefische wenig bekannt.

Unter den Karpfenfischen nimmt der Döbel insofern eine gewisse Sonderstellung ein, weil er sich mit zunehmendem Alter zu einem echten Raubfisch entwikkelt. Die Jungfische leben in lockeren Schwärmen, vermischt mit anderen Arten, oberflächenorientiert in ruhigeren Uferzonen. Sie fressen Kleingetier aller Art und pflanzliche Kost. Zunehmend entwickeln sich die Döbel dann zu Einzelgängern und gehen zu ihrer räuberischen Lebensweise über. Wie Forellen »stehen« sie oft nahe am Gewässergrund in der Strömung oder halten sich unter Uferüberhängen versteckt und lauern auf

Beute. Vielfach jedoch gehen sie auch auf ausdauernde Jagdzüge. In der bayrischen Donau z.B., wenn im Sommer reichlich Jungfische vorhanden sind, kann man beobachten, wie größere Döbel blitzartig in die Schwärme einfallen und ihre Beute bis in das flache Wasser seicht überströmter Kiesbänke verfolgen. In panischer, unkontrollierter Flucht vor ihren Freßfeinden springen die Jungfische nicht selten weit aus dem Wasser und geraten vereinzelt an Land, wo sie ersticken. Die Döbel wagen sich dabei so weit vor, daß sie mit dem Rücken aus dem flachen Wasser herausragen und ziehen sich nach den Attacken rasch wieder zurück, um nach einer kurzen Beruhigungsphase erneut anzugreifen. Diese Art zu jagen erinnert ein wenig an Haie. Sieht man diesem Schauspiel mehrere Stunden lang zu, bekommt man einen kleinen Eindruck davon, wie wenig friedlich das Leben der Jungfische in der Natur verlaufen kann. Ständige Wachsamkeit und Streß lassen die Tiere kaum zur Ruhe kommen. Das Leben im größeren Schwarm schützt einigermaßen davor, gezielt als Individuum angegriffen und gefaßt zu werden; in dem auseinanderstobenden Gewimmel verliert der größere Raubfisch leicht die Orientierung, schnappt wild um sich und jagt dem jeweils vermeintlich nächsten Beutetier nach. Nach vielen solchen Attacken sind einige geschwächte kleine Schwarmfische zwar unverletzt geblieben, aber durch den erlittenen Streß dennoch zu Tode gekommen und treiben kopfüber an der Wasseroberfläche.

Döbel sind bei der Futtersuche nicht besonders wählerisch, sie fressen nahezu alles, was sie verdauen können: Fische (auch der eigenen Art), Frösche, Krebse, Insekten, Küken von Wasservögeln und Wasserpflanzen (im Aquarium gelegentlich auch Algen). In Forellenbächen sind sie daher als Nahrungskonkurrenz für die beliebteren Forellen nicht gern gesehen, sie vergreifen sich an jungen Forellen und sind als Laichräuber bekannt. Ihr breites Maul deutet bereits darauf hin, daß sie auch recht große Beutestücke schlucken können. Solche Umstände haben in nicht wenigen Gewässern dazu geführt, daß Döbel ausgerottet wurden, wenn man Forellen bewußt bevorzugt hat. Döbel genießen keinen besonderen Schutz, sie gelten weithin als eine in ihrem Bestand nicht gefährdete Art.

Außer im Norden, z.B. Norwegen, sowie in Süditalien und der Südspitze Spaniens sind Döbel in ganz Europa verbreitet. Es existieren dabei einige Unterarten oder lokale Rassen, die sich nur geringfügig von der Stammform unterscheiden. Die bekannteste Unterart dabei ist wohl der Bobyrez, beheimatet in Flüssen rings um das Schwarze Meer. Erwachsene Döbel erreichen 25–50 cm, seltener die angegebene Maximallänge von 60 oder gar 80 cm.

Bei der Aquarienhaltung von Döbeln zeigt sich, daß die kleineren Exemplare gut in ein friedliches Gesellschaftsbecken passen. Sie sind anpassungsfähig, anspruchslos und nehmen Trockenfutter, wie alle Karpfenartigen. Man hält sie wie Hasel. Die Jungfische vom Döbel wachsen langsam, man kann sie mindestens zwei Jahre lang im Gesellschaftsbecken beherbergen und mit anderen Tieren zusammenbringen, die nicht kleiner sind als etwa ein Viertel Döbellänge.

Man bekommt Döbel allerdings in keinem Zierfischhandel und nur ganz selten im Köderfischangebot (Bayern) zu sehen. Der Fang im flachen Wasser ihrer Heimatbäche ist einfach. Die Schwierigkeit bei der Beschaffung aquariumfähiger

Jungfische liegt in erster Linie in der Verwechslungsmöglichkeit, also im Nichterkennen der Art.

Für die Nachzucht im Aquarium eignen sich Döbel kaum. Etwa ab dem 3. bis 4. Lebensjahr setzt die Geschlechtsreife ein, bei einer Körperlänge von mindestens 20 bis 25 cm. Im Aquarium erreichen die Tiere nicht selten zwar das entsprechende Alter, wegen ihrer Wachstums-Anpassung an den kleineren Lebensraum aber kaum die erforderlichen Körpermaße. Von anderen Arten, z.B. Karpfen, kann gesagt werden, daß sie in kleinräumiger Gefangenschaft ihr Wachstum anpassen, also verlangsamen, dabei aber im entsprechenden Alter die Geschlechtsreife erlangen. Für Döbel, wie beispielsweise auch für den Aland, gilt dies nicht. Die Kleinräumigkeit eines noch so großzügig bemessenen Zimmeraquariums verhindert die Laichbereitschaft.

Döbel laichen in der Natur in der Zeit von April bis Juni im fließenden, sauerstoffreichen Wasser. Die Männchen bekommen einen feinkörnigen Laichausschlag in der Kopfgegend und an den Seiten. Die kleinen glasigen Eier werden an Steinen, Wurzelwerk oder Pflanzen angeklebt. Nach kurzer Brutzeit von einer Woche bis zu zehn Tagen schlüpfen die Larven. Eine Brutpflege seitens der Elterntiere findet nicht statt. (Abbildung: S. 101)

Strömer

(Leuciscus souffia)

Kurt Seifert schreibt in seiner »Angel- und Fischereischule« (Band 3) 1984: »Wie schlecht es um die Strömerbestände bestellt ist, mag man daran erkennen, daß es trotz intensiver Bemühungen nicht gelang, ein Exemplar zum Photographieren für dieses Buch zu erhalten.« – Der Strömer gilt in der Bundesrepublik heute als unmittelbar vom Aussterben bedroht. Man findet ihn nur noch vereinzelt an wenigen Stellen im bayerischen Donaugebiet. Dieser karpfenartige Kleinfisch, mit einer mittleren Länge von 12–18 cm (max. 25 cm), ist in seiner Verbreitung in Europa hauptsächlich auf Norditalien, das Einzugsgebiet der Donau, des oberen Rheins (Nebenflüsse) und auf das Rhône-Gebiet beschränkt. In den Nebenflüssen der Donau galt er früher als sehr häufig. Aus dem Main ist er seit über 100 Jahren verschwunden (R. Bless). Der Strömer gilt als typischer Begleitfisch der Äschenregion. Sein bevorzugter Lebensraum ist klares, schnell fließendes Wasser mit Kies- oder Sandgrund der Äschen- und Forellenregion. Die Gründe für die rasche Rückläufigkeit liegen in der Verschmutzung und dem Ausbau (Kanalisierung) der Heimatgewässer. In stehenden Gewässern kommt der Strömer nur gelegentlich vor, z.B. im Bodensee.

Innerhalb seines europäischen Verbreitungsgebietes unterscheidet man drei oder vier geographische Rassen (Unterarten), bezogen auf das Donau-Rheingebiet, Norditalien (die Flüsse Arno, Po, Tiber) und auf Vorkommen in Griechenland. Die Stammform *(L. souffia)* stammt aus Frankreich, aus der Rhône und ihren Nebenflüssen. Die jeweiligen Unterarten weichen in ihrem Erscheinungsbild nur geringfügig voneinander ab; die genaue Anzahl der geographischen Rassen ist vielfach nicht klar umrissen, die meisten Autoren von Fischbestimmungsbüchern sprechen von drei Unterarten.

Am Beispiel des Strömers läßt sich noch einmal auf die Problematik des Eigenfangs von seltenen und bedrohten Arten z. B. für das Aquarium hinweisen. Abgesehen davon, daß man Strömer auf dem Gebiet der Bundesrepublik trotz intensiver Suche kaum zu Gesicht bekommt, ist es in solchen Fällen unbedingt ratsam, die geringen Bestände unangetastet zu lassen. In Norditalien und auch in Frankreich, in geeigneten Nebenflüssen der Rhône (z. B. Doubs) jedoch findet man vielfach massenhaft Strömer. Hier ist das Entnehmen einiger Exemplare ohne Bedeutung.

Die Tatsache, daß der Kleinfisch Strömer keine fischwirtschaftliche Bedeutung hatte und wahrscheinlich von daher so gut wie unbekannt geblieben ist, hat sicher zu dem verbreiteten geringen Interesse an der Erhaltung der Art beigetragen. Wäre der Strömer ein beliebtes Angelobjekt oder ein weithin bekannter Aquarienfisch, dann hätte er inzwischen sicher eine größere »Lobby«, also mehr Menschen, die sein Aussterben registrieren, bedauern und durch Schutzbemühungen zu verhindern versuchen.

Strömer findet man in keinem Zierfischhandel und als Köderfische sind sie tabu. Für das Aquarium bekommt man sie nur durch Eigenfang, wie gesagt in Gebieten mit ausreichenden Beständen. Mit optimalen Transportmethoden (siehe dazu den Abschnitt Transport) hat man selbst über längere Strecken wenig Probleme. Die rasch relativ zutraulich werdenden Tiere sind nicht sehr streßempfindlich, und wenn man sie im kühlen, sauerstoffreichen Wasser in größeren Behältern transportiert, nehmen sie nach ein bis zwei Tagen sogar Trockenfutter an.

In ihren Heimatgewässern leben Strömer in kleineren Schwärmen im freien Wasser nahe dem Gewässergrund und nur wenig oberflächenorientiert. Die erwachsenen Tiere sind sehr scheu, schnell und bevorzugen tiefere Stellen mit starker Strömung (daher der Name). Jungfische entdeckt man im Sommer im ruhigeren Flachwasser der Uferzonen. In ihrem Aussehen und ihrer Lebensweise ähneln sie stark dem Schneider. Von den Verwechslungsmöglichkeiten beider Arten wird in dem Abschnitt über den Schneider noch kurz die Rede sein. Man erkennt Strömer an ihrer spindelförmigen Gestalt (ähnlich der der Elritzen), dem mehr oder weniger deutlichen, typischen violetten Seitenstreifen von Kopf bis Schwanz, dem endständigen Maul (Ober- und Unterlippe stehen genau übereinander) und daran, daß sich die Rücken- und Bauchflossen meist genau übereinander befinden. Die Seitenlinie erwachsener Tiere ist deutlich gelb oder orange gefärbt, bei kleineren Jungfischen ist dieses Merkmal jedoch nicht immer ausgeprägt.

Strömer sind Friedfische, sie passen gut in ein Gesellschaftsbecken mit stets frischem, sauerstoffreichem klaren Wasser. Sie nehmen Trockenfutter und Lebendfutter jeder Art. Eine simulierte, kräftige Strömung entspricht ihrer natürlichen Lebensweise sehr, sie kommen aber auch im stehenden Wasser gut zurecht. Sie meiden dichte Pflanzenbestände und mögen als schnelle und geschickte Schwimmer großzügigen Schwimmraum. Strömer sind sehr schöne, elegante Fische, anpassungsfähig und eignen sich hervorragend als »Zierfische«. Besonders empfehlenswert ist für sie ein geräumiges Biotopaquarium, wobei die Verhältnisse der Heimatgewässer so weit wie möglich nachempfunden werden, mit Kiesgrund, größeren Bachkieseln und wenig aber ausreichend Pflanzenbeständen, evtl. aus ihrem Heimatgewässer importiert, z. B. Quellmoos.

Zur Zucht, die im Aquarium durchaus gelingen könnte, sind die entsprechenden Bedingungen erforderlich, also großes Becken, kühles Frischwasser, sehr sauerstoffhaltig, relativ starke Strömung und eine Uferzone aus Kies mit flachem Wasserstand. Die Laichzeit (nach kalter Überwinterung) ist von März bis etwa Ende April. Besonders dann erscheint die violette Querbinde bei den Männchen ausgeprägt. Die Weibchen legen jeweils bis zu 6000 kleine Eier, die an Kieseln haften. Über eine Brutpflege der Elterntiere ist nichts bekannt. (Abbildung: S. 101)

Aland (Nervling, Orfe)

(Leuciscus idus)

Der Aland gehört zu den karpfenartigen Weißfischen. Er ist silbrig glänzend, hat rötliche Flossen und einen flachen, etwas hochrückigen Körper. Er wird auch Silberorfe genannt und stellt die Stammform für die bekannte Goldorfe, einen goldfischähnlichen Zuchtfisch für Zierteiche, der aber auch gern in Aquarien gehalten wird. Der Aland hat kleine Schuppen, man kann ihn leicht mit anderen Arten verwechseln, vor allem mit dem Hasel, der eine ähnliche Körperform hat. Hauptunterscheidungsmerkmal zu anderen Arten sind die verhältnismäßig kleinen Augen des Aland. Die erwachsenen Tiere werden recht groß, im Durchschnitt 30–40 cm. Die maximale Länge wird mit 80 cm angegeben. Das Verbreitungsgebiet ist ähnlich dem Hasel, der Aland kommt jedoch in Frankreich nur im Osten vor. Man findet ihn hauptsächlich in Fließgewässern unterhalb der Äschenregion. In stehenden Gewässern ist er weniger verbreitet. Aland sind gute Schwimmer und halten sich mehr in den mittleren Wasserschichten auf, gründeln kaum und ziehen in vermischten Weißfischschwärmen herum. Jungfische findet man in Ufernähe. Über die Häufigkeit dieser Art herrscht Uneinigkeit, einige Experten zählen ihn heute bereits zu den stark gefährdeten Arten. In Niedersachsen wird er offiziell als weit verbreitet und nicht gefährdet gesehen. Die Rote Liste in Baden-Württemberg weist ihn als stark gefährdet aus.

Für die Aquarienhaltung gilt das gleiche wie für die Rotfeder und den Hasel. Als guter und lebhafter Schwimmer braucht der Aland viel Raum, als Schwarmfisch die Anwesenheit weiterer Fische. Er nimmt Trockenfutter als Haupt- und Dauernahrung und jede Art Lebendfutter.

Züchten kann man ihn im Aquarium nicht. Er wächst zwar langsam und bleibt lange Zeit klein, so daß man ihn einige Jahre gut beherbergen kann, dennoch erreicht er die Geschlechtsreife im Aquarium kaum. Das rührt wohl daher, daß sein Raumanspruch, als Voraussetzung zur Laichbereitschaft, überaus groß ist. Die Laichzeit ist etwa von April bis Ende Mai. Die Männchen bekommen einen Laichausschlag.

Der Aland gilt als krankheitsanfällig und man findet ihn in stark belasteten Gewässern auch häufig mit der Fleckenseuche behaftet. Im Aquarium zeigt sich seine Krankheitsanfälligkeit nicht deutlicher als bei anderen Fischen. (Abbildung: S. 101)

Elritze

(Phoxinus phoxinus)

Neben Stichlingen und Bitterlingen sind die Elritzen bekannt als Aquarienfische. Elritzen erfüllen alle Voraussetzungen, die man an pflegeleichte Aquarieninsassen stellt. Sie sind klein, 6–8 cm, ihre maximale Länge wird mit 12–15 cm angegeben, die sie im Aquarium jedoch kaum erreichen. Ihre Körperfärbung variiert, je nach Wohngewässer oder Verbreitungsgebiet. Meist sind sie hell- bis dunkelbraun und in der oberen Körperhälfte quergestreift, der Bauch ist weißlich bis gelblichgrün und in der Körpermitte zeigt sich ein goldglänzender, flitteriger Längsstreifen. Zur Laichzeit intensivieren sich die Farben, vor allem bei den Männchen, die Flossen erscheinen leuchtend rot mit perlweißen Flossenansätzen. Ihre Körperform ist länglich, schlank und im Querschnitt oval. Elritzen gehören zu den karpfenartigen Kleinfischen.

Die Tiere sind sehr anpassungsfähig. Obwohl sie zumeist in klaren Bächen der Forellen- und Äschenregion auftreten, gewöhnen sie sich rasch an stehendes, weniger sauerstoffreiches Wasser in einem Karpfen-Aquarium. Sie werden kaum älter als 6 Jahre. Sie vertragen nach der Eingewöhnung Dauertemperaturen um 20 °C und bei kräftiger Wasserbewegung auch kurzfristig höhere Werte. Als gewandte und lebhafte Schwimmer brauchen sie ausreichend Raum. Für 6–8 Tiere erscheint ein 80 cm-Becken ausreichend. Elritzen sind sehr springfreudig und brauchen eine Aquarien-Abdeckung. Als Haupt- und Dauernahrung nehmen sie Trockenfutter. Zwischendurch fressen sie pflanzliche Kost und man kann sie daher sogar längere Zeit, z. B. im Urlaub – bis zu 3 Wochen – ungefüttert lassen (ausgewachsene Tiere), wenn genügend Algenfäden vorhanden sind.

Elritzen sind sehr zutraulich und »intelligent«. Man kann mit ihnen Verhaltensexperimente machen. Ihr ausgezeichnetes Hörvermögen läßt sie z. B. auf bestimmte Pfeifsignale besonders munter werden, wenn damit eine Fütterung verbunden ist. Es wird gesagt, daß sie sogar Farben unterscheiden und Buchstabenkombinationen von bis zu vier Zeichen unterscheiden können.

In einem größeren Gesellschaftsbekken mit über einem Dutzend verschiedener Fischarten hielt ich einmal ein paar Molche. Die Molche bekamen kleine Regenwürmer mit der Pinzette vor das Maul gehalten. Bereits nach wenigen solcherart durchgeführter Fütterungen waren es zuerst die Elritzen, die sich bereits beim Herantreten an das Aquarium sofort vor den Molchen postierten, um ihnen den angebotenen Wurm heftig aus dem Maul zu zerren.

Von einigen Fischarten wird gesagt, daß sie einen sogenannten »Schreckstoff« absondern, der bei Verletzungen in das Wasser gelangt und über den Geruchssinn die anderen Fische warnt. Elritzen zeigen sich hierbei besonders sensibel. Eine nur leicht verletzte Elritze, z. B. nach dem Umsetzen mit einem Kescher, löst sofort deutliche Flucht- und Versteckreaktionen aus, zunächst bei den Artgenossen, denen sich andere Arten in der allgemeinen Hektik anschließen.

Neuerdings bekommt man Elritzen gelegentlich wieder im Zierfischhandel angeboten. Sie entstammen Züchtungen, da Elritzen in der Natur in vielen Gegenden selten geworden sind. Sie gelten allgemein als stark gefährdet, in manchen

Bundesländern sind sie geschützt. Neben der Verschmutzung ihrer Bäche ist der überproportionale Besatz mit Raubfischen, z.B. Regenbogenforellen, Hauptursache für den Rückgang der Elritzen. Dort wo es möglich ist, lassen sich kleinere Exemplare mit dem Kescher gut aus ihren Schwärmen herausfangen.

Elritzen sind über ganz Mitteleuropa verbreitet, nur im Süden Italiens und in Südspanien findet man sie nicht, ebenso fehlen sie im hohen Norden und in Irland.

Elritzen lassen sich in einem größeren Aquarium, etwa ab 1,2 m Kantenlänge, gut züchten. Laichzeit ist von April bis Juni, im Aquarium oft sehr früh, etwa Mitte Mai. Beide Geschlechter bekommen einen Laichausschlag. Die Männchen bleiben in der Regel kleiner und verfärben sich zur Brutzeit leuchtend bunt. Die Geschlechtsreife tritt etwa ab dem dritten Lebensjahr ein. Da die Tiere im flachen Wasser leben und laichen, ist auch im Aquarium ein niedriger Wasserstand von 20–25 cm erforderlich. Die Larven schlüpfen nach 6–8 Tagen und die Jungfische wachsen anfangs recht schnell, vorausgesetzt, sie bekommen reichlich feines Lebendfutter. Die Elterntiere betreiben keine Brutpflege. (Abbildung: S. 101)

Rotfeder

(Scardinius erythrophthalmus)

Ein karpfenartiger Weißfisch mit seitlich abgeflachtem, etwas hochrückigem Körper. Je nach Vorkommen variiert das Aussehen leicht. Das Auge hat eine goldgelbe Iris. Bauch-, After- und Schwanzflosse sind rötlich. Rotfedern halten sich meist in den mittleren Wasserschichten auf und sind leicht oberflächenorientiert. Sie gründeln nur mäßig, im Gegensatz zum Karpfen. Diese Art ist sehr häufig. Das europäische Verbreitungsgebiet der Rotfeder, im Gegensatz zum Rotauge, umfaßt auch Italien und erstreckt sich nicht so weit in den Norden (nach Ladiges/Vogt). Die Rotfeder hat ein leicht oberständiges Maul, das heißt, die Unterlippe steht leicht vor. Das Maul vom Rotauge wirkt endständig, Ober- und Unterlippe sind also gleich lang.

In stark belasteten Gewässern können sich diese Arten gut halten und streckenweise überproportional vermehren. Grund dafür ist u.a. der fehlende »Fraßdruck« durch empfindlichere Raubfische und die schlechten Sichtverhältnisse im trüben Wasser, z.B. für Hechte (Seifert).

Im Aquarium sind Rotfedern mit ihren silbrig glänzenden Schuppen und ihren leuchtend roten Flossen sehr schön anzusehen.

In allen Belangen der Aquarienhaltung sind Rotfedern und Rotaugen nahezu identisch. Rotfedern scheinen etwas weniger beweglich und verstecken sich häufiger, sie wirken etwas ängstlicher. Als Nahrung scheinen sie noch deutlicher pflanzliche Kost zu nehmen. (Abbildung: S. 101)

Rapfen (Schied)

(Aspius aspius)

Dieser karpfenartige Weißfisch ist bei uns so gut wie unbekannt. Sieht man einmal davon ab, daß Fischer und Angler mit den heimischen Arten mehr oder weniger vertraut sind, so kann man bei Umfragen im Bekanntenkreis feststellen, daß die meisten Menschen noch nie etwas von einem Fisch namens Rapfen oder Schied gehört haben. Dieser Umstand ist auch in Bezug zu anderen Arten keine Seltenheit.

Der Rapfen gilt unter den Karpfenfischen als der einzige ausgeprägte Raubfisch, dessen Nahrung ab einer gewissen Körpergröße hauptsächlich auf Fisch, auf Jungfische aller Arten abgestimmt ist. Ähnlich wie Döbel verfolgen größere Rapfen ihre Opfer oftmals recht wahllos und bis ins flache Wasser der Uferzonen hinein. Des Nachts jagende größere Fische, die mit auffälligem Geplätscher in ufernahe, ruhende Jungfischschwärme hineinstoßen und dabei länger anhaltend rasch umherschwimmen, sind meistens Rapfen. Neben Fisch fressen Rapfen auch kleinere Wassertiere aller Art, Schnekken, Würmer, Kleinkrebse, gelegentlich Küken von Wasservögeln und Frösche. Als Raubfische zeigen sie sich daher weniger spezialisiert als z.B. Hechte und Zander.

Seitlich gesehen erscheint der Rapfen als silbrig glänzend, die Rückenpartie ist graugrün, er sieht also aus wie viele Weißfische. Der Körper ist länglich schmal und seitlich etwas abgeflacht. Auffallendstes Kennzeichen, neben den sehr kleinen Schuppen und den kleinen Augen, ist die breite Maulspalte mit wulstiger Unterlippe. Die Maulspalte reicht bis unter das Auge (Augenmitte); kein anderer heimischer Karpfenfisch hat solch ein weites Maul, auch nicht der Döbel.

Rapfen wachsen recht schnell, je nach Nahrungsangebot und Wassertemperatur. In wärmerem Wasser verläuft das Wachstum rascher. Rapfen erreichen im ersten Jahr beinahe 10 cm und können nach drei bis fünf Lebensjahren bereits 30–50 cm lang sein. Einzelne Exemplare bringen es letztlich auf 1 m. Damit zeigt sich, daß der Rapfen zu den größten heimischen Arten gehört. Bei einer Elektro-Fischfangaktion an der mittleren Donau konnte ich beobachten, wie in einer Stunde etwa ein halbes Dutzend Rapfen gefangen wurden, von denen keiner kürzer als 50 cm war. 1973 lag der englische Anglerrekord etwa bei 24 Pfund für ein Exemplar. In England ist diese Art sicher eingebürgert worden, denn das natürliche europäische Verbreitungsgebiet erstreckt sich auf Ost- und Mitteleuropa. Die westliche Verbreitungsgrenze dürfte etwa die Rheinlinie sein. Viele Fischbestimmungsbücher ziehen diese Grenze weiter östlich, entlang der Elbe-Donaulinie. Südlich der Alpen fehlt der Rapfen. In der Roten Liste für die Bundesrepublik gilt die Art als stark gefährdet. Über die Umstände der Bedrohung gibt es unterschiedliche Meinungen. R. Bless z.B. macht dafür hauptsächlich das mangelnde Nahrungsangebot vieler Gewässer verantwortlich, das Fehlen von Kleinfischarten, z.B. den Schneidern. Die vorherrschende Meinung bezieht sich jedoch auf das Fehlen geeigneter Laichplätze. Rapfen laichen an überströmten Kiesbänken, die durch den Gewässerausbau (z.B. Kanalisierung für die Schiffahrt) vielfach verschwinden müssen. Der Rapfen gilt als ein Bewohner größerer Fließgewässer, hauptsächlich der Barbenregion. Diese etwas breitere Gewässerregion gilt als besonders vom Gewässerausbau betroffen. In größeren Seen, z.B. im Ammersee und Chiemsee, sind Rapfen ebenfalls zu Hause. In Norddeutschland ist die mittlere Elbe mit ihren Nebenflüssen das Hauptverbreitungsgebiet. In der Weser trifft man den Rapfen nicht an.

Die Jungfische vom Rapfen leben gesellig und in lockeren Schwärmen, manchmal in Begleitung kleinerer Barben oder Haseln. Wegen ihrer relativen Seltenheit und der Verwechslungsmöglichkeit mit anderen Weißfischen bekommt man Rapfen in geeigneter Größe für das Aquarium nur schwer. Im Zierfischhandel oder im Köderfischangebot tauchen sie nie auf. Die besten Möglichkeiten bieten sich an der bayerischen Donau, bzw. in einigen Nebenflüssen. In der Altmühl gelten Rapfen als sehr häufig (vermutlich ist dies auf Besatzmaßnahmen zurückzuführen). In Norddeutschland ist, wie gesagt, die mittlere Elbe (Wendland – Nebenflüsse der Elbe) das aussichtsreichste Fundgebiet. Der Fang mit der Senke ist erfolgversprechender als der mit dem Handkescher. Auch in Ufernähe halten sich die kleinen Rapfen überwiegend im etwas tieferen Wasser auf.

Im Aquarium stellt der Rapfen keine besondere Ansprüche an die Wasserqualität. Die gesellig und leicht oberflächenorientiert lebenden Jungfische sind nicht besonders wärmeempfindlich. Das rasche Wachstum (bei ausreichender Fütterung) macht einen jahrelangen Aquarienaufenthalt kaum möglich. Aber bereits ein Aufenthalt von einigen Monaten im Aquarium reicht aus, um diese Art gut kennen zu lernen. Kleine Rapfen fressen am liebsten tierische Nahrung. Gefrorene Mückenlarven, Tubifex, Regenwürmer, usw. können die Hauptnahrung bilden, an reines Trockenfutter gehen die Fische nur, wenn das Angebot an Lebendfutter (oder Ersatz) unzureichend ist. Wie Barben, Döbel und Hasel bevorzugen Rapfen Becken mit viel Schwimmraum. Das breite Maul vom Rapfen zeigt an, daß kleinere Gesellschaftsfische immer in Gefahr sind, gefressen zu werden. Fische von mehr als einer halben Rapfenlänge bleiben verschont und erleiden keinen Streß.

Mit zunehmendem Alter und Größe (im Zimmeraquarium kaum zu beobachten) entwickelt sich der Rapfen langsam zum Einzelgänger. Man sagt, daß die Tiere die Geselligkeit jedoch nicht vollkommen aufgeben und gelegentlich in kleinen Rudeln leben und jagen. Ganz geklärt sind diese Umstände nicht, und der Rapfen gilt daher als noch nicht endgültig erforscht.

Für die Zucht im Aquarium sind die Tiere nicht geeignet. Ein im 4. Lebensjahr die Geschlechtsreife erlangendes Weibchen hat ein Gewicht von ca. 4–5 Pfund. Die Männchen bekommen zur Laichzeit, von April bis etwa Mitte Juni, einen Laichausschlag. Die zahlreichen kleinen Eier werden nach stromaufwärts gerichteten Laichwanderungen der Elterntiere über Kiesbänke abgelegt und haften dort mit einer klebrigen Substanz an den Steinen.

Je nach Temperatur entwickeln sich die Eier bis zum Schlupf der Larven in durchschnittlich zwei Wochen. Die Jungfische wandern nach Überwindung des Larvenstadiums im Sommer in die Hauptwohngebiete der Elterntiere zurück. (Abbildung: S. 101)

Schleie

(Tinca tinca)

Die Schleie gehört zu den anspruchslosesten und zählebigsten Aquarienfischen überhaupt. Ihr geringer Anspruch an die Wasserqualität und den Sauerstoffgehalt läßt sie beinahe unverwüstlich erscheinen. Sie kommt im Aquarium mit guten Pflanzenbeständen sehr lange ohne Belüftung aus und verträgt hohe und niedrige pH-Werte (siehe dazu auch den Abschnitt: Wasserbeschaffenheit). Ein Schleien-Aquarium kommt ohne Filter aus, die Tiere lieben mulmigen Grund. Sie wachsen langsam, als kleine Exemplare eingewöhnt, kann man sie einige Jahre lang halten. Ihr Höchstalter wird auf 12 Jahre geschätzt, die erwachsenen Tiere in der Natur sind im Durchschnitt 20–30 cm, max. 60 cm lang. Man muß sie nicht im Schwarm halten, Schleien sind außerhalb der Laichzeit Einzelgänger, ein einzelnes Exemplar paßt sich gut in ein Gesellschaftsbecken ein. Sie passen sich dabei auch allen Wasserverhältnissen ohne weiteres an. Noch zählebiger als die meisten anderen Weißfische, eignen sich Schleien für ein stark verkrautetes Becken mit kräftigem Bodengrund, und damit in Gesellschaft versuchsweise eingebrachter einheimischer Sumpf- und Wasserpflanzen. Dabei hält man am besten kleinere Schleien, denn die Angewohnheit der Tiere, recht stark zu gründeln, kann empfindlichen Pflanzen und Fischen sehr zu schaffen machen.

Schleien sind Allesfresser, sie nehmen Trockenfutter, jede Art Lebendfutter und können sich längere Zeit von pflanzlichen Abfällen und Algenfäden ernähren. Sie vertragen recht hohe Temperaturen, dauerhaft um 20 °C und kurze Zeit bis 26 °C. Sie sind überwiegend dämmerungs- und nachtaktiv und verhalten sich tagsüber meist zurückhaltend. Im ganzen erscheinen sie recht langsam und entsprechen dem Bild vom »gemütlichen« Karpfenfisch. Sie sind sehr kräftig und können, wenn sie gejagt werden, eine erstaunliche Gewandtheit und Ausdauer zeigen.

Ihr schleimiger Körper ist mit sehr kleinen Schuppen bedeckt. Körperform und Flossen erscheinen überall als rundlich; die dunkle, olivgrüne Färbung mit metallisch glänzendem Schimmer macht die Schleie zu einem sehr attraktiven Aquarienfisch. Am Maul befinden sich zwei kurze Barteln. Bekannt sind auch die aparten Goldschleien, eine goldfisch-ähnliche Variante, die in Teichanlagen gezüchtet wird und gelegentlich auch in der Natur zu finden ist.

Im Aquarium kann man Schleien kaum züchten. Ihre Zucht gilt selbst in größeren Gartenteichen als schwierig, da die Tiere hohe Ansprüche an die Abmessungen ihres Gewässers stellen.

Schleien sind Sommerlaicher. In der Zeit von Mai bis Juli bilden sie Gemeinschaften und legen ihre Eier bei mindestens 18–20 °C an Wasserpflanzen ab, in kühleren Sommern auch bei niedrigeren Temperaturen. Ihr Hauptlebensraum sind größere langsam fließende oder stehende Gewässer mit Schlammgrund und dichten Pflanzenbeständen. Manchmal findet man jedoch auch einzelne Schleien in klaren Bächen der Forellenregion.

Im Pflanzendickicht ihrer Heimatgewässer kann man im Sommer Jungfische leicht fangen. Gezüchtete Schleien bekommt man gelegentlich im Köderfischhandel und in letzter Zeit auch manchmal im Zierfischhandel. (Abbildung: S. 102)

Nase

(Chondrostoma nasus)

Mit ihrer gestreckten (spindelförmigen) Körperform, die seitlich nur wenig abgeflacht ist, deuten diese Fische bereits an, daß sie an relativ rasch fließendes Wasser angepaßt sind. Die zu den Karpfenfischen zählenden Nasen leben hauptsächlich in Bereichen der Barben- und Äschenregion größerer Flüsse, gelegentlich auch in Seen, z. B. im Ammersee. Ihr europäisches Verbreitungsgebiet erstreckt sich, von Gebieten rund um das Schwarze Meer ausgehend, in westliche Richtung über Mitteleuropa, nördlich der Alpen, hier dann hauptsächlich auf die Einzugsgebiete von Rhein und Donau.

Die Rote Liste für die Bundesrepublik weist die Nasen als gefährdet aus. Einzelne Bundesländer differenzieren hier: In Bayern erscheinen die Bestände als ausreichend und sind nicht durch Fangverbote geschützt. In Niedersachsen dagegen gelten die Fische als vom Aussterben bedroht, hier soll sie ein ganzjähriges totales Fangverbot schützen. Man findet sie in Niedersachsen auch nur vereinzelt in der Ems; frühere Angaben beziehen sich auch auf angebliche Vorkommen in der Weser (1878), neuere Forschungen korrigieren dies, Nasen gelten als in der Weser nicht heimisch. Solche Irrtümer ergaben sich sicher daraus, daß die Nase mit einem sehr ähnlichen Fisch, nämlich der Zährte (Rusnase), verwechselt wurde. Auch heute noch trifft man Angler an der Weser, die behaupten, sie hätten Nasen gefangen.

Nasen erkennt man leicht an ihrem typischen nasenähnlichen Wulst vorn auf der Oberlippe. Dieser hornähnliche Auswuchs dient den Tieren dazu, Algen und pflanzliche Beläge von Steinen abzuschaben. Sie sind also spezialisierte Pflanzenfresser, die aber auch das an den Pflanzen vorhandene Kleingetier mitverschlingen.

Die silbrig glänzenden, weißfischartigen Tiere wachsen langsam und erreichen in 4–6 Jahren ihre durchschnittliche Länge von 30–40 cm. Die maximale Länge wird mit 60 cm angegeben und das Höchstalter mit 15–20 Jahren. Wie alle Fische wachsen sie mit zunehmendem Alter langsamer.

Die Zährte, oder Rusnase *(Vimba vimba)*, mit der die Nase leicht verwechselt werden kann, besitzt einen ähnlichen Körperbau (etwas hochrückiger und flacher), bewohnt in der Regel mehr die unteren Gewässerabschnitte (Brassenregion) und zeigt eine sehr ähnliche Nasenform, die jedoch deutlich dunkler (blaugrau) eingefärbt ist. Sicherstes Unterscheidungsmerkmal ist die Afterflosse, sie ist bei der Zährte sehr breit, ähnlich wie beim Brassen oder dem Ukelei, bei der Nase ist die Afterflossenbasis eher schmal, wie z. B. beim Hasel oder Gründling. Die Verwechslungsmöglichkeiten beziehen sich also wohl hauptsächlich darauf, daß beide Fische nicht als getrennte Arten bekannt sind.

Nasen sind gesellige, friedliche Schwarmfische und leben bodenorientiert. Im 3. und 4. Lebensjahr werden sie geschlechtsreif und wandern zur Laichzeit, von März bis Mai, flußaufwärts zu ihren angestammten Laichplätzen, an saubere, überströmte Kiesbänke. Die kleinen grünlichen Eier sind ca. 1,5 mm im Durchmesser und ein Weibchen kann davon 50 000–100 000 Stück legen. Männchen und Weibchen bekommen einen feinkörnigen hellen Laichausschlag. Die Entwicklungszeit bis zum Larvenschlupf dauert ca. zwei Wochen.

Über das Aussehen der Jungfische (ob diese z. B. bereits von Anfang an eine »Nase« besitzen – oder ab wann sich diese entwickelt) habe ich trotz intensiver Suche in der greifbaren Fischliteratur weder Beschreibungen noch Abbildungen gefunden.

In manchen, die Art beschreibenden Texten wird darauf hingewiesen, daß die Jungfische durch ein von den Elterntieren abweichendes Freßverhalten gekennzeichnet sind. Die Jungfische ernähren sich demnach von frei schwebenden Kleinstlebewesen (Plankton), leben in ruhigen Gewässerzonen und nehmen erst später (ab wann?) die typische Lebensweise ihrer Art an.

Jungfische von Nasen kann man nirgends kaufen. Größere Exemplare landen als Steckerlfische gelegentlich auf bayerischen Fischmärkten. In den Nebenflüssen der Donau, z. B. in Naab, Regen und Altmühl, wo diese Art als recht häufig angesehen wird, habe ich noch nie Jungfische gefunden (was allerdings kein Beweis dafür ist, daß man sie dort nicht doch fangen kann). Auch die, zum Teil antiquarische, Kaltwasseraquarien-Literatur gibt meines Wissens keine Beschreibung für die Aquarienpflege von Nasen her. Das Hauptproblem hierbei dürfte sicher in der Beschaffung geeigneter Jungfische zu suchen sein. Man weiß, daß die Haltung von Nasen in einigen Großaquarien, z. B. in Stuttgart, langfristig ohne Probleme war. Mit Wasser- und Temperaturbedingungen, wie sie für Barben oder Hasel gelten, kommen Nasen gut zurecht. Als Algenvertilger konnten sie eine besondere Bereicherung im Aquarium sein. Algenbewachsene Steine, feinblättrige Wasserpflanzen und gröberes Trockenfutter dienen zur Nahrung.

In sehr großen Becken (ab ca. 1000 l), im fließenden Wasser und bei Bereitstellung kiesiger Uferzonen (bis 30 cm Wasserstand) könnte die Nachzucht nach kalter Überwinterung unter Umständen gelingen. Man darf davon ausgehen, daß die langsam wachsenden Tiere sich im Aquarium anpassen und im entsprechenden Alter mit geringeren Körpermaßen als in der Natur Laichbereitschaft zeigen. Vor allem im Hinblick auf die bisher offensichtlich ungenügend bekannte Lebensweise der Larven und Jungfische wäre dieses Experiment sicher lohnenswert. (Abbildung: S. 102)

Gründling

(Gobio gobio)

Gründlinge sind karpfenartige kleine Fische, die vorwiegend in fließenden Gewässern der Äschen- und Forellenregion vorkommen, gelegentlich aber auch in langsamen, trüben Flüssen mit Sand- oder Kiesgrund. Seltener findet man sie in stehenden Gewässern. Die Fische ziehen in Trupps von ein bis zwei Dutzend im flachen Wasser der Uferzonen umher und vermischen sich dabei auch mit anderen Arten, z. B. Haseln, Rotfedern oder kleineren Döbeln. Das Vorkommen dieser Art erstreckt sich über West-, Mittel- und Osteuropa. Es existieren eine Reihe von Unterarten oder lokaler Rassen. Die vielleicht bekannteste Variante ist der im Donaugebiet lebende Steingreßling, eine bereits seltene, vom Aussterben bedrohte Art. Als ausgesprochener Kleinfisch ist der Gründling für Fischer uninteressant.

Winzige Jungfische kann man mit jungen Bachschmerlen verwechseln, ansonsten sind Gründlinge leicht zu erkennen. Sie tragen am Maul zwei kurze Bartfäden, der schlanke, fast drehrunde Körper ist mit einer Kette dunkler, bläulich violetter Flecken gemustert, die großen Schuppen erscheinen leicht dunkel umrandet und geben dem Fisch ein hübsches Aussehen. Im Durchschnitt werden Gründlinge 12–15 cm lang, selten über 20 cm. Sie wachsen langsam und lassen sich als kleinere Exemplare einige Jahre im Aquarium halten. Gründlinge gehören im wesentlichen zu den pflegeleichten Aquarienfischen. Sie sind bewegliche und eifrige Schwimmer und brauchen daher einen gewissen Raum. Für 4–6 Tiere genügt ein Becken von ca. 80 cm. In ein Gesellschaftsbecken passen sie sich sehr gut ein, sie sind friedlich. Man sollte jedoch auch hier mindestens 2–3 Gründlinge halten, da sie sich anderen Schwarmfischen zwar anschließen, aber den Kontakt zu Artgenossen suchen. Sie nehmen jede Art Nahrung, Trockenfutter und Lebendfutter, das sie sich zum Teil im freien Wasser erbeuten oder vom Grund aufnehmen. Sie gründeln intensiv, aber nicht rabiat. In den Bodengrund eingedrungenes Futter spüren sie auf, sogar verwesende Abfälle verschmähen sie nicht. Durch ihre Eigenschaft, den Bodengrund sanft und beständig umzupflügen, tragen sie wesentlich zur Verlängerung der Lebensdauer des Bodengrundes im Aquarium bei. Sie bringen Frischwasser und Sauerstoff an die Bodengrundsubstanz. Größere Gründlinge können allerhand Mulm aufwirbeln und das Wasser eintrüben. Dann ist es ratsam, einen Filter zu installieren.

Gründlinge sind recht sauerstoffbedürftig. Sie vertragen Temperaturen von 20 °C, kurzfristig bis 24 °C. Sie können nach der Eingewöhnung sehr zutraulich werden und fressen sogar aus der Hand. Ihr Höchstalter liegt etwa bei 5 Jahren.

Ihre Zucht gelingt nur nach kalter Überwinterung und in einem großen Becken ab 1,2 m Kantenlänge. Die Laichzeit ist von April bis Juni. Die Geschlechter kann man daran unterscheiden, daß die Brustflossen der Männchen fast bis zum Ansatz der Bauchflossen reichen, wobei die Brustflossen der Weibchen kürzer sind. Dennoch bleibt die Unterscheidung etwas schwierig. Die Männchen bekommen zur Paarungszeit einen Laichausschlag und leicht rote Flossen. Vor der Eiablage zeigen die Tiere ein quirliges Paarungsspiel, bei dem sie sich jagen, dicht und schnell umeinander herumschwimmen und sich beinahe umschlingen. Ein kräftiger Strömungseffekt und viel Frischwasser fördern die Laichbereitschaft, ebenso wie die Senkung des Wasserstandes bis auf 20 cm. Ein schräg abfallender Bodengrund, der eine uferähnliche Flachwasserzone simuliert, ist zwar nicht unbedingt erforderlich, soll aber die Paarungsbereitschaft sehr fördern. Nach dem Ablaichen sollte man die Elterntiere herausnehmen, sie betreiben keine Brutpflege. Die Jungfische kommen mit staubfeinem Trockenfutter zurecht, das sie sich nach Aufzehren des Dottersacks vom Boden aufsuchen.

Gründlinge bekommt man als Köderfische angeboten, manchmal finden sie sich auch im Zierfischhandel. Ansonsten fängt man sich kleinere Jungfische mit dem Kescher oder mit der Senke. In Baden-Württemberg gelten Gründlinge bereits als stark gefährdet, in Niedersachsen dagegen nicht. (Abbildung: S. 102)

Barbe

(Barbus barbus)

Einige Wochen nach dem Schlüpfen der Larven, wenn die anfangs rasch wachsenden Jungfische etwa 2–3 cm lang sind, kann man Barben für das Aquarium fangen. In der Donau und einigen angrenzenden Nebenflüssen ziehen im Sommer zahlreich dichte Jungfischschwärme im flachen Wasser der sandigen und kiesigen Uferzonen umher. Etwa von Regensburg abwärts bis weit nach Österreich hinein kann man sie im Sommer täglich und in großen Mengen beobachten.

Auf das gesamte Bundesgebiet bezogen gelten Barben jedoch als gefährdet, in Niedersachsen sogar als stark gefährdet. In Norddeutschland findet man aquariumfähige Jungfische demnach höchst selten. Ihre Zucht wird noch nicht sehr intensiv betrieben, im Köderfischangebot findet man sie ebensowenig wie im Zoohandel.

Im Aquarium wachsen Barben recht langsam. Sehr kleine Jungfische brauchen etwa drei Jahre, um im Aquarium auf 15–18 cm zu kommen. Deshalb muß man späterhin ein größeres Becken zur Verfügung stellen. Anfangs kommen sie mit weniger Platz aus, benötigen aber immer einen ausreichenden Schwimmraum, da sie gewandte und aktive Schwimmer sind. Als gesellige Friedfische passen sie sehr gut in ein Gesellschaftsbecken. Ihre Aquarienhaltung ist nicht schwierig, Barben sind sehr anpassungsfähig. Sie stellen gewisse Ansprüche an die Wasserqualität und brauchen regelmäßige Frischwasserzufuhren. Um ihrem Sauerstoffbedürfnis gerecht zu werden, muß das Aquarium dicht bepflanzt oder kräftig in Bewegung sein. Zeitweilige Wassertrübungen und höhere Temperaturen bis zu 22 °C vertragen sie gut. Die Dauertemperatur sollte jedoch nicht über 18 °C betragen. Im Aquarium gründeln Barben kaum und nehmen das Futter auch direkt von der Wasseroberfläche. Als Allesfresser nehmen sie Trockenfutter als Haupt- und Dauernahrung und jede Art Lebendfutter. Mit zunehmender Körpergröße jagen sie allerdings auch nach kleinen Fischen. Ein 15 cm langer Barbe vergreift sich bereits an mittleren Moderlieschen und kleineren Elritzen. Bei wenig intensiver Fütterung fressen sie Algenfäden und organische Abfälle. Ihre Fütterung macht also keine Probleme.

Um das Wachstum groß werdender Fische für das Aquarium auf natürliche Weise zu verzögern, eignet sich eine kalte Überwinterung. Bei Temperaturen um 10 °C, oder besser noch etwas darunter, kann man beobachten, daß die Fische im Winter deutlich weniger Futter benötigen und langsamer wachsen als in den wärmeren Jahreszeiten. In der Natur bringen es Barben manchmal bis auf 90 cm, ihre durchschnittliche Körperlänge liegt jedoch bei ca. 40 cm. Obwohl man sie in großen Aquarien mehrere Jahre halten kann, erreichen sie die Geschlechtsreife unter diesen Bedingungen nicht. Normalerweise werden sie etwa ab dem 4. Lebensjahr geschlechtsreif. Die Laichzeit ist von Mai bis Juli. Die Männchen bekommen einen Laichausschlag.

Ihre bevorzugten Lebensräume sind die Mittelläufe größerer Flüsse, danach nennt man diesen Bereich auch Barbenregion. Man findet sie ebenso in der Äschen- und gelegentlich auch in der Forellenregion, in stehenden Gewässern jedoch kaum. Ihre Körperfärbung und Musterung kann, je nach Gewässer, sehr unterschiedlich aussehen. Hauptsächlich kleine Barben sind sehr differenziert gemustert (marmoriert), erst später nehmen sie den äußeren Charakter von Weißfischen an. In der Literatur werden Barben manchmal als dämmerungsaktiv beschrieben. Im Aquarium zeigt sich dieses Verhalten nicht, sie sind auch tagsüber sehr aktiv.

Barben sind in ganz Mitteleuropa verbreitet. Es existieren eine Reihe Unterarten oder lokale Rassen. Ihr schlanker, torpedoförmiger Körper, die rüsselartige Schnauze und die vier Bartfäden an der wulstigen Oberlippe lassen sie als unverwechselbar erscheinen. (Abbildung: S. 119)

Ukelei (Laube)
(Alburnus alburnus)

Wenn man mit der Senke unterwegs ist und ein paar Weißfische im Netz hat, sind manchmal einige darunter, die durch ihren hervorstechenden Silberglanz besonders auffallen. Dieses Phänomen verstärkt sich in der Dämmerung oder Dunkelheit. Dann handelt es sich fast immer um Ukelei oder Lauben, wie sie auch genannt werden. Aus den Schuppen dieser klein bleibenden karpfenartigen Weißfische wurde früher mit einer Ammoniaklösung eine ölähnliche Substanz gewonnen, die zur Herstellung falscher Perlen diente. Angeblich hat ein französischer Rosenkranzfabrikant dieses Verfahren zuerst kommerziell angewandt. Nach Floericke brauchte man ca. 20000 Tiere, um rund ½ kg Perlglanzsubstanz zu gewinnen, und nur Fachleute konnten die falschen Perlen von echten unterscheiden. Heute rückt man den Tieren auf diese Weise nicht mehr zu Leibe.

Ukelei leben hauptsächlich in langsam fließenden größeren Flüssen oder in größeren Seen. Ihr Verbreitungsgebiet erstreckt sich nördlich der Alpen und Pyrenäen über ganz Europa. In vielen Gewässern stellen sie eine wichtige Nahrungsquelle für Raubfische dar, ansonsten sind sie nur als Köderfische interessant.

Ukelei werden im Aquarium kaum länger als 12–14 cm, ihre maximale Länge wird mit knapp über 20 cm angegeben. Man kann sie leicht mit anderen Weißfischarten verwechseln. Das Hauptunterscheidungsmerkmal ist die ungewöhnlich breite Afterflosse, sie ist ähnlich breit wie bei Brassen und Güstern, nur sind Ukelei im Körperbau wesentlich schlanker. Sie sind sehr gewandte und lebhafte Schwimmer, die den freien Raum im Wasser bevorzugen und selten in verkrauteten Uferzonen anzutreffen sind.

In Niedersachsen gilt diese Art als gefährdet, ansonsten nicht.

Ihre Aquarienhaltung ist einfach. Sie brauchen viel Schwimmraum, mindestens ein 80 cm-Becken. Versteckmöglichkeiten sind nicht nötig. Als Schwarmfische brauchen sie Geselligkeit, sie passen gut in ein Gesellschaftsbecken und verhalten sich friedlich. Ihre Fütterung ist problemlos, sie nehmen Trockenfutter, pflanzliche Kost und jede Art Lebendfutter. An die Wasserqualität stellen sie keine besonderen Ansprüche, sie bevorzugen stets klares Wasser, Dauertemperaturen nicht über 20 °C und guten Sauerstoffgehalt, den man über Pflanzen oder durch Wasserbewegung erreichen kann.

Beim Fang, Transport und bei der Aquarienhaltung ist zu beachten, daß die Tiere sehr empfindlich sind gegen äußere Verletzungen. Die Schuppen lösen sich ähnlich leicht wie bei Moderlieschen. Daher sind Ukelei äußerst anfällig gegen Wasserschimmelerkrankungen.

Ihre Nachzucht ist nur in großen Aquarien möglich. Sauberer Sand- und Kiesgrund, sehr sauerstoffhaltiges Wasser und eine Senkung des Wasserstandes nach kalter Überwinterung im Frühjahr fördern die Laichbereitschaft. Die Männchen bekommen einen Laichausschlag. Die Laichzeit ist in den Monaten April

O. li.: Wels (s. S. 176). Unser größter heimischer Süßwasserfisch. O. re.: Zwergwels (s. S. 178). Die Heimat ist Nordamerika. M. li.: Aal (s. S. 180). Gilt seit kurzem auch als gefährdet. M. re.: Hundsfisch (s. S. 182). In Ungarn nur noch an wenigen Stellen zu finden. U. li.: Koboldkärpfling (s. S. 186). In Europa eingebürgert, bringt lebende Junge zur Welt. U. re.: Hecht (s. S. 184). Der lateinische Name bedeutet: Hungriger Wolf.

bis Juni. Die Geschlechtsreife setzt etwa ab dem 3. Lebensjahr ein, die Tiere sind dann etwa 10–12 cm lang. Da Ukelei hauptsächlich in der Nähe von kleineren Zuflüssen zu ihren Hauptströmen laichen, ist ein gewisser Strömungseffekt im Aquarium der Laichbereitschaft förderlich. (Abbildung: S. 119)

Schneider

(Alburnoides bipunctatus)

In der Roten Liste für die Bundesrepublik werden diese karpfenartigen Kleinfische als stark gefährdet eingestuft. Schneider leben hauptsächlich in klaren, sauerstoffreichen und schnellfließenden Gewässern, bis in über 500 m Höhe in Bächen der Forellenregion. Ihr Vorkommen bezieht sich in Mitteleuropa vorwiegend auf das Einzugsgebiet von Donau, Rhein und Rhône. Südlich der Alpen und Pyrenäen, sowie im Norden Europas, in Dänemark, Schweden, usw., fehlt diese Art. Im Osten kommt sie bis zum Ural und rund um das Schwarze Meer vor. In Niedersachsen z. B. sind Schneider nur an ganz wenigen Stellen anzutreffen; hier etwa ist auch die nördliche Verbreitungsgrenze zu ziehen. Die Gründe für die aktuelle Bestandsbedrohung liegen sicher bei der Gewässerverschmutzung und dem Gewässerausbau, vor allem in der Zerstörung der flach überströmten, sauberen Uferpartien mit Kiesgrund, die den Tieren als Laichplätze dienen. Schneider sind wegen ihrer geringen Größe wirtschaftlich uninteressant, finden nur wenig Beachtung und sind vielleicht noch etwas verbreiteter als angenommen wird.

Schneider sind verwandt mit den Ukelei. Sie erscheinen jedoch im ganzen etwas weniger silberglänzend, sind deutlich hochrückiger und gedrungener und leben in anderen Gewässerabschnitten. Auffälligstes Kennzeichen ist die dunkle, punktförmig eingefaßte, in der Körpermitte nach unten verlaufende und oft deutlich eingeknickte Seitenlinie, die bei halbwegs erwachsenen Tieren wie eine Naht aussieht; daher der Name Schneider. Vom Auge bis zum Ansatz der Schwanzflosse verläuft ein breiterer dunkler Streifen. Im »richtigen« Licht betrachtet, erkennt man zusätzlich über dem dunklen Streifen eine dünne, metallisch glänzende goldfarbene Linie. Dadurch zeigen sich die sehr hübschen Fische mit beinahe exotischem Äußeren. Kleinere Jungfische lassen das Erkennungsmerkmal der dunkel eingefaßten Seitenlinie zunächst vermissen, man könnte sie leicht mit anderen Karpfenartigen verwechseln. Am ehesten verwechselt man sie mit dem Strömer, einem äußerst selten gewordenen Karpfenfisch ähnlicher Gewässerregionen, der eine violette Querbinde hat, die vor allem bei den Männchen zur Laichzeit besonders ausgeprägt erscheint. Strömer sind dagegen im Querschnitt fast rund, Schneider wirken seitlich etwas abgeflacht. Sie erreichen im Durchschnitt 10–12 cm, maximal etwa 15 cm Länge. Beim Schneider ist die Afterflosse relativ breit, ähnlich wie bei Rotfedern. Beim Strömer wirkt die Afterflossenbasis eher etwas schmal. Aufgrund der Bestandsbedrohung der Schneider sind Schutzmaßnahmen vielerorts sicher dringend erforderlich. Im

Oben: Flußbarsch (s. S. 188). Alte und große Barsche entwickeln sich zu Einzelgängern. Unten: Zander (s. S. 189). Größer als der verwandte Flußbarsch, aber auch ängstlicher und sensibler.

Widerspruch dazu kann man manchmal selbst in Neuerscheinungen von Anglerbüchern noch lesen, daß die Tiere gut als Köderfische Verwendung finden können.

Schneider leben in Schwärmen von ca. 15 bis 25 Tieren und halten sich fast ausschließlich in tieferen Gewässerabschnitten auf, nicht selten mitten in der starken Strömung in Bodennähe. Man sieht sie daher kaum, es sei denn, man wagt sich mit der Taucherbrille weiter vor. In den Monaten Juli bis September lassen sich in guten Schneidergewässern zahlreiche kleinere Jungfische in flachen, strömungsärmeren Uferzonen leicht entdecken. Die Jungfische vermischen sich dort auch mit Jungfischen anderer Art zu gemeinsamen Schwärmen, z.B. mit Haseln, Gründlingen und Barben. Junge Schneider sind empfindlich gegen Streß und gehen in kleineren, sich rasch erwärmenden Behältern rasch ein. Am besten ist daher ein etwas größerer, isolierter und lichtundurchlässiger Transportbehälter. Nur gelegentlich bekommt man diese Tiere im süddeutschen Raum als gezüchtete Köderfische in Anglergeschäften angeboten.

Im Aquarium angekommen zeigen sich die Jungfische als äußerst lebhaft. Im strömungsärmeren Wasser schwimmen sie auffallend hektisch und von Natur aus unruhiger als andere Karpfenfische einen Großteil des Tages hin und her. Sie gewöhnen sich schnell ein und zeigen sich bei der Fütterung rasch als gelehrig und anspruchslos. Das Futter nehmen sie von der Wasseroberfläche und finden es auch am Boden. Zur Eingewöhnung im Aquarium eignet sich am besten Lebendfutter, also Wasserflöhe und Mückenlarven, ansonsten nehmen die Tiere Trockenfutter gut an. Die jungen Schneider wachsen recht schnell. Ihre schwimmfreudige und unruhige Lebensweise verlangt nach viel Raum. Man bietet nur wenige aber ausreichend Versteckmöglichkeiten an. In einem kleinen Aquarium wirkt der Anblick der lebhaften Tiere bald sehr störend, erst in einem geräumigen Becken können sie sich voll entfalten. Vorteilhaft und artgerecht ist das Simulieren einer kräftigen Strömung, dort »stehen« sie mit Vorliebe und versuchen nach vorbeidriftender Beute zu schnappen.

Als gesellige Friedfische passen sie gut in ein Gesellschaftsbecken und kommen auch im stehenden Wasser zurecht, wenn ein genügend hoher Sauerstoffgehalt garantiert ist. Gegen zu hohe Temperaturen, etwa ab 22 °C und anhaltende Trübungen sind sie deutlich empfindlicher als Elritzen, die aus ähnlichen Biotopen stammen; dennoch sind Schneider als recht anpassungsfähige Fische zu bezeichnen.

Ihre Zucht dürfte nur in einem großen Aquarium gelingen. Die Laichzeit ist von Mai bis Juni. (Abbildung: S. 119)

Brasse (Blei)

(Abramis brama)

Unterhalb der Barbenregion, dort wo der Fluß deutlich langsamer dahinfließt, oft bereits auch erheblich mit Schmutzfracht belastet und der Sauerstoffgehalt meist geringer ist, beginnt die Brassenregion. Die Brasse ist der Leitfisch, das heißt ein typischer Vertreter dieser Region.

Neben Rotaugen, Rotfedern und Güstern sind die Brassen die wohl häufigsten Fische hierzulande. Sie leben auch in Seen, Altarmen und geräumigen Entwässerungsgräben.

Brassen gelten nirgends in der Bundesrepublik als auch nur annähernd gefährdet. Streckenweise treten sie sogar überproportional auf. Gewässerausbau und Verschmutzungen setzen ihnen nicht so zu wie anderen Arten, sie erweisen sich als sehr anpassungsfähig.

Erwachsene Brassen werden im Durchschnitt 30–40 cm lang, die Höchstmaße dürften bei ca. 70 cm liegen. Ihr Verbreitungsgebiet erstreckt sich nördlich der Alpen und Pyrenäen über ganz Europa.

Als karpfenartige Weißfische sind vor allem die Jungfische leicht mit anderen Arten zu verwechseln. Brassen sind jedoch sehr flache und hochrückig gebaute Tiere. Außerordentlich schwierig sind die Brassen letztlich nur von ihren nächsten Verwandten, den Güstern zu unterscheiden (siehe dazu den nächsten Abschnitt). Bastarde mit anderen Weißfischen und lokale Variationen sollen recht häufig vorkommen.

Brassen in geeigneter Größe für das Aquarium kann man praktisch überall fangen oder im Köderfischhandel kaufen. Für ihre Aquarienhaltung gilt nahezu dasselbe wie für Rotaugen. Brassen wachsen im Aquarium langsam und sind Allesfresser. Große, voll ausgewachsene Tiere bekommen einen goldgelb-weißlichen Körper, im Gegensatz zu den stark silbrigen Jungfischen. Das rüsselartig vorstülpbare Maul, das beim erwachsenen Brassen stark an den Karpfen erinnert, ist bei kleineren Jungfischen noch nicht besonders ausgeprägt. In der Literatur werden Brassen als stark gründelnde Fische beschrieben, und in der Tat kann man beobachten, daß die Tiere in der Dämmerung aktiv den Schlammgrund durchwühlen und das Wasser weithin eintrüben können. Dieses Verhalten ist von kleineren Jungfischen, bis ca. 10 cm, kaum zu erwarten, sie gründeln wenig und bevorzugen die mittleren Wasserschichten. Wenn sie gut mit Trockenfutter und gelegentlich mit Lebendfutter versorgt werden, sind solche »Störungen« im Aquarium selten. Nach Erfahrungen im Berliner Aquarium magern große Brassen oft ab; eine stichhaltige Begründung dafür fehlt bisher. Als gesellige und bewegliche Schwarmfische stellen auch kleinere Brassen gewisse Ansprüche an die Beckenabmessungen. Besonders schön kann ein Aquarium wirken, wenn sich ein dichter Schwarm kleiner, silbern schimmernder Brassen umherbewegt und seinen Glanz verbreitet. (Abbildung: S. 120)

Güster

(Blicca bjoerkna)

Die angelegten Brustflossen sind beim Güster kurz und reichen nicht bis zum Ansatz der Bauchflossen, wie es bei Brassen der Fall ist. Bei etwa gleicher Körpergröße erscheinen die Augen des Güsters wesentlich kleiner. Güster bekommen ab ca. 6–8 cm meist rote Flossen oder zumindest rötliche Flossenansätze. Beim Brassen sind die Flossen niemals rot, sondern immer farblos hell. Güster wirken etwas silbriger, Brassen dagegen leicht stumpf, bleifarben (daher die häufige Bezeichnung: Blei). Brassen werden wesentlich größer; Güster bleiben klein, höchstens bis 30 cm.

Dennoch bleibt die präzise Bestimmung, selbst nach einiger Kenntnis der Arten, nicht immer ganz einfach; vor allem die kleineren Jungfische ähneln sich sehr, z. B. haben Güster nicht immer rote Flossen.

Wegen ihrer Größe sind Brassen beliebte Angelobjekte, Güster sind dagegen für Fischer vielfach uninteressant, und werden von ihnen manchmal als Fischunkraut bezeichnet. Häufigkeit und Verbreitungsgebiet sowie die Lebensweise der Güster entsprechen denen der Brassen.

Auch bei der Aquarienhaltung gibt es keine wesentlichen Unterschiede. Die Kleinheit der Güster ermöglicht vielleicht eine längere Aquarienhaltung. Aus diesem Grunde könnte in großen Aquarien die Zucht von Güstern durchaus gelingen. Die Laichzeit ist in der Zeit von Mai bis Juni. Die Tiere laichen in Schwärmen in verkrauteten Uferzonen und legen die gelblichen Eier an Wasserpflanzen ab. Die Geschlechtsreife tritt frühestens ab dem 3. Lebensjahr ein. Die Larven schlüpfen nach etwa einer Woche, je nach Wassertemperatur. (Abbildung: S. 120)

Bitterling

(Rhodeus sericeus amarus)

Von allen heimischen Arten ist der Bitterling der wohl bekannteste Aquarienfisch. Die prächtige bunte Färbung, die das Männchen zur Laichzeit bekommt, und vor allem das überaus interessante Brutpflege-Verhalten, sowie die einfache Aquarienhaltung haben den Bitterling an die Seite vieler Exoten gestellt. Man bekommt die Fische, nebst den zur Vermehrung notwendigen Muscheln, daher auch in vielen Zierfischhandlungen.

Außerhalb der Laichzeit sind die Bitterlinge recht unscheinbare, mit Jungfischen anderer Weißfische leicht zu verwechselnde Tiere. Ihr auffälligstes Erkennungsmerkmal ist neben ihrer hochrückigen Gestalt die deutlich dunkle Umrandung der Schuppen, die das Schuppenraster stärker als bei den meisten anderen hochrückigen Arten hervorhebt. Bitterlinge bleiben sehr klein, im Durchschnitt 5–6 cm.

Sie leben in Mitteleuropa, bis nach Asien, in Europa dabei mit nur einer Art. In der Bundesrepublik gilt sie als stark gefährdet, in einigen Gegenden, z.B. in Niedersachsen, als vom Aussterben bedroht.

Bitterlinge können sich nur mit Hilfe von Muscheln vermehren. Hauptsächlich Teich- und Malermuscheln leben in den gleichen Biotopen wie Bitterlinge, nämlich in langsam fließenden oder stehenden Gewässern mit Sandgrund und pflanzenreichen Uferzonen, z.B. in Teichen, Altarmen von Flüssen oder in etwas breiteren Entwässerungsgräben. Zur Laichzeit, von April bis Juni, entwickelt sich beim Bitterlingsweibchen eine dünne, elastische Legeröhre, mit der die Eier in den Innenraum lebender Muscheln abgelegt werden. Die Muscheln, die eingegraben leben, ragen mit ihrer Atem- und Kloakenöffnung aus dem Sand, saugen

Ablage und Besamung der Bitterlingseier

Wasser ein, filtern feine Nährstoffe heraus und stoßen das Wasser wieder aus. Die beiden Öffnungen liegen dicht beieinander. Das Bitterlingsweibchen senkt in einem passenden Moment die Legeröhre in die Kloakenöffnung der Muschel. Auf diese Weise gelangen wenige Eier hinein. Dieser Vorgang wiederholt sich mehrfach und die Eiablage kann sich über eine Woche hinziehen, bis ca. 40–80 Eier verteilt sind, oft auf mehrere Muscheln. Das anwesende Männchen, welches zuvor ein kleines Revier für sich absteckt, indem es sich eine bestimmte Muschel ausgesucht hat und diese gegen andere Männchen verteidigt, besamt die Eier, wobei es seinen Samen unter zitternden Körperbewegungen dicht vor der Muschelöffnung frei läßt und der Samen über den Wassersog der Muschel an die Eier gelangt.

Dabei leuchtet die Prachtfärbung des Männchens besonders intensiv auf. Am Maul des Männchens befindet sich zur Laichzeit ein kleiner, knollenartiger Laichausschlag.

Die Larven schlüpfen nach ein paar Tagen in der Muschel und verbleiben dort, bis der Dottersack fast aufgezehrt ist und die Jungfische schwimmfähig geworden sind. Die Muschel hat so den Eiern und Larven Schutz geboten und mit ihrem ständigen Wasseraustausch für einen Frischwasserstrom gesorgt. Nach einer Entwicklungszeit von ca. 4 Wochen lassen sich die bereits rund 1 cm langen Jungfische mit einem Wasserstoß herauskatapultieren. Draußen bilden die aus verschiedenen Muscheln kommenden Jungfische lockere Schwärme und beginnen rasch zu fressen. Im Aquarium nehmen sie kleine Wasserflöhe und nach kurzer Gewöhnung feines Trockenfutter.

Die Beendigung des Laichaktes der Elterntiere zeigt sich an, indem sich die Legeröhre des Weibchens innerhalb von ca. 2–3 Tagen zurückbildet, die Intensivfärbung des Männchens nachläßt und das Interesse für die Muscheln deutlich abnimmt. Im Aquarium nimmt man dann am besten die Elterntiere heraus.

Für die Bestandsbedrohung der Bitterlinge in der Natur ist in erster Linie der Rückgang der Muschelbestände verantwortlich. Die vorherrschende Ansicht dazu geht davon aus, daß die Muscheln wesentlich empfindlicher gegenüber Gewässerverschmutzung und Sauerstoffmangel sind als die Bitterlinge selbst. Die Muscheln wiederum sind bei ihrer Vermehrung auf die Anwesenheit ausreichender Fischbestände angewiesen. Die Larven der Muscheln haften am Körper von Fischen und ernähren und entwikkeln sich in Abhängigkeit von den Fischen.

Die zweite Theorie besagt, daß die Muscheln weniger empfindlich sind als bisher angenommen wurde und daß der Rückgang der Fischbestände allgemein in den entsprechenden Biotopen, hervorgerufen durch Verschmutzung, Gewässerausbau und Überfischung, die ausreichende Vermehrung der Muscheln verhindert. Dies wiederum geht dann an die Substanz der Bitterlinge. Meiner Ansicht nach sind die Muscheln in der Tat etwas empfindlicher als die Bitterlinge. Sauerstoffmangel und vor allem eine Verschlammung der Uferzonen setzt ihnen zunächst mehr zu als den Bitterlingen. So sterben in einem ungepflegtem, unbelüftetem Aquarium erfahrungsgemäß die Muscheln vor den Bitterlingen. Andererseits zeichnen sich die Muscheln aber nicht durch eine überaus hohe Empfindlichkeit aus. Von daher scheint mir die zweite Theorie richtig zu sein, denn trotz leicht unterschiedlicher Empfindlichkeit erscheinen viele andere Fischarten anfälliger als Bitterlinge und Muscheln. In Norddeutschland findet man einige Gewässer mit recht guten Muschelbeständen, die zudem recht fischreich erscheinen. In solchen Gewässern entdeckt man dann auch am ehesten Bitterlinge. In fischarmen Gewässern, in denen noch vereinzelt Muscheln vorkommen, fehlen meist auch die Bitterlinge.

Bitterlinge im Aquarium sind sehr anspruchslos. Sie vertragen Dauertemperaturen um 18 °C, kurzfristig sogar bis 24 °C. Sie haben, entsprechend ihrer Kleinheit, keinen großen Raumanspruch und nehmen Trockenfutter, pflanzliche Kost und jede Art Lebendfutter. Sie brauchen Versteckmöglichkeiten in Form stellenweise dichter Bepflanzung. Der Bodengrund muß, wenn Muscheln vorhanden sind, weich sein, also aus Sand oder feinem Kies bestehen, damit sich die Muscheln teilweise eingraben können. Filteranlagen sind nicht nötig, die Wasserfilterung besorgen bis zu einem gewissen Grad die Muscheln. Da die Muscheln im Sand umherwandern, kann man ihnen ein gewisses Territorium mit Steinen legen, in dem sie sich bewegen, aber nicht im Hintergrund verschwinden können. Beim Wandern beschädigen die Muscheln nicht selten Pflanzenwurzeln oder legen diese völlig frei. Man schützt die Pflanzen mit Steinen, setzt sie in Töpfe oder verwendet im Becken nur schwimmende Wasserpflanzen. Im Interesse der Muscheln ist eine Wasserumwälzung mit Kreiselpumpe zu empfehlen. Unter Umständen, also je nach Größe und Anzahl der Muscheln, sollte das Aquarium größer sein; große Muscheln brauchen mehr Wassermassen als die Bitterlinge, kleine Wassermengen sind rasch durchgefiltert und arm an Nährstoffen.

In den Geschäften findet man häufig Teichmuscheln *(Anodonta)*, die bis zu 20 cm lang werden können. Die Malermuscheln *(Unio)* erreichen nur die halbe Größe der Teichmuscheln. Hans J. Mayland weist darauf hin, daß die Bitterlingszucht mit Teichmuscheln meist nicht gelingt. Fast alle anderen Autoren, die das Brutverhalten der Bitterlinge beschreiben oder erwähnen, nennen beide Muschelarten als geeignet. Da bei Mayland die Begründung fehlt, kann man hierüber nur Vermutungen anstellen. Alte und große, also kräftige Muscheln sind imstande, die Bitterlingseier und Larven wieder auszuspucken, weil diese offenbar stören. Große Teichmuscheln können so die Nachzucht verhindern. In jedem Fall empfiehlt es sich, mittelgroße Muscheln von ca. 8–10 cm zu verwenden. Es genügt, wenn nach kalter Überwinterung der Fische die Muscheln (pro Männchen 1 Muschel) dazukommen. Zu 2–3 Bitterlingsmännchen setzt man am besten nur 1 Weibchen. (Abbildung: S. 137)

Karausche

(Carassius carassius)

Karauschen leben vorwiegend in pflanzenreichen Abschnitten langsam fließender und stehender Gewässer. Sie sind in Mitteleuropa weit verbreitet. Aufgrund abnehmender Bestände gelten sie z. B. in Niedersachsen und Baden-Württemberg bereits als gefährdet.

Karauschen sind, außer im frühen Jungfischstadium, keine Schwarmfische, sie leben in lockeren Verbänden mit nicht sehr intensivem Kontakt untereinander. Ihre Lebensweise ähnelt derjenigen der Schleie, sie verhalten sich relativ ruhig und versteckt. Ihr Aussehen kann gebietsweise variieren, mal erscheinen sie etwas schlanker und heller oder hochrückiger und dunkler. Die Grundfärbung ist bräunlich dunkel mit einem dezenten Goldglanz. Wie beim Wels, dem Giebel und dem Aland kommen bei der Karausche nicht selten Farbmutationen vor, bei der Karausche ist es meist ein hell-gelblicher Goldglanz. Häufer noch als in der Natur beobachtet man dies in der Teichwirtschaft. Die durchschnittliche Körperlänge der Karauschen beträgt 10–20 cm, max. 45 cm. Einzelne Tiere können bis 30 Jahre alt werden.

Je nach Größe des Wohngewässers und dem Nahrungsangebot passen sie sich im Wachstum an. In kleineren Gewässern, bei günstigen Bedingungen und Massenvermehrung kommt es zu allgemeiner Kleinwüchsigkeit (Verbuttung). Die Geschlechtsreife tritt etwa ab dem 4. Lebensjahr ein und kann bereits bei einer Länge von nur 8 cm stattfinden. Laichzeit ist von Mai bis Juni. Die Eier werden bei 18–20 °C Wassertemperatur an Wasserpflanzen geklebt, die Anzahl der Eier schwankt zwischen 100 000 und 300 000. Die geschlüpften Larven haften an Wasserpflanzen bis sie schwimmfähig geworden sind. Dieses Verhalten hat den Zweck, zu verhindern, daß die Larven in den Bodengrund absinken. Der Bodengrund vieler Karauschengewässer besteht aus Schlamm und bildet sauerstoffarme, mit Fäulnisstoffen belastete Zonen. Man nennt Karauschen auch Moorkarpfen. Sie sind in ihrem Anspruch an die Wasserqualität und den Sauerstoffgehalt noch anspruchsloser als ihre Verwandten, die Karpfen und Schleien. Ihre Überlebensfähigkeit in belasteten Gewässern ist bemerkenswert. Zudem können sie in beinahe ausgetrockneten Gewässern im Schlammgrund verborgen längere Zeit verharren. Ihr Stoffwechsel reduziert sich dabei in ähnlichem Maße wie bei dem Verharren in der Winterstarre. Sie sind imstande, in fast sauerstofflosem Wasser eine Zeitlang zu überleben. Es ist bekannt, daß sie über die Darmschleimhäute Sauerstoff aus der Nahrung, z. B. aus Pflanzen aufnehmen können, um somit ihren Bedarf bis zu einem gewissen Grad zu decken.

Diese Anspruchslosigkeit und Zähigkeit macht sie in Hinblick auf die Aquarienhaltung beinahe unverwüstlich. Gegen Krankheiten sind sie jedoch nicht gefeit.

Ich sah einmal ein kleines, ca. 60 l fassendes Aquarium, in dem zu Anfang Flußbarsche, Stichlinge, einige Rotfedern und eine einzelne Karausche lebten. Das Becken wurde nicht gefiltert, nicht belüftet, und anfänglich noch durchgeführte Frischwasserwechsel blieben bald ganz aus. Ebenso unterblieb bald die Ergänzung des verdunsteten Wassers, und der Wasserstand sank immer weiter ab. Noch in der Anfangsphase starben die Barsche. Die Stichlinge entzogen sich bald durch Herausspringen aus dem sommerlich erhitzten »Heimataquarium«. In das Bekken wurde reichlich Trockenfutter gegeben. Der Pflanzenbestand erschien mager, die Algenbildung führte dazu, daß die restlichen Tiere im grünen Dickicht apathisch verborgen blieben. Als es zum biologischen Zusammenbruch kam und die Algen massenweise abstarben, traf es endlich auch die Rotfedern, sie japsten nach Luft und verendeten schnell. Eine Woche später, nachdem sich an den Zuständen nichts geändert hatte und selbst die anspruchslosen Wasserpflanzen an den Verhältnissen zugrunde gegangen waren, lebte die Karausche immer noch.

In einer flachen, schmutzigtrüben Brühe, in die kaum noch hineinzusehen war, sah man die Karausche, zwar mit deutlich erhöhter Atemfrequenz aber immerhin noch fressend.

Auf jeden Fall sollte man Karauschen unter besseren Bedingungen halten. Guten Aquariumbedingungen passen sie sich gern an. Sie sind Allesfresser und friedliche, ruhige Gesellschaftsfische. Sie entsprechen dem Bild vom »gemütlichen« Karpfen. Sie können jedoch außerordentlich geschickt und schnell sein. Wenn man sie herausfangen will, zeigen sie manchmal mehr Kraft, Ausdauer und Fluchtgeschick als viele andere Arten.

Nach angemessener Überwinterung und in einem großen Becken dürfte ihre Zucht gut möglich sein. Sie wachsen im Aquarium sehr langsam und man kann sie einige Jahre halten. Zur Laichzeit bekommen die Weibchen eine kurze Legeröhre, die jedoch weit weniger auffällig ist als die des Bitterlings.

Im Unterschied zu Karpfen haben die Karauschen keine Barteln und nicht das weit vorstülpbare Maul. Sie gründeln weniger. Junge Karauschen erkennt man an einem dunklen Fleck an der Schwanzwurzel, mit dem selbst die winzigen, fast durchsichtigen Jungfische von allen anderen Arten zu unterscheiden sind.

Gezüchtete Karauschen bekommt man im Köderfischhandel und auch gelegentlich in Kaltwasserabteilungen im Zierfischhandel. (Abbildung: S. 137)

Giebel (Silberkarausche)

(Carassius auratus gibelio)

Giebel sind nahe Verwandte der Karauschen. In ihrem äußeren Erscheinungsbild ähneln sie mehr noch dem Schuppenkarpfen als der Karausche, es fehlen dem Giebel jedoch die für Karpfen typischen Barteln und das weit vorstülpbare Maul. Von der Karausche kann man den Giebel daran unterscheiden, daß die Einbuchtung der Schwanzflosse spitzer und ausgeprägter ist. Die Schwanzflosse der Karausche wirkt weniger eingebuchtet und die Schwanzflossenspitzen sind weich gerundet. Beim Giebel ist die Rükkenflosse meist leicht nach innen eingebuchtet wie beim Karpfen. Bei der Karausche erscheint die Rückenflosse nicht eingebuchtet, also im Außensaum geradlinig. Der typische dunkle Fleck der Karausche fehlt beim Giebel.

Der Giebel stammt ursprünglich aus Asien und gilt in Mitteleuropa als eingebürgert. Eine Unterart des Giebel, der von den Chinesen Chi genannte *Gibelio auratus auratus*, gilt als die Stammform des Goldfisches. Die Züchtung von Goldfischen begann in China bereits vor ca. 1000 Jahren. Durch das Fehlen bestimmter Farbpigmente kommt es zu gelben, rötlichen oder silbrigen Farbvariationen. Der normalgefärbte Giebel ist etwas heller als die Karausche und hat ihm die Bezeichnung Silberkarausche eingebracht. Manche Autoren bezeichnen jedoch erst die stark silbrige Zuchtform des Giebel als Silberkarausche. Die Namensgebung ist nicht ganz durchsichtig.

Beim Giebel wird die manchmal erfolgende, eigenartige Vermehrungspraxis hervorgehoben. Dieser Fisch ist zu einer Art »Jungfernzeugung« (Gynokenese) fähig. Laichbereite Weibchen legen ihre Eier im Verband mit anderen, verwandten Arten ab und die Spermien der Männchen dringen in die Giebeleier ein und geben den Anstoß zum Entwicklungsprozeß. Die Spermien sterben ab und verschmelzen nicht mit dem Ei. Es fehlen also die Erbinformationen aus dem männlichen Samen. Die sich derart entwickelnden Tiere tragen nur die Erbinformation ihrer Mütter, folglich entstehen nur weibliche Nachkommen. Es soll vorkommen, daß ganze Giebelpopulationen ausschließlich aus Weibchen bestehen und dennoch vermehrungsfähig sind. Diese reine, unvermischte Zeugung nutzt man bei der Zucht und bekommt so auf dem kürzesten Weg die gewünschten Farbmutationen.

Dieser Vorgang ist im Aquarium unter Umständen zu beobachten, wenn man einige Karauschen hält, diese zur Vermehrung anregt und nur weibliche Giebel sich beteiligen läßt. Gelingen kann dies nur in einem großen, pflanzenreichen Aquarium nach kalter Überwinterung.

Ansonsten ist die Aquarienhaltung der Giebel sehr einfach. Die Tiere sind Allesfresser und nehmen Trockenfutter, pflanzliche Kost und jede Art Lebendfutter. An die Wasserqualität und den Sauerstoffgehalt stellen sie keine besonderen Ansprüche. Sie vertragen Dauertemperaturen um 20 °C und kurzfristig bis 26 °C. Anderen Fischen gegenüber verhalten sie sich friedlich. Sie sind schwimmfreudig und aktiver als Karauschen und bevorzugen mehr das freie Wasser als das Versteck im Pflanzendickicht. Sie gründeln nicht sehr stark und schließen sich als einzelne Exemplare anderen Schwarmfischen an. Ihr Wachstum verläuft im Aquarium langsam.

Man kann sie dort fangen, wo gesicherte Vorkommen bekannt sind. Giebel sind nur an wenigen Stellen eingebürgert. Ihre Wohngewässer entsprechen denen der Karausche. Gelegentlich werden sie als Köderfische gehandelt. Im Zierfischhandel findet man in der Regel nur die Farbvariationen, die Goldfische. (Abbildung: S. 137)

Karpfen

(Cyprinus carpio)

Die ursprüngliche Heimat des Karpfens ist Mittelasien, die Kaspische See, die Zuflüsse zum Schwarzen Meer. Im Mittelalter bereits wurde der Karpfen in Zentraleuropa eingeführt. Man weiß, daß die Fische von Mönchen in Teichwirtschaften gehalten und gezüchtet wurden und als Fastenspeise dienten.

Durch gezielte Zucht entstanden die verschiedenen Formen. Die ursprüngliche Wildform ist der Schuppenkarpfen, der in Mitteleuropa seltener zu finden ist. (In der Donau jedoch häufig.) Er ist, wie der Name sagt, ganz mit Schuppen bedeckt und von relativ schlankem Körperbau. Die bekanntere Zuchtform des Karpfens ist hochrückiger und die Schuppen sind weggezüchtet. Die verschiedenen Variationen tragen entsprechende Namen. Hochrückige Schuppenkarpfen sind keine Wildform (!). Spiegelkarpfen zeichnen sich durch eine einzelne, meist am Rücken verlaufende Schuppenreihe aus. Zeilkarpfen haben eine Schuppenreihe entlang der Körpermitte. Leder- oder Nachtkarpfen haben nur vereinzelte Schuppen oder überhaupt keine mehr. Diese Variationen stellen keine eigenen Arten dar.

Entsprechend ihrer Herkunft sind Karpfen mehr Warm- als Kaltwasserfische. Dauertemperaturen von mehr als 15 °C sagen ihnen mehr zu als kaltes Wasser, das sie aber gut vertragen. Sie sind Sommerlaicher und legen ihre Eier erst ab, wenn bestimmte Temperaturbedingungen erfüllt sind, etwa ab 18–20 °C und weiter ansteigend. Diese Bedingungen werden bei uns nicht regelmäßig erreicht, deshalb sind die Karpfen hier nicht in jedem Jahr vermehrungsfähig. Die freilebenden Karpfen stammen überwiegend aus Zuchtanstalten und sind auf ursprünglichen Besatz zurückzuführen. Karpfen erreichen im Durchschnitt eine Länge von 50–60 cm, können aber vereinzelt über 1 m lang und über 40 Jahre alt werden. Sie leben überwiegend in pflanzenreichen, langsam fließenden oder stehenden Gewässern. In der Literatur werden sie als scheu und träge beschrieben. Sie sind gesellig lebende Tiere und ernähren sich von Kleintieren, Pflanzen und organischen Abfällen. An die Wasserqualität und den Sauerstoffgehalt stellen sie wenig Ansprüche, man findet sie daher nicht selten auch in stark mit Abwässern belasteten Zonen. Das Erkennungsmerkmal für Karpfen sind die 4 Barteln an der Oberlippe, zwei sehr kurze und zwei längere Bartfäden.

Im Aquarium zeigen sie sich als anspruchslose, zählebige und friedliche Gesellschaftsfische. Hier sind sie keineswegs scheu oder träge und unterscheiden sich von Schleien und Karauschen durch ihre Schwimmfreudigkeit. Sie sind relativ zutraulich und gelehrig. Sie begreifen oft schneller als andere Arten, wo Futter zu holen ist, und setzen sich gezielt und sehr robust durch. Sie vertragen hohe Aquarientemperaturen und können auch im Warmwasserbecken leben (22–26 °C). Je nach Temperatur und Nahrungsangebot wachsen sie unterschiedlich schnell. Möglicherweise hat ihre Haltung in Warmwasserbecken zu dem Vorurteil geführt, daß sie für die Aquarienhaltung allgemein zu schnell wachsen. In einem wirklichen Kaltwasserbecken, einschließlich niedriger Temperaturen im Winter, wachsen sie langsam, also nicht schneller als andere Karpfenfische auch, trotz ausreichender Fütterung. Bei hohen Temperaturen erst entfalten sie ihre erstaunliche Wachstumsgeschwindigkeit. Da sie sehr breit und kräftig sind, erscheinen sie größer als andere Fische mit gleichen Längenmaßen. In einem großzügigen Becken lassen sie sich gut einige Jahre halten. Auch bei Karpfen gilt, daß sie als Aquarienfische ihre volle Pracht erst ab einer bestimmten Körpergröße entfalten; Karpfen sind große, gewichtige Süßwasserfische und sehr kleine Exemplare lassen diesen Eindruck vermissen. Ihre dunkle, bräunliche Färbung mit dem tiefblauen Schimmer geht in einem stark beleuchteten Aquarium mit hellem Untergrund leicht verloren, die Tiere wirken hier oft blaß. Karpfen gründeln gern, sie sind dabei nicht zimperlich und wühlen in einer einzigen kurzen Aktion einen Teil des Bodengrundes derart rabiat um, daß länger anhaltende Trübungen unvermeidbar sind. Daher sollte man den Bodengrund stets sauber halten oder besser noch das Wasser kräftig filtern. Empfindliche und feinblättrige Pflanzen geraten in einem Karpfenaquarium leicht ins Hintertreffen. Ausschließlich aus diesem Grund ist die Haltung von mehr als 10 cm großen Karpfen nicht ganz einfach. Ansonsten sind sie sehr anspruchslos, nehmen jede Art Trocken- und Lebendfutter und vertragen, wie gesagt, sowohl mindere Wasserqualität wie hohe Temperaturen. Ein einzelner Karpfen paßt sich gut in ein Gesellschaftsbecken ein. Wie alle Friedfische vergreift sich jeder Karpfen an winzigen, maulgerechten Jungfischen der eigenen wie auch anderer Arten. Als Regel hierfür könnte gelten, daß ein kleiner Fisch gegenüber einem fünfmal so langen Friedfisch bereits im Nachteil ist.

Karpfen sind Krautlaicher, die Geschlechtsreife erreichen sie normalerweise etwa ab dem 4. Lebensjahr, bei sehr hohen Temperaturen und guten Wachstumsbedingungen auch wesentlich früher. Ihre Zucht kann in einem sehr großen Aquarium durchaus gelingen. Die Jungfische sind in der Anfangsphase auf lebendes Plankton angewiesen, sie sind sehr klein und müssen sich vor größeren Wasserflöhen hüten. Die Laichzeit ist in der Zeit von Juni bis August.

Für das Aquarium bekommt man kleine Spiegelkarpfen neuerdings in manchen Zoohandlungen angeboten. Die seltenere Form des Schuppenkarpfens ist jedoch nie dabei. Die verschiedenen Formen bekommt man am ehesten direkt bei den Züchtern. (Abbildung: S. 138)

Bachschmerle

(Noemacheilus barbatulus)

Diese Fische gehören zur Familie der Schmerlen (Cobitidae), einer Gruppe von Kleinfischarten, zu der außer der Bachschmerle auch der Steinbeißer und der Schlammpeitzger zählen. In Europa ist diese Gruppe mit 3 Gattungen und 12 Arten vertreten. Ihr Verbreitungsgebiet erstreckt sich von West-, Mittel- bis Osteuropa. Weitere Verbreitung finden sie in Südostasien und Indien.

Man nennt die Familie der Schmerlen auch Bartgrundeln, weil sie am Maul eine Reihe von Bartfäden haben und bodenorientiert leben. Die Bachschmerle trägt am Oberkiefer 6 Barteln von unterschiedlicher Länge. Der Fischkörper ist teilweise mit sehr kleinen, mit bloßem Auge kaum erkennbaren Schuppen bedeckt. Färbung und Körpermuster variieren, je nach regionalem Vorkommen. Das Grundmuster ist meist eine dunkle Marmorierung. Die Bauchseite erscheint ungemustert und weißlich hell.

Die Bachschmerle ist ein Bewohner klarer Fließgewässer mit Sand- oder Kiesgrund, hauptsächlich der Forellenregion. Man findet Schmerlen auch in flachen Uferzonen mancher Seen, z. B. im Bodensee. Die Fische gelten als dämmerungs- und nachtaktiv. Tagsüber sitzen sie versteckt unter Steinen und überhängenden Uferböschungen. Dennoch kann man sehr oft beobachten, daß Schmerlen auch im hellsten Sonnenlicht aktiv sind. In flachen, steinigen Uferzonen, dort wo größere Raubfische kaum hinkommen, verlassen sie ihre Verstecke sogar massenhaft. Ansonsten entdeckt man sie erst dann, wenn man einen Stein oder einen Ast aufhebt. Mit dem Kescher lassen sie sich relativ leicht fangen. Schmerlen besitzen zwar eine Schwimmblase, bewegen sich aber stark am Boden orientiert mit ruckartigen kurzen Schwimmstößen nur kurze Strecken vorwärts. Bei der Flucht können sie überraschend schnell sein und blitzartig verschwinden.

Bachschmerlen gelten allerdings als stark gefährdet. Der Gewässerausbau und vor allem die Verschmutzungen, die zu starker Verschlammung vieler Sand- und Kiesufer geführt haben, setzen ihnen weiterhin unablässig zu. Man bekommt diese Fische gelegentlich im Zoohandel, ansonsten muß man sie sich für das Aquarium selbst fangen. Dies ist dort möglich, wo fehlende Schutzbestimmungen und gute Bestände dies erlauben.

Bachschmerlen wachsen relativ rasch. Als echte Kleinfischart bleiben sie jedoch lebenslang in aquariumfähigen Größen erhalten. Sie erreichen eine Durchschnittslänge von ca. 10 cm. Es soll vorkommen, daß einzelne Tiere bis 16 cm heranwachsen. Ihr Höchstalter wird auf 8 Jahre geschätzt.

In der Literatur wird meist auf die besondere Fähigkeit einiger Schmerlenarten zur Darmatmung hingewiesen. Das bedeutet, daß die Tiere Luft von der Wasseroberfläche schlucken und den Sauerstoff daraus mit dem Darm aufnehmen können und die verbrauchte Luft über den Darmausgang wieder ausscheiden. Erkennbar wird dies, wenn kurz nach dem Atmen an der Luft dem Darm Luftblasen entweichen. Die Darmatmung ist bei Bachschmerlen nicht besonders ausgeprägt und nicht zur Dauerversogung mit Sauerstoff geeignet. Sie stellt eine Notlösung für sauerstoffärmere Zeit dar und bedeutet nicht, daß man die Tiere dauerhaft unter schlechten Bedingungen halten kann oder daß gute Sauerstoffbedingungen im Aquarium überflüssig erscheinen, wie manchmal behauptet wird.

Entsprechend ihrer Herkunft sind Bachschmerlen auf sauberes, kühles und sehr sauerstoffhaltiges Wasser angewiesen. Ein Schmerlenaquarium sollte gut gefiltert sein und eine kräftige Wasserbewegung haben. Die Tiere gewöhnen sich jedoch auch gut an stehendes Wasser. Die Temperaturen sollten 18 °C nicht überschreiten, obwohl höhere Temperaturen bis etwa 22 °C eine gewisse Zeit vertragen werden. Bachschmerlen sind sehr anpassungsfähig und weit weniger empfindlich als Groppen und Forellen. Sie brauchen ausreichend Versteckmöglichkeiten und gleichzeitig eine freie Bodenfläche aus Sand- oder Kiesgrund, auf der sie sich ungehindert bewegen können. Schmerlen nehmen ihr Futter fast ausschließlich vom Bodengrund auf, sie jagen nicht im freien Wasser und gründeln nur mäßig. Das Hauptproblem ihrer Haltung in einem voll besetztem Gesellschaftsbecken liegt in der ausreichenden Futterversorgung. Dabei hilft evtl. die außerordentliche Zutraulichkeit der Tiere. Nach Gewöhnung nehmen sie Futter aus der Hand oder von der Pinzette und lassen sich so individuell füttern. Ansonsten hält man sie am besten in einem reinen Schmerlenbecken oder mit anderen bodenorientierten Arten zusammen. Trotz ihrer nicht sehr schwimmfreudigen Lebensweise registrieren sie die Beckenabmessungen genau und fühlen sich in kleinen Aquarien nicht wohl. Ein Schmerlenbecken mit 6–8 Tieren sollte mindestens 1 m Kantenlänge haben. Als Flachwasserbewohner bevorzugen sie einen Wasserstand von nicht mehr als 40 cm. Sie sind mehr oder weniger Einzelgänger, nur die winzigen Jungfische bewegen sich in größeren Schwärmen. Schmerlen sind relativ standorttreu und suchen sich im Aquarium bestimmte Plätze und Unterstände, zu denen sie immer wieder zurückkehren und die sie gelegentlich wechseln.

Eingefrorene Mückenlarven, Tubifex, kleine Regenwürmer, Bachflohkrebse usw. stellen die Hauptnahrung dar. Bei dauerhafter Verabreichung von Trockenfutter magern sie bald ab und zeigen Mangelerscheinungen in Form erhöhter Krankheitsanfälligkeit (z. B. Bauchwassersucht).

Die Geschlechtsreife tritt bei Schmerlen etwa ab dem 3. Lebensjahr ein. Laichzeit ist im Frühjahr, von März bis Mai. Ihre Zucht gelingt nur in größeren Becken bei optimaler Pflege. Schmerlen zeigen ein auffälliges Liebesspiel, bei dem sie sich gegenseitig umschlingen und sehr engen Kontakt haben. Die klebrigen Eier haften an Steinen oder liegen einfach am Bodengrund. Das Männchen betreibt eine gewisse Brutpflege, indem es die Eier bewacht. (Vielfach jedoch auch nicht.) Die Larven schlüpfen nach etwa einer Woche. Die Aufzucht der winzigen Jungfische gelingt nur mit feinstem Lebendfutter. Sie wachsen recht schnell, aber es dauert immerhin 6–8 Wochen, bis die Jungfische in der Lage sind normalgroße Wasserflöhe aufzunehmen. Verpilzte Eier sollte man vorsichtig mit der Pinzette entfernen, die Gefahr, daß das Gelege verdirbt, ist sehr groß. (Abbildung: S. 138)

Schlammpeitzger

(Misgurnus fossilis)

Dieser Fisch gilt neben der Karausche als der vielleicht härteste und zählebigste Aquarienfisch unter den heimischen Arten. Seine ausgeprägte Darmatmung befähigt ihn, im sauerstoffärmsten, schlechtesten Wasser längere Zeit zu überleben. Von der Darmatmung war im vorigen Abschnitt über die Bachschmerle bereits kurz die Rede. Darüber hinaus besitzt der Schlammpeitzger, neben einigen karpfenartigen Fischen, die Fähigkeit zur Hautatmung. Er kann über die Haut bis fast $^3/_4$ seines Sauerstoffbedarfs eine Weile abdecken. Feucht eingewickelt kann man ihn stundenlang transportieren. Dieses Experiment erscheint jedoch unnötig, da man ihn besser in einem Wasserbehälter transportiert. Ebenso sollte man bei der Aquarienhaltung die Zähigkeit dieses Fisches nicht zu sehr strapazieren. Wie gesagt, bezieht sich die Darm- und Hautatmung solcher Tiere auf die Möglichkeit, in Notzeiten zu überleben, keineswegs jedoch auf die allgemeine, dauerhafte Lebenssituation. Im Aquarium empfehlen sich auch für den Schlammpeitzger gute Sauerstoffwerte über gesunde Pflanzen oder eine schwach eingestellte Belüftung.

Zur Überlebensfähigkeit des Schlammpeitzgers gehört es, daß er sich bis zu einem halben Meter im feuchten Schlamm eingraben kann, um dort eine zeitweise Austrocknung seines Gewässers zu überstehen, im Extremfall bis zu einem Jahr.

Der Schlammpeitzger gehört zu den Kleinfischarten, er erreicht im Durchschnitt eine Länge von 15–20 cm, max. wird er 30 cm lang. Sein aalähnlicher, schlanker Körper ist von bräunlicher Grundfärbung mit dunklen Längsstreifen, der Unterbrauch ist gelblichorange. Er ist ein außerordentlich schöner und anspruchsloser Aquarienfisch, der es an Farbigkeit mit vielen Exoten durchaus aufnehmen kann. Oberflächlich betrachtet könnte man ihn zunächst mit der Bachschmerle verwechseln, er kommt jedoch in völlig anderen Gewässertypen vor. Seine Wohngewässer sind flache, nährstoffreiche und dicht mit Pflanzen bewachsene Kleinstgewässer mit Schlammgrund, stehend oder nur langsam fließend, in der Hauptsache Wiesengräben und Teiche. Dort lebt er dämmerungs- und nachtaktiv und sehr verborgen. Er ist stark bodenorientiert. Er frißt nur, was er am Boden findet, gezielt jagen kann er nicht. Bei der Aquarienhaltung gilt also ähnliches wie für andere Bodenfische auch. In einem Gesellschaftsbecken muß man darauf achten, daß genügend Futter den Bodengrund erreicht und so lange liegen bleibt, bis diese Tiere gefressen haben. Der Schlammpeitzger wird kaum zutraulich, er bleibt immer scheu und ängstlich und zeigt sich wenig gelehrig, deshalb wird man ihn kaum individuell füttern können. Das macht seine Haltung in Gesellschaft anderer Fische schwieriger als bei der Bachschmerle. Er ist auf echtes Lebendfutter oder Lebendfutterersatz in Form eingefrorener Tubifex, Mückenlarven oder Wasserflöhe angewiesen. Trockenfutter nimmt er nur sehr wenig und kann damit dauerhaft nicht überleben. Bei Fütterungsfehlern (Abmagerung und Krankheitsanfälligkeit nach Mangelerscheinungen) hört seine vielgerühmte Unverwüstlichkeit auf, hier zeigt er sich empfindlich wie alle Fische. Regenwürmer oder andere größere Futtertiere bekommt er mit seinem kleinen Maul nur schlecht herunter, die Futtertiere müssen also klein sein. Mit seinen winzigen Augen sieht er schlecht und orientiert sich vorwiegend am Geruchssinn. Er ist auf gute Versteckmöglichkeiten und Schutz vor hellem Licht angewiesen und kommt, wenn er die Witterung von eingeworfenem Futter aufgenommen hat, aus seinem Versteck, um danach zu suchen. Am Maul trägt er insgesamt 10 Bartfäden, 6 etwas längere am Oberkiefer und 4 kurze am Unterkiefer. Diese Barteln sind Tast- und Geschmacksorgane. In der Natur lebt der Schlammpeitzger in Gewässern mit reichlich Schlammgrund und fühlt sich dort wohl. Solch ein Bodengrund scheidet für das Aquarium aus hygienischen Gründen aus, man kann diesen Fisch also kaum voll artgerecht halten. Der Aquariengrund sollte jedoch weich sein, damit er in ihm einigermaßen gründeln kann; Sandgrund ist geeignet. Der Schlammpeitzger wühlt den Grund durch und schleudert den Sand durch seine Kiemen wieder aus. Dabei nimmt er auch feine organische Abfälle als Futter auf.

Die Temperatur sollte zwischen 18 °C und 20 °C bleiben, kurzfristig höhere Temperaturen bis 24 °C verträgt er jedoch gut. In sehr kleinen Aquarien fühlt er sich nicht wohl. Er ist zwar kein unablässiger Schwimmer und verharrt die meiste Zeit ruhig am Boden, registriert jedoch, wenn er in Bewegung kommt, die Beckenabmessungen durchaus. Für einen oder mehrere mittelgroße Schlammpeitzger um 10–12 cm sollte die Kantenlänge ab 80 cm betragen.

Seinen Namen hat dieser Fisch von seiner Eigenschaft, gelegentlich und anfallartig hektisch in Bewegung zu geraten. Dabei wirbelt er mit dem ganzen Körper herum und »peitscht« bis zu einer Minute und mehrmals am Tag den Bodengrund. Je mehr Mulm sich gesammelt hat, je nachhaltiger wird das Wasser von solchen Aktionen getrübt. Empfindliche Gesellschaftsfische und Wasserpflanzen können sehr darunter leiden. Deshalb sollte man das Wasser entweder gut filtern oder die Schlammpeitzger nicht mit anspruchsvollen Arten zusammenbringen. An klares Wasser gewöhnt er sich gut.

Man führt diese eigenartige Verhaltensweise auf seine Empfindlichkeit gegenüber Luftdruckveränderungen zurück und sagt, daß er damit aufkommende Gewitter anzeigen kann. Daher auch die Bezeichnung »Wetterfisch«. Nach meiner Erfahrung ist der Schlammpeitzger kein zuverlässiger Wetterprophet.

Manchmal liegt er quer oder auf dem Rücken über einer Pflanze hängend, nahe der Wasseroberfläche. Ein unerfahrener Beobachter könnte ihn in diesem Zustand leicht für tot halten. Tippt man ihn mit dem Finger an, löst er sich nur langsam aus seiner »Meditation«. Es scheint sich hier um einen ausgeprägten Ruhezustand, eine Art Schlaf zu handeln. Auf keinen Fall demonstriert er mit dieser Haltung Unwohlsein.

Wenn er manchmal unruhig oder hungrig wird und unablässig umher schwimmt, besteht die Gefahr, daß er beim Auf und Ab an der Scheibe in einer Ecke herausspringt, deshalb sollten die Ecken nie frei sein oder man sollte das Aquarium mit einer Abdeckung versehen.

Schlammpeitzger wachsen im Aquarium sehr langsam und erreichen auch nach mehreren Jahren kaum ihre maximale Größe. Man hat davon gehört, daß Schlammpeitzger in Aquarien über 20 Jahre lang gelebt haben. Ihr Höchstalter wird auf 25 Jahre geschätzt.

Ihre Zucht könnte im Aquarium durchaus gelingen. Voraussetzung dazu ist eine wirklich kalte Überwinterung mit einer echten Ruhepause bei schätzungsweise 4–6 °C, am besten mit einer ausreichenden Schlammschicht, in der die Tiere sich eingraben können. Die Laichzeit ist zwischen April und Juni. Simulierte oder echte Tageslängen fördern in jedem Fall die Brutbereitschaft, ebenso wie Fütterungspausen. Weitere Voraussetzung ist sicher ein großes, dicht bepflanztes Aquarium. Mehrere ausgewachsene Tiere ab 12 cm machen sich dabei besser als nur ein Pärchen. Normalerweise leben die Schlammpeitzger einzelgängerisch, es gibt jedoch Berichte, nach denen man im Frühjahr zur Laichzeit am Grunde von Teichen die Tiere massenhaft und dicht gedrängt aufgefunden hat. Sie zeigen ein lebhaftes Liebesspiel, bei dem sich die Tiere gegenseitig umschlingen, kurz bevor es zur Eiablage und Besamung kommt. Das Weibchen legt in mehreren Schüben bis zu 100000 bräunliche Eier an Wasserpflanzen ab. Die Larven schlüpfen nach etwa 10 Tagen und besitzen kleine büschelartige Kiemen, ähnlich wie Kaulquappen. Die Aufzucht der Jungfische soll nur mit feinstem Zooplankton gelingen, sie erscheint also nicht ganz einfach. Die Elterntiere betreiben keine Brutpflege.

Von einer erfolgreichen Schlammpeitzgerzucht hat man bisher selten gehört. Wahrscheinlich macht sich kaum jemand die Mühe einer artgerechten Aquarienhaltung.

In weiten Teilen der Bundesrepublik gilt diese Art als stark gefährdet. Der Grund dafür dürfte darin liegen, daß viele Kleinstgewässer ganz verschwinden, zum Teil übermäßig stark verschmutzt und oft auch im Frühjahr radikalen Reinigungsaktionen unterzogen werden, bei denen die im Uferschlamm sitzenden Tiere herausgebaggert werden und am Ufer verenden. Bei der negativen Beurteilung der Bestandssituation kommt vielleicht hinzu, daß dieser wirtschaftlich äußerst uninteressante Kleinfisch aufgrund seiner unsichtbaren Lebensweise in unscheinbaren Gewässern nur selten registriert wird. (Abbildung: S. 138)

Steinbeißer

(Cobitis taenia)

Dieser Fisch gehört zu den kleinsten Arten in Europa. Die erwachsenen Tiere bleiben zwischen 6–10 cm groß, selten findet man Exemplare von ca. 10 cm, die maximale Länge wird mit 13 cm angegeben. Steinbeißer sind schlanke, längliche und dabei seitlich etwas abgeflachte Fische von heller Grundfärbung mit dichten dunklen Fleckenmustern, die sich zu unterbrochenen Längsstreifen vereinen. Die Musterung erstreckt sich auch auf Rücken- und Schwanzflosse. Die Bauchseite ist weißlich. Am Oberkiefer sitzen 6 kurze Barteln und unter den Augen ein kurzer Dorn, dessen Funktion manchmal als Abwehrstachel beschrieben wird. Die Fische können mit dem Augenstacheln allerdings so gut wie nichts ausrichten; Freßfeinde fühlen sich davon jedenfalls nicht beeindruckt. Die Steinbeißer haben eine unvollständige Seitenlinie und sehr kleine, mit bloßem Auge kaum erkennbare Schuppen. Ihre Heimatgewässer sind klare Bäche, Flüsse und die flachen Uferzonen sauberer Seen. Man findet sie auch manchmal in recht trüben Gewässern, mittleren Wiesengräben und Entwässerungskanälen. Sie scheinen eine hohe Anpassungsfähigkeit zu besitzen. Dennoch gilt diese Art weithin als stark gefährdet und taucht in allen Roten Listen mit dieser Bewertung auf. Daran ist kaum zu zweifeln. Ähnlich wie beim Schlammpeitzger mag ihre Unauffälligkeit und daher die seltene Entdeckung ihrer Vorkommen bei der Bewertung eine Rolle spielen. In Bremen, wo diese Art bis vor kurzem als vollständig ausgestorben galt, fand man bei einer gutachterlichen Erfassung mit der Elektrofischerei-Methode zur großen Überraschung doch noch mehrere Vorkommen. Trotzdem sind sie aus vielen, früher besiedelten Gewässern inzwischen auch ganz verschwunden.

Ihr Verbreitungsgebiet erstreckt sich über ganz Europa, außer im hohen Norden. Acht geographische Rassen sind bekannt. Die vielleicht bekanntesten Steinbeißervariationen sind der Balkan-Steinbeißer und der Gold-Steinbeißer, der vereinzelt auch in Österreich vorkommt.

Steinbeißer gelten als nachtaktiv. Tagsüber verstecken sie sich im Sand, in den sie sich in Sekundenschnelle eingraben können und für eine Weile vollständig verborgen sind, bis sie, ihre Ruhestellung einnehmend, nur mit den Augen und dem Maul herausgucken. Sie leben also nur dort, wo der Grund aus feinem Sand besteht. Hohe Schlammablagerungen mögen sie nicht, deshalb ist neben der radikalen Beseitigung vieler kleiner Gewässer vor allem Verschmutzung die Ursache für ihren Rückgang. Sie leben gesellig und ortstreu in kleinen Völkern. Aufgrund ihrer Kleinheit, ihrer farblichen Anpassung an den Bodengrund und ihrer verborgenen Lebensweise sind sie nur schwer zu entdecken. Beim Köderfischfang mit der Senke fängt man selbst in dichten Beständen nur selten ein Exemplar, denn die schlanken Fische schlüpfen leicht durch die Maschen. Wer sie fangen will, muß ein gesichertes Vorkommen kennen. Beim Abschreiten des flachen Ufergrundes erlebt man, wie sie aufgescheucht herumschwimmen und sich blitzartig wieder eingraben. Dabei entstehen kleine Mulmwolken. Mit einem stabilen Kescher fischt man an der entsprechenden Stelle einen Teil des Sandes heraus und findet darin den Fisch. Der Eigenfang ist vielfach jedoch nicht nötig, da man gezüchtete Steinbeißer gelegentlich im Zoohandel kaufen kann.

Steinbeißer sind Bodenfische, sie schwimmen wenig, sondern schieben sich mit kurzen Schwimmstößen ruckartig voran. Ihre Nahrung filtern sie aus dem Sand, indem sie diesen »durchkauen« und durch die Kiemen wieder ausstoßen. Von dieser Art zu fressen leitet sich ihr Name ab. Im Aquarium nehmen sie Lebendfutter oder Lebendfutterersatz, Trockenfutter eignet sich auch. Auf den

Oben: Kaulbarsch (s. S. 193). Bei Gefahr spreizen sich die hartstacheligen Rückenflossen ab.
Unten: Sonnenbarsch (s. S. 194). Die ursprüngliche Heimat ist Nordamerika.

Boden gesunkene Wasserflöhe oder eingegrabene Tubifexwürmchen kauen sie aus dem Sand heraus. Die Fütterung funktioniert nur mit kleinen Teilen, größere Brocken bekommen sie nicht herunter. Dabei verschmähen sie auch organische Abfälle nicht und begnügen sich mit mulmartig zerfallenen Substanzen. Ein nicht zu sauberer Sandgrund kann längere Zeit als Nährsubstanz herhalten. Aus diesem Grund sind Steinbeißer in einem Gesellschaftsbecken etwas besser aufgehoben als andere Bodenfische. Langfristig gilt jedoch dasselbe wie für andere Bodenfische auch: eine ausreichende Fütterung gelingt nur an den anderen freischwimmenden Arten vorbei. Steinbeißer entwickeln keine besondere Zutraulichkeit und lassen sich nicht individuell versorgen.

Sehr wichtig für ihre artgerechte Haltung ist das Vorhandensein einer ca. 6–8 Cm dicken Schicht aus feinstem Flußsand, damit sie sich nach Bedarf eingraben können. Grobkörniger Kies oder Tonkugeln usw. sind ungeeignet. Anspruchsvolle Pflanzen haben es jedoch in einem reinen Sandgrund schwer; eine dichte Bepflanzung ist daher nicht angebracht. Gewisse weitere Versteckmöglichkeiten sollten vorhanden sein, da sich die Fische auch gern in Unterstände zurückziehen. Am meisten behagt ihnen jedoch eine genügend große, freie Sandfläche. Für ein reines Steinbeißer-Aquarium mit 6–8 Tieren genügt ein Becken mit 60 cm Kantenlänge. Die notwendige gute Wasserqualität erreicht man mit den üblichen regelmäßigen Frischwasserwechseln. Im großen und ganzen sind Steinbeißer weniger anspruchsvoll als manchmal gesagt wird. Das Wasser sollte stets einigermaßen klar sein, obwohl die Tiere auch gelegentliche Trübungen gut vertragen. Sie sind nach Eingewöhnung sehr ausdauernd. Eine Filterung ist nicht nötig, das gelegentliche Absaugen des Bodengrundes von zuviel Mulm genügt als Reinigungsmaßnahme. Um ihren Sauerstoffbedarf zu decken ist eine mechanische Sauerstoffversorgung (mittelstark eingestellte Membranpumpe – oder Kreiselpumpe) erforderlich. Die Fähigkeit zur Darmatmung (siehe hierzu auch den Abschnitt über die Bachschmerle) ist nicht besonders ausgeprägt und nur für den Notfall vorhanden. Die Temperaturen sollten bei 16–18 °C bleiben, kurzfristig höhere Werte von 22–24 °C werden jedoch gut vertragen. Die Krankheitsanfälligkeit steigt mit der Temperatur.

Im Aquarium zeigen sie sich nicht als ausgeprägt nachtaktiv, man sieht sie den ganzen Tag über. Nur bei sehr heller Beleuchtung, vor allem bei Sonnenlichteinstrahlung, verstecken sie sich im Sand oder hinter Steinen. Im hellen Licht verblassen ihre Farben leicht für eine gewisse Zeit, zumal wenn ein heller Sandgrund dabei eine Rolle spielt.

Unter guten Aquarienbedingungen erreichen sie ungehindert ihr volles Alter, das bei ca. 8 Jahren liegen dürfte.

Ihre Nachzucht ist nicht schwierig. In einem größeren Becken, ab ca. 80 cm

O. li.: Süßwasser-Schleimfisch (s. S. 195). Zeigt ein sehr interessantes Brutverhalten. O. re.: Groppe (s. S. 197). Wegen ihrer Empfindlichkeit überall stark gefährdet. M. li.: Dreistachliger Stichling (s. S. 201). Zur Brutpflege bauen die Männchen kunstvolle Nester. M. re.: Marmorierte Grundel (s. S. 200). Das Brutverhalten gilt bisher noch als unerforscht. U. li.: Zwergstichling (s. S. 203). Verschwindet immer häufiger aus unseren Wiesengräben. U. re.: Quappe (s. S. 205). Aus der Familie der Dorsche lebt nur die Quappe im reinen Süßwasser.

und kalter Überwinterung, sollte man darauf achten, daß die Temperaturen nicht zu schnell ansteigen und erst zur Laichzeit, etwa ab Mitte April, höchstens 16 °C erreichen. Die Laichzeit geht bis etwa Mitte Juni. Ein flacher Wasserstand von 20 bis 25 cm ist sehr förderlich. Man unterscheidet die Männchen daran, daß sie kleiner bleiben und bei ihnen der 2. Strahl der Brustflosse etwas länger und verdickt erscheint. Die Tiere zeigen ein heftiges Paarungsspiel, bei dem das Männchen das Weibchen umklammert. Die kleinen Eier kleben an Steinen, Pflanzenwurzeln oder liegen einfach auf dem Sand. Brutpflege wird nicht betrieben. Die Larven schlüpfen nach etwa 8 Tagen und sind empfindlich gegen Sauerstoffmangel und hohe Temperaturen; 18 °C sollten in der Folge nicht überschritten werden, Frischwasser und gute Belüftung fördern die Entwicklung der Larven und Jungfische und beugen großen Verlusten vor. Die Jungfische sind wie ihre Eltern bodenorientiert und fressen staubfeines Futter, am besten getrocknete und zerriebene Wasserflöhe. (Abbildung: S. 138)

Wels (Waller)

(Silurus glanis)

Um diesen größten Vertreter der europäischen Süßwasserfische haben sich allerhand Legenden gebildet. Vielleicht sind riesige, uralte Welse verantwortlich für manche Anekdote von geheimnisvollen Seeungeheuern. Angeblich gab es Welse, die 9 m lang wurden und über 100 Jahre alt waren. Ihre maximale Größe wird jedoch mit 3 m angegeben und man weiß mit Sicherheit, daß sie bis zu 80 Jahre alt werden können. Durchschnittsgröße und -alter dürften jedoch geringer ausfallen.

Welse leben in Flüssen und Seen mit Schlammgrund. Ihr Verbreitungsgebiet erstreckt sich von Mittel- über Osteuropa bis weit nach Asien. Die westliche Grenze ist, grob gesehen, die Elbe-Donaulinie. In der Bundesrepublik gilt der Wels als typischer Donaufisch. In der Donau und einigen Nebenflüssen (Regen) sowie in größeren Seen in Süddeutschland soll er noch recht häufig vorkommen, in anderen Gegenden gilt diese Art als gefährdet bis stark gefährdet. Auch in ihren Heimatgewässern sind sie nicht sehr häufig, die Bestandsdichte ist naturgemäß gering. Erwachsene Tiere sind außerhalb der Laichzeit Einzelgänger, nur die Jungfische leben in kleinen Verbänden. Lediglich zur Winterruhe, wenn sie sich im Schlamm vergraben, sollen sich auch große Welse zu lockeren Gemeinschaften zusammenfinden. Die Tiere sind sehr lichtscheu und gelten als ausgesprochen nachtaktiv. Zur Laichzeit, von Mai bis Juli, werden flache, nestähnliche Mulden in Ufernähe angelegt und das Männchen bewacht das Gelege. Nach einer Brutzeit von ca. 1 Woche, bei sommerlichen Temperaturen, schlüpfen die Larven. Sie sind Kaulquappen sehr ähnlich. Die Geschlechtsreife der erwachsenen Welse tritt etwa ab dem 3. bis 4. Lebensjahr ein.

Mit anderen Fischen sind Welse kaum zu verwechseln. Sicherstes Erkennungsmerkmal ist der breite flache Kopf mit den beiden sehr langen Barteln am Oberkiefer, am Unterkiefer befinden sich 4 kürzere Barteln. Der schuppenlose schleimige Körper ist von dunkler, schwärzlich grüner oder bläulicher Grundfarbe mit hellen Flecken und zeigt eine differenzierte Marmorierung. Häufiger als bei anderen Fischarten findet man in der Natur

Albinos, also vollkommen weiße Exemplare. Die sehr kleinen Augen der Welse deuten das geringe Sehvermögen an, Welse sind vorwiegend mit dem Geruchssinn orientiert. Man weiß, daß sie sehr gut hören und selbst feinste Erschütterungen im Boden wahrnehmen können. Mit ihrer Fähigkeit zur Haut- und Darmatmung können sie bis zu $\frac{1}{4}$ ihres Sauerstoffbedarfs decken. Wie auch bei anderen Arten mit ähnlichen Fähigkeiten, gilt dies in der Hauptsache für Notfälle, wenn die sommerlich erhitzten Gewässer einmal nicht genügend Sauerstoff abgeben.

Welse sind ausgesprochene Raubfische und sehr schnellwüchsig. Sie können es im ersten Lebensjahr bis auf 1 kg Gewicht bringen. Je nach Temperatur und Nahrungsangebot schwankt das Wachstum. Bei höheren Temperaturen zeigen sie sich aktiver und gefräßiger. Im Winter, unter 6 °C Wassertemperatur, nehmen sie keine Nahrung mehr zu sich und legen eine Ruhepause ein. Sie ernähren sich von Würmern, Fischen, Fröschen, Molchen und anderen Tieren. Von Anglern hat man gehört, daß Welse auch auf tote Köderfische anbeißen.

Welse halten sich vorwiegend in Bodennähe auf, sind aber, wenn sie jagen, bis nahe der Wasseroberfläche im ganzen Gewässerraum unterwegs. Dabei sind sie sehr aktive Schwimmer und äußerst gewandt, sie können blitzschnell zupacken und entwickeln auf der Flucht hohe Geschwindigkeiten. Ansonsten gelten sie als relativ träge.

Ihre Empfindlichkeit gegenüber Luftdruckveränderungen hat ihnen, ähnlich wie dem Schlammpeitzger, den Ruf eingehandelt, sie seien »Wetterpropheten«. Dabei ist nach meiner Erfahrung der Wels ähnlich unzuverlässig wie der Schlammpeitzger.

Im Aquarium sieht man Welse gelegentlich in größeren Schaubecken in Großanlagen zoologischer Gärten. Von Amateuren werden sie offensichtlich kaum gehalten, die Beschreibungen ihrer Pflege sind recht spärlich. Dies mag in erster Linie ein Beschaffungsproblem sein, denn man bekommt sie in der Natur nur äußerst selten als aquariumfähige Jungfische zu sehen und kein Zoohandel führt sie. Die einzige sichere Beschaffungsmöglichkeit besteht bei Züchtern. In einigen Teichanlagen in Süddeutschland und Österreich werden Welse als Speisefische und als Besatzfische für Angelteiche erbrütet.

Ihre Aquarienhaltung ist nicht schwierig. Nur ihre Abhängigkeit von Lebendfutter und ihr enormes Wachstum schaffen gewisse Probleme. Dabei kann man sich mit ein paar Tricks helfen. Je nach Größe braucht man ein geräumiges Bekken. Ab ca. 8 cm kann man sie auch in »Einzelhaft« halten, da sie untereinander recht unverträglich sind und kaum Kontakt haben. In Gesellschaftsbecken müssen die anderen Fische mindestens halb so lang und nicht so schlank sein wie die Welse, ansonsten wird alles gefressen, was erreichbar ist. Gelegentlich schnappt der Wels auch nach Fischen, die eindeutig zu groß für ihn sind, und verletzt diese dabei. Bei einem gewissen Mißverhältnis kommt es vor, daß der Wels an einer Beute erstickt. Fische, die etwa $\frac{1}{3}$ der Welslänge aufweisen, sind insofern nicht nur selbst gefährdet sondern auch eine große Gefahr für den Räuber. Am besten hält man Welse allein, denn bei der Fütterung bereiten sie ähnliche Probleme wie andere Bodenfische auch. Ein Häufchen Tubifex, einen Regenwurm oder lebende kleine Fische spüren sie jedoch rasch auf. Ihre Gelehrigkeit läßt sie nach vorsichtiger Eingewöhnung auf ein Klopfen an der Scheibe aus ihrem Versteck kommen und sie holen sich dann an einer bestimmten Stelle an der Wasseroberfläche ihr Futter ab. Mit solchen Tricks kann man ihnen auch tote Fische anbieten, vorausgesetzt diese sind noch einigermaßen frisch. Mit Regenwürmern und kleinen Fischen als Haupt- und Dauernahrung sind Welse gut versorgt.

Im wesentlichen bleibt der Wels auch im Aquarium nachtaktiv. Er ist auf gute Versteckmöglichkeiten angewiesen. Baumwurzeln oder Steinhöhlen dienen ihm als Unterschlupf. In einem stark beleuchteten Aquarium bleibt er tagsüber unsichtbar, in einem halbdunklen Bekken sieht man ihn sein Versteck auch am Tag verlassen. Die besten Beobachtungsbedingungen sind bei Dunkelheit und nur schwach eingestellter Beleuchtung.

Welse sind sehr sensibel und mögen keine Störungen. Man läßt sie weitgehend in Ruhe, um ihre Zutraulichkeit nicht zu stören.

Um ihr Wachstum zu verlangsamen und damit ihre Aquarienhaltung längerfristig möglich zu machen, hält man sie im Winter kalt; unter 10 °C brauchen sie weniger Futter, mit ein oder zwei Regenwürmern pro Woche halten sie sich dann gut und ohne Mangelerscheinungen. Eine tägliche Fütterung ist bei Welsen generell nicht nötig. Ob ein Wels gut ernährt ist oder nicht, erkennt man leicht an seinem Bauchumfang. Der Bauch im ersten Körperdrittel, gleich hinter dem Kopf, sollte immer gut gefüllt und nie flach oder eingefallen sein. So gesehen kann man die Fütterung gut dosieren. Bei täglich reichlichen Futtermengen ist ihr Wachstum für ein Zimmeraquarium unerträglich. Ansonsten kann man Welse mindestens zwei bis drei Jahre, bis zu einer Größe von ca. 25–30 cm in einem 400 l-Becken halten.

Besondere Ansprüche an die Wasserqualität stellen sie nicht. In der Natur leben Welse vielfach in sogenannten Altwässern. Häufige Wasserwechsel sind im Aquarium nicht nötig. Mulm am Bodengrund stört sie nicht. Ein sandiger, weicher Bodengrund behagt ihnen mehr als harte Kiesel. Ihr Sauerstoffbedarf ist nicht sehr hoch, eine Belüftung ist jedoch angebracht. Die ideale Wassertemperatur liegt bei 18 °C, kurzfristig höhere Temperaturen vertragen sie gut. Über Zuchterfolge im Aquarium ist mir nichts bekannt. Es ist schwer vorstellbar, daß Welse in Wohnzimmeraquarien zur Paarung bereit sind.

Es lohnt sich, einmal einen oder wenige Welse eine Zeitlang im Aquarium zu halten. Die räuberische und versteckte, sensible Lebensweise dieser prächtigen Fische zu beobachten, gehört zu den Höhepunkten bei der Aquarienhaltung einheimischer Arten. (Abbildung: S. 155)

Zwergwels

(Ictalurus nebulosus)

Zwergwelse sind als Kaltwasser-Aquarienfische sehr bekannte Objekte. In jedem gut sortierten Zierfischhandel werden sie angeboten, ihre Beschaffung ist also kein Problem. Ihre ursprüngliche Heimat ist Nordamerika, von dort wurden sie Ende des vorigen Jahrhunderts als Aquarienfische importiert und durch willkürliches Aussetzen in einigen Gegenden Mitteleuropas eingebürgert. In der Aller, einem Nebenfluß der Weser, existiert eine größere, selbsterhaltungsfähige Population. Gelegentlich gehen dort einzelne Tiere an die Wurmangel und bestätigen damit ihr Vorkommen. Wie die großen heimischen Welse bevorzugen Zwergwelse langsam fließende oder stehende Gewässer mit Sand- oder Schlammgrund als Lebensraum. Zwergwelse, auch Katzenwelse genannt, unterscheiden sich zunächst durch ihre geringe Größe von ihren heimischen Verwandten. Zwergwelse erreichen in unseren Breiten höchstens 35–40 cm. Ihre Körperfärbung ist meist durchgehend bräunlich bis bläulichschwarz, ohne Marmorierung. Ihr Körper wirkt etwas gedrungener, die 8 Barteln am Maul erscheinen beinahe gleichlang.

Ihre Lebensweise und damit auch ihre Aquarienhaltung entspricht im wesentlichen der der großen heimischen Welse. Zwergwelse wachsen etwas langsamer und können bei dauerhafter Haltung letztlich bis ca. 20–25 cm lang werden. Sie scheinen etwas geselliger zu sein und bevorzugen die Anwesenheit von mindestens ein oder zwei Artgenossen. Bei anfänglicher Länge von ca. 5 cm genügt für 2–4 Tiere ein 40–60 cm-Becken. Häufige Wasserwechsel sind nicht nötig. Eine schwach eingestellte Belüftung sorgt für genügend Sauerstoff. Auch Zwergwelse verfügen im Notfall über eine Darmatmung. Bei ihren Wühlaktionen geraten empfindliche und nicht fest verankerte Wasserpflanzen leicht in Bedrängnis. Dauertemperaturen von 18–20 °C vertragen die Tiere gut, gelegentliche Temperaturen bis 24 °C ebenfalls. Sie sind robust und anspruchslos. Im Aquarium müssen Versteckmöglichkeiten vorhanden sein, da Welse weitgehend verborgen und nachtaktiv leben. Grelles Licht, vor allem Tageslicht, meiden sie weitgehend. Zur Fütterung wagen sie sich auch tagsüber heraus. Als überwiegend bodenorientierte Fische passen sie schlecht in ein Gesellschaftsbecken. Überdies vergreifen sie sich mit zunehmender Körpergröße an anderen Fischen. Bei der Flucht zeigen sie sich als sehr schnelle und geschickte Schwimmer, man bekommt sie manchmal schlecht in den Kescher, wenn es nicht gelingt, sie bei der Fütterung zu überraschen. Wie bei Barschen und den großen Welsen auch, ist ein Stich mit dem harten Flossenstrahl der Rückenflosse schmerzhaft und führt nicht selten zu Entzündungen, wenn man die Tiere unvorsichtig in die Hand genommen hat.

Ihre Fütterung ist einfach, Regenwürmer, Tubifex, gefrorene Mückenlarven und kleine Fische spüren die Welse rasch auf. Eine mäßige aber dennoch ausreichende Fütterung läßt sie nicht so rasch wachsen, und man kann sie länger im Aquarium halten.

Nach vorsichtiger Gewöhnung und unter Vermeidung von Störungen können Zwergwelse recht zutraulich und gelehrig sein. Sie reagieren dann sogar auf Klopfzeichen, kommen aus ihren Verstecken und nehmen Futter von der Pinzette. Angeblich erreicht man dies auch mit Pfeiftönen, wenn man die Geduld zur Gewöhnung aufbringt. Zutrauliche Zwergwelse lassen sich dann auch in einem Gesellschaftsbecken individuell füttern.

Die Laichzeit liegt zwischen März und Mai. Die klebrigen Eier werden in eine flache Nestmulde abgelegt und vom Männchen bewacht. Die nach ca. 1 Woche schlüpfenden Larven bleiben eine Zeitlang unter Schutz. Die Zucht von Zwergwelsen im Wohnzimmeraquarium ist schlecht möglich. In großzügigen Gartenteichen gehalten, sollen sie sich ohne weiteres vermehren. Das Aussetzen in freier Natur steht in einem eklatanten Widerspruch zum Naturschutz und ist verboten. (Abbildung: S. 155)

Aal

(Anguilla anguilla)

Mit nur einer Gattung und einer Art vertreten, hat der Aal keine nähereren Verwandten in den Süßgewässern Europas. Man findet ihn in allen Gewässertypen, von der Forellenregion, dort allerdings seltener, bis zum Salzwasser der Meere. Sein europäisches Verbreitungsgebiet im Süßwasser umfaßt alle Gewässer, die in irgendeiner Weise direkt oder weitläufig mit dem Meer in Verbindung stehen. In Gewässer, die nicht mit dem Meer in Verbindung stehen, gelangen Aale nur über Besatzmaßnahmen und zum Teil wohl auch, indem sie nachts über feuchte Wiesen wandern und so gewisse Strecken auf dem Land überwinden können. Zuvor in den großen Flüssen und an den Küsten gefangene Jungaale werden weite Strekken transportiert und in viele Seen und Teiche entlassen. Aale sind begehrte Speisefische und Angelobjekte. Sie vermehren sich weder in den freien Gewässern Europas noch in Gefangenschaft. Die geheimnisvolle Lebensweise der Aale gibt heute noch einige Rätsel auf. Die erwachsenen, geschlechtsreifen Tiere wandern von den kleinsten Wiesengräben und Bächen aus zurück über Kanäle und Flüsse ins Meer, um in der fernen Saragossa-See in großen Tiefen abzulaichen. Der Laichvorgang ist noch nie beobachtet worden, und es gibt über das Verhalten der Tiere dabei keine gesicherten Erkenntnisse. Man nimmt an, daß die Elterntiere nach dem Laichakt absterben. Die jungen Aale wandern denselben Weg, den ihre Eltern genommen haben, zurück, um ihrerseits die Gewässer Europas zu besiedeln. Sie orientieren sich dabei am Golfstrom.

Bisher galt der Aal, wegen seiner außerordentlichen Zählebigkeit und Anpassungsfähigkeit an fast jegliche Gewässerbedingungen, als nicht gefährdet. Neuerdings mehren sich die Vermutungen, daß auch diese Art stark im Rückgang befindlich ist. Ein wesentlicher Grund dafür wird darin gesehen, daß man an den Westküsten Europas, z. B. in Frankreich, die nur wenige Zentimeter langen jungen Glasaale bei ihrer Wanderschaft abfischt und in großen Mengen als kulinarische Besonderheit anbietet. Ob dies eine echte Bestandsbedrohung darstellt, oder ob andere Gründe verantwortlich sind, bleibt abzuwarten.

Der Aal gehört zur Gruppe der Raubfische. Er ernährt sich beinahe ausschließlich von lebenden Tieren. Dabei unterscheidet man zwei Erscheinungsformen: den sogenannten Raubaal oder Breitkopfaal, der größer wird, einen breiteren Kopf besitzt und sich hauptsächlich von Fischen ernährt, und den Spitzkopfaal. Er bleibt kleiner und ernährt sich in geringerem Maße von Fischen, hauptsächlich von Würmern, Insektenlarven, Fischlaich, Kaulquappen, usw. Im Durchschnitt erreichen Aale eine Länge von 30–60 cm, einzelne Exemplare des Raubaals bringen es bis auf 1,5 m. Das Durchschnittsalter der Tiere beträgt ca. 8–12 Jahre, am Ende dieser Zeit sind sie zum Laichen abgewandert und kehren nicht zurück. Tiere, deren Verbindungsweg zum Meer abgeschnitten ist und die nicht abwandern können, erreichen manchmal ein Alter von über 50 Jahre.

Die schlangenähnlichen Tiere haben einen schleimigen Körper, der mit winzigen, kaum erkennbaren Schuppen bedeckt ist. Rücken-, Schwanz- und Afterflosse bilden einen geschlossenen Flossensaum.

Für das Amateuraquarium eignen sich nur kleinere Jungfische (Glasaale), deren weitere Entwicklung man im Aquarium beobachten kann, oder bereits einigermaßen ausgeprägte Tiere von 10–12 cm. Aale wachsen nicht besonders schnell, man kann sie etwa 3–4 Jahre, bis zu einer Länge von ca. 20 cm in einem mittelgroßen Aquarium ab 1 m Kantenlänge beherbergen. Sie werden allerdings mit zunehmender Größe gefährlich für andere Aquarienfische. Kleine Aale vergreifen sich in der Regel nicht an ihren Mitinsassen. Aale haben einen relativ kleinen Schlund und können nur kleine Futtertiere fressen. Wenn sie sehr hungrig sind, beißen sie anderen Fischen gelegentlich die Flossen ab. Sie sind keine ausgesprochenen Aasfresser, wie manchmal behauptet wird, tote Futtertiere nehmen sie nur im Notfall und in ganz frischem Zustand. Tote Fische nagen sie an, tote Würmer bleiben unbeachtet liegen. Aale fressen hauptsächlich Lebendfutter. Wasserflöhe, Tubifex, Bachflohkrebse, Regenwürmer spüren sie mit ihrem hochentwickelten Geruchssinn auf. Als Alternative eignen sich gut eingefrorene Mückenlarven. Mit ihren kleinen Augen sehen sie sehr schlecht. Ein winziges Futterstück in ein großes Aquarium geworfen, läßt einen Aal nach wenigen Sekunden die Witterung aufnehmen und aktiv werden. Die Fütterung von Aalen in Gesellschaftsbecken stellt den Halter vor ähnliche Probleme wie mit anderen Bodenfischen auch. Aale sind vorwiegend am Bodengrund orientiert und schwimmen selten an der Wasseroberfläche herum. Sie sind nachtaktiv und bewegen sich in der Dunkelheit lebhaft im Aquarium hin und her. Manchmal gelingt es, einen Aal soweit zutraulich zu machen, daß man ihn mit der Pinzette oder mit der Hand individuell füttern kann. Mit solchen Tricks gelingt ihre Vergesellschaftung recht gut, bleibt aber, bei täglicher Fütterung, recht zeitaufwendig. Sie sind sehr zählebig und können zwischenzeitlich längere Zeit hungern. Eine möglichst regelmäßige Fütterung erscheint jedoch artgerecht und beugt gleichzeitig einem Übergreifen der Aale auf andere Fische vor.

Aale sind sehr lichtscheu und im Aquarium auf gute Versteckmöglichkeiten angewiesen. Sie graben sich in den Bodengrund ein oder liegen unter größeren Steinen. Der Bodengrund sollte daher nicht aus groben, schweren Kieseln bestehen, sondern aus feinem Kies. Meistens bevorzugen die Aale im Aquarium bestimmte Stammplätze, die sie ab und zu wechseln. Dort gucken sie nur mit dem Kopf heraus und wagen erst in der Dunkelheit, den Bodengrund nach Nahrung abzusuchen. Wegen gelegentlicher Wühltätigkeit, bei der sie den Bodengrund kräftig umgraben können, nimmt man am besten nur kleinere Aale und nur wenige Exemplare. Sie sind außerhalb des ersten Jungfischstadiums keine Schwarmfische, und man findet sie nur gelegentlich zu mehreren in einem gemeinsamen Versteck, meist leben sie allein.

Aale vertragen jede Art von Gewässergüte, vom besten Frischwasser bis zum abgestandenen Altwasser. Mulm und Trübungen stören sie nicht. Eine ständige Wasserbewegung, auch zur Sauerstoffversorgung, ist vorsichtshalber zu empfehlen. Die Wassertemperatur im Aquarium kann dauerhaft bei 18 °C liegen, zeitweise höhere Temperaturen vertragen Aale gut. Sie sind auf jeden Fall weniger wärmeempfindlich als manchmal im Zusammenhang mit ihrer Aquarienhaltung behauptet wird.

Da Aale, vor allem in etwas beengten Aquarienverhältnissen, bestrebt sind, das Becken zu verlassen und nachts in den Ecken nach Auswegen zu suchen, wobei sie weit über die Wasseroberfläche hinausschießen können, ist eine Abdeckung oder ein kragenförmiger, geschlossener Schutzrand erforderlich. Aale sind sehr kräftig und können einen leichten Glasstreifen ohne weiteres anheben.

Örtliche Anglervereine beschaffen sich manchmal Jungaale zum Besatz ihrer Gewässer. Man fängt sie in der Dunkelheit mit der Senke in Ufernähe oder auch tagsüber mit dem Eimer aus einer überhängenden Uferböschung heraus. Als gesunde Tiere kann man Aale nach ihrem Aquarienaufenthalt unbedenklich in jede Art von Gewässer wieder aussetzen, wenn dort Aale vorhanden sind und eine weitläufige oder direkte Verbindung zum Meer besteht.

Wegen ihrer Scheu und ihrer Fähigkeit, sich im Bodengrund unterirdisch rasch fortbewegen zu können, sind sie im Aquarium schwer zu fangen. Es kommt vor, daß man einen Aal erst dann zu fassen bekommt, wenn das Aquarium vollständig ausgeräumt ist, der Aal sitzt dann im letzten Häufchen Bodengrund. Mit einiger Geschicklichkeit gelingt es, ihn nachts bei nur schwacher Beleuchtung mit einem großen Kescher bei der Futtersuche zu überlisten. (Abbildung: S. 155)

Hundsfisch

(Umbra krameri)

Amerikanischer Hundsfisch

(Umbra pygmaea)

Eine der kleinsten heimischen Süßwasserarten, der Hundsfisch mit seinen durchschnittlich 5–8 cm, ist verwandt mit einer der größten Arten, dem Hecht. Diese Verwandtschaft ergibt sich aus gewissen anatomischen Parallelen, die auf einen gemeinsamen stammesgeschichtlichen Ursprung zurückzuführen sind. Der Hundsfisch (Fam. Umbridae – Ordnung Esocoidei) hat unter anderem mit dem Hecht gemeinsam, daß die Flossen von weichen Stachelstrahlen (Weichstrahlen) zusammengehalten werden. Ferner haben beide Arten eine Verbindung von Darm und Schwimmblase. Äußerlich sehen sie sich nicht besonders ähnlich; allenfalls die sehr weit hinten stehende Rückenflosse beim Hundsfisch deutet eine gewisse Ähnlichkeit zum Hecht an.

Die Familie der Hundsfische umfaßt weltweit nur 5 Arten (innerhalb von 3 Gattungen), die in gemäßigten Zonen Nordamerikas, Asiens und Europas leben. In Europa mit nur einer Gattung und einer Art vertreten, stellt der Hundsfisch hier sozusagen einen eigenen Formenkreis dar. Seine Heimat ist pflanzenreiches, stehendes oder langsam fließendes Gewässer mit Schlammgrund im Einzugsbereich der mittleren Donau abwärts bis fast zur Mündung ins Schwarze Meer. Ausgangspunkt ist die Gegend um Wien. Der geläufige Name Ungarischer Hundsfisch deutet an, daß die Art in der Donaugegend Osteuropas typischer ist als weiter oberhalb. In der Gegend um den Neusiedlersee (auch direkt im See) fand man bis vor wenigen Jahrzehnten häufig Hundsfische. Ein Blick auf die aktuelle Rote Liste Österreichs gibt Auskunft darüber, daß der Hundsfisch inzwischen als ausgestorben, ausgerottet oder verschollen gilt. Man wird ihn also kaum noch finden.

Mancher ältere Österreicher erinnert sich noch, Hundsfische früher im Aquarium gehalten zu haben. Fragt man heute jüngere Angler in Österreich nach dem Hundsfisch, so wissen sie oft nicht, daß es eine solche Fischart überhaupt gegeben hat. Kleinwüchsige Arten haben in der Vergangenheit wenig allgemeines Interesse gefunden. In Fischbestimmungsbüchern kann man bezüglicher solcher Arten manchmal lesen: Bedeutung: Haltung im Aquarium, sonst unwichtig. Die Gründe für das Aussterben sind beim Hundsfisch bisher wenig erforscht. Da der Hundsfisch dieselben Biotope bevorzugt wie Schlammpeitzger, Karauschen, Bitterlinge und Moderlieschen, also Tümpel, Gräben, Altarme und ruhige flache Uferzonen langsamer Flüsse, sind wahrscheinlich ähnliche Gründe auszumachen wie beim Rückgang jener Arten. Diese Erklärung allein reicht aber sicher nicht aus, denn der Hundsfisch zählt zu den zählebigsten Arten überhaupt. Seine Fähigkeit, in sommerlich erhitzten, sauerstoffarmen Gewässern Luft an der Oberfläche zu schnappen und durch die Kiemen pressend zu verarbeiten (akzessorische Atmung), erinnert an die Darmatmung des Schlammpeitzgers. Trübes Wasser setzt dem Hundsfisch nicht unmittelbar zu. Er bevorzugt sogar leicht saures Wasser (Hans J. Mayland). Angeblich verträgt er zeitweilige Wassertemperaturen bis nahe 30 °C.

Für die Aquarienhaltung steht diese Art heute kaum mehr zur Verfügung, es sei denn, man gelangt an gezüchtete Exemplare aus privater Hand oder an frei lebende Exemplare aus Rumänien. Selbst in Ungarn sind die Tiere derart selten geworden, daß Fang und Handel verboten sind. In den fünfziger Jahren wurden gelegentlich Hundsfische im Zierhandel angeboten. Die Beschreibungen ihrer Aquarienhaltung beziehen sich oft darauf, daß sich die Tiere besonders für Anfänger eignen, weil sie sehr einfach zu pflegen sind. Wegen ihrer Kleinheit genügen mittlere Beckengrößen, nach kurzer Eingewöhnung zeigen sie sich dann als sehr ausdauernd und zutraulich. Ihre Abhängigkeit von Lebendfutter, z.B. Wasserflöhe, Mückenlarven (auch eingefroren) macht nur geringe Mühe. Nicht zu häufige Wasserwechsel, dichter Pflanzenbewuchs, schwach eingestellte Kreiselpumpe, Verzicht auf Filteranlagen und ein weicher Bodengrund kommt ihrer natürlichen Lebensweise entgegen. Ein Biotopaquarium mit Modellcharakter (Tümpel-, Grabenaquarium) ermöglicht die Vergesellschaftung mit Arten, die einen ähnlichen Anspruch haben (Schlammpeitzger, Moderlieschen, Karauschen) und mit einigen Wasserinsekten (Wasserkäfer, Libellenlarven und Rückenschwimmer). Ein solches Aquarium erfordert eine Abdeckung, denn auch Hundsfische sind für ihre Neigung bekannt, gelegentlich zu springen.

Zur Laichzeit, Februar bis April, wenn die Tiere nach etwa zwei Lebensjahren die Geschlechtsreife erlangt haben, bauen die Weibchen primitive Nester im Pflanzendickicht. Sie höhlen das Pflanzenmaterial mit ihrem Körper aus und bewachen anschließend die abgelegten Eier. Die winzigen Jungfische sind auf feines Lebendfutter angewiesen, Trockenfutter nehmen sie (wie die Elterntiere) allen Aussagen zufolge nur sehr selten an.

Eine sehr ähnliche Art ist der Amerikanische Hundsfisch *(Umbra pygmaea)*. In einzelnen Gegenden in der Bundesrepublik und Europa gilt er als inzwischen »erfolgreich« eingebürgert und wird in den Fischbestimmungsbüchern regelmäßig besprochen. So findet man Amerikanische Hundsfische in alten Torfstichen und Gräben in der Gegend nordöstlich von Hannover. In Nordholland und Mittelfrankreich sind weitere Vorkommen bekannt. Solche selbsterhaltungsfähige Populationen sind mit Sicherheit auf früher ausgesetzte Aquarienfische zurückzuführen. Der Amerikanische Hundsfisch wird mit durchschnittlich 6–9 cm, maximal 12 cm, wenig größer als die europäische Art. Das Höchstalter beider Arten schätzt man auf 7–8 Jahre.

Wer die Gelegenheit hat, einige Amerikanische Hundsfische als »Alternative« aufzutreiben, kann hieran die Verhaltensweisen dieser Gattungen beobachten.

Da eine weitere Verbreitung Amerikanischer Hundsfische aus Gründen des Naturschutzes nicht erwünscht ist, sollte man im Aquarium gehaltene und gezüchtete Tiere nicht in der Natur aussetzen. (Abbildung: S. 155)

Hecht

(Esox lucius)

Neben dem Wels ist der Hecht der größte und gefräßigste Räuber unter den einheimischen Süßwasserfischen. Kann der Wels im Durchschnitt größere Mengen verschlingen, schlucken Hechte im Verhältnis zu ihrer eigenen Körpergröße größere Beutetiere. Sie sind in der Natur mit Sicherheit weitaus zahlreicher als Welse und üben von daher eine stärkere Regelfunktion in den Fischbeständen ihrer Heimatgewässer aus. Gewässer mit nicht ausreichenden Hechtbeständen, z. B. der Dümmer-See in Norddeutschland, leiden unter übermäßigen Weißfischbeständen, wobei es zur »Verbuttung«, also zur Kleinwüchsigkeit aufgrund hoher Bestandsdichte, kommt.

Einzelne Hechte können bis zu 1,5 m Länge erreichen und dabei bis zu 40 kg Gewicht bringen. Die Hechtweibchen werden größer als die Männchen. Das Höchstalter liegt bei 40 bis 50 Jahren. Im Durchschnitt bleiben die meisten Hechte jedoch kleiner und sterben jünger. Der lateinische Name *Esox lucius* bedeutet: Hungriger Wolf. Damit soll die enorme Gefräßigkeit angedeutet werden. Hechte ernähren sich beinahe ausschließlich von lebenden Tieren, hauptsächlich Fische, Frösche, Wasservögel oder sogar Bisamratten. Selbst Artgenossen finden keine Schonung, denn Hechte sind Kannibalen. Der Kannibalismus bei Hechten wird in der Literatur oft hervorgehoben, er stellt jedoch bei Fischen generell nichts besonderes dar. Auch sogenannte Friedfische verschonen sehr kleine Artgenossen nicht. Der auffällige Unterschied ist aber, daß der Hecht in besonderem Maße rücksichtslos ist und als Jungfisch beinahe gleichgroße Artgenossen verschlingen kann. Bringt man mehrere gleichgroße Hechte in einem Aquarium zusammen, läßt sich der Vorgang der allmählichen Dezimierung gut beobachten. Derjenige, der zuerst einen Artgenossen packt, herunterschluckt, um ihn langsam zu verdauen, wobei ein Teil des Opfers stunden- oder sogar tagelang aus dem Maul des Räubers herausragt, hat den größten Vorteil, da er im Wachstum rasch einen Vorsprung hat und im Laufe der Zeit sämtliche Artgenossen erledigt.

Mit anderen Fischen ist der Hecht kaum zu verwechseln. Die typische Torpedoform und das Maul, einem Entenschnabel ähnlich, sind nur für ihn charakteristisch. Hechte sind auf der ganzen nördlichen Halbkugel verbreitet. Man findet sie in fast allen Gewässertypen, in der Forellenregion allerdings sehr selten.

Die bevorzugten Standorte sind die Uferzonen fließender und stehender Gewässer: Flüsse, Bäche, Wiesengräben (Jungfische), Kanäle, Teiche und Seen. Der Hecht ist ein Standfisch. Zwischen Schilf, Baumwurzeln und unter Uferböschungen lauert er beinahe bewegungslos auf Beute, um blitzschnell zuzupacken. Im Spurt ist er ungewöhnlich schnell, ein ausdauernder und langatmiger Schwimmer ist er jedoch nicht. Er packt sein Opfer meist von der Seite und muß es sich mit dem Maul erst zurechtrücken, um es vom Kopf oder vom Schwanz her in einem Stück herunterzuschlucken. Was er einmal gepackt hat und mit seinen vielen kleinen, nadelspitzen Hechelzähnen festhält, kommt selten wieder heraus. Dabei kann ein Hecht an einer zu großen Beute ersticken.

Vorwiegend mit dem Gesichtssinn orientiert und tagaktiv, ist der Hecht auf Sichtmöglichkeiten angewiesen, in vollständig trüben Gewässern findet man ihn daher seltener.

In Niedersachsen gilt die Art bereits als gefährdet. Deichbaumaßnahmen, z. B. an dem besagten Dümmer-See, machen in vielen Gewässern Überschwemmungen über flache Uferwiesen unmöglich. Hechte laichen im Frühjahr, zwischen Februar und Mai, vorwiegend auf überschwemmten Wiesen im flachen Wasser. Durch den Ausbau (Kanalisierung) vieler Fließgewässer fehlt es an Unterständen, Versteckmöglichkeiten und pflanzenreichen Standplätzen. Im allgemeinen gilt der Hecht bis jetzt nicht als gefährdet. Als einer der begehrtesten und wohlschmekkendsten Speisefische stellt er den wohl beliebtesten Angelfisch dar. Anglervereine sorgen immer wieder dafür, daß lükkenhafte Hechtbestände durch Besatz aufgefrischt werden.

Je nach Beschaffenheit des Wohngewässers haben sich bei vielen Hechtpopulationen unterschiedliche Körpermuster und Farbvariationen entwickelt. Moorhechte können fast schwarz sein, Hechte in hellen, grünpflanzenreichen Bächen sind dagegen von grünlicher Grundfärbung. Diese Populationsmerkmale heben sich beim Umsetzen der Tiere in ein Aquarium nicht auf. Lediglich die Farbintensität hängt von der Beleuchtung ab; bei intensiver Bestrahlung erscheinen die Tiere leicht blaß. Die Art der Musterung bleibt stets gleich.

Hechte sind von Anfang an, also sofort nach dem Schlupf aus dem Ei, ausgesprochene Einzelgänger. Das erleichtert ihre Aquarienhaltung als Einzelfische. Ein Hecht paßt nur als kleiner Jungfisch eine Zeitlang in ein Gesellschaftsbecken, wenn alle anderen Fische wesentlich größer sind als er. Er schnappt aber auch nach gleichgroßen Fischen und verletzt diese. Da selbst ein kleiner Hecht, nachdem er einmal Beute gemacht hat, ein Streßfaktor für andere Fische ist, hält man ihn von Anfang an allein. Je nach Größe muß ein ausreichendes Becken zur Verfügung stehen. Hechte wachsen enorm schnell. Ein 2 cm langer Hecht kann es im ersten Lebensjahr bis auf über 20 cm bringen. In seinem Wachstum paßt er sich den Aquariumbedingungen nicht an. Seine volle Schönheit und sein ausgeprägtes Raubfischverhalten entfaltet er erst in einem großen Aquarium. Es lohnt sich, einen Hecht einmal in einem ca. 300 l-Becken (oder größer) ein Jahr lang oder etwas länger bis auf 20–25 cm heranwachsen zu lassen.

Ab einer Größe von ca. 8–10 cm, die er nach drei Monaten erreichen kann, ist er mit winzigen Wasserflöhen nicht mehr zufrieden und verlangt nach seiner

Hauptnahrung: Fisch. Gelegentlich angebotene Regenwürmer nimmt er bei Hunger meist an, eine ausschließliche Fütterung damit gelingt nicht, irgendwann bleiben die Würmer unbeachtet. Man muß also in der Hauptsache für genügend kleine Fische sorgen. Eine Fütterungsregel hierbei könnte lauten: Alle zwei bis drei Tage mindestens einen Fisch von $1/3$ Hechtlänge, oder entsprechend viele kleine Fische. Am besten sind lebende Fische, die er sich jagen muß. Man kann auch tote Fische im Kühlfach eingefroren frisch halten und ins Hechtbecken werfen. Nach kurzer Gewöhnung schnappt er diese beim Herabsinken, also in Bewegung.

Besonders hohe Ansprüche an den Bodengrund, die Wasserqualität und hohen Sauerstoffgehalt stellt der Hecht nicht. Der Einsatz einer Kreiselpumpe ist angebracht. Regelmäßige Wasserwechsel genügen. Gewisse Versteckmöglichkeiten in Form von Unterständen nahe der Wasseroberfläche oder einer schilfähnlichen Bepflanzung sollten vorhanden sein. Eine Aquarienabdeckung beugt Fluchtsprüngen oder fehlschlagenden Beutesprüngen vor. Der Hecht schwimmt nur selten aufgeregt hin und her, in der Regel hält er sich »stehend« im Unterstand auf und vermittelt bei seiner lauernden Haltung eine Spannung. Er ist nach meiner Erfahrung jedenfalls kein langweiliger Aquarienfisch, wie manchmal gesagt wird.

Da man Hechte in Aquariengeschäften nicht kaufen kann, muß man sich ein Exemplar selbst fangen. Örtliche Angelvereine kaufen manchmal Besatzfische ein und bieten so vielleicht eine Beschaffungsmöglichkeit. Im Sommer, etwa ab Mitte Mai bis Ende Juli, findet man kleine Hechte im Uferdickicht ihrer Heimatgewässer und in kleineren Nebengewässern größerer Ströme. Man fängt sie mit dem Kescher, der Senke oder mit dem Eimer. Wenn man ein gesichertes Jungfischvorkommen kennt, ist der Eigenfang kein großes Problem. Nach dem Aquarienaufenthalt setzt man den Hecht am Fundort wieder aus. (Abbildung: S. 155)

Kärpflinge

(Aphanius/Valencia)

Koboldkärpfling

(Gambusia affinis)

Kärpflinge umfassen eine große Fischfamilie, die mit zahlreichen Arten weltweit (außer in Australien) vertreten sind. Es sind meist sehr kleine Arten. Man unterscheidet zwei große Gruppen: Die eierlegenden und die lebendgebärenden Zahnkarpfen. Einige Arten sind als Aquarienfische für Warmwasserbecken weithin bekannt, der bekannteste ist wohl der Guppy, dessen Heimat Südamerika ist.

In Europa, südlich der Alpen im Mittelmeerraum, leben drei einheimische europäische Arten eierlegender Zahnkarpfen. Der bekannteste davon ist sicher der **Zebra-Kärpfling** *(Aphanius fascinatus)*, den man früher des öfteren als Warm- und Kaltwasserfisch im Zierfischhandel angeboten bekam. In der Natur findet man die kleinen Fische (3–4 cm) im Brackwasser von Flußmündungen und im Süßwasser pflanzenreicher Gräben und Teiche entlang der Mittelmeerküste Italiens und Jugolawiens, bis weit nach Griechenland. Diese Art ist auch heute noch gut für das Aquarium geeignet. Im Süßwasser gefundene Exemplare brauchen natürlich keine Eingewöhnungsphase, die im Brackwasser gefundenen

Exemplare sollten langsam an niedrige Salzgehalte gewöhnt werden, wobei ein schwacher Salzgehalt von mindestens 3 o/oo pro l beibehalten werden sollte. Die zweite Art, der **Spanienkärpfling** *(Aphanius iberus)* lebt nur in küstennahen Gegenden Süd- und Südostspaniens im Brackwasser oder in Gräben und Teichen in reinem Süßwasser. Die dritte Art, der **Valenciakärpfling** *(Valencia hispanica)* hat fast dasselbe Verbreitungsgebiet wie der Spanienkärpfling, jedoch weit weniger ins Landesinnere ausgedehnt. Er wird etwas größer (6 cm) und wirkt heller (rötlichgelb) als der grünlich-dunkle Spanienkärpfling.

Kärpflinge sind von auffallend differenzierter Farblichkeit und kaum mit anderen Arten zu verwechseln. Die Flossen wirken rundlich und zeigen keine Einbuchtungen (vor allem die Schwanzflosse, die bei karpfenartigen Weißfischen immer eingebuchtet ist).

Man hält die Tiere in mittelgroßen Becken am besten zu mehreren ihrer Art. Sie vertragen große Temperaturschwankungen (langsam) von 4–28 °C, sind relativ unempfindlich gegen geringere Sauerstoffwerte und gelten als Allesfresser (Lebendfutter aller Art, vor allem auch Algen). Die Arten sind für ihre enorme Fruchtbarkeit bekannt; in der Zeit von März bis etwa Ende August erfolgt die Eiablage an Pflanzen in mehreren Schüben. Die Larven schlüpfen nach etwa 10–14 Tagen, wachsen schnell heran und nach ca. einem Jahr sind die Jungen ihrerseits bereits geschlechtsreif. Voraussetzung für die Zucht ist ein pflanzenreiches Aquarium mit Versteckmöglichkeiten. Die Elterntiere sind recht streitlustig und fressen nicht selten ihre eigene Brut.

Ursprünglich nicht in Europa heimisch, lebt im Mittelmeerraum, entlang der Küste von Gibraltar bis Griechenland, eine weitere Kärpflingsart, der **Koboldkärpfling** *(Gambusia affinis)*. Aus dem Südosten der USA sind die Tiere vor Jahrzehnten importiert worden, um als Freßfeinde gegen die im Wasser lebenden Larven der Malariamücken im südlichen Europa anzutreten. Diese Art ist den heimischen Kärpflingen sehr ähnlich (wirkt farblich etwas blasser), gehört jedoch zu den Lebendgebärenden. Koboldkärpflinge besiedeln thereotisch fast jeden Gewässertyp, vom klaren Bach bis zum verkrauteten Teich. Inzwischen werden sie (umstrittenermaßen) zu den europäischen Arten gerechnet; in den Fischbestimmungsbüchern haben sie bei den Besprechungen einen Stammplatz gleich neben den heimischen Arten. Die Weibchen erreichen maximal 6 cm, die Männchen kaum 4 cm. Man erkennt die Art leicht an ihrem vorgestreckten, leicht rüsselartigen Maul und daran, daß Rükken- und Schwanzflosse mit dunklen Punktreihen gemustert sind. Die Männchen verfügen über ein Begattungsorgan, das aus einem deutlich verlängerten Afterflossenstrahl besteht.

Als einzige im europäischen Süßwasser zu findende Art, die lebende Junge zur Welt bringt, sind Koboldkärpflinge eine Besonderheit. Ihre Aquarienhaltung ist so einfach wie bei den anderen Arten. Eine kalte Überwinterung (unter 10 °C) ist nicht wünschenswert, die Tiere sind, entsprechend ihrer Herkunft und europäischen Verbreitung eher an wärmeres Wasser gewöhnt. Sommerliche Aquarientemperaturen bringen bei Kärpflingen kaum Probleme. Die Tiere sind streitbar und nicht einfach mit anderen Arten zu vergesellschaften. Für sich gehalten brauchen sie genügend Versteckmöglichkeiten im Pflanzendickicht und gleichzeitig genügend Schwimmraum. Deshalb empfiehlt es sich, trotz der Kleinheit der Tiere, ein mittelgroßes Becken ab etwa 60 cm Kantenlänge für 6–8 Exemplare zu verwenden.

Fortpflanzungszeit ist von April bis August. Die Eier reifen nach der Befruchtung im Körper der Weibchen in etwa einem Monat heran. Die Anzahl der dann herausgestoßenen fertigen Jungfische kann pro Weibchen bis zu 50 betragen. Ein Weibchen kann mehrmals im Jahr gebären. Die gelungene Zucht kann also für den Aquarienhalter auch zur Plage werden, da man die Tiere außer an ihren Fundorten nicht aussetzen kann. Im nördlichen Europa ist eine Verbreitung weder wünschenswert noch artgerecht, die Abhängigkeit von relativ warmem Wasser läßt Ansiedlungsmaßnahmen kaum zu. H. Frey bezeichnet die Aquarienzucht von Koboldkärpflingen als »problematisch«, vor allem deswegen, weil die Jungfische als sehr empfindlich gelten und oft massenweise eingehen.

In dem Buch »Killifische« – Eierlegende Zahnkarpfen im Aquarium – von Lothar Seegers befinden sich ausführliche Beschreibungen der Kärpflingsarten. (Abbildung: S. 155)

Flußbarsch

(Perca fluviatilis)

Nur als sehr kleine, blasse Jungfische kann man Barsche mit anderen Arten, vor allem mit Zandern und Kaulbarschen, verwechseln. Mit ihren 6–9 dunklen, zebraähnlichen Querstreifen, ihrer stachelstrahligen ersten Rückenflosse, die am Ende immer einen dunklen Punkt aufweist, und ihren leuchtend roten Flossen, sind Flußbarsche unverwechselbar. Barsche finden sich in beinahe allen Gewässertypen, außer in sehr rasch fließenden Abschnitten, z. B. der Forellenregion. Selbst in sehr kleinen Teichen leben sie manchmal.

Flußbarsche sind standorttreue Raubfische, bevorzugen bestimmte Reviere und ernähren sich beinahe ausschließlich von lebenden Tieren, hauptsächlich von kleinen Fischen. Insektenlarven, kleine Krebse oder Würmer werden unzerkleinert geschluckt. Im Gegensatz zu Hechten können Barsche nur Tiere fressen, die höchstens halb so lang sind wie sie selbst. Kleine Barsche sind vor größeren Artgenossen nicht sicher.

In Mitteleuropa sind sie weit verbreitet und ihre Art gilt weithin nicht als gefährdet, obwohl man in letzter Zeit von abnehmenden Barschpopulationen gehört hat. Sie sind im wesentlichen sehr zählebig und anpassungsfähig.

Als Jungfische bilden Barsche kleinere Schwärme und ziehen in Ufernähe umher. Älteren und größeren Barschen sagt man nach, daß sie sich zu ausgesprochenen Einzelgängern entwickeln können, ansonsten leben sie mehr gesellig. Je nach Individuendichte in ihren Heimatgewässern erreichen sie unterschiedliche Körpergrößen. Bei starker Bevölkerungsdichte bleiben sie sehr klein (Verbuttung). Geschlechtsreife Männchen sollen unter solchen Umständen nur ca. 8 cm groß sein, die etwas größer werdenden Weibchen laichen dann mit ca. 10 cm Länge und etwa im dritten Lebensjahr das erste Mal. Die maximale Länge dürfte bei 40–45 cm liegen. Laichzeit ist von März bis Juni, die Eier kleben in langen Schnüren an Pflanzen oder abgesunkenen Ästen. Die Larven schlüpfen nach ca. 2 Wochen. Wie alle Raubfische wachsen Barsche unter günstigen Bedingungen und bei gutem Nahrungsangebot rasch heran.

Im Sommer kann man sich kleine Barsche für das Aquarium mit der Senke fangen. Kein Geschäft bietet sie zum Kauf an. Im Aquarium hält man sie zu mehreren Exemplaren oder vermischt sie mit anderen Barscharten, z.B. Kaulbarsch, Zander oder Sonnenbarsch. In ein Friedfischaquarium passen sie nur bedingt. Sie wachsen schnell und verhalten sich revierbildend aggressiv und stellen somit für die »nervösen« Friedfische einen ständigen Streßfaktor dar. Barsche nehmen nur Lebendfutter, gelegentlich auch konserviertes Lebendfutter, wenn dieses beim Hereinwerfen ins Aquarium in »Bewegung« ist. Dabei sind Barsche Allesfresser: Wasserflöhe, Tubifex, Regenwürmer, Bachflohkrebse, kleine Fische und nach Eingewöhnung sogar Fisch- oder kleine Fleischstückchen oder Rinderherz können abwechselnd angeboten werden. Man muß also bei Barschen nicht unablässig für lebende Futterfische sorgen. Sie können relativ zutraulich werden und lassen sich dann individuell füttern.

Barsche sind lebhafte Schwimmer, jedoch nicht so unruhig wie viele Karpfenartige, ihr Raumanspruch ist daher mittelgroß. Angesichts ihrer Schnellwüchsigkeit, die jedoch nicht so rasch verläuft wie beim Hecht, brauchen sie zunehmend mehr Raum. Für Barsche von 6–8 cm genügt ein Becken ab 1 m Kantenlänge. Gute Wasserbewegung und stets sauberes Aquarienwasser erleichtern die Haltung. Sie gründeln nicht, die Wahl des Bodengrundes ist frei. Auch in großen Zimmeraquarien laichen sie meiner Erfahrung nach nicht. (Abbildung: S. 156)

Zander

(Stizostedion lucioperca)

Wegen seiner schlanken, torpedoförmigen Gestalt und seiner Zugehörigkeit zur Familie der Barsche wird der Zander manchmal auch als Hechtbarsch bezeichnet. Er ist ein begehrter Angelfisch. Als ausgesprochener Raubfisch ernährt er sich in der Jugend von Kleinstlebewesen und späterhin hauptsächlich von kleineren Fischen. Dabei ist er weniger ein »Allesfresser« als der Flußbarsch. Beim Angeln und anschließendem Ausnehmen der Fische kann man feststellen, daß erwachsene Zander vorwiegend Fische im Magen haben. In den Mägen von Barschen findet man nicht selten ausschließlich Krabben oder Krebse.

Der Zander ist in Mittel- und Osteuropa bis nach Sibirien verbreitet. Westlich der Elbe-Donau-Linie kam er früher selten vor, in Baden-Württemberg gilt er als eingebürgert. In Frankreich, Italien und Spanien fehlt er ganz. Viele Zandervorkommen sind also auf Besatzmaßnahmen zurückzuführen.

Er bevorzugt größere Gewässer, Seen und Flüsse, bis in die Brackwasserregionen der Mündungen zum Meer. Er bewegt sich vorwiegend im freien Wasser und meidet die krautigen Uferzonen. Der Zander gilt als dämmerungsaktiv und orientiert sich dennoch sehr stark mit dem Gesichtssinn. Bemerkenswert sind seine Augen, sie sind von einer irisierenden, matt glänzenden Substanz und vermitteln den Eindruck von Blindheit. Die lichtreflektierenden Augen geben dem Zander die Fähigkeit, selbst in trüben und nur schwach beleuchteten Gewässern noch gut zu sehen. Er kann sich also in schlechteren Gewässern besser zurechtfinden als der Hecht. Über sein natürliches Vorkommen und seine Schutzwürdigkeit gibt es unterschiedliche Meinungen. In der Roten Liste für die Bundesrepublik gilt der Zander allgemein als gefährdet, in Niedersachsen nicht. Da der Zander sich gern über hartem Gewässergrund, also Sand- oder Kiesgrund, aufhält und auch nur dort ablaicht, ist vor allem die Verschlammung vieler Gewässer für den Rückgang dieser Art verantwortlich.

Die Laichzeit ist von April bis Mai, bei Wassertemperaturen von um 13 °C. Das Männchen schlägt mit den Flossen eine flache Sandgrube aus und bewacht das Gelege eine Zeitlang. Die Larven schlüpfen nach ca. 10 Tagen. Junge Zander sind sehr gefräßig und schnellwüchsig. Sie wachsen allerdings nicht so schnell wie junge Hechte. Erwachsene Tiere können bis 120 cm und knapp über 20 Jahre alt werden, also wesentlich größer als Flußbarsche.

Wie alle Barsche hat der Zander zwei Rückenflossen, wovon vor allem die erste eine Reihe harter und spitzer Stachelstrahlen besitzt. Eine Verletzung an diesen Stacheln kann für Menschen zu schmerzhaften Entzündungen führen. Junge Zander haben oft eine Reihe dunkler Querstreifen und man verwechselt sie leicht mit Flußbarschen. Zandern fehlt aber der dunkle Punkt in der ersten Rükkenflosse und sie sind deutlich schlanker. Erst mit ca. 5–6 cm erscheint der Zander unverwechselbar. Die dunkle, grünlich und braun schillernde Grundfärbung macht ihn zu einem sehr attraktiven Fisch.

Junge Zander für das Aquarium besorgt man sich beim örtlichen Anglerverein, falls Besatzmaßnahmen vorgesehen sind, oder man fängt sie mit der Senke. Man findet sie in der Nähe von Staus oder in Ufernähe in nicht verkrauteten, etwas tieferen, trüben Regionen, z.B. an steilen Ufermauern. Sie bewegen sich in lockeren Schwärmen. Im Aquariengeschäft bekommt man sie nicht. Sehr kleine, nur wenige Wochen alte Jungfische unter 4 cm eignen sich kaum für das Aquarium, sie sind sehr empfindlich gegen Streß und müssen intensiv mit lebendem Plankton gefüttert werden.

Im Aquarium hält man Zander gesellig mit wenigen Exemplaren in einem reinen Zanderbecken oder in der Gesellschaft anderer Barschartiger. Zander sind auf eine beinahe ausschließliche Fütterung mit Lebendfutter angewiesen, vor allem in den ersten beiden Lebensjahren. Wasserflöhe, Tubifex, Regenwürmer und sehr kleine Futterfische nehmen sie gern an, vorausgesetzt, die Tiere sind in Bewegung.

Die Schwierigkeit der Aquarienhaltung von Zandern liegt in ihrem Verhalten, denn sie zeigen sich als äußerst sensibel und zurückhaltend. Sie sind zwar geschickte Schwimmer und können sehr schnell sein, im Gegensatz zu Barschen fehlt ihnen jedoch das »Durchsetzungsvermögen«. Zander sind keine besonders geschickten Jäger, sie sind eher vorsichtig und ängstlich. Ihr sensibles Anbißverhalten auf Köder kennt jeder Angler. Man muß also sehen, daß andere Fische im Aquarium ihnen das Futter nicht vorzeitig abjagen. Jungfische sind weniger boden-

Oben links: Grasnadel (s. S. 208). Die stäbchenförmigen Fische sind mit dem Seepferdchen verwandt. Oben rechts: Strandgrundel (s. S. 210). Die Männchen bewachen die Eier. Unten: Flunder (s. S. 206). Kann sich farblich rasch dem Untergrund anpassen.

orientiert und halten sich hauptsächlich in der mittleren Wasserschicht auf. Auf enge Versteckmöglichkeiten sind sie nicht angewiesen, vorausgesetzt, die Tiere erfahren keine massiven Störungen. Die volle Schönheit und ausgeprägte räuberische Lebensweise zeigt sich bei Zandern erst, wenn sie herangewachsen sind, etwa ab einer Länge von 10–12 cm. Dann sind sie auch wesentlich leichter mit toten Fischen zu füttern, weil sie auch am Boden nach Nahrung suchen. Im Gegensatz zu Hechten müssen die Futterfische für Zander recht klein sein, da sie einen relativ engen Schlund besitzen. Größere Zander brauchen entsprechenden Lebensraum in geräumigen Aquarien. Es lohnt sich, zwei bis drei Zander einmal in einem ca. 300 l-Becken bis zu einer Größe von 15 cm zu beobachten. Um Schwimmraum zu liefern, spart man bei der Dekoration.

Mit einer mittleren Wasserqualität, den üblichen Wasserwechseln und guter Wasserbewegung durch Kreiselpumpe ist ihre Aquarienhaltung kein Problem. Störend wirkt allerdings eine intensive Beleuchtung; Zander sind lichtscheu. Vor allem direkte Sonneneinstrahlung mögen Zander nicht. Hocken die Tiere am Boden oder ziehen sie sich hinter Steinen zurück, ist meist eine unverträgliche intensive Beleuchtung verantwortlich. Die Aquarientemperaturen sollten dauerhaft 20 °C nicht überschreiten. Bei guten Sauerstoffwerten ist der Zander nicht so wärmeempfindlich wie ihm im Zusammenhang mit seiner Aquarienhaltung nachgesagt wird. Auch bei kalter Überwinterung ist eine regelmäßige Fütterung erforderlich; Zander halten keine Winterruhe. Die kalte Jahreszeit verzögert jedoch auf natürliche Weise das rasche Wachstum, trotz ausreichender Fütterung bleiben sie in der kalten Jahreszeit kleiner. (Abbildung: S. 156)

Kaulbarsch

(Gymnocephalus cernua)

In der Natur findet man nur sehr selten Kaulbarsche, die eine Körperlänge von 20 cm oder mehr erreichen. Die erwachsenen Tiere sind im Durchschnitt 10–15 cm lang. Damit kann man den Kaulbarsch zu den Kleinfischarten zählen. Auch im Aquarium, wenn man Kaulbarsche als Jungfische einbringt, erreichen sie nach 3–4 Jahren kaum mehr als 10–12 cm. Man kann sie also in einem größeren Becken recht lange halten.

Als ausgesprochene Raubfische sind sie dabei auf Lebendfutter oder teilweise Lebendfutterersatz angewiesen. Kaulbarsche sind überwiegend bodenorientiert und nehmen Regenwürmer, Tubifex, Wasserflöhe, Bachflohkrebse und Fischfleisch. Sie sind gesellige und relativ friedliche Barsche und vergreifen sich nur an kleinen Fischen, die weniger als die Hälfte ihrer eigenen Körpergröße haben. Sie gründeln nicht, sondern suchen den Boden nach herabgefallenem Futter ab. Lebende Futtertiere werden in jedem Fall bevorzugt.

Aufgeschreckt sind sie sehr schnelle und gewandte Schwimmer, sonst ziehen

Oben links: Bergmolch (s. S. 215).
Oben rechts: Kammolch (s. S. 215).
Unten links: Fadenmolch (s. S. 216).
Unten rechts: Gelbbauchunke (s. S. 217).

sie eher gemächlich in der unteren bis mittleren Wasserschicht umher. Ihr Raumanspruch hängt von ihrer Körpergröße ab. Nur kleinere Kaulbarsche eignen sich eine Zeitlang für ein Gesellschaftsbecken mit Friedfischen, man hält sie besser zu mehreren ihrer Art oder in einem Barschbecken.

Kaulbarsche sind bezüglich der Wasserqualität nicht besonders anspruchsvoll. Im großen und ganzen läßt sich ihre Aquarienhaltung mit der für Flußbarsche vergleichen. Kreiselpumpeneffekt, die üblichen Wasserwechsel und wenige Versteckmöglichkeiten sind angebracht. Gute Sauerstoffwerte sind Bedingung. Nach vorsichtiger Eingewöhnung können Kaulbarsche recht zutraulich werden und lassen sich unter Umständen sogar individuell füttern. Sie sind durchsetzungsfähiger und weniger sensibel als ihre größeren Verwandten, die Zander, und weniger aggressiv als Flußbarsche, daher ist ihre Aquarienhaltung nicht schwierig. Die Wassertemperaturen sollten längerfristig 20 °C nicht überschreiten.

Von einer gelungenen Zucht im Aquarium ist mir nichts bekannt. Ein Versuch in diese Richtung könnte möglicherweise gelingen. Voraussetzung ist sicher ein sehr großes Aquarium, ca. ab 2 m Kantenlänge. Laichzeit ist von März bis Juni. In der Natur laichen Kaulbarsche an flachen, überströmten Uferzonen. Die Brutdauer beträgt ca. 10 Tage. Die Geschlechtsreife tritt etwa ab dem 2.–3. Lebensjahr ein.

Kaulbarsche sind heutzutage wirtschaftlich uninteressant. Angler äußern sich gelegentlich geringschätzig über diese Art, in Norddeutschland hört man Bezeichnungen wie »Schnodderbarsch« oder »Rotzbarsch«. Möglicherweise bezieht sich dies auf ihre Eigenschaft, Angelköder, die für andere, begehrtere Arten bestimmt sind, sehr tief herunterzuschlucken. Kaulbarsche sind auch als Laichräuber verschrieen. Ihrem Äußeren nach können sie als hübsche Tiere gelten. Die kräftigen, kegelförmigen Fische haben eine bräunliche Grundfärbung mit metallisch glänzenden, zum Teil auch grünlichem Schimmer. Bei Gefahr spreizen sie ihre große, stachelstrahlige vordere Rückenflosse ab.

Sie werden weder in Teichanlagen gezüchtet noch in Aquariengeschäften angeboten, man muß sie sich bei Bedarf also selbst fangen. In Baden-Württemberg gilt diese Art als stark gefährdet, in Niedersachsen nicht, für das gesamte Bundesgebiet sind sie als gefährdet eingestuft. Man findet sie in größeren Fließgewässern und einigen Seen. Besonders verbreitet sind sie in den Unterläufen der Flüsse, die in die See münden, deshalb nennt man diesen Abschnitt auch Kaulbarsch-Flunder-Region. Dort, wo sie vorkommen, sind sie meist recht häufig und ziehen in Schwärmen in relativer Ufernähe am Bodengrund umher. Man fängt sie tagsüber mit der Senke. In langsam fließenden, kleineren Nebengewässern der Hauptströme sind die Chancen, Jungfischschwärme zu entdecken, wesentlich größer. (Abbildung: S. 173)

Sonnenbarsch

(Lepomis gibbosus)

Sonnenbarsche stammen aus Nordamerika und wurden mit verschiedenen Arten in Europa angesiedelt, wahrscheinlich von Aquarianern. Der sogenannte Gemeine Sonnenbarsch ist die bekannteste Art. In einigen langsam fließenden Flüssen und Kanälen, sowie in Seen in Südbayern oder im österreichischen Wörthersee, findet man inzwischen größere Sonnenbarschpopulationen. In den wärmeren Gewässern ihrer ursprünglichen Heimat, z.B. in Florida, können sie bis über 30 cm lang werden, in unseren Gewässern wachsen sie langsamer und erreichen höchstens 15 cm. Sonnenbarsche sind hochrückige, scheibenförmige Fische von schillernder bunter Färbung. Sie bevorzugen klares Wasser mit sauberem Sand- oder Kiesgrund. Die geselligen und in lockeren Schwärmen lebenden Tiere mischen sich auch unter andere Arten, man sieht sie in Gesellschaft von Flußbarschen oder mit größeren Weißfischen. Sie sind ausgesprochene Raubfische und fressen mit Vorliebe kleine Fische, Schnekken, Würmer, Kleinkrebse und Insektenlarven. Ihre Beschaffung für das Aquarium ist einfach, man findet sie regelmäßig im Kaltwasserangebot der Zoohandlungen.

Im Aquarium brauchen sie viel Schwimmraum. Ein Becken unter 80 cm Kantenlänge behagt ihnen nicht, sobald sie mit etwa 10 cm ausgewachsen sind. Man hält sie am besten zu mehreren unter sich oder in Gesellschaft anderer Barsche. Versuchsweise kann man sie auch im Gesellschaftsbecken mit Friedfischen halten, da sie nur sehr kleine Fische fressen können, die weit weniger als ein Drittel ihrer eigenen Körperlänge haben. Auf zu engem Raum zeigen sie sich revierbildend aggressiv, attackieren sich gegenseitig und andere, wobei es selten zu ernsthaften Verletzungen kommt, aber zu unangenehmen Streßsituationen. Sie nehmen nur Lebendfutter oder eingefrorenes Lebendfutter, z.B. Bachflohkrebse oder Mückenlarven. Größere Mulmansammlungen oder dauerhaft trübes Wasser sind zu vermeiden. Besonders wärmeempfindlich sind sie nicht, Temperaturen um 20 °C und gelegentlich bis 24 °C vertragen sie gut, deshalb ist ihre Haltung auch im Sommer kein großes Problem. Um ihren relativ hohen Sauerstoffbedarf zu decken, ist eine gute Bepflanzung (oder eine kräftige Belüftung) angebracht.

Ihre Nachzucht im Aquarium gilt als relativ einfach. Die Laichzeit ist von Mai bis Juni, bei Temperaturen um 20 °C. Mit Schlägen der Schwanzflosse schafft das Männchen eine flache Grube. Nach einem heftigen Paarungsspiel legt das Weibchen die Eier ab und beide Elterntiere bewachen das Gelege. In der Natur laichen Sonnenbarsche in sehr flachem Wasser, deshalb senkt man zur Laichzeit im Aquarium den Wasserstand auf ca. 20–15 cm ab. Es kommt vor, daß das Männchen die Brutpflege allein übernimmt und das Weibchen vom Nest vertreibt, dann nimmt man das Weibchen heraus. Zur Frischwasserversorgung fächelt das Männchen mit den Brustflossen über die Eier. Nach dem Schlüpfen der Larven wird der Schwarm vom Männchen heftig verteidigt. Manchmal läßt dieser Trieb sehr schnell nach, und die Jungfische werden als Beute gesehen, dann nimmt man auch das Männchen rasch heraus. Die Aufzucht der Jungfische gelingt in der Regel nur mit sehr feinem Lebendfutter. Sonnenbarsche wachsen schnell heran und fressen bald kleine Wasserflöhe. (Abbildung: S. 173)

Süßwasser-Schleimfisch

(Blennius fluviatilis)

Die Familie der Schleimfische umfaßt eine große Anzahl von Gattungen und

Arten und ist nahezu weltweit verbreitet. Auch in Europa ist eine große Artenvielfalt festzustellen. Zumeist sind es kleine, bodenorientierte Fische salzhaltiger Meeresküsten. In Europa lebt nur eine Gattung mit einer Art im reinen Süßwasser: der Süßwasser-Schleimfisch oder Süßwasser-Blennius. Diesen Fisch findet man in Europa nur südlich der Alpen in Binnengewässern, die irgendwann einmal mit dem Mittelmeer in Verbindung standen (oder noch stehen). Dieser ursprünglich ebenfalls maritimen Art ist die Anpassung an das Süßwasser gelungen. Ähnlich wie bei der Groppe und anderen Süßwasser-Grundeln geht man davon aus, daß diese Anpassung nach der letzten Eiszeit in vom Meer isolierten Gewässern stattgefunden hat. Die bevorzugten Biotope sind Seen (z. B. Gardasee und Seen in der Nähe von Pisa), Kanäle und langsam fließende Bäche und Flüsse (z. B. in der Po-Gegend) mit sehr klarem Wasser. Auch in entsprechenden Gewässern in Südfrankreich (z. B. Rhône-Nebenarme) und entlang der spanischen Mittelmeerküste ist diese Art heimisch. Der Süßwasser-Blennius ist ein echter Kleinfisch und wird kaum 10 cm lang (max. 12 cm). Oberflächlich betrachtet kann man die Tiere leicht mit Grundel oder Groppen verwechseln. Haupterkennungsmerkmal ist die lange, vom Kopfende bis zum Schwanz durchgehende Rückenflosse und zwei kleine »Fühler« dicht über den Augen. Der schleimige Körper (aalähnlich) ist teilweise mit sehr kleinen, tiefliegenden, kaum erkennbaren Schuppen bedeckt (andere Schleimfischarten sind schuppenlos). Die Grundfarbe ist hellbraun oder leicht grünlich und mit verwaschenen Querstreifen marmoriert. Die Hautmuster variieren je nach Wohngewässer (Populationsmerkmal).

In den Gewässern, in denen Schleimfische vorkommen, findet man sie massenhaft, überwiegend im flachen Wasser der Uferzone, tagsüber unter Steinen verborgen. Man kann sie mit dem Kescher leicht fangen. Die Jungfische leben in kleineren Schwärmen, die ausgewachsenen Tiere haben sich zu Einzelgängern entwickelt. Obwohl die Tiere keine Schwimmblase besitzen, können sie mit raschen, schlängelnden Bewegungen auch im freien Wasser schnell schwimmen. Normalerweise bewegen sie sich dicht am Boden gleitend. Ihre Lebensweise ist denen der Groppen und Grundeln sehr ähnlich.

Der Transport ist bei optimalen Vorkehrungen (siehe auch den Abschnitt Transport) kein großes Problem. Vor allem die kleineren Jungfische gewöhnen sich schnell an die Gefangenschaft. Wenn sie keine großen Störungen erfahren, beginnen sie nach ein bis zwei Tagen zu fressen. Dabei nehmen sie, wie die erwachsenen Tiere auch, ausschließlich Lebendfutter, Wasserflöhe, Mückenlarven – auch eingefroren. Selbst sehr kleine, schlanke Jungfische anderer Arten (Weißfischbrut) werden gern angenommen.

Die Aquarienhaltung der Schleimfische ist nicht schwierig, man kann sich hierfür an den Bedingungen für die Marmorierte Grundel orientieren (siehe den entsprechenden Abschnitt). Die Jungfische wachsen bei ausreichender Fütterung rasch und verhalten sich ab einer gewissen Größe (3–4 cm) zunehmend revierbildend und bevorzugen bestimmte Versteckplätze. Ein kleines Aquarium (ca. 80 cm Kantenlänge) reicht für 4–6 Tiere aus. Stets frisches und klares Wasser, steinige Versteckmöglichkeiten und ein sandiger oder kiesiger Bodengrund mit freiem Schwimmraum fördert die Eingewöhnung und das artgerechte

Verhalten der Tiere sehr. Eine mittelstark eingestellte Kreiselpumpe reicht aus, um den relativ hohen Sauerstoffbedarf zu decken, falls nicht genügend lebende Pflanzen vorhanden sind.

Das interessante Brutverhalten dieser Art ist im Aquarium mehrfach beobachtet worden. Zur Laichzeit, im April bis Juni, bekommen die etwas größer werdenden Männchen einen kleinen, halbmondförmigen Hautkamm auf dem Kopf. Die nicht sehr zahlreichen Eier (40–60) werden vom Weibchen an die Decke höhlenartiger Versteckplätze geklebt und von einem revierverteidigenden Männchen bis zum Schlupf der Larven bewacht. Danach läßt der Bewachungstrieb sofort nach. Oft beteiligen sich zwei oder mehrere Weibchen an der Eiablage in einer Höhle. Setzt man eine gläserne Tasse oder einen anderen durchsichtigen, kuppelförmigen Gegenstand ins Aquarium, nehmen die Tiere diesen unter Umständen als Laichplatz an und man kann den Vorgang gut beobachten.

In diesem Zusammenhang sei noch auf die Artenfülle bei den maritimen Schleimfischen verwiesen, die sich für ein Meerwasseraquarium europäischer Prägung geradezu anbieten. An der Nord- und Ostseeküste kommen sie jedoch kaum vor. Die maritimen Arten bevorzugen in der Regel felsige Küsten. In der Bretagne, z.B. in der Gegend um St. Malo, findet man verschiedene Arten leicht in den »Gezeitentümpeln«, also in Vertiefungen im Felsen, die bei Ebbe mit Wasser angefüllt bleiben. Diese Gezeitentümpel beherbergen eine Fülle von Lebewesen, Pflanzen, Garnelen, Muscheln, Seenelken, Seesternen, Schnecken und Jungfischen maritimer Art. Einige Schleimfische (z.B. *Blennius galerita*) sind imstande, das Wasser für längere Zeit zu verlassen, sie hüpfen dann auf den Felsen herum und suchen sich einen anderen Tümpel, etwa wenn der vorherige zu klein ist oder auszutrocknen droht. Die Gezeitentümpel, die mit ihrem klaren Wasser wie voll eingerichtete gepflegte Aquarien wirken, bieten reichlich Beobachtungsmöglichkeiten und sind als Fundorte für das Meerwasseraquarium sehr zu empfehlen. (Abbildung: S. 174)

Groppe

(Cottus gobio)

Die Familie der Groppen umfaßt etwa fünf Arten in Mitteleuropa. Drei davon kommen in der Bundesrepublik vor. Neben der bekannteren Groppe, auch Koppe oder Mühlkoppe genannt, existieren noch die Sibirische Groppe, auch Ostgroppe oder Buntflossenkoppe genannt, und der Vierhörnige Seeskorpion. Weiterhin gibt es eine ganze Reihe von europäischen Unterarten oder lokalen Formen. Die Sibirische Groppe findet man bei uns vielleicht in Schleswig-Holstein, ihr natürliches Verbreitungsgebiet beginnt erst östlich der Elbe. Der Seeskorpion lebt hauptsächlich in den salzigen Küstengewässern.

Groppen sind Kleinfische, deren maximale Körperlänge kaum über 15 cm liegt. Die Groppe ist in Mitteleuropa weit verbreitet. Man findet sie im Brackwasser der Ostsee, in der Nähe von Flußmündungen und in sauberen Gebirgsseen bis 2000 m. Hauptsächlich jedoch lebt diese Art in rasch fließenden, kühlen, klaren und sehr sauerstoffreichen Gewässern der Forellenregion; deshalb wird sie auch als »Begleitfisch« der Forelle bezeichnet. Tagsüber sind die kleinen Fische, die durch ihren plumpen Körper und großen Kopf auffallen, unter Steinen und Wurzelwerk verborgen und gehen erst bei Einbruch der Dämmerung auf Jagd nach kleinen Tieren. Der schuppenlose Körper ist von auffälliger, dunkler, marmorierter Färbung, die je nach Verbreitungsgebiet verschieden sein kann. Groppen besitzen keine Schwimmblase, sie sind stark bodenorientiert und bewegen sich ruckartig und stoßweise voran. Auf der Flucht können sie hohe Geschwindigkeiten entwikkeln, ansonsten sind sie eher behäbig. Sie leben in lockeren, standorttreuen Völkern und dennoch weitgehend einzelgängerisch, man findet selten mehrere Exemplare in einem gemeinsamen Versteck. In gesunden und dicht besiedelten Abschnitten sitzt unter jedem dritten oder vierten Stein eine Groppe. Im flachen Wasser ihrer klaren Wohngewässer kann man sie leicht aufdecken und mit dem Kescher fangen. Aufgrund der Verschmutzung und Kanalisierung vieler Bäche gilt diese Art fast überall als stark gefährdet. In einigen Bundesländern sind sie durch ein totales Fangverbot geschützt. Viele Populationen bestehen nur noch aus kläglichen Restbeständen. Groppen sind nur wenig anpassungsfähig, eine auch nur zeitweise erhebliche Verschlechterung der Wasserqualität setzt ihnen daher mehr zu als fast allen anderen Arten.

Äußerlich sehen sie den Meeresgrundeln sehr ähnlich. Man vermutet, daß die Groppen ursprünglich reine Meeresbewohner waren, die mit der Eiszeit auf den Kontinent gedrängt wurden, sich späterhin in Binnengewässern isoliert vorgefunden haben und den Süßwasserbedingungen anpassen konnten.

Im Aquarium hält man sie am besten mit 4–5 kleineren Exemplaren in einem reinen Groppenaquarium. Trotz ihrer unbeholfenen Bewegungsweise ist ihr Raumanspruch groß, mindestens 80 cm Kantenlänge sind erforderlich.

Aufgrund ihrer geringen Anpassungsfähigkeit gehören sie zu den anspruchsvollsten Aquarienfischen unter den heimischen Arten. Sie sind in allen Belangen empfindlicher als Bachforellen. Die Versorgung mit Sauerstoff allein durch eine dichte Pflanzenkultur im Aquarium gelingt in der Regel nicht. Ähnlich den natürlichen Verhältnissen in einem Wildbach, greift man auf die mechanische Sauerstoffversorgung mittels kräftiger Belüftung (Membranpumpe) oder Kreiselpumpe mit starkem Strömungseffekt zurück. So bleiben die Tag- und Nachtwerte einigermaßen konstant. Wenige, anspruchslose Wasserpflanzen (z. B. das heimische Quellmoos) genügen. Regelmäßige Frischwasserzufuhren sind angebracht, um die Wassergüte zu halten. Die schwierigsten Bedingungen liegen bei der Einhaltung niedriger Temperaturen. Groppen vertragen warmes Wasser nur schlecht. Dauertemperaturen zwischen 12 und 15 °C sind eine gute Voraussetzung. Ab etwa 20 °C hören die Groppen zu fressen auf und fühlen sich massiv unwohl. Die Krankheitsanfälligkeit steigt mit den Temperaturen. Die Tiere zeigen mit hustenartigem »Spucken« an, wenn ihnen Trübstoffe zusetzen. Ein kräftiger Aquarienfilter hilft, ungünstige Zustände zu vermeiden.

In einem nicht übermäßig beleuchteten Aquarium geben die Groppen ihre Nachtaktivität weitgehend auf und zeigen sich auch tagsüber. Wenn sie anhaltende Fluchtversuche unternehmen, aus dem Wasser springen wollen oder sich zu mehreren in einer Ecke versammeln und dort dichtgedrängt liegen bleiben, zeigen sie damit ein gefährliches Unwohlsein an.

Gut geschichtete Steine, im Becken verteilt, liefern im Aquarium die notwendigen Versteckmöglichkeiten. Groppen verhalten sich revierbildend und bevorzugen bestimmte Standorte, die sie manchmal gegen Artgenossen zu verteidigen suchen. Weiche Baumwurzeln oder gar faulendes Holz eignen sich nicht.

Groppen sind ausgesprochene Raubfische und nehmen in der Regel nur frisches Lebendfutter. In der Natur besteht ihre Hauptnahrung aus Bachflohkrebsen und Insektenlarven. Im Aquarium nehmen sie Wasserflöhe, Tubifex, Regenwürmer, Mückenlarven und kleinere Futterfische bis zu einem Drittel ihrer eigenen Körperlänge. In der Natur sind sie auch als gefräßige Laichräuber bekannt und wurden deswegen in manchen Bachabschnitten bewußt ausgerottet. Im Aquarium kommt es vor, daß sie einseitiges Futter nach relativ kurzer Zeit, z.B. Regenwürmer, plötzlich verweigern. Am besten gelingt ihre Ernährung, wenn gelegentlich lebende Bachflohkrebse angeboten werden. Man kann eine gewisse Menge Bachflohkrebse selbst fangen und einfach in das Groppenaquarium entlassen. Die Groppen fangen sie sich mit der Zeit weg. Mit Kalktabletten kann man das Wasser für die Krebse längere Zeit optimal aufbereiten; Bachflohkrebse leben in leicht kalkhaltigem Wasser. Nach Wasserwechseln mit weichem Wasser muß man entsprechend nachdosieren. Die Krebse fressen faulende Pflanzenreste und sogar den Fischkot und tragen somit zur Sauberkeit im Aquarium bei. Es darf allerdings kein Mißverhältnis durch zu viele Krebse entstehen und die Sauerstoffbedingungen müssen für beide Arten immer auf einem hohen Niveau bleiben. Eine Gefahr liegt allerdings darin, daß Bachflohkrebse in Massen eingehen und das Wasser verunreinigen. Andererseits kann man durch eine gelungene Kombination Mangelerscheinungen bei den Groppen vorbeugen und umständliche Lebendhälterung oder die Zucht von Bachflohkrebsen vermeiden. Nach Eingewöhnung nehmen die Groppen auch tote, eingeforene Bachflohkrebse vom Boden auf.

Zur Erleichterung der Fütterung kann man sich eine außergewöhnliche Zutraulichkeit der Groppen heranziehen. Nach vorsichtiger Gewöhnung nehmen sie Futter von der Pinzette oder aus der Hand und lassen sich so gezielt und individuell versorgen. Tritt man an das Becken, kommen sie aus ihren Verstecken und recken die Köpfe, um das Futter entgegenzunehmen. Unter sehr guten Aquarienbedingungen besteht also die Möglichkeit, sie in einem Gesellschaftsbecken zu versorgen. Ansonsten sind sie als behäbige Bodenfische immer im Nachteil und gehen bei einer allgemeinen Fütterung leicht leer aus. Sie sind sehr gefräßig und vertragen längere Fütterungspausen schlecht. Fütterungen, die nur alle paar Tage erfolgen, führen auf Dauer immer zu Mangelerscheinungen und Krankheiten.

Im Gegensatz zu manch anderen Arten sind einmal erkrankte Groppen schwer zu retten. Sie können rasch abmagern, und man sieht ihnen ihren Ernährungszustand leicht an. Ihr Kopf erscheint dann im Verhältnis zu ihrem eingefallenen Bauch klobig. Bei guter Ernährung wirken sie immer glatt und rundlich.

Sie wachsen recht schnell, bleiben aber im Aquarium etwas kleiner als in der Natur und schaffen es in drei oder vier Jahren höchstens bis auf 10 cm.

Groppen sind nach zwei bis drei Jahren geschlechtsreif. Laichzeit ist von Februar bis Mai, Voraussetzung im Aquarium ist eine artgerechte Haltung und kalte Überwinterung. Zur Anregung senkt man den Wasserstand im Aquarium etwa ab Ende Januar auf ca. 20 cm.

Die Tiere zeigen ein interessantes, lebhaftes Paarungsritual. Zur Balzzeit färben sich die meist etwas kleineren Männchen deutlich dunkler als die Weibchen. Das Weibchen legt entweder eine flache Grube an oder legt die ca. 100 gelblichen Eier in einem Klumpen einfach in den Sand in die Nähe eines Steins. Nach der Besamung übernimmt das Männchen die Bewachung der Eier und verteidigt sie auch. Das Schlüpfen der Larven erfolgt sehr spät, etwa drei bis fünf Wochen nach der Eiablage, je nach Wassertemperatur, die in diesem Fall möglichst nicht über 15 °C steigen sollte. Die geschlüpften Larven leben etwa 10 Tage von ihrem Dottersack und sind danach sofort jagdfähig und man kann sie mit kleinen Wasserflöhen füttern. Wenn der Bewachungstrieb des Männchens nachläßt, nimmt man es heraus, die Jungfische werden sonst leicht die Beute der Elterntiere. (Abbildung: S. 174)

Marmorierte Grundel

(Proterorhinus marmoratus)

Dieser sehr klein bleibende Fisch, dessen maximale Länge mit ca. 10–12 cm angegeben wird, lebt in Europa hauptsächlich im Gebiet des Schwarzen Meeres und seiner Zuflüsse und in der Donau nebst Nebenflüssen. Vom Brackwasser der Küstenregion bis weit in die Flüsse hinein erstreckt sich das Süßwasservorkommen dieser Art. In Österreich findet man sie z.B. in Wien, in den Randgebieten der Stadt in beinahe jedem geeigneten Gewässer vom Entwässerungskanal bis in der Donau selbst, dort in den Mündungsgebieten kleiner Nebenflüsse. Die Tiere sind den Strandgrundeln und Groppen sehr ähnlich. Haupterkennungsmerkmal für die Marmorierte Grundel sind zwei kurze Barteln, die dicht der Nasenöffnung auf der Oberlippe sitzen und spitz nach vorn gerichtet sind. Auf dem Rükken tragen sie zwei getrennte, stachelige Flossen und deuten damit die entfernte Verwandtschaft mit den Barschen an. Die grünlich, graubraune marmorierte Grundfärbung läßt die Tiere sehr hübsch aussehen. Im Gegensatz zur Groppe ist der Kopf der Grundel höher und schmaler als breit, das Maul läuft seitlich gesehen, leicht spitz zu.

Von diesem, in Österreich leicht zu beschaffenden Fisch, der sich ausgezeichnet für das Aquarium eignet, habe ich bisher trotz intensiver Suche noch nie eine Beschreibung für seine Aquarienhaltung gefunden; ebenso fand ich kein Foto. Nach Terofal ist die Biologie dieser Tiere bisher weitgehend unbekannt. Das ist verwunderlich. Diese Art scheint in der Gegend um Wien sehr zahlreich, man findet sie beinahe massenhaft in Ufernähe unter Steinen sitzen. Sie bevorzugt klares, fließendes und stehendes Wasser mit Sand- oder Kiesgrund, sie ist ein Bodenfisch der flachen Uferregion. Man kann die Tiere leicht mit dem Kescher fangen.

Ihre Aquarienhaltung ist nicht schwierig. Die Fische sind in ihrem Verhalten mit den Groppen zu vergleichen. Tagsüber hocken sie in ihren Verstecken, um in der Dämmerung auf Jagd nach kleinen Tieren zu gehen. Im Aquarium geben sie nach der Eingewöhnung ihre Nachtaktivität weitgehend auf und zeigen sich auch am Tag. Sie sind in allen Belangen im

Aquarium deutlich anspruchsloser als Groppen. Als behäbige Bodenfische hält man sie am besten in einem reinen Grundel-Aquarium. Sie bleiben im Aquarium meist kleiner und erreichen kaum 8 cm. Das Aquariumwasser sollte stets klar sein. Als Bodengrund ist sauberer Sand oder Kies geeignet. Gute Versteckmöglichkeiten aus übereinandergelegten Steinen müssen zur Verfügung stehen. Die Grundeln bevorzugen bestimmte Verstecke, in die sie zurückkehren. Ab und zu wechseln sie die Stammplätze. Ihr Raumanspruch ist nicht besonders groß. Neben Verstecken sollte eine gewisse freie Bodenzone vorhanden sein, auf der sich die Tiere ungehindert bewegen können. Für 4–5 Tiere von mittlerer Länge um 5–6 cm genügt ein Becken von 60 cm Kantenlänge, hohen Wasserstand mögen sie nicht, 40 cm kann als Obergrenze gelten. Ihr Sauerstoffbedarf ist relativ groß, sie kommen aber mit weit weniger aus als Groppen.

Die Wassertemperatur sollte 18 °C nicht überschreiten, kurzfristig vertragen die Tiere jedoch bis 22 °C. Einmal eingewöhnt sind sie sehr ausdauernd und zeigen sich recht zutraulich, man kann sie daher auch individuell füttern. In der Gesellschaft größerer Fische bleiben sie aber scheu. Sie sind wie Groppen Raubfische und nehmen nur Lebendfutter oder Lebendfutterersatz. Im Aquarium zeigen sie sich auch hierbei genügsamer als Groppen und fressen jede Art Lebendfutter. Futterverweigerungen bei zu einseitiger Ernährung kommen bei den Grundeln seltener vor. Mit Wasserflöhen, Mückenlarven, Tubifex, Regenwürmern sind sie zufrieden, gelegentlich nehmen sie auch eingeforene Futtertiere in totem Zustand vom Boden auf. Ihre Fütterung macht daher keine besondere Mühe.

Besonders ihr Brutverhalten gilt als noch unerforscht – vielleicht gibt es aber inzwischen detaillierte Beschreibungen (?). Ihre Nachzucht im Aquarium dürfte keine großen Schwierigkeiten machen, doch sind mir nach fast zweijähriger, unproblematischer Aquarienhaltung einige Grundeln zu Beginn der Balz durch einen rabiaten Wasserwechsel bei einem Temperatursturz eingegangen. Dies nur noch einmal zur Warnung für unvorsichtige Aquarianer. Zur Zucht ist eine kalte Überwinterung erforderlich. Ein größeres Becken, etwa ab 80 cm und ein flacher Wasserstand sind zur Anregung erforderlich. Die Laichzeit beginnt etwa ab März, im Februar bereits bekommen die Weibchen dicke Bäuche. Das meist kleinere Männchen färbt sich dann auffallend dunkel, bis fast schwarz. Recht einzelgängerisch lebend, beginnen sie, sich dann lebhaft füreinander zu interessieren, nicken mit den Köpfen und tänzeln hüpfend umeinander herum, beinahe wie in Revierkämpfe verwickelt. Sehr wahrscheinlich betreibt das Männchen Brutpflege in Form einer Bewachung der Eier. (Abbildung: S. 174)

Dreistachliger Stichling

(Gasterosteus aculeatus)

Neben dem Bitterling ist der Stichling die am häufigsten beschriebene Art unter den heimischen Fischen. Insbesondere sein interessantes und vielschichtiges Brutverhalten, das im Aquarium leicht zu beobachten ist, hat den Stichling allgemein bekannt gemacht.

Stichlinge gehören zu den kleinsten Fischarten Europas. Beim Dreistachligen Stichling unterscheidet man eine maritime Wanderform, die zum Laichen in die Flüsse aufsteigt, und eine stationäre Süßwasserform, die sich in isolierten Binnengewässern aufhält. Erstere erscheint meist stark silberglänzend, die Binnenform fällt dadurch auf, daß sie oft kräftigere dunkle Querstreifen besitzt. Ferner sind Stichlinge mit kleinen Knochenplatten gepanzert oder auch nicht. Von ganz »nackt« bis voll gepanzert unterscheidet man vier Variationsformen. Die Tiere verdanken ihren Namen den kräftigen Stacheln, drei auf dem Rücken, zwei Bauchflossenstrahlen und ein kurzer Dorn vor der Afterflosse. Im Durchschnitt bleiben die Fische nur 5–6 cm lang. In manchen Gewässern, z. B. im Bodensee, findet man Exemplare mit maximaler Länge von ca. 8 cm.

In Baden-Württemberg gelten Dreistachlige Stichlinge inzwischen als stark gefährdet. Der Grund dafür dürfte darin liegen, daß Fluß-Stauungen den weiten Aufstieg ins Landesinnere verhindern. In Norddeutschland, wo vor allem die Wanderform zur Laichzeit zum Teil noch massenhaft auftritt, zählen sie nicht zu den gefährdeten Arten. Stichlinge besiedeln fast alle Gewässertypen: Flüsse, Seen, Teiche, Wiesengräben. Die Binnenform entdeckt man vereinzelt sogar in Abschnitten der Forellenregion. Das Verbreitungsgebiet erstreckt sich über die gemäßigten Zonen der Nordhalbkugel.

In letzter Zeit findet man gezüchtete Stichlinge gelegentlich wieder in Aquariengeschäften zu kaufen. Man muß sie also nicht in jedem Fall der Natur entnehmen. In pflanzenreichen Flachwasserzonen fängt man sie mit dem Kescher oder an Flußufern mit der Senke. Zur Laichzeit, mitten im Brutgeschäft, etwa von Mitte März bis Mitte Juni, läßt man die Tiere besser in Ruhe.

Ihre Aquarienhaltung ist nicht schwierig, jedoch auch nicht ganz so einfach wie vielfach gesagt wird. Die Stichlingsmännchen verhalten sich insbesondere zur Laichzeit revierbildend aggressiv und sind im Aquarium unablässig damit beschäftigt, ihr Territorium zu verteidigen. Dabei beißen und verletzen sie selbst wesentlich größere Fische, vorwiegend an den Flossen. Ein einzelnes Stichlingsmännchen kann den gesamten Bestand eines größeren Gesellschaftsbeckens unerträglich tyrannisieren. Dabei überfordert es sich und geht nicht selten an seiner Überaktivität zugrunde, denn selbst in einem großen Becken gibt es kaum genügend Ausweichmöglichkeiten für andere Fische. Dieser Effekt verstärkt sich bei hohen Wassertemperaturen und damit bei gesteigerter Stoffwechsel- und Bewegungsaktivität. Dabei kann eine fortdauernde Erregung und Balzbereitschaft entstehen, die z. B. im Herbst oder bei warmer Überwinterung eine unablässige Irritation zur Folge hat.

Man hält sie am besten in einem reinen Stichlingsaquarium. Ein Männchen beansprucht etwa einen Raum mit einem Radius von ca. 20 cm – und zur Laichzeit zwei bis drei Weibchen. In einem 80 cm-Becken hält man nicht mehr als 6 Stichlinge, 2 Männchen und je 2 Weibchen, – oder in einem kleineren Becken nur 1 Männchen und 2–3 Weibchen.

Bezüglich der Wasserqualität sind sie nicht anspruchsvoll, mit den üblichen Frischwasserzufuhren kommen sie gut aus. In dicht mit sauerstoffspendenden Wasserpflanzen bestückten Becken halten die Tiere auch dauerhaft ohne Belüftung aus. Dreistachlige Stichlinge sind etwas wärmeempfindlicher als Zwergstichlinge. Ideal ist eine Dauertemperatur von 15–18 °C.

Weiterhin sind sie weitgehend auf Lebendfutter oder Lebendfutterersatz angewiesen. Trockenfutter wird fast immer verweigert. Wasserflöhe, Tubifex oder kleine Regenwürmer stellen die Hauptnahrung. Eingefrorene Mückenlarven sind ein idealer Ersatz für frisches Lebendfutter.

Zur Laichzeit bekommt das Männchen eine prächtige Färbung: Bauch und Seiten erscheinen leuchtend rot, der Körper schillert grünlich und die Augen phosphoreszieren in grünlichem Glanz. Die Weibchen verfärben sich weniger und bekommen mit der Eireifung dicke Bäuche. Die Männchen bauen ein Nest aus Pflanzenfasern, immer in Bodennähe, an Pflanzenwurzeln oder im Schutz von Steinen. Das Nest ist einem Vogelnest nicht unähnlich. Nach einem komplizierten Balztanz legt das Weibchen die Eier ab, wobei es mehrfach langsam durch das Nest schlüpft und vom Männchen gedrängt wird, welches dann die im Nest deponierten Eier besamt. In der Regel animiert das Männchen im Laufe mehrerer Tage mehrere Weibchen zur Eiablage. Wenn das Männchen die Weibchen dauerhaft vertreibt und attackiert und diese nur noch verschreckt in den Ecken sitzen, nimmt man sie heraus. In der Folgezeit bewacht und verteidigt das Männchen die Eier, sammelt herausgefallene Eier wieder ein, legt sie zurück und ist unablässig damit beschäftigt, das Nest mit dem Maul auszubessern. Mit der Lupe kann man die Eientwicklung einigermaßen beobachten. Meist nimmt das Männchen während dieser Zeit keine Nahrung zu sich, eine versuchsweise Fütterung zwischendurch erscheint jedoch angebracht. Die Larven schlüpfen nach ca. 10–12 Tagen, je nach Wassertemperatur. Sie verbleiben einige Tage im Nest oder in Nestnähe im Pflanzendickicht und kommen erst als Jungfische frei schwimmend ins offene Wasser. Entfernen sie sich zu weit vom Nest, fängt sie das Männchen mit dem Maul ein und spuckt sie zurück. Die Jungfische sind auf feinstes Lebendfutter angewiesen. Winzige Kleinstlebewesen von ausgewachsenen Pflanzen aus Gräben und Tümpeln, oder sehr kleine Hüpferlinge (Cyklops) eignen sich gut. Mit zunehmender Selbständigkeit der Jungfische läßt der Bewachungstrieb des Männchens nach, die Prachtfärbung weicht dann der Normalfärbung. Man nimmt das Männchen heraus, es betrachtet sonst die eigene Brut als Beute. Die Anzahl der geschlüpften Jungfische ist sehr unterschiedlich, im Durchschnitt sind es pro Nest etwa 40–80.

Zur Nachzucht ist eine kalte Überwinterung der Elterntiere erforderlich. Man kann sie allerdings auch zu Beginn des Frühjahrs, etwa Anfang März, in der Natur fangen und ins Aquarium überführen, sie gewöhnen sich rasch ein und nehmen das Brutgeschäft sofort auf.

In klaren, gut einsehbaren flachen Gewässern, z.B. in Gräben, kann man das Brutverhalten der Tiere auch einigermaßen gut in der Natur beobachten. (Abbildung: S. 174)

Zwergstichling

(Pungitius pungitius)

Diese Art bleibt kleiner und schlanker als der Dreistachlige Stichling, sie ist wohl die kleinste einheimische Süßwasserfischart. Je nach Verbreitungsgebiet besitzen Zwergstichlinge 9–11 kurze, bewegliche Stacheln auf dem Rücken, man nennt sie auch Neunstachlige Stichlinge. Meist bleiben sie um 4–5 cm, ihre maximale Länge wird mit ca. 7 cm angegeben. Zwergstichlinge sind keine Schwarmfische. Sie leben stationär in lockeren Völkchen in pflanzenreichen, flachen Gewässern. In schmalen Wiesengräben sind sie oftmals die einzige Fischart. Gelegentlich aber findet man in solchen Stichlingsgräben auch Schlammpeitzger. In Niedersachsen sind Zwergstichlinge durch ein ganzjähriges Fangverbot geschützt. In Baden-Württemberg beispielsweise tauchen sie in der Liste der dort heimischen Fischarten nicht auf. Ihr Verbreitungsgebiet ist ähnlich dem des Dreistachligen Stichling, jedoch weniger nach Süden ausgerichtet. Für Norddeutschlands Wiesengräben galt der Zwergstichling bisher als besonders typisch. Die Bestände nehmen sehr rasch ab. Verantwortlich dafür sind in erster Linie die Beseitigung und die Verschmutzung (Überdüngung) vieler Kleinstgewässer.

Zwergstichlinge sind von heller, grünlich bräunlicher Grundfärbung, kaum silbrig glänzend. Für das Aquarium fängt man sie mit dem Kescher oder mit dem Eimer. Bei Gefahr verstecken sie sich im Pflanzendickicht oder im Uferschlamm.

Aquarienhaltung, Fütterung und Brutverhalten entsprechen im wesentlichen dem beim Dreistachligen Stichling Gesagten. Zwergstichlinge sind etwas weniger empfindlich gegen Wärme als ihre größeren Verwandten. Die Laichzeit ist etwas später, von April bis Ende Juni, je nach Witterung. Die Männchen verfärben sich weniger bunt, eher schlicht dunkel, bis fast schwarz. Augen und Bruststacheln leuchten dann phosphoreszierend, grün oder bläulich. In Phasen angriffslustiger Erregung oder der Unterwerfung unter ein anderes revierverteidigendes Männchen wechselt die dunkle Färbung rasch hin und her, ein Nachgeben oder Ausweichen zeigt sich durch Aufhellung, massive Drohung durch Schwarzfärbung. Die Nester werden stets an lebenden Wasserpflanzen gebaut, weiter oben, nicht am Bodengrund wie beim Dreistachligen Stichling. Die Aquarienbepflanzung kann daher intensiver sein. Wenn das Männchen mit dem Nestbau begonnen hat, kann man die Pflanze eventuell vorsichtig näher an die vordere Sichtscheibe versetzen und dadurch besser beobachten. Das Männchen orientiert sich dann um und baut das Nest fertig. Die Jungfische des Zwergstichlings bilden nach Verlassen des Nestes keine zusammenhängenden Schwärme, sondern verteilen sich im Becken.

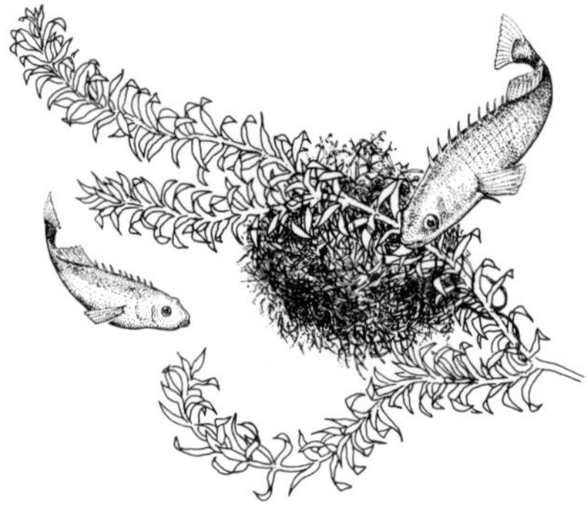

Revierverteidigung

Für ein bis zwei Männchen und jeweils zwei bis drei Weibchen genügt ein 80 cm-Becken mit ca. 30 cm Wasserstand. In einem kleineren Becken hält man besser nur ein Männchen mit 2–3 Weibchen. Für die revierbildenden Männchen muß immer genügend Raum zur Verfügung stehen. Trotz ihrer Kleinheit fordern diese Fische eine gewisse Großzügigkeit. Erscheinen die Verhältnisse als beengt, kommt es vor, daß sich zwei oder mehrere Männchen bei der Revierverteidigung bis zum Tod ermüden, oder sie rauben sich gegenseitig das Material aus ihren halbfertigen Nestern, so daß das Brutgeschäft letztlich scheitert. (Abbildung: S. 174)

Quappe (Rutte)

(Lota lota)

Aalquappe, Rutte, Trüsche, das sind weitere Bezeichnungen für die Quappe, die als einzige von den Dorschfisch-Arten überwiegend im Süßwasser lebt und mit dem Schellfisch verwandt ist. Ihr Verbreitungsgebiet erstreckt sich über die nördliche Halbkugel. In Europa fehlt diese Art jedoch im Süden und in einigen Gebieten Nordeuropas. Die dämmerungs- und nachtaktiven, bodenorientierten Raubfische haben einen länglichen, welsähnlichen Körper mit sehr kleinen Schuppen und sind, je nach Verbreitungsgebiet, heller oder dunkler, braun bis grünlich marmoriert. Auffälligstes Kennzeichen dieser Art ist der für Dorschfische typische einzelne Bartfaden vorn am Unterkiefer. Sie leben in sauberen Flüssen und in Seen bis zu einer Höhe von über 1000 m.

In der Elbe galten sie früher als häufig und typisch, heute fängt man sie dort nur noch sehr selten. Gewässerverschmutzung, die Verschlammung geeigneter Laichplätze in den Oberläufen und der die Laichwanderungen verhindernde Bau von Staustufen gelten als Hauptgrund für ihren Rückgang. Die Art wird inzwischen allgemein als stark gefährdet eingestuft und man findet sie in früheren Heimatgewässern vielerorts nicht mehr. Sie werden im Durchschnitt 30–60 cm lang, einzelne Exemplare erreichen über 1 m.

Quappen sind Winterlaicher, die Eiablage erfolgt in der Zeit von November bis März bei Temperaturen von 1–4 °C. Sie gelten manchmal als ausgesprochen winteraktiv und bewegen sich und fressen angeblich in der kalten Jahreszeit intensiver. Mit Jungfischen im Aquarium läßt sich dies nicht eindeutig bestätigen. Im Gegensatz zu vielen anderen Arten läßt zwar ihre Gefräßigkeit und ihr rasches Wachstum bei kalter Überwinterung nicht nach, sie fressen jedoch auch bei 20 °C Wassertemperatur nicht minder gierig und wachsen dabei gut.

Da man sie in keiner Zoohandlung kaufen kann und sie nicht als gezüchtete Besatzfische angeboten werden, muß man sie sich für das Aquarium selbst fangen. Am besten gelingt dies bei nur wenigen Zentimeter langen Jungfischen ab Ende Mai bis Juli. In Quappengewässern sitzen sie im flachen Wasser unter Steinen, lassen sich leicht aufdecken und mit dem Kescher fangen. Im Herbst oder im Winter, wenn sie herangewachsen sind, zeigen sie sich schon sehr beweglich und ihr Fang ist dann schwieriger. Die Jungfische sind fast schwarz und Kaulquappen nicht unähnlich, daher sicher der Name.

Als stark bodenorientierte Raubfische passen sie nicht oder nur bedingt in ein Gesellschaftsbecken. Im großen und ganzen sind sie im Verhalten mit dem Wels vergleichbar. Sie besitzen zwar große Augen, orientieren sich aber vorwiegend am Geruchssinn. Der Bartfaden am Maul und die sensiblen, fadenförmig verlängerten Brustflossen dienen als Tastorgane. Sie nehmen nur Lebendfutter und Lebendfutterersatz. Mit Regenwürmern sind sie längere Zeit zufrieden, wenn zwischendurch für Abwechslung gesorgt ist.

Größere Quappen brauchen hin und wieder kleine Fische als Futter. Schlanke Fische von $\frac{1}{3}$ Quappenlänge können sie verschlingen. Dabei verdauen sie bereits zum Teil, während ein Stück des Opfers noch aus dem Maul ragt. Sie sind sehr gefräßig. Mit zunehmender Körpergröße müssen immer genügend Futtertiere vorhanden sein. Tote Fische oder geschnittenes Fischfleisch nehmen sie nach kurzer Gewöhnung an, ausschließlich totes Futter mögen sie dauerhaft nicht.

In nur schwach beleuchteten Aquarien geben sie ihre Nachtaktivität zum Teil auf und man sieht sie auch tagsüber. In einem reinen Quappen-Aquarium verzichtet man besser auf eine intensive Beleuchtung und auf anspruchsvolle Pflanzen. Äußerst wichtig für ihr Wohlbefinden sind gute, höhlenartige Versteckmöglichkeiten aus Steinen oder Baumwurzeln.

Sie wachsen, wie gesagt, recht schnell, aber man kann kleine Jungfische bis zu einer Größe von ca. 15 cm zu zwei oder drei Exemplaren in einem Becken ab 1,2 m zwei oder drei Jahre halten. Untereinander sind sie etwas unverträglich. Abgesehen von harmlosen Beißereien um Futter oder Stammplätze tun sie sich aber nichts. Meist bleiben sie scheu und zeigen sich nur wenig zutraulich. Ab dem 3. oder 4. Lebensjahr gelten sie als geschlechtsreif. Im Aquarium kann man sie wahrscheinlich nicht züchten.

Entsprechend ihrer Herkunft aus klaren, sauerstoffhaltigen und sauberen Gewässern hält man sie am besten bei kräftigem Kreiselpumpeneffekt (oder Membran-Belüftung) in kühlem, klarem Aquariumwasser. Die üblichen Wasserwechsel reichen aus, um ein gutes Milieu zu halten. Ansonsten sind sie zählebige Tiere.

Ihr geringer Bekanntheitsgrad als Aquarienfische, ihre relative Seltenheit und auch ihr beinahe exotisches Aussehen machen sie zu einer Rarität in der Aquaristik. (Abbildung: S. 174)

Flunder

(Platichthys flesus)

Wohl jeder kennt Schollen als Speisefische. Als Aquarienfische im Süßwasserbecken sind sie eine echte Seltenheit. In größeren Seewasserbecken zoologischer Schauaquarien sieht man sie gelegentlich.

Die Flunder ist ein Vertreter der Schollen, der Plattfische, auch Butt genannt. Flundern leben hauptsächlich im flachen Wasser salziger Küstengebiete auf Sandgrund. Jungfische, die das Larvenstadium überwunden haben, wandern bis weit in die Unterläufe der Flüsse hinein und leben dort etwa 3–4 Jahre im Süßwasser, um als erwachsene Tiere ins Meer zurückzukehren. In bevorzugten Sammelgebieten, in sehr salzhaltigen Gegenden, laichen die Tiere ab. Der hohe Salzgehalt garantiert, daß die Eier frei schweben und nicht in den sauerstoffarmen Schlickgrund absinken. Angeblich sind die Eier der Flundern wegen des geringeren Salzgehaltes in der Ostsee größer als in der Nordsee, die größeren Eier sind »luftiger« und haben einen höheren Auftrieb im Wasser. Nach dem Schlupf leben die Larven mit einer Schwimmblase ausgestattet ähnlich wie andere freischwimmende Fische, bevor sich im Laufe ihrer Entwicklung von 3–4 Monaten die Schwimmblase zurückbildet, der Kopf auf die Seite dreht und sie die bodengebundene Plattfischhaltung einnehmen. Die geselligen Grundfische liegen nun flach am Boden, graben sich im Sand ein oder bewegen sich mit schwebenden und wellenförmigen Körperbewegungen voran. Die Durchschnittslänge erwachsener Tiere beträgt 20–30 cm, einzelne Tiere erreichen über 50 cm. Die Laichzeit ist etwa von Januar bis April, manchmal auch erst im Herbst. Voll ausgebildete Jungfische von ca. 3–4 cm Länge fängt man im Süßwasser größerer Flüsse Anfang August bis in den Herbst hinein, bevor sie sich in größere Tiefen zurückziehen. Man fängt sie mit der Senke vor Staumauern, dort halten sie sich manchmal zahlreich auf. Man findet sie natürlich nur in relativer Küstennähe, in Bremen auch im Stadtgebiet, bevor sie durch Staustufen an weiteren Wanderungen gehindert werden. Aus früheren Zeiten weiß man, daß sie bis zur Mosel und in den Neckar vorgedrungen sind. Sicher ist das heute nicht mehr der Fall.

Im Süßwasser gefundene junge Flundern lassen sich ohne Bedenken sofort in ein Süßwasseraquarium einbringen und dort lange Zeit beherbergen. Voraussetzung für die artgerechte Haltung ist vor allem ein feinkörniger Sandgrund. Die Plattfische sind darauf angewiesen, sich in den lockeren Bodengrund eingraben zu können. Mit dem ganzen Körper blitzschnell wedelnd und Sand über sich fächelnd sind sie innerhalb von drei Sekunden vollständig eingegraben und nur die Augen und die Maulspitze ragen heraus. Manchmal graben sie sich für kurze Zeit auch vollständig ein und sind damit verschwunden.

Gut zu beobachten und besonders bemerkenswert ist ihre Fähigkeit, sich vollständig farblich dem Untergrund anzupassen. Sie können innerhalb kurzer Zeit die Farbe und das Körpermuster wechseln und sich dadurch perfekt tarnen. Dieses Phänomen erklärt sich aus dem Vorhandensein sogenannter Farbzellen (Chromatophoren) in der Oberhaut. In den Zellen befinden sich abgelagerte Farbpigmente. Diese sind innerhalb der Zellen beweglich und können näher zusammengezogen, also auf bestimmte Farbwirkungen hin konzentriert werden. Bodengrundstrukturen lassen sich auf der Haut der Fische sehr fein gegliedert nachahmen, es kommt also nicht nur zur Anpassung an eine Grundfarbe sondern zu regelrechten Mustern. Das Bodengrundmuster wird dabei über das Auge wahrgenommen und das Gehirn steuert die Bewegungen der Zellen.

Sehr kleine Flundern kann man in einem kleinen Becken auf Sandgrund und ohne große Dekoration eine Weile heranwachsen lassen, bis man sie in geräumigere Becken überführt. Da ihr Fang sehr vom Zufall abhängt und man oft nicht nach der Größe auswählen kann, ist man für die Aquarienhaltung manchmal auf sehr kleine Tiere angewiesen.

Als ausschließlich bodenorientierte Tiere nehmen sie nur am Grund liegendes Futter auf, frei schwimmend jagen sie nicht. Daher ist eine ausreichende Fütterung in vollbesetzten Gesellschaftsbecken nicht ganz einfach. Flundern sind meist sehr scheu und nicht sehr durchsetzungsfähig, lassen sich aber nach vorsichtiger Gewöhnung mit der Pinzette individuell versorgen. Vor das Maul gehaltene Futtertiere schnappen sie nach kurzem Zögern rasch weg. Ein weiterer Fütterungstrick besteht in der Verwendung einer »Futterglocke«. Ein kleines, durchsichtiges Plastikaquarium, mit ausreichend Löchern zum Wasserdruckausgleich versehen, läßt sich über das Tier stülpen. Futtertiere steckt man mit der Pinzette durch ein Loch in den Käfig und die Flunder kann ungestört äugen und fressen, ohne daß gierige und flinke Fische ihr das Futter aus dem Maul zerren. Die Flunder gewöhnt sich an solche Behandlung nach einigen Versuchen und stellt sich gut darauf ein. Nach der Fütterung nimmt man die Futterglocke heraus. Dieses Verfahren erscheint etwas mühsam, stellt jedoch in einem Gesellschaftsbecken oft die einzige Möglichkeit dar.

Besser ist es, man hält sie in einem reinen Plattfischaquarium. Aufwendige Dekorationen sind nicht erforderlich, die Versteckmöglichkeiten im Sand genügen.

Flundern sind Raubfische und fressen am liebsten Lebendfutter, nehmen aber auch Lebendfutterersatz in Form von frischem oder tiefgefrorenem Fisch, Garnelen, Mückenlarven usw. Sehr kleine Flundern brauchen lebende Wasserflöhe, erst später zeigen sie sich flexibler. Regenwürmer können dann als Hauptnahrung dienen, wenn für gelegentliche Abwechslung gesorgt ist. Reines Trockenfutter nehmen sie in der Regel nicht. Flundern sind sehr gefräßig und wachsen rasch. Ob sie sich im Aquarium mit ihrer Wachstumsgeschwindigkeit der Kleingeräumigkeit anpassen, läßt sich nur schwer nachweisen, der Anschein spricht dagegen. Als kleine Jungfische eingewöhnt, kann man sie bis zu einer Länge von ca. 15 cm in einem Becken ab 1,2 m Kantenlänge ca. 3 Jahre lang halten. Zwei bis drei Artgenossen sollten vorhanden sein. Im Gesellschaftsbecken kann man auch ein einzelnes Exemplar aufziehen.

Flundern bevorzugen sauberes Aquariumwasser und einen weitgehend unverschmutzten Bodengrund von möglichst großer Grundfläche. Sie sind dämmerungsaktiv. Ausdauernd und dabei bis zur Oberfläche frei umherschwimmend, sieht man sie nur nachts oder bei sehr beengten Verhältnissen, also bei Unwohlsein.

Bei kalter Überwinterung kommen sie mit weniger Futter aus und wachsen entsprechend langsamer. Sie vertragen Temperaturen bis 20 °C gut. Eine mittlere bis kräftige Kreiselpumpe sorgt dafür, daß ihr relativ hoher Sauerstoffbedarf abgedeckt wird. In einem Aquarium ohne Belüftung halten sie sich nur bei geringer Bestandsdichte und bei häufig zugesetztem frischen, kühlen und damit sauerstoffhaltigem Wasser.

Nach ihrem Aquarienaufenthalt setzt man sie an ihrem Fundort aus, damit sie ins Meer abwandern können. (Abbildung: S. 191)

Grasnadel (Seenadel)

(Syngnathus thyphle)

In den meisten Bestimmungsbüchern für europäische Süßwasserfische sind einige Arten aus der Familie der Seenadeln aufgeführt. Im allgemeinen jedoch muß man diese schlanken, stäbchenförmigen, mit dem Seepferdchen verwandten Fische zu den Meeres- also Salzwasserfischen zählen. Mit verschiedenen Arten sind sie in allen europäischen Küstengewässern vertreten. Man findet sie im flachen Wasser der Küstenstrände ab etwa 60 cm Tiefe.

Auch die Grasnadel hält sich kaum im reinen Süßwasser auf, sie steigt allenfalls bis ins schwach salzhaltige Brackwasser der Flußmündungen auf. Als echte Süßwasservertreterin gilt wahrscheinlich nur die Schwarzmeerseenadel, die in den Küstengewässern und Unterläufen der Flüsse zum Schwarzen Meer lebt.

Vor allem im relativ klaren Wasser der Ostsee, die im Durchschnitt weit weniger Salzgehalt hat als die Nordsee, kommt die Grasnadel sehr häufig vor. Zwischen Seegras und Algen versteckt sind die Tiere zu finden. Sie sind nicht sehr beweglich und lassen sich mit dem Kescher gut fangen. Meist schwimmen sie senkrecht, daran erkennt man diese Art. Aufgescheucht schlängeln sie auch am Bodengrund entlang. Die durchschnittliche Länge erwachsener Tiere beträgt 15–20 cm, maximal erreichen sie 30 cm.

Bei ihrer Aquarienhaltung kommt die Grasnadel, die einen relativ niedrigen Salzgehalt gut verträgt, für ein reines Süßwasserbecken dennoch nicht in Frage. Sie gehört in den Übergangsbereich zwischen Süß- und Seewasseraquaristik, also in ein Brackwasseraquarium.

Im Bereich der deutschen Küste dürfte der Salzgehalt der Ostsee etwa bei 10–20 % liegen. Wer die Gelegenheit hat, einige Grasnadeln zu fangen, transportiert sie am besten in einem großen (oder mehreren) Behälter in Seewasser, füllt dies ins Aquarium und setzt die Tiere ein. Für 4–5 Tiere erscheint ein längliches Becken mit ca. 70 l angemessen. Im Laufe weniger Tage kann man durch Teilerneuerung des Seewassers durch Leitungswasser den Salzgehalt langsam senken, bis etwa 6 ‰. (Weiter habe ich dieses Experiment nicht fortgesetzt.) Möglicherweise kann man aber noch etwas darunter gehen, bis etwa 4 ‰. In diesem schwach salzhaltigen Wasser sind die Grasnadeln lange Zeit lebensfähig und verhalten sich normal. Frischwasserzufuhren, die als pflegerische Maßnahmen unerläßlich sind, müssen dann zuvor mit Meersalz in entsprechender Dosierung aufbereitet werden. Dies ist sehr einfach, denn in jedem gut sortierten Aquariengeschäft bekommt man Meersalz und preiswerte Meßgeräte.

In ein solches Brackwasseraquarium mit nicht mehr als 6 ‰ Salzgehalt kann man einige friedliche Süßwasserfische einsetzen, die naturgemäß auch im Brackwasser leben können, z. B. Karauschen, Schleien, Rotfedern, Flundern. Stichlinge und Kaulbarsche vertragen salzhaltiges Wasser ebenfalls, sind aber als aggressive Gesellschaftsfische für die wenig gewandten Grasnadeln nur schlecht geeignet. Andere Arten Seenadeln vertragen solch schwach salzhaltiges Wasser schlecht, die Grasnadel scheint sich als einzige dafür zu eignen. Die dazugesetzten Tiere, wenn sie im Süßwasser gefangen wurden, sollten zuvor langsam an das salzige Wasser angepaßt werden. Man setzt sie in ein Süßwasserbecken und gibt täglich ein wenig Salz dazu, bis nach etwa fünf Tagen der gewünschte Gehalt erreicht ist. Erst dann setzt man sie zu den Seenadeln.

Grasnadeln sind ruhige und langsam schwimmende Fische, die sich meist zwischen Pflanzen stehend aufhalten. Sie suchen ihr Futter kaum am Boden. Der Wasserstand im Aquarium muß immer so hoch sein, daß die Tiere bequem senkrecht stehen und schwimmen können. Seenadeln nehmen nur bewegliches, frei schwimmendes Lebendfutter von geringer Größe. Sie haben ein sehr kleines Maul. Geeignet sind kleinere Wasserflöhe und Hüpferlinge. Mückenlarven können für kleine Grasnadeln bereits zu groß sein. Trockenfutter ignorieren sie in der Regel. Wasserflöhe gehen im Salzwasser rasch ein, man verfüttert also nur jeweils kleinere Portionen, die innerhalb von zehn Minuten gefressen sind, denn die überzähligen abgestorbenen Futtertiere belasten nur unnötig das Aquariumwasser. Ansammlungen toter Wasserflöhe kann man kurzfristig absaugen.

Die Wassertemperatur sollte für Grasnadeln 20 °C nicht überschreiten.

Zur Bepflanzung eignet sich Schilf, welches eine Zeitlang im Brackwasser durchhält. Inwieweit sich haltbare Süßwasserpflanzen oder Seewasserpflanzen an das schwach salzhaltige Wasser anpassen können, habe ich nicht erprobt. Einige hochwachsende Pflanzen sind als Versteckmöglichkeiten jedoch unerläßlich, doch sollte die Dekoration zugunsten des freien Schwimmraums besser eingeschränkt werden. Sandgrund entspricht den natürlichen Verhältnissen flacher Meeresküsten. Wenn die Grasnadeln sich an die Verhältnisse im Aquarium gewöhnt haben und ausreichend Futter bekommen, sind sie recht ausdauernd. (Abbildung: S. 191)

Strandgrundel

(Pomatoschistus microps)

Von der Reihenfolge der Familienzugehörigkeit her gehört die Strandgrundel in die Nähe der Groppe und der Marmorierten Grundel. Sie wird hier an den Schluß gesetzt, weil sie für das reine Süßwasseraquarium nicht in Frage kommt. Ähnlich wie die Grasnadel gehört die Strandgrundel in ein Meer- oder Brackwasseraquarium und verträgt nach langsamer Eingewöhnung einen relativ niedrigen Salzgehalt (bis 6‰). Die Grundeln lassen sich daher mit einigen (im Abschnitt über die Grasnadel aufgezählten) Süßwasserarten vergesellschaften. In den Bestimmungsbüchern für Süßwasserfische wird die Strandgrundel vielfach erwähnt und darauf verwiesen, daß diese Art in die Unterläufe von Flüssen eindringt und sogar in manchen küstennahen Binnengewässern im reinen Süßwasser vorkommen soll.

Die Familie der Meeresgrundeln umfaßt zahlreiche Arten, die sich manchmal nur schwer voneinander unterscheiden lassen. Erkennungsmerkmal für die Strandgrundel ist eine Reihe dunkler Punkte, die sich entlang der Körpermitte erstreckt. Mit ihren durchschnittlich 3–4 cm (max. 7 cm) Körperlänge ist sie eine der kleinsten heimischen Arten. Die meist hell marmorierten, den Licht- und Bodenverhältnissen farblich angepaßten Tiere leben scharenweise auf Sandgrund. Oft finden sie sich in Gesellschaft von Garnelen, und man verwechselt sie leicht damit (Farbe, Größe). Trotz ihrer großen Beweglichkeit kann man sie relativ leicht mit dem Kescher fangen. Gelegentlich graben sie sich auf der Flucht in den Sand ein. Die Grundeln sind leicht streßempfindlich, man transportiert sie am besten in einem dunklen Behälter.

An die Aquariumhaltung gewöhnen sie sich schnell und sind bei artgerechter Pflege sehr ausdauernd. Sie sind dabei recht kurzlebig und werden auch in der Natur kaum älter als ein bis drei Jahre. Entsprechend ihrer natürlichen Lebensweise bevorzugen sie im Aquarium Sand- oder feinkörnigen Kiesgrund, Versteckmöglichkeiten aus Pflanzen oder Steinen und als Nahrung kleine Tiere, Wasserflöhe und Mückenlarven. Dabei zeigen sie sich als sehr gefräßig und vertragen unregelmäßige Fütterungen nur schlecht. Trockenfutter nehmen sie nicht. Strandgrundeln leben gesellig, ihr Raumanspruch ist nicht groß, für 6 Tiere genügt ein Becken von 60 cm Kantenlänge.

Zur Laichzeit (April bis August) bekommen die Männchen (die in der Natur weitaus zahlreicher sind) eine intensive Färbung. Die ca. 1 mm großen Eier haften an Pflanzen oder Steinen und werden vom Männchen bewacht. (Abbildung: S. 191)

Ein Aquarium ohne Fische?

Eine Alternative

Bei dem Stichwort Aquarium denkt man gewöhnlich sofort an Fische. Es existieren aber eine große Anzahl im Wasser lebender Tiere, die sich ebenfalls für die Beobachtung und Haltung im Aquarium eignen. Vor allem die vielschichtige Gruppe der Wasserinsekten ist in der Aquaristik bisher kaum zur Geltung gekommen. Die Alternative könnte darin bestehen, hier einmal einige aquaristische Raritäten zu präsentieren und dabei gleichzeitig mit geringem räumlichen und technischen Aufwand zu arbeiten. Schnecken, Muscheln, kleine Krebstiere und Wasserinsekten kommen im allgemeinen mit weniger Platz aus als Fische.

Auf die Möglichkeit, andere Wassertiere mit Fischen zu vergesellschaften, wurde bereits kurz hingewiesen. Dies gelingt natürlich nicht uneingeschränkt, da die enorme Freßfeindlichkeit der meisten Wassertiere untereinander relativ enge Grenzen setzt.

Die folgenden Informationen sind kurz gehalten, um den Rahmen dieser Schrift nicht über die Maßen zu strapazieren. Sie dienen vor allem der Anregung zur näheren Beschäftigung. Über die artgerechte Haltung von Molchen und Fröschen existieren ausführliche Darstellungen im Rahmen der Terrarienkunde. Wasserinsekten und andere Organismen stellen mit ihrer großen Artenfülle (und zum Teil noch wenig bekannten Lebensweisen) ein beinahe unerschöpfliches aquaristisches Feld dar.

Molche, Frösche, Schnecken, Muscheln und auch einige Wasserinsekten (z.B. Libellenlarven) stehen zum Teil unter Naturschutz, und man darf sie ohne weiteres nicht fangen. Um groben Verstößen vorzubeugen, ist es auch hier erforderlich, die Naturschutzgesetze und Verordnungen zu studieren.

Molche und Frösche

Molche sind in der Bundesrepublik mit vier Arten vertreten: Teichmolch, Bergmolch, Fadenmolch und Kammolch. Alle leben amphibisch und halten sich nur zur Laichzeit (etwa März bis Ende Juni) im Wasser auf. Die übrige Zeit verbringen sie an Land, tagsüber unter Steinen, Laub usw. und in Erdhöhlen versteckt, und führen ein nächtliches unauffälliges Leben. Ihre Laichbiotope sind durchweg pflanzenreiche kleinere, saubere Gewässer, also Gräben, Tümpel und Teiche. In größeren fischreichen Gewässern haben sie kaum Überlebenschancen, da die langsamen Tiere und ihre Brut von den Fischen weggefressen werden. Spätestens im Juli, nach der Paarungszeit, verlassen sie das Wasser. Alle Molche sind wärmeempfindlich und lichtscheu. Wie Fische sind sie Kaltblütler, also wechselwarme Tiere,

d. h. ihre Körpertemperatur ist der Umgebungstemperatur jeweils angepaßt. Wenn die Wassertemperaturen auch in den tieferen Schichten etwa 18 °C überschreiten, verkriechen sie sich an Land in kühleren Verstecken. Den Winter verbringen sie in frostfreien Erdhöhlen (z. B. verlassenen Mäusegängen) in einer Körperstarre, bei stark herabgesetzten Körperfunktionen und ohne Nahrungsaufnahme.

Um sie im Aquarium halten und beobachten zu können, fängt man sie am besten im zeitigen Frühjahr aus ihren Heimatgewässern heraus. An Land gefundene Tiere gehen in der Regel nicht ins Aquariumwasser, versuchen zu entkommen und zeigen keine Laichbereitschaft. Ihr Auftreten im Wasser fällt mit der Zeit der Krötenwanderungen zusammen.

Teichmolch *(Triturus vulgaris vulgaris)*. Dieser kleinste einheimische Molch wird max. bis 12 cm lang (vom Kopf bis zur Schwanzspitze gemessen). Die Art gilt allgemein nicht als gefährdet, obwohl ein regionaler Rückgang auffällig ist. Teichmolche sind dort wo sie vorkommen meist recht häufig. Man findet sie im Frühjahr in den kleinsten Tümpeln und unscheinbaren Wiesengräben.

Zur Laichzeit bekommen die Männchen einen hohen, welligen Rückenkamm und eine hübsche Prachtfärbung. Die Weibchen bleiben unscheinbar. Laichbereite Weibchen erkennt man daran, daß sich der Schwanz um dünne Hautsäume verbreitert. Außerhalb der Laichzeit sind sich beide Geschlechter sehr ähnlich.

Für ein bis zwei Pärchen genügt ein Aquarium mit 60 cm Kantenlänge, bei einem Wasserstand von nicht mehr als 30 cm. Damit die Tiere sich vom Schwimmen ausruhen können, ist ein dichtes Büschel schwimmender Wasserpflanzen erforderlich oder besser noch ein regelrechter Landteil. Dafür kann man ein Stück rauhe, schwimmende Korkrinde nehmen und als Insel in die Mitte legen. Zur Befestigung nimmt man evtl. dünne Angelschnüre, womit man die Insel auf der Stelle hält und keine begehbaren Fluchtwege für die Molche schafft. Die Insel sollte nicht zu groß sein, nicht mehr als etwa die Hälfte der Wasseroberfläche betragen und dabei eher länglich als quadratisch sein. Molche sind Lungenatmer und müssen ca. alle 5–20 Minuten auftauchen, um Luft zu schnappen. Eine großflächige Insel, die die Wasseroberfläche abdeckt, läßt die Tiere unter Umständen darunter ertrinken. Sie finden die freien Stellen nicht gezielt, sondern nur durch Zufall. Bei Behinderungen irren sie umher, erleiden Dauerstreß und verbrauchen ihre Kräfte. Insbesondere die Aquarienecken müssen immer frei sein. Auf dem Landteil selbst müssen Verstecke in Form flacher Moospolster, feuchten Laubes oder Baumrindenstückchen vorhanden sein.

Der Bodengrund muß entsprechend den Bedürfnissen der Wasserpflanzen beschaffen sein. Pflanzen mit kleinen, beweglichen Blättern oder biegsamen Spitzen (z. B. Wasserpest, Vallisnerien oder *Ludwigia*) sind gut geeignet. Da Molche lichtscheu und wärmeempfindlich sind, verzichtet man am besten auf eine differenzierte Pflanzenkultur, zugunsten einiger anspruchsloserer Arten, um eine intensive Beleuchtung zu vermeiden.

Nach einem interessanten Balztanz, bei dem das Männchen zuckende, wellenförmige Bewegungen mit dem Schwanz dicht vor dem Weibchen vollführt, legt es, am Boden kriechend, in einem günstigen Moment seinen durchsichtigen Samen ab. Das Weibchen nimmt den Samen mit der Geschlechtsöffnung auf und die Eier werden im Körper befruchtet. Später wikkelt das Weibchen die reifen Eier mit den Hinterfüßen in die Blätter lebender (!) Wasserpflanzen (von daher also die Forderung nach kleinblättrigen und biegsamen Pflanzen). Die eingerollten Eier sind als kleine dunkle Kugeln (ca. 2 mm) gut zu erkennen. Der Vorgang der Eiablage wiederholt sich. Balz, Eireifung und Eiablage erstrecken sich über mehrere Tage – bis ca. 4 Wochen. Die Zahl der dunklen Eipunkte im Aquarium nimmt rasch zu. Verpilzte Eier nimmt man heraus, die Ansteckungsgefahr ist groß.

Wenn das Balzspiel beendet ist, häuten sich die Tiere mehrmals. Die Männchen verlieren dabei ihren Rückenkamm und die Prachtfärbung. Nicht selten fressen die Tiere die abgestreifte Haut, scheiden sie aber unverdaut wieder aus. Nach Beendigung der Paarung nimmt man die Elterntiere heraus. Sie fressen gern die eigenen Eier oder die frisch geschlüpften Larven und betreiben keinerlei Brutpflege. Nach der Paarung suchen sie immer häufiger den Landteil auf, um sich dem kommenden Landleben langsam anzupassen. Der Landteil muß nun als Hauptlebensraum herhalten, also entsprechend großzügig ausgestattet sein. (Evtl. Überführung in ein Aqua-Terrarium.) Besser ist es, man entläßt die Tiere in die Freiheit.

Molche sind sehr ortsgebunden und nehmen fremde Gewässer nicht immer an. Ihrem Instinkt folgend kehren sie in diejenigen Gewässer zurück, in denen sie als Larven aufgewachsen sind. Man setzt sie also nur am Fundort aus.

Die Larven schlüpfen, je nach Wassertemperatur, nach 3–4 Wochen, besitzen noch keine Beine und atmen mit büschelartigen Kiemen Sauerstoff aus dem Wasser. Spätestens jetzt ist eine zumindest schwach eingestellte Belüftung (ohne großen Strömungseffekt) erforderlich. Als Futter eignen sich in diesem Stadium nur kleine Wasserflöhe und Cyklops und, nachdem die Larven ein wenig herangewachsen sind, Mückenlarven und Tubifexwürmchen. Sie fressen viel und wachsen rasch, eine tägliche Fütterung ist nötig. Eine gewisse Portion Wasserflöhe oder Mückenlarven kann sich im schwach bewegten Wasser evtl. ein paar Tage lang lebend und auf Vorrat halten. Trockenfutter und Lebendfutterersatz, also unbewegliches Futter, nehmen Larven wie Elterntiere kaum an.

Größere Ansammlungen toter Futtertiere und Verluste unter den Molcharten entfernt man, um das Aquariumwasser nicht zu belasten.

Spätestens im September oder Oktober haben die Jungmolche das Larvenstadium überwunden, sind von der Kiemenatmung zur Lungenatmung übergegangen und besitzen nun Beine. (In der Natur, in kalteren, nährstoffärmeren Gewässern kommt es vor, daß die Larven im Wasser überwintern. Dies ist jedoch nicht die Regel.) Mit aufkommender Unruhe und immer seltenerem Hinabtauchen an den Bodengrund zeigen die Tiere an, daß sie bald das Wasser verlassen und zum Landleben übergehen wollen (überdeutlich wird dies, wenn die Tauchfähigkeit nachgelassen hat). Spätestens jetzt setzt man sie am Fundort ihrer Eltern aus. Will man sie jedoch in Gartenteichen oder ähnlichen, neugeschaffenen Freilandbiotopen ansiedeln, muß man sie etwas früher, noch im wassergebundenen Larvenstadium aussetzen. In dieser Phase entwickelt sich die instinktmäßige Prägung an das vorhandene Gewässer. Als geschlechtsreife Tiere kommen sie zurück.

Die allgemein günstigste Zeit für das Aussetzen der Larven ist der Spätsommer, wenn die Tiere nicht mehr ganz so klein und anfällig und gleichzeitig noch nicht am Landleben orientiert sind.

Für die Aquarienhaltung von Molchen sind folgende Umstände erforderlich: Frisches (jedoch ein paar Tage abgestandenes), ungechlortes (!) Leitungswasser – dauerhaft niedrige Temperaturen (nicht höher als 18 °C). – Das Aquarium kann, zum Gedeihen der Wasserpflanzen, hell stehen, jedoch keinesfalls unter direkter Sonneneinstrahlung. Wärmeabgebende Lampen sind ungeeignet. Ist es den Tieren zu warm (mit Sicherheit ab 20 °C), bleibt die Balz aus und sie unternehmen ständige Fluchtversuche, erkennbar am ununterbrochenen, hektischen Schwimmen am Beckenrand. Fische, Schnecken und räuberische Wasserinsekten bleiben zur Brutzeit besser draußen. Kranke Molche, die Hautgeschwüre oder nässende Hautstellen zeigen, nimmt man heraus, da es sich oft um ansteckende Krankheiten handelt, die aber für Menschen ungefährlich sind. Äußere Verletzungen, etwa ausgebissene Rückenkämme oder gar fehlende Gliedmaßen, stören unter Umständen nicht. Molche besitzen die erstaunliche Fähigkeit, abgetrennte Körperteile vollständig nachwachsen zu lassen. Dies darf jedoch keinen Anlaß darstellen für tierquälerische Experimente (!).

Man füttert ausschließlich mit Lebendfutter: Wasserflöhe, Tubifex, Regenwürmer und kleine (!) Nacktschnecken. Abwechslung ist nötig. Trockenfutter oder tote Futtertiere eignen sich nicht. Molche können bei behutsamer Behandlung eine gewisse Zutraulichkeit entwickeln und lassen sich dann auch individuell füttern. Nacktschnecken z.B. mit der Pinzette gereicht, nehmen sie an. Ansonsten spüren sie die beweglichen Futtertiere im Aquarium selbständig auf. Nacktschnecken sind auch in der Natur ein bevorzugtes Futter, man muß sie den Molchen unverletzt (!) geben und sie sollten aus giftfreien Gärten stammen.

Sind die erwachsenen Tiere oder Jungmolche hauptsächlich zum Landleben übergegangen, ist es, wie gesagt, erforderlich, sie am Fundort in die Freiheit zu entlassen. Im Gegensatz zur Aquarienhaltung ist ihre Fütterung und Pflege auf dem Landteil (oder im Terrarium) mühsamer. An Land sind die Tiere weitaus langsamer und streßempfindlicher als zur Paarungszeit im Wasser. Der Landteil muß genügend groß und stets feucht (nicht naß!) sein. Moospolster verderben leicht, Kot sammelt sich an, Futtertiere verderben evtl. unbemerkt. Man muß den Landteil gelegentlich säubern und verdorbenes Dekorationsmaterial gegen frisches austauschen. Da der Übergang zum Landleben zum Sommer hin stattfindet, sind entsprechend höhere Umgebungstemperaturen zu erwarten. Ab dauerhaft 20 °C muß man Molche in Quarantäne setzen (Überführung in einen kühleren Raum) oder einen von vornherein gut temperierten Raum zur Verfügung haben, sonst gehen sie bei länger anhaltend hohen Temperaturen langsam ein. Unwohlsein drückt sich in Futterverweigerung und Apathie aus.

Aquarien und Terrarien für Molche erfordern eine luftdurchlässige und ausbruchsichere Abdeckung. Ein mit maschiger Gaze bespannter, leicht abnehmbarer Deckrahmen beugt Fluchtversuchen vor. Molche sind gute Kletterer, ihr feuchter Körper haftet selbst an steilen Glaswänden. Entwichene Tiere vertrocknen sehr rasch in staubigen Zimmerekken.

Will man sie trotzdem weiterhin in Gefangenschaft halten, ist eine artgerechte Überwinterung erforderlich, sonst bleibt im kommenden Frühjahr die Brutbereitschaft garantiert aus. Nur gut und abwechslungsreich ernährte Tiere überleben den Winter. Bevor die aufkommende Kälte die Tiere ruhig stellt, müssen sie den Darm vollständig entleert haben. Man füttert sie täglich und setzt etwa eine Woche vor der eigentlichen Überwinterung mit der Fütterung aus und gewöhnt sie dabei langsam an niedrige Temperaturen unter 10 °C, bis minimal 4 °C. Frost ist unbedingt zu vermeiden. Zwei bis drei Monate harte Überwinterung von November bis Anfang März sind erforderlich, um die Brutbereitschaft erneut anzuregen. Der Überwinterungsbehälter kann kleiner sein als das Aqua-Terrarium (ca. 40 × 40 cm) und sollte relativ dunkel stehen, jedoch nicht in vollkommener Dunkelheit. Etwas feuchtes Laub auf feuchter Erde oder Moospolster dienen als Verstecke. Gesunde und kräftige Tiere überleben die kalte und nahrungslose Zeit, schwache Tiere gehen ein. Die Überwinterungsbehälter dürfen nicht austrocknen, man muß gelegentlich etwas Wasser hineinsprühen (ohne stauende Nässe zu erzeugen). Im zeitigen Frühjahr, etwa ab Anfang März, gewöhnt man die Tiere langsam wieder an etwas höhere Temperaturen und überführt sie auf den Landteil im Aqua-Terrarium. Wenn die Überwinterung gelungen ist, gehen die Molche von allein ins Wasser, häuten sich mehrmals und nehmen das Brutgeschäft auf.

Bergmolch *(Triturus alpestris alpestris).* Bergmolche sind im Durchschnitt etwas größer und kräftiger als Teichmolche. Die Männchen erreichen 8 cm, die Weibchen 11 cm. Mit ihrer dunklen, grau-schwarzen Marmorierung, der roten bis orange-, korallenfarbenen Unterseite sind sie sehr hübsch. Die Männchen bekommen zur Paarungszeit (März bis Anfang Juni) eine ungezackte, 2–3 mm hohe Hautleiste auf dem Rücken mit gelben und schwarzen Querstreifen. Ihre Färbung kann je nach Vorkommen leicht variieren.

Bergmolche, auch Alpenmolche genannt, findet man hauptsächlich im Hügelland, im Gebirge bis über 2000 m und manchmal auch im Flachland. In Norddeutschland sind sie kaum verbreitet, einige Vorkommen, z.B. im Stadtgebiet Bremen, sind sicher auf ursprünglich dort ausgesetzte Tiere zurückzuführen. Die sogenannten Gebirgssee-Unterarten der Bergmolche sollen zum Teil ganzjährig im Wasser leben.

Ansonsten entsprechen ihre Lebensweise, Haltung, Fütterung und Zucht denen der Teichmolche. Da die Bergmolche oft eine etwas längere Paarungszeit zeigen, kann man sie bei guten Temperaturbedingungen länger im Aquarium erleben, unter Umständen bis in den Herbst hinein. Bei unter 12 °C Dauertemperatur entwickeln sich die Larven langsam und überwintern evtl. im Wasser. (Abbildung: S. 192)

Kammolch *(Triturus cristatus cristatus).* Diese recht seltene größte heimische Molchart, die fast überall zu den stark gefährdeten Arten zählt (!) und selbst in ihren Verbreitungsgebieten nur in geringen Populationsdichten vorkommt, bringt es bis auf 18 cm, die Männchen bleiben etwas kleiner.

Kammolche bevorzugen größere Tümpel und breitere, vor allem aber tiefere Gräben als Teichmolche. Lebensweise, Paarungsverhalten, Futterbeschaffenheit sind ähnlich wie bei den anderen Arten. Kammolche sind dunkel, fast schwarz oder braunschwarz, mit weißen Punkten oder Flecken. Zur Laichzeit ab April verbreitern sich bei beiden Geschlechtern die Schwänze. Die Männchen bekommen dazu einen hohen, scharf gezackten Rückenkamm.

Im Aquarium erweisen sich Kammolche als deutlich empfindlicher als die anderen Arten. Die Behälter müssen wesentlich geräumiger sein, der Wasserstand muß höher, mindestens 30 cm sein, besser etwas mehr. Kammolche sind wärmeempfindlicher. In der Natur können sie sich in tieferes, kühleres Wasser zurückziehen. Sie sind bewegungsfreudiger und wandern an Land größere Strecken. Der Landteil muß also sehr großzügig angelegt sein, mit einer kleinen Korkinsel finden sie sich nicht ab. Bei Unwohlsein verweigern sie das Futter.

Ihre Zucht ist nicht ganz einfach. Die Männchen bilden in Gefangenschaft, sobald ihnen etwas nicht behagt, die Rückenkämme rasch zurück und die Brut fällt aus. Die Zucht gelingt nur in wirklich großen Aquarien bei niedrigen Temperaturen unter 16 °C. Ihre Empfindlichkeit gegen eine andere Wasserbeschaffenheit als die ihrer Heimatgewässer ist relativ groß. Man kann die natürlichen Verhältnisse nur bedingt nachahmen. Es ist günstig, zumindest die pH-Werte und Härtegrade im Tümpel zu messen und die Werte im Aquariumwasser ohne chemische Zusätze einigermaßen anzugleichen. In frischem Leitungswasser verlieren sie leicht die Lust, gehen an Land und beenden die Balz vorzeitig. Damit ist ihre Vermehrung für mindestens ein Jahr künstlich unterbrochen, und man trägt in einem gewissen Maß zur Verminderung der Population bei. Bei guten Bedingungen bleiben sie jedoch manchmal bis in den Juli hinein im Wasser.

Ansonsten entsprechen Verhalten, Balzspiel, Futteranspruch und Überwinterung den anderen Arten. Wegen ihrer Körpergröße verlangen sie nach größeren Futtermengen.

Ähnlich manch anderen Lurchenarten besitzen Kammolche ein Hautsekret, das bei Berührungen mit dem menschlichen Auge zu zwar ungefährlichen aber unangenehmen Reizungen führen kann. (Abbildung: S. 192)

Fadenmolch *(Triturus helveticus)*. Haltung und Zucht wie Teichmolche. Fadenmolche sind in ähnlichen Biotopen zu finden wie Bergmolche, jedoch nicht im Hochgebirge. Sie sind Teichmolchen sehr ähnlich. Die Fadenmolchmännchen bekommen zur Paarungszeit lediglich einen feinen, etwa 1–1,5 cm langen dünnen Faden an der Schwanzspitze. Farblich bleiben sie dabei eher unauffällig. Erkennungsmerkmal außerhalb der Paarungszeit ist ein dunkler Streifen am Kopf, der sich quer durch das Auge zieht. Ferner besitzen Fadenmolchmännchen zwischen den Zehen der Hinterfüße kleine Schwimmhäute, was allerdings auch in einigen Teichmolchpopulationen auftreten kann. Fadenmolche sind seltener als Teichmolche. (Abbildung: S. 192)

Frösche. Von den zahlreichen Froschlurcharten (Frösche, Kröten, Unken) eignen sich nur die Unken für die Aquarienhaltung. Einige Froschlurcharten gelten als stark gefährdet oder gar vom Aussterben bedroht. Aus diesen Gründen ist in den meisten Fällen von der Aquarien- bzw. Terrarienhaltung abzuraten. Froschlurche gehen nur zur Paarung und Eiablage ins Wasser und lassen sich im Aquariumwasser dazu nicht anregen. Ihre Terrarienhaltung ist (wegen der Größe der Tiere, ihrem Raumanspruch und ihrer Gefräßigkeit) recht umständlich. Im Gegensatz zu den Molchen, deren artgerechte Aquarienhaltung (einschließlich Nachzucht) keine negativen Auswirkungen auf die Populationen zur Folge hat, muß man bei Froschlurchen in Gefangenschaft mit Verlusten rechnen.

Im Frühjahr (März bis April) kann man sich allerdings ein wenig Froschlurchlaich ins Aquarium holen und Schlupf, Larvenstadium (Kaulquappen) und Umwandlung zum fertigen Tier beobachten. Auch hierbei muß man darauf achten, daß keine unter Fangverbot gestellten Arten dabei sind oder evtl. eine Ausnahmegenehmigung einholen. Man bekommt solche Genehmigung in der Regel, wenn man die artgerechte Haltung glaubwürdig belegen kann. Eier der verschiedenen Arten findet man in Gräben, Tümpeln, Bächen und Teichuferabschnitten. Die gallertartigen Eiklumpen oder Eischnüre sind gut zu erkennen. Wichtig ist, daß man nicht zuviele Eier mitnimmt, denn die Tiere wachsen rasch heran und brauchen entsprechend Platz und Futtermengen. Im sauberen Aquariumwasser schlüpfen die Larven, je nach Art und Entwicklungsstadium innerhalb weniger Wochen, beginnen zu schwimmen, atmen mit büschelartigen Kiemen Sauerstoff aus dem Wasser, bekommen nacheinander Hinter- und Vorderbeine, bilden später den Schwanz und die Kiemen zurück, atmen dann Luft und gehen als kleine fertige Forschlurche an Land.

Diese Entwicklung dauert bei niedrigen Aquarientemperaturen und ausreichender Fütterung von Frühjahr bis in den Sommer oder bis Anfang Herbst. Die Fütterung der meisten Kaulquappen ist einfacher als bei Molchen, sie fressen neben Wasserflöhen und Mückenlarven auch pflanzliche Kost, z.B. Algen und sogar Trockenfutter.

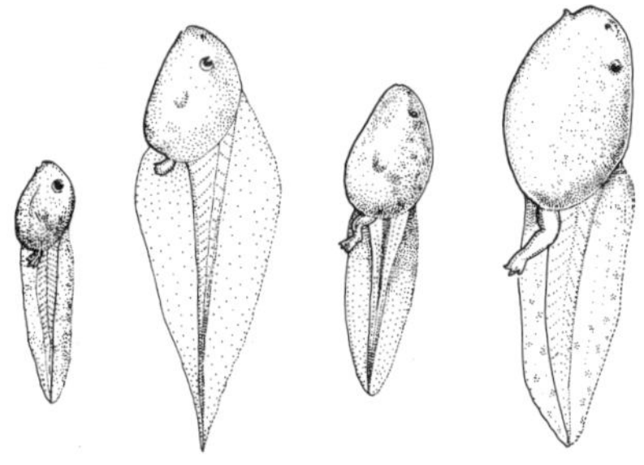

Entwicklung der Kaulquappen

Spätestens zu Beginn ihres Landlebens setzt man sie am Fundort wieder aus. Eine Überwinterung in Gefangenschaft ist nicht zu empfehlen. Die Bestimmung der jeweiligen Arten muß man mit Hilfe der Spezialliteratur vornehmen (die Abbildung zeigt nur einen kleinen Ausschnitt aus dem Artenspektrum).

Gelbbauchunke *(Bombina variegata)* und **Rotbauchunke** *(Bombina bombina)*. Diese Arten sind für die Aquarienhaltung gut geeignet. Beide Unken stehen unter Schutz, zum Fang ist eine Erlaubnis notwendig (!). Das Hauptverbreitungsgebiet der Gelbbauchunke in Deutschland liegt im Südwesten, mehr im Hügelland, bis über 1000 m. Die Rotbauchunke ist ein Vertreter des Flachlands und kommt daher auch im Norden vor. Die Unken leben in Kleinstgewässern, in Gräben und Tümpeln. Manchmal findet man Unken sogar auf Waldwegen in wassergefüllten Reifenspuren.

Die Tiere sind sehr klein, größer als 5 cm werden sie kaum. Von oben gesehen wirken sie sehr unscheinbar, die krötenartige Warzenhaut ist graubraun bis grünlichbraun. Die leuchtende Bauchseite ist dottergelb (Gelbbauchunke) oder orange-rot (Rotbauchunke) mit dunklen Flecken und Punkten aufgelockert. Bei Gefahr oder wenn man sie in die Hand nimmt, stellen sich die Unken tot, verringern die Atmung, bleiben auf dem Rükken liegen und zeigen ihre grelle Bauchfärbung, um mit diesem Signal auf ihre Giftigkeit aufmerksam zu machen. Sie besitzen ein Hautsekret, das am menschlichen Auge zu Reizungen führen kann, aber ungefährlich ist. Bei einem Transport müssen sie feucht und kühl gehalten werden oder in einem luftigen Wasserbehälter bleiben, die Tiere trocknen sonst rasch aus und sterben.

Unken leben die meiste Zeit wassergebunden. Im Aquarium hält man sie kühl bis 18 °C, mit einem ausreichenden Landteil zum Ausruhen. Sie sind sehr beweglich und schwimmen viel an der Wasseroberfläche herum, sie brauchen also genügend Schwimmraum, ein Aquarium ab mindestens 40 cm Kantenlänge erscheint angemessen. Bei guten Bedingungen (kühl – im Winter nicht unter 8 °C) bleiben sie evtl. das ganze Jahr über im Wasser. Ansonsten halten sie Winterschlaf wie alle anderen Lurche. Zur Zucht im Aquarium ist eine etwa dreimonatige kalte Überwinterung (unter 10 °C) in einem frostfreien Aqua-Terrarium erforderlich. Laichzeit ist in der Zeit zwischen April und August; die Eiablage kann also recht spät erfolgen. Besser ist es, man setzt die Tiere nach eingehender Beobachtung im Spätsommer am Fundort wieder aus.

Unken fressen Regenwürmer, kleine unverletzte (!) Nacktschnecken, Fliegen usw. Nach Eingewöhnung nehmen sie das Futter von der Pinzette. (Abbildung: S. 192)

Krebse, Krabben, Garnelen

Zehnfüßige Süßwasser-Großkrebse. Sie leben hauptsächlich in Fließgewässern, seltener in stehenden Gewässern. Der einheimische Edelkrebs *(Astacus astacus)* gilt aufgrund der vor rund einhundert Jahren eingeschleppten Krebspest und der Verschmutzung vieler Heimatbäche als vom Aussterben bedroht. Statt dessen hat man einige weniger empfindliche Arten eingeführt, z. B. nordamerikanische Flußkrebse, so daß man vielerorts wieder Süßwasserkrebse finden kann. Die Bestimmung der verschiedenen Arten ist nicht einfach, sie unterscheiden sich äußerlich oft nur geringfügig.

Für das Aquarium eignen sich alle Arten, sofern die Exemplare nicht zu groß sind. Der seltene einheimische Edelkrebs ist dabei der anspruchsvollste. Man bekommt ihn in Zuchtanstalten. In der Natur besiedelt er klare, schnellfließende und sauerstoffreiche Bäche der Forellen- und Äschenregion. Im Aquarium ist er bezüglich der Wasserqualität und dem Sauerstoffgehalt fast so anspruchsvoll wie die Bachforelle. Die anderen Krebsarten sind weniger empfindlich und mit geringerer Wasserqualität zufrieden.

Man kann Krebse im Gesellschaftsbekken mit Fischen zusammen halten. Gesunde, freischwimmende (also nicht am Boden lebende) und nicht zu kleine Fische können die Krebse, die mit kräftigen Scheren bewaffnet sind, nur sehr selten erbeuten. Bodenfische geraten dagegen regelmäßig in Gefahr verstümmelt zu werden. Man hält also möglichst kleine Krebse. Ab ca. 10 cm Körperlänge setzt man sie am Fundort wieder aus oder überführt sie in ein geräumiges reines Krebsaquarium. Wichtig für die Tiere sind hohe Sauerstoffwerte (Membran-Belüfter oder Kreiselpumpe) und ausreichend Versteckmöglichkeiten in höhlenartiger Form. Sie sind nachtaktiv, zeigen sich aber in einem nur schwach beleuch-

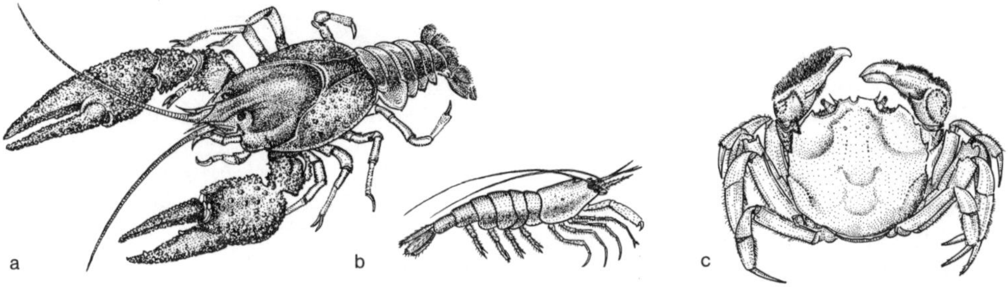

a) Edelkrebs, b) Garnele, c) Wollhandkrabbe

teten Aquarium auch tagsüber. Sie sind kräftig und relativ schnell. Bei der Futtersuche durchwühlen sie den Bodengrund, Pflanzen leiden sehr darunter und eine differenzierte Pflanzenkultur ist kaum möglich. Für ein Krebsaquarium eignet sich ein relativ fester Bodengrund aus groben Kieseln am besten. Ihre Fütterung ist einfach, sie fressen Regenwürmer, Schnecken, hineingeworfenes Fischfleisch, Tubifex und sogar Trockenfutter, sofern die Teile nicht zu klein sind. Gelegentlich ernähren sie sich sogar von pflanzlichen Abfällen und von Aas. Junge Krebse häuten sich mehrmals im Jahr und wachsen recht schnell. Die abgestoßenen Schalen, die man leicht für tote Krebse halten kann, entfernt man, da sie als faulende Reste das Aquariumwasser belasten. Ein echter Landteil ist für die Krebse nicht erforderlich, obwohl sie gern auch für eine Zeitlang das Wasser verlassen. Herausragende Steine oder Baumwurzeln (leicht zugänglich angelegt) lassen den Luftkontakt zu. Die Krebse atmen den Sauerstoff aus dem Wasser. Sie sind gute Kletterer, das Aquarium muß in jedem Fall ausbruchsicher abgedeckt oder mit einem durchgehenden Kragenrand (Glas, ca. 12 cm hoch) versehen sein, sonst vertrocknen die Tiere innerhalb weniger Stunden am Fußboden.

Kleine Krebse von nur wenigen Zentimetern Länge lassen sich in ihren Heimatgewässern unter Steinen aufstöbern und mit dem Kescher leicht fangen. Gelegentlich bekommt man sie auch in Aquariengeschäften zu kaufen. (Abbildung: siehe oben)

Wollhandkrabben. Man findet sie in den Flüssen Norddeutschlands streckenweise massenhaft (bei Ebbe unter Steinen). Sie gehören ursprünglich nicht zu den heimischen Arten, sondern wurden im vorigen Jahrhundert aus Asien importiert. Größere Tiere haben um die Scherengelenke einen pilzähnlichen weißen Belag, daher der Name. Sie halten sich als kleinere Exemplare in einem Gesellschaftsbecken mit freischwimmenden Fischen recht gut. Ihr Anspruch an die Wasserqualität ist weit geringer als der von Flußkrebsen. Die Krabben bewegen sich seitwärts laufend und sind wesentlich gewandter und schneller als Krebse. Sie benötigen eine gute Aquarienabdeckung, die nicht zu leicht sein darf, denn schwache Holzrahmen können sie ohne weiteres anheben. Krabben halten sich häufig am feuchten Ufer auf, im Aquarium benötigen sie daher unbedingt einen ausreichend großen und gut erreichbaren Landteil aus geschichteten Steinen oder anderem Material. Am besten sind sie in einem reinen Krabbenaquarium mit einem flachen Wasserstand von nicht mehr als ca. 30 cm aufgehoben, hier läßt sich ein Landteil leichter herstellen. Krabben sind nachtaktiv und sehr lichtscheu. Zur Fütterung verlassen sie auch tagsüber ihre Verstecke. Die Fütterung ist sehr einfach. Neben allen Arten von Lebendfutter fressen sie pflanzliche Abfälle und frische Pflanzenteile. Sie häuten sich gelegentlich und wachsen recht rasch. Bereits nach einem Jahr können sie für ein kleines Aquarium zu groß sein. Im Winter legen Krebse und Krabben in der Natur eine Ruhepause ein, man setzt sie also in der kalten Jahreszeit nicht aus, sondern entweder vorher oder im kommenden Frühjahr. (Abbildung: S. 219)

Garnelen. Garnelen leben vorwiegend im Salzwasser der Küstengebiete, dringen aber im Spätsommer manchmal bis weit in das Süßwasser der Flüsse Norddeutschlands ein. Die fast durchsichtigen Tiere, die kaum größer als 5 cm werden, lassen sich ohne weiteres in ein Süßwasseraquarium einbringen (wenn sie im Süßwasser gefangen wurden). Sie leben ausschließlich im Wasser und sind Fischen nicht gefährlich (ausgenommen Fischbrut). Mit den Beinen rudernd schwimmen sie im freien Wasser herum und fressen Fischnahrung: Wasserflöhe, Mückenlarven, Tubifex und Trockenfutter. Als Begleittiere in einem Gesellschaftsbecken stellen sie eine interesssante Bereicherung dar. Von größeren Raubfischen (Barsch, Forelle) werden sie auch als Nahrung aufgenommen. Garnelen leben höchstens ein Jahr. Im Süßwasseraquarium vermehren sie sich nicht. (Abbildung: S. 219)

Muscheln und Schnecken

In Mitteleuropa sind die Süßwassermuscheln mit rund 30 Arten (W. Engelhardt,

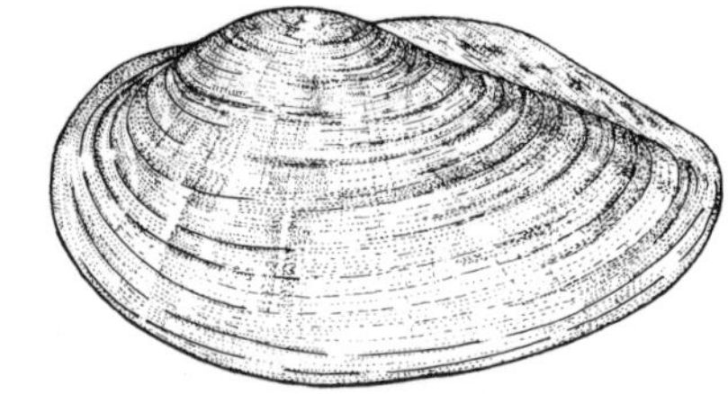

Gemeine Teichmuschel

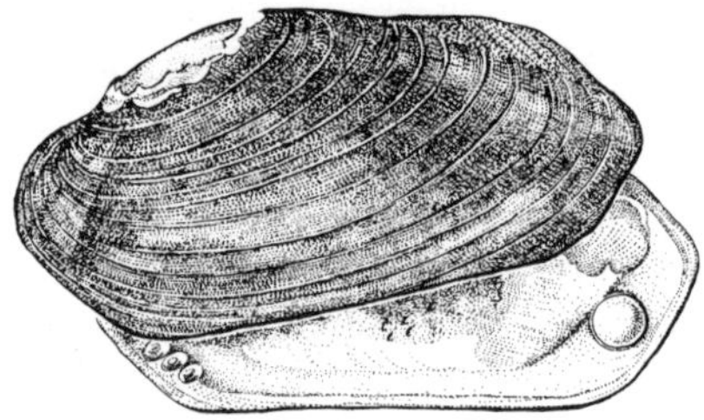

Flußperlmuschel

1983) vertreten. Man unterteilt dabei in drei Gruppen: Flußmuscheln, Kugelmuscheln und Wandermuscheln.

Die Familie der Flußmuscheln umfaßt 5 Arten, wobei einige davon auch lokale Rassen ausgebildet haben, also je nach Vorkommen in Aussehen und Größe leicht variieren.

Teichmuschel *(Anodonta cygnea).* Dies ist die vielleicht bekannteste Süßwassermuschel. Sie wird bis ca. 20 cm groß, man findet sie in stehenden und langsam fließenden Gewässern. Über diese Art war im Zusammenhang mit der Brutpflege des Bitterlings bereits die Rede. Im Aquarium brauchen die Muscheln einen feinen Sand- oder Kiesgrund, um sich gemäß ihrer Lebensweise in ihm eingraben zu können. Die Tiere bewegen sich von der Stelle, indem sie sich mit ihrem weißlichen Muskelfleisch, das zwischen den Schalenhälften hervordrängt, ruckartig voranschieben. Nach der Bundesarten-

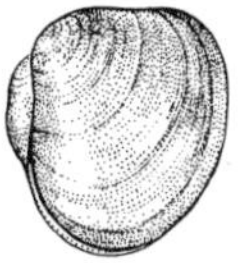

Gemeine Flußmuschel

Blasige Flußmuschel

schutzverordnung gelten die Teichmuscheln in ihren Beständen als gefährdet und sind deshalb geschützt. Man kann sie gelegentlich in Aquariengeschäften kaufen.

Gemeine Flußmuschel *(Unio crassus).* Diese Tiere leben hauptsächlich in Fließgewässern, Flüssen, Kanälen und Bächen. Sie bleiben klein, bis max. 6 cm, und sind dunkler als die Teichmuscheln. Diese Art ist sehr häufig, vielfach sitzen die Muscheln in dichten Kolonien zusammen oder einzeln an Steinen, Pfählen oder auf den Schalen größerer Muscheln. Für das Aquarium sind sie gut geeignet, sie sind anspruchslos und passen sich gut an. Mehrere zusammensitzende Muscheln ergeben ein dekoratives Gebilde und man hat sie jederzeit im Blickfeld.

Flußperlmuschel *(Margaritifera margaritifera).* Diese Art findet man nur noch sehr selten, sie gilt als unmittelbar vom Aussterben bedroht. Zu ihrem Fang ist eine Sondererlaubnis erforderlich. Diese Muscheln leben in kalkarmen, klaren, schnellfließenden Bächen der Äschen- und Forellenregion. Sie produzieren gelegentlich echte Perlen und wurden deshalb früher wirtschaftlich ausgebeutet. Die bis zu 12 cm lang werdenden Tiere sind besonders empfindlich gegen verschmutztes Wasser und Sauerstoffmangel. Im Aquarium hält man sie bei sehr guten Bedingungen, ähnlich wie Forellen oder Äschen und in nicht zu hartem Wasser.

Blasige Flußmuschel *(Unio tumidus).* Sie lebt in Flüssen, Kanälen und Bächen mit geringer Strömung, gelegentlich auch in Seen. Sie ist der Gemeinen Flußmuschel ähnlich, erscheint jedoch in der Form etwas gestreckter (etwa doppelt so lang wie hoch) und kann bis zu 8 cm lang werden.

Malermuschel *(Unio pictorum).* Diese Art ist der Teichmuschel sehr ähnlich, die Malermuschel bleibt aber wesentlich kleiner, bis max. 10 cm. Sie ist außen gelblichgrün und hat eine rauhe, von Jahresringen gefurchte Schale. Man findet sie in stehenden und langsam fließenden Gewässern.

Die Arten der Flußmuscheln vermehren sich, indem sie Larven (Glochidien) in das Wasser ausstoßen. Die Larven setzen sich auf Kiemen und Haut der Fische und ernähren sich ein paar Wochen lang schmarotzend von den Körpersäften der Fische, fallen herunter und beginnen ihr Leben als kleine Muscheln. Normalerweise sind Flußmuscheln getrenntgeschlechtlich, zur Vermehrung sind Männchen und Weibchen notwendig. Es soll aber in einzelnen Gewässern, z.B. in abgeschlossenen Teichen, reine Zwitterpopulationen geben.

In der Aquarienliteratur wird vielfach vor der Vergesellschaftung von Muscheln mit Fischen gewarnt. Die Muschellarven sind anfangs nur ca. $^1/_3$ mm groß, man erkennt sie am Fischkörper als verdickte, wie entzündet aussehende Knoten, häufig in den Kiemen sitzend. Gesunde und nicht zu kleine Fische (ab ca. 12 cm), wenn sie nicht zu stark befallen sind, etwa durch ein Ungleichgewicht bei zuvielen vorhandenen Muscheln, können den Larvenbefall normalerweise vertragen. Im Aquarium ist jedoch stets Vorsicht geboten und man läßt kleinere, empfindliche Fischarten besser nicht mit geschlechtsreifen Muscheln zusammen. Größere, wenig empfindliche Karpfenartige ermöglichen die Muschelzucht evtl. auch im Aquarium. Die kleinen Muscheln werden jedoch häufig weggefressen, bevor sie sich entwickeln können.

Muscheln ernähren sich von feinsten organischen Substanzen, die sie mit der Atemöffnung einholen und aus dem Wasser filtern. Insofern haben Muscheln im Aquarium eine gewisse Reinigungswirkung. In einem Gesellschaftsbecken mit Fischen ist eine gezielte Fütterung der Muscheln nicht nötig. Nur in einem reinen Muschelaquarium sollte man alle paar Tage etwas zerriebenes Trockenfutter einstreuen, z.B. getrocknete Wasserflöhe.

Einzelne Muscheln wandern im Aquarium herum, wühlen dabei den Bodengrund um und sind eine Gefahr für die Pflanzenwurzeln. Außerdem geraten sie leicht in den Hintergrund und können bei schlechten Wasser-, Nahrungs- oder Sauerstoffbedingungen unbemerkt eingehen. Tote Muscheln verderben innerhalb weniger Tage das Aquariumwasser. Man hält daher nur wenige Exemplare und behält diese im Auge. Wirken die Atemöffnungen hohl und andauernd unbewegt, oder sind die Muscheln dauerhaft geschlossen oder gar ganz geöffnet und schließen sich beim leichten Antippen mit einem Gegenstand nicht sofort (fehlende Fluchtreaktion), sind sie wahrscheinlich tot und man entfernt sie rasch. Zur Sauerstoffversorgung in einem nicht sehr pflanzenreichen Becken ist eine Belüftung erforderlich (Membran- oder Kreiselpumpe). Im allgemeinen sind die Flußmuscheln anspruchslos und ausdauernd, ihre Aquarienhaltung ist einfach. Nur die Flußperlmuschel ist überaus empfindlich.

Kugelmuscheln *(Spaeriidae)*. Sie existieren mit zahlreichen Arten. Die größten davon erreichen kaum 2,5 cm, manche sind nur ca. 8 mm groß, z.B. die Erbsenmuschel. Die meisten Arten dieser Familie sind in ihren Beständen gefährdet und stehen unter Schutz, vor allem wegen der Verschmutzung oder gar vollständigen Beseitigung ihrer Wohngewässer. Die unauffälligen kleinen Tiere bevorzugen pflanzenreiche Kleinstgewässer, Gräben und Teiche. Im Aquarium wandern sie herum und man verliert sie leicht aus dem Blickfeld. Sie sind sehr empfindlich, die ungewohnte Wasserbeschaffenheit im Aquarium macht ihnen zu schaffen. Sie gehen nach wenigen Tagen oder Wochen ein und eignen sich daher schlecht für die Aquarienhaltung. Wegen ihrer geringen Größe stellen wenige tote Exemplare keine besondere Gefahr dar. Man sollte Kugelmuscheln der nicht geschützten Arten zunächst also nur versuchsweise halten, am besten in einem kleinen, bepflanzten Becken ohne Fische und mit Wasser ihrer Heimatbiotope versetzt, damit sie sich an das Leitungswasser gewöhnen können. Etwas zerriebenes Trockenfutter dient als Nahrung.

Wandermuscheln *(Dreissenidae)*. Diese Arten findet man in einigermaßen sauberen Seen und Flüssen in Ufernähe im flachen Wasser. Sie sitzen an Steinen und bilden meist zusammenhängende kleine Kolonien. Man nimmt sie samt ihrer Haftunterlage mit, da sie sich nur gewaltsam davon ablösen lassen. Wandermuscheln sind etwas heller gefärbt und kleiner als die Gemeinen Flußmuscheln, sie erreichen kaum 4 cm. Im Aquarium halten sie sich recht gut, sind aber etwas empfindlicher als die meisten Flußmuscheln. Zuviel Mulm oder massive Wasserwechsel mit unterschiedlichen Wasserwerten setzen ihnen zu. (Abbildung: S. 221)

Süßwasserschnecken bilden eine artenreiche Familie. Die bevorzugten Wohngewässer sind pflanzenreiche Gräben, Tümpel, Teich- und Seeufer und Flüsse. In sehr kalkarmen Bächen der Forellenregion und in moorigen Tümpeln oder Torfstichen sieht man sie selten. In vielen Gräben sind Schnecken massenhaft und mit verschiedenen Arten nebeneinander vertreten. Fast alle eignen sich gut für das Aquarium und stellen keine pflegerischen Ansprüche. Unter für sie günstigen Bedingungen neigen sie zur Massenentwicklung. Man nimmt sie dann einfach heraus. Da sich die Bestände rasch regenerieren, muß man die Aktion gelegentlich wiederholen. Nur wenige größere Fische fressen Schnecken. Manchmal kommt es jedoch zur vollständigen Ausrottung der Schnecken im Aquarium, wenn Fische die nachwachsenden Jungschnecken vertilgen und die Altschnekken absterben. Schneckenlaich erkennt man als gallertartige Verdickungen mit dunklen Eipunkten an Scheiben oder Wasserpflanzen haftend. Unter einer starken Lupe kann man die Entwicklung einigermaßen deutlich beobachten. Schnecken ernähren sich von organischen Abfällen, übriggebliebenen Fischfutterresten, Algen usw. Sie weiden die schmierigen Beläge an den Glasflächen ab und machen sich auch über Fischlaich oder tote Fische her.

Sumpfdeckelschnecke

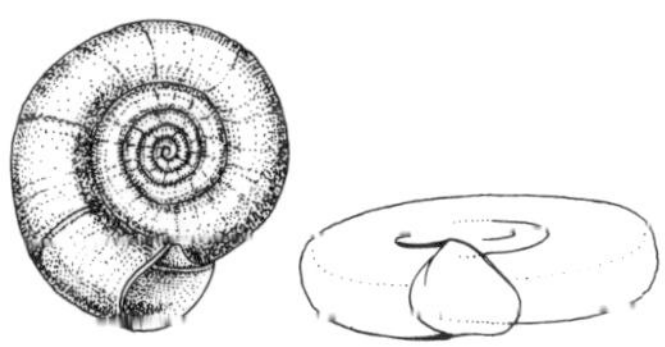

Tellerschnecke

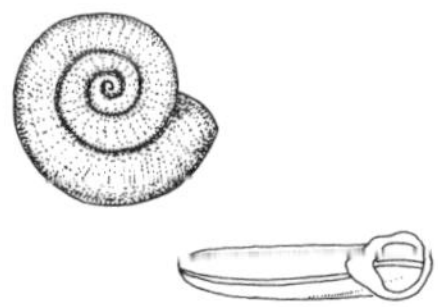

Posthornschnecke

Sumpfdeckelschnecke *(Viviparus viviparus)*. Diese wohl größte einheimische Süßwasserschnecke wird im Einzelfall bis 5 cm hoch. Ihr grünbraunes, rundlich dickes Gehäuse kann, nachdem sich die Schnecke darin ganz verzogen hat, mit einem Deckel fest verschlossen werden. In Norddeutschland findet man recht häufig reine Albino-Populationen dieser Art. Der Körper der Tiere ist dann weißlich, das Gehäuse behält seine Grundfarbe. Die Sumpfdeckelschnecke ist eine Besonderheit, sie ist die einzige heimische lebendgebärende Schnecke. Nach der Begattung entwickeln sich die Eier in der Gebärmutter des Weibchens. Durch einen Geburtskanal kommen dann fertige Schnecken mit vollständigem Gehäuse auf die Welt. Sie sind etwa 6 mm groß und von einer dünnen bläulichen, durchsichtigen Hülle umgeben, die sich im Wasser rasch auflöst. Die kleinen Schnecken beginnen sofort zu kriechen. Männchen und Weibchen der erwachsenen Tiere unterscheidet man daran, daß die etwas kleiner bleibenden Männchen einen kürzeren und dickeren rechten Fühler besitzen, der als Begattungsorgan dient. Die Fühler des Weibchens sind gleich lang und gleich dünn. (Abbildung: S. 223)

Posthornschnecke *(Planorbarius corneus).* Diese Art ist sehr häufig. Die Tiere sind von dunkler Farbe. Hellrot gefärbte Exemplare sind Albinos (D. Schmidtke, 1983), man findet sie naturgemäß seltener. Posthornschnecken erreichen 3 cm Höhe. (Abbildung: S. 223)

Tellerschnecke *(Planorbis planorbis).* Sie ist verwandt mit der Posthornschnecke und dieser ähnlich, erreicht jedoch kaum 2 cm und erscheint etwas flacher und besitzt rund um das Gehäuse eine wulstige Kante. (Abbildung: S. 223)

Spitzschlammschnecke *(Lymnaea stagnalis).* Sie gehört zu den größten Vertretern ihrer Gattung, einzelne Tiere erreichen 5 cm Länge. Diese Art vergreift sich auch an Wasserpflanzen und frißt mit ihrem mit winzigen Zähnen bestückten Maul Löcher in Blätter. Mehrere Exemplare können den Pflanzenbeständen im Aquarium arg zusetzen (!).

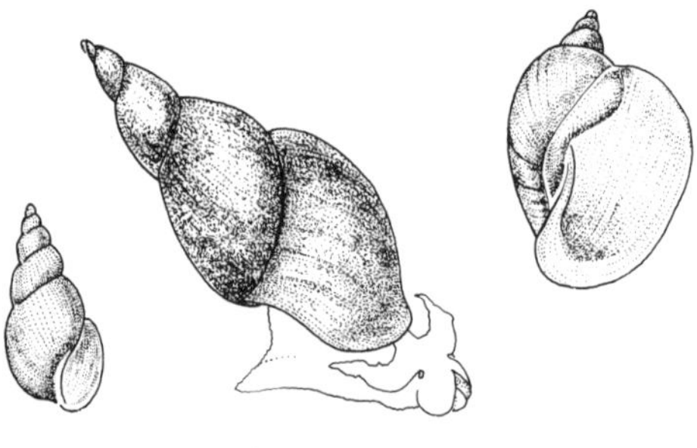

a) Leberegelschnecke, b) Spitzschlammschnecke, c) Ohrschlammschnecke

Ohrschlammschnecke *(Radix ovata).* Man nennt sie auch Eiförmige Schlammschnecke und sie ist der Spitzschlammschnecke ähnlich, hat aber ein kürzeres, gedrungeneres Gehäuse. Diese Art ist sehr häufig und bildet zahlreiche lokale Variationen. Sie wird kaum 2,5 cm lang.

Leberegelschnecke *(Lymnaea truncu-lata).* Auch Kleine Schlammschnecke genannt. Sie wird nur knapp 1,5 cm lang und gilt als Zwischenwirt für den Leberegel, mit dem sich auch Menschen infizieren können. Man läßt diese Schnecke daher besser nicht in das Aquarium.

Wasserinsekten

Für die meisten in diesem Abschnitt vorgestellten Arten ist beachtenswert, daß sie das Wasser zeitweise oder ganz verlassen, also entweder amphibisch leben oder Larven von Insekten sind, die später das Wasserleben endgültig aufgeben. Die Aquarien müssen daher gut abgedeckt sein, am besten mit einem leicht abnehmbaren, luftdurchlässigen, mit Gaze bespanntem Rahmen, bei nicht zu hohem Wasserstand, damit ein Luftraum bleibt. Pflanzenwuchs, der bis zur Wasseroberfläche reicht und quasi kleine »Landteile« schafft, erleichtert den Tieren den notwendigen Luftkontakt, sie können sich außerhalb des Wassers bewegen oder ausruhen. Zusätzliche kleine schwimmende Korkrindeninseln sind ebenfalls geeignet.

Bedingt lassen sich auch einige Wasserinsekten mit Fischen vergesellschaften, sofern die Fische nicht zu klein sind. Fast alle hier erwähnten Insekten leben räuberisch und sind auf Lebendfutter angewiesen. Notfalls fressen sie sich gegenseitig. In einem Gesellschaftsbecken muß man also Verluste in Kauf nehmen. Solche Verhältnisse entsprechen den Regeln in der Natur. Man sollte dennoch nicht übermäßig opfern und vor allem die selteneren Arten vor Verlusten bewahren (!). In einem Gesellschaftsbecken bereitet vor allem die Fütterung Schwierigkeiten. Fische schnappen den Insekten meist das Futter weg, bevor diese ausreichend abbekommen haben.

Für sich gehalten beanspruchen die Insekten einen relativ geringen Lebensraum und kommen jeweils mit kleinen Aquarien aus. Hier bietet sich die beinahe unerschöpfliche Möglichkeit an, mit mehreren kleinen Becken, die alle keinen besonderen pflegerischen Aufwand erfordern, eine interessante Alternative zu einem reinen Fischbetrieb zu schaffen. Insektenaquarien benötigen in der Regel keine Wasserfilter und keine zusätzliche Belüftung, die üblichen Frischwasserwechsel und ein paar gesunde Wasserpflanzen halten das Niveau. Lediglich die Beschaffung von Lebendfutter stellt einen gewissen Aufwand dar.

In vielen Gräben, Tümpeln, Bächen und an See- und Teichufern findet man mehrere Arten gleichzeitig. Insektenreiche Gewässer befinden sich regelmäßig auch in unmittelbarer Umgebung menschlicher Wohngebiete. Die Beschaffung und Rückführung der Tiere an ihren Fundort ist daher kein Problem. Man fängt die Tiere gezielt mit dem Kescher oder mit einem ins Pflanzendickicht getauchten Eimer. Dabei sind fast immer einige Exemplare zur Auswahl vorhanden.

Gelbrandkäfer *(Dytiscus marginalis).* Aus der Familie der Schwimmkäfer sticht der Gelbrandkäfer durch seine Größe hervor, er kann 4 cm erreichen. Das Männchen hat, im Gegensatz zum Weibchen, glatte Flügeldeckel und an den Vorderbeinen kleine Saugnäpfe, um sich bei der Paarung am Weibchen festzuhalten. Die Käfer sind sehr gewandte Schwimmer, holen sich die Atemluft an der Wasseroberfläche und können auch fliegen. Häufige Flug- und damit Fluchtversuche, meist in der Nacht, deuten auf ein mangelndes Nahrungsangebot hin. In der Natur wechseln die Käfer bei Nahrungsknappheit die Gewässer. Sie sind sehr gefräßige Räuber, fressen kleinere Wasserinsekten, Schnecken, Kaulquappen, Molchlarven und kleine Fische. Im Aquarium füttert man sie mit Mückenlarven, Tubifex, kleinen Regenwürmern oder geschabtem Fischfleisch. Mückenlarven sind für alle Wasserinsekten am leichtesten zu fangen und von greifbarer Größe, sie stellen somit eine Art Universalfutter dar. Nach kurzer Gewöhnung nehmen die Käfer Futterstücke, die man ihnen mit der Pinzette vorhält. Sie verlieren ihre anfängliche Scheu und zeigen sich dadurch bis zu einem gewissen Grad sogar als lernfähig. Auf diese Weise kann man sie längerfristig individuell versorgen und im Fischaquarium halten.

Larve des Gelbrandkäfers *(Imagines).* Obwohl längst nicht so schwimmgewandt wie das fertige Insekt, ist die Larve des Gelbrandkäfers weitaus gefräßiger und geschickter beim Beutemachen. Sie wird bis zu 6 cm lang und packt ihre Beute, nachdem sie sich angeschlichen hat, gezielt mit ihren kräftigen Kieferzangen. Die Entwicklungszeit der Larve dauert zwischen 6–8 Wochen. Dabei häutet sie sich mehrmals, geht zur gegebenen Zeit an Land, um im Boden verborgen in ca. 2 Wochen die Umwandlung zu vollziehen. Man hält sie am besten nur kurzfristig im Aquarium, denn für die Umwandlung ist ein ausreichender Landteil mit frischer Erde und Grasballen erforderlich, der weder zu feucht noch zu trocken sein darf. Dies gelingt nicht immer und die Larven vertrocknen oder vermodern.

Im Aquarium füttert man die Larven wie die erwachsenen Käfer, aber intensiver, denn sie brauchen für ihre rasche Entwicklung große Mengen Nahrung. Bei Futtermangel kommt es unter den Larven häufig zu Kannibalismus. Um ihre Gefräßigkeit anschaulich zu machen, ein Beispiel: In einem sehr kleinen Aquarium fraß eine Gelbrandkäferlarve einmal innerhalb 24 Stunden über ein Dutzend Fische von je ca. 1 cm. Der Stoffwechselprozeß der Larven verläuft sehr rasch, während sie hinten ausscheiden, fressen sie vorn pausenlos in sich hinein.

Breitrandkäfer *(Datiscus lattissimus).* Dieser Käfer erreicht ca. 3,5 cm Länge, er wirkt etwas breiter als der Gelbrandkäfer und es fehlt ihm die typische gelbe Umrandung. Die Lebensweise beider Arten ist sehr ähnlich.

Die verschiedenen Arten kleinerer **Schwimmkäfer** haben im wesentlichen die gleichen Ansprüche wie ihre größeren Verwandten. Sie kommen im Aquarium mit weniger Platz aus und sind anderen Tieren gegenüber weniger gefährlich.

Eine den Schwimmkäfern ähnliche Familie stellen die **Taumelkäfer** dar. Man erkennt sie leicht an ihrer hektischen, spiralförmigen, scheinbar ziellosen Schwimmweise. Sie leben vorwiegend an der Wasseroberfläche und fliegen häufig und weit umher. D. Schmidtke (1983) weist darauf hin, daß diese Tiere im Aquariumwasser leicht verpilzen und sich kaum über längere Zeit halten lassen.

Libellenlarven. Libellen kennt sicher jeder. Als flugfähige und fortpflanzungsfähige Tiere leben sie nur einen Sommer lang. Die weniger bekannten Larven der Libellen leben und entwickeln sich im Wasser. Die Entwicklungszeit kann, je nach Art und Umständen, wenige Monate bis mehrere Jahre dauern. In Mitteleuropa existieren rund 80 Libellenarten (W. Engelhardt, 1983). Viele davon gelten als gefährdet oder als vom Aussterben bedroht. In der Bundesrepublik sind alle Arten geschützt (!). Man unterteilt in zwei große Gruppen, Kleinlibellen und Großlibellen. Die Larven der Kleinlibellen sind schlanker, mit schmalem Hinterleib. Großlibellenlarven wirken breiter, gedrungener und kräftiger. Alle Libellenlarven leben intensiv räuberisch. Im Aquarium füttert man sie mit lebenden Wasserflöhen, Mückenlarven, Tubifex und kleinen Regenwürmern. Notfalls fressen sie kleine Artgenossen. Dies sollte man aus Naturschutzgründen möglichst vermeiden. Um den Umwandlungsprozeß zum flugfähigen Insekt vollziehen zu können, verlassen die Larven das Wasser und entpuppen sich an aus dem Wasser ragenden Pflanzenstengeln sitzend. Der Vorgang findet meist in den frühen Morgenstunden statt und dauert mehrere Stunden. Die Larven machen zuvor mehrere Häutungen durch; die abgestoßene Hülle wirkt manchmal wie ein totes Insekt. Spätestens als flugfähige Tiere muß man sie am Fundort aussetzen, am besten jedoch etwas früher, denn der Transport muß sehr behutsam erfolgen; die Flügel sind äußerst empfindlich. Wenn geeignete Gewässer in unmittelbarer Nähe vorhanden sind, mit dort lebenden Artgenossen, kann man die Libellen einfach aus dem Fenster entlassen. Larven, die man im Spätsommer gefangen hat, überwintern im Aquarium, man muß sie durchgehend füttern. Nur bei Temperaturen unter 6 °C stellen sie ihre Aktivitäten langsam ein und gehen in Ruhestellung über. Solche Pausen überstehen sie nur nach vorheriger ausreichender Fütterung. Die Larven bewegen sich im Wasser sehr geschickt, indem sie mit einem kräftigen Wasserstoß aus ihrem Hinterleib Antrieb erzeugen. Meist sitzen sie aber an Wasserpflanzen oder kriechen am Boden umher, ständig auf Nahrungssuche. Mit weit ausladenden Greifzangen packen sie ihre Beute blitzschnell und verdauen rasch.

Larve der gebänderten Prachtlibelle *(Calopteryx-Art)*. Sie gehört zu den Kleinlibellenarten. Typisch für sie ist der dreistrahlige Hinterleib mit dem kürzeren Ruderplättchen in der Mitte.

Großlibellenlarve *(Familie Aeschnidae)*. Diese Arten sind kräftiger und breiter, sie sind nicht unbedingt größer als die Kleinlibellenlarven.

Wasserwanzen. Mit diesem Begriff umfaßt man eine ganze Reihe verschiedener Familien, z. B. Wasserläufer, Teichläufer, Stoßwasserläufer, Skorpionwanzen, Rückenschwimmer, Ruderwanzen, Schwimmwanzen. Diese wiederum gliedern sich in zahlreiche Arten.

Wasserläufer *(Gerris-Art)*. In Mitteleuropa sind 10 Arten aus dieser Familie bekannt (W. Engelhardt, 1983). Von Frühjahr bis Herbst sieht man die Tiere auf den Wasseroberflächen meist stehender Gewässer in Schwärmen herumlaufen. Sie lassen sich von der Oberflächenspannung tragen. Im Durchschnitt beträgt ihre Körperlänge, ohne Beine, ca. 8–12 mm. Im Aquarium bevorzugen sie, entsprechend ihrer Lebensweise, eine möglichst geräumige Fläche und die Geselligkeit mit einigen Artgenossen. Sie leben räuberisch von kleinen Insekten, die sie aussaugen. Man füttert sie regelmäßig mit toten Fliegen, Kellerasseln usw., die man einfach auf das Wasser legt. Ohne Aquarienabdeckung springen die Wasserläufer leicht heraus. »Die Eiablage ist noch nicht bei allen Arten erforscht« (Engelhardt, 1983).

Rückenschwimmer *(Notonecta glauca)*. Man erkennt sie leicht an ihrer typischen Haltung, stets auf dem Rücken schwimmend. Sie bewegen sich im Wasser mit den Beinen stoßend ruckartig voran und treiben, sobald die Schwimmbewegungen nachlassen, nach oben. Meist hängen sie an der Wasseroberfläche und lauern auf Beute. Gelegentlich verlassen sie das Wasser. Dann nehmen sie die Normalstellung ein und kriechen herum oder fliegen davon. Sie können empfindlich stechen, wenn man sie in die Hand nimmt, die Wirkung ist mit einem Bienenstich vergleichbar. Als Futtertiere bevorzugen sie Mückenlarven. Fischlarven sind in der Gegenwart von Rückenschwimmern stets gefährdet.

Wasserskorpion *(Nepa rubra)*. Diese Art gehört zu der Familie der Skorpionwanzen. Hiervon gibt es nur 2 heimische Arten, den Wasserskorpion und die Stabwanze. Der Wasserskorpion lebt hauptsächlich im Wasser, geht aber gelegentlich auch an Land. Sein dünner Stachel am Hinterleib ist eine Atemröhre, mit der er Luft holen muß. Am Bodengrund eines glattwandigen Aquariums ohne bequeme Aufstiegsmöglichkeiten ist er auf Dauer verloren. Er ist sehr langsam in seinen Bewegungen und bei der Jagd auf kleinere Wassertiere nicht sehr geschickt. Im Aquarium setzt man ihn auf eine Schwimminsel oder auf ein dichtes Bündel schwimmender Wasserpflanzen, so daß er jederzeit an die Wasseroberfläche gelangen kann. Mit fest zupackenden kleinen Greifarmen erbeutet er Mückenlarven, Tubifexwürmchen und unter Umständen auch Molchlarven oder Kaulquappen. Seine Fütterung ist etwas umständlich, er kann empfindlich stechen. Das Gift benutzt er, um seine Beutetiere zu lähmen, bevor er sie aussaugt.

Stabwanze *(Ranatra linearis).* Dieses seltsame Insekt hat eine gewisse Ähnlichkeit mit der Gottesanbeterin, einer Heuschreckenart. Auch die Stabwanze schwimmt schlecht, ähnlich wie der Wasserskorpion. Sie klettert an Wasserpflanzen und lauert nahe der Wasseroberfläche auf Beute und nimmt über das lange dünne Atemrohr am Hinterleib Luft auf. Sie kann aber längere Zeit ganz untergetaucht leben. Es wird gesagt, daß sie fliegen kann, ich habe aber bisher niemals einen Flugversuch beobachten können. Bei Nahrungsmangel im Aquarium unternimmt sie häufige Fluchtversuche, indem sie herauszuklettern versucht. Eine Abdeckung ist zum Schutz der Tiere erforderlich. Die langen Vorderbeine der Stabwanze haben kräftige Haken und können sehr rasch zupacken. Die Stabwanze saugt die Opfer, in erster Linie Mückenlarven, aus. Wasserflöhe sind ihr zu klein und unhandlich und damit als Futter nicht geeignet. Vor Libellenlarven und Rückenschwimmern hat sie keinen Respekt, sie ist aber nicht in jedem Fall überlegen. Bei einem Kampf, z. B. mit einer Libellenlarve, kann die Stabwanze zum Opfer werden. Wegen ihrer relativen Seltenheit steht sie unter Schutz (!). In solchen Gewässern, in denen diese Art noch vorkommt, ist sie jedoch oftmals sehr häufig.

Larven der Köcherfliegen *(Trichoptera).* Die Köcherfliegen bzw. ihre im Wasser lebenden Larven, sind mehr mit den Schmetterlingen verwandt als mit den Fliegen (W. Engelhardt, 1983). Sie leben in fast allen Gewässertypen, in Mitteleuropa existieren über 200 Arten. Die Artenbestimmung ist schwierig, da man die Insekten nur selten anhand ihrer Gehäuse exakt bestimmen kann. Die flugfähigen erwachsenen Tiere leben nur kurz, längstens von Frühjahr bis Herbst. Die Larven sind für das Aquarium interessant, weil sie, je nach Beschaffenheit ihrer Wohngewässer, sehr unterschiedliche bizarre Formen für ihr Schutzgehäuse schaffen. Sie umkleben ihren empfindlichen Leib mit Sand, winzigen Holzteilen, Pflanzenstengeln usw. Man sieht sie am Gewässergrund herumlaufen oder mit den Vorderbeinen rudernd schwimmen. Bei Gefahr ziehen sie sich vollständig in das Gehäuse zurück. Die meisten Arten sind Pflanzenfresser. Im Aquarium muß man sie also nicht füttern. Im Schutz ihrer Gehäuse lebend kann man sie mit Fischen zusammenbringen und sie benötigen keine Aquarienabdeckung. Ständig sind sie damit beschäftigt, ihre Hülle auszubauen. Manche Arten nagen dabei winzige Pflanzenstengel ab und können auf Dauer eine ganze Aquarienpflanzenkultur zerstören. Diese nimmt man besser wieder heraus. Normalerweise kann man Köcherfliegenlarven monatelang halten. Irgendwann verstecken sie sich am Gewässergrund, machen eine Ruhe- und Entwicklungsphase von ca. 2 Wochen durch, und die fertigen Insekten versuchen, an die Oberfläche und in die Luft zu gelangen. Hungrige Fische vereiteln dies.

Wasserspinne *(Argyroneta aquatica).* Sie ist eine aquaristische Rarität. »Von allen bekannten Spinnenarten kann nur die Wasserspinne ihr ganzes Leben im Wasser zubringen« (W. Engelhardt, 1983). Sie atmet an der Oberfläche und trägt Luftblasen in ihr an Pflanzen gesponnenes Netz. Manchmal hat sie auch mehrere Netze nebeneinander. Die Spinne jagt unter Wasser und saugt Mückenlarven, Wasserasseln und Bachflohkrebse aus. Die Netze dienen dem Aufenthalt und als Luftreservekammer, seltener dem Fang selbst. Die weiblichen Spinnen erreichen 1,5 cm, die Männchen bleiben etwas kleiner. Die Begattung und anschließende Brutpflege findet unter Wasser statt. In der Natur findet man die unauffälligen Tiere meist nur durch Zufall, man übersieht sie leicht. Sie leben hauptsächlich in stehenden, kleinen Gewässern, in Tümpeln oder Gräben. Häufig findet man sie in alten Torfstichen und Moortümpeln mit sehr weichem Wasser. Im Aquarium sollte man sie allein oder zu mehreren ihrer Art halten, denn Fische und räuberische Wasserinsekten fressen die Spinnen sonst sofort weg, bevor man sie richtig beobachtet hat. Die Tiere kommen mit sehr kleinen Becken aus, für 3–4 Exemplare ist ein 5 l-Aquarium ausreichend. Man füttert sie mit Wasserflöhen, Tubifex, Mückenlarven und Wasserasseln.

Literaturhinweise

Amlacher. E.: Taschenbuch der Fischkrankheiten. Verlag Gustav Fischer, Stuttgart 1976.

Baur, W.: Gewässergüte bestimmen und beurteilen. Verlagsbuchhandlung Paul Parey, Hamburg-Berlin 1980.

Bless, R.: Bestandsänderungen der Fischfauna in der Bundesrepublik Deutschland. Kilda-Verlag, Greven 1978.

Braemer, H./Scheurmann, I.: Das Aquarium. Gräfe und Unzer, München 1983. 2. Aufl.

Bassler, G.: Bildatlas der Fischkrankheiten. Neumann-Neudamm, Melsungen 1982.

Brünner, G.: Aquarienpflanzen. Franckh'sche Verlagshandlung/Kosmos, Stuttgart 1976.

–/Beck, P.: Neue Wasserpflanzen-Praxis. Tetra-Verlag, Melle 1980.

Bundesartenschutzverordnung: Verordnung zum Schutz wildlebender Tier- und Pflanzenarten. (BArtSchV. v. 19. 12. 1986 – Der Bundesminister für Umwelt, Naturschutz und Reaktorsicherheit, Bonn.)

Bursche, E. M.: Wasserpflanzen. Neumann-Neudamm, Melsungen 1984.

Engelhardt, W.: Was lebt in Tümpel, Bach und Weiher. Franckh'sche Verlagshandlung/Kosmos, Stuttgart 1983.

Erz, W. (Hrsg.): Rote Liste der gefährdeten Tiere und Pflanzen in der Bundesrepublik Deutschland. Kilda-Verlag, Greven 1982.

Floericke, K.: Einheimische Fische. Franckh'sche Verlagshandlung/Kosmos, Stuttgart 1913.

Frey, H.: Das Aquarium von A–Z. Neumann-Neudamm, Melsungen 1959.

Friederich, U./Volland, W.: Futtertierzucht. Verlag Eugen Ulmer, Stuttgart 1981.

Friesen, G.: Botanik für Aquarianer. Verlag Alfred Kernen, Stuttgart 1953.

Gaumert, D.: Süßwasserfische in Niedersachsen. (Hrsg.: Minister für Ernährung, Landwirtschaft und Forsten. Niedersachsen 1981.)

Geisler, R.: Wasserkunde für die aquaristische Praxis. Verlag Alfred Kernen, Stuttgart 1964.

Gerlach, R.: Die Fische. Büchergilde Gutenberg, Frankfurt/M. 1950.

Heller, C.: Das Süßwasseraquarium. Verlag Quelle & Meyer, Wiesbaden 1913.

Horst, K.: Pflanzen im Aquarium. Verlag Eugen Ulmer, Stuttgart 1986.

–/Kipper, H. E.: Das optimale Aquarium. Verlag Aquadocumenta, Bielefeld 1985.

Hückstedt, G.: Aquarienchemie. Franckh'sche Verlagshandlung/Kosmos, Stuttgart 1978.

Jacobsen, N./Hancke, V.: Aquarienpflanzen. BLV Verlagsgesellschaft, München 1979.

Jaeger, G.: Das Leben im Wasser. Franckh'sche Verlagshandlung/Kosmos 1908.

Jahn, J.: Kleine Terrarienkunde. Albrecht Philler, Minden 1979.
–: Aquarienpflanzen. Albrecht Philler, Minden 1979.
–: Der kleine Gartenteich und das kleine Freilandaquarium. Albrecht Philler, Minden 1980.
–: Lebendfutter. A. Philler, Minden 1983.
Janus, H.: Das Tümpelaquarium. Franckh'sche Verlagshandlung/Kosmos 1968.
Krause, H.-J.: Einführung in die Aquarientechnik. Franckh'sche Verlagshandlung/Kosmos, Stuttgart 1981.
Kuhlmann, H. (Hrsg.): Fische am Haken der Wissenschaft. Gruner + Jahr, Hamburg 1979.
Ladiges, W./Vogt, D.: Die Süßwasserfische Europas. Verlagsbuchhandlung Paul Parey, Hamburg-Berlin 1979.
Lehmann, J.: Die wichtigsten Krankheiten unserer einheimischen Süßwasserfische. (Hrsg.: Landesanstalt für Fischerei Nordrhein-Westfalen 1980.)
– und H.: Das Nord- und Ostseeaquarium. Franckh'sche Verlagshandlung/Kosmos, Stuttgart 1978.
Lehmann, H.: Farbenfrohe Kaltwasserfische. DATZ-Bücherei, Kernen Verlag, Essen 1984.
Maitland, P. S.: Der Kosmos-Fischführer. Franckh'sche Verlagshandlung/Kosmos, Stuttgart 1977.
Mayland, H. J.: Kaltwasserfische. Albrecht Philler, Minden 1980.
Meyer, D.: Makroskopisch-biologische Feldmethoden zur Wassergütebeurteilung von Fließgewässern (BUND, ALG - 1984).
Müller, H.: Fische Europas. dtv, München 1983.
Muus, B. J./Dahlström, P.: Süßwasserfische. BLV, München 1981.
Naturschutzgesetze des Bundes und der Länder. Beck-Texte, dtv, München 1982.
Nitsche, H.: Die Süßwasserfische Deutschlands. Kommissions-Verlag, 1932.
Paffrath, K.: Bestimmung und Pflege von Aquarienpflanzen. Landbuch-Verlag, Hannover 1978.
Pott, E.: Bach – Fluß – See. BLV Verlagsgesellschaft, München 1979.
Rauh, W.: Unsere Sumpf- und Wasserpflanzen. Carl Winter, Heidelberg 1954.
Reichenbach-Klinke, H.: Grundzüge der Fischkunde. Verlag Gustav Fischer, Stuttgart 1970.
–: Bestimmungsschlüssel zur Diagnose von Fischkrankheiten. Verlag Gustav Fischer, Stuttgart 1969.
Rimpp, K.: Salamander und Molche. Verlag Eugen Ulmer, Stuttgart 1978, 2. Aufl.
–: Die Salamander und Molche Europas. Albrecht Philler, Minden 1979.
Scheurmann, I.: Das GU Aquarienbuch. Gräfe und Unzer, München 1985.
Schindler, O.: Unsere Süßwasserfische. Franckh'sche Verlagshandlung/Kosmos, Stuttgart 1975.
Schmidt, G.: Der kranke Fisch. Albrecht Philler, Minden 1981.
Schmidtke, D.: Das Heimataquarium. Franckh'sche Verlagshandlung/Kosmos, Stuttgart 1983.
–: Das Schulaquarium. Franckh'sche Verlagshandlung/Kosmos, Stuttgart 1984.
Schuster, E.: Sumpf- und Wasserpflanzen. Neumann-Neudamm, Melsungen 1984.
Schwoerbel, J.: Einführung in die Limnologie. Verlag Gustav Fischer, Stuttgart 1964. (inzwischen 5. Aufl. 1984).

–: Methoden der Hydrobiologie. Süßwasserbiologie. Verlag Gustav Fischer, Stuttgart 1980, (inzw. 3. Aufl. 1986).
Seegers, L.: Killifische. Verlag Eugen Ulmer, Stuttgart 1980.
Seifert, K.: Angel- und Fischereischule Bd. 1: Allgemeine Fischkunde. BLV Verlagsgesellschaft, München 1984.
–: Angel- und Fischereischule Bd. 2: Spezielle Fischkunde. BLV Verlagsgesellschaft, München 1984.
Selze, H.: Kohlendioxid in der Aquaristik. Aquarien-Magazin. (1), 39–43, 1986.
Sterba, G. (Hrsg.): Enzyklopädie der Aquaristik und speziellen Ichthyologie. Neumann-Neudamm, Melsungen 1978.
–: Aquarienkunde, Neuausgabe. Verlag Eugen Ulmer, Stuttgart 1989.
Terofal, F.: Fische. BLV-Verlagsgesellschaft, München 1978.
–: Süßwasserfische in europäischen Gewässern. Mosaik Verlag, München 1984.
Trinkwasserverordnung: Verordnung über Trinkwasser v. 22. 5. 1985. Bundesminister für Jugend, Familie und Gesundheit, Bonn.
Wendelberger, E.: Pflanzen der Feuchtgebiete. BLV Verlagsgesellschaft, München 1986.

Regelmäßig erscheinende deutschsprachige Zeitschriften (Auswahl):
Fisch und Fang. Verlagsbuchhandlung Paul Parey, Hamburg-Berlin.
Blinker. Jahr Verlag, Hamburg.
aquarium heute. Verlag Aquadocumenta, Bielefeld.
DATZ. Verlag Eugen Ulmer, Stuttgart.
Das Aquarium. Albrecht Philler, Minden.
Aquarien – Terrarien. Urania-Verlag, Leipzig.

Bildquellen

Bayerische Landesanstalt für Fischerei, Starnberg: Seite 35 oben.
Böhm, O., Wien: Seite 174 Mitte rechts.
Grambow, A., Berlin: Seite 137 oben links, 138 unten rechts.
König, R., Kiel: Seite 35 unten, 101 Mitte links, 191 oben links, oben rechts.
Pürzl, W., Wien: Seite 155 unten links.
Reinhard, H., Heiligkreuzsteinach-Eiterbach: Titelbild, Seite 17 (2), 18 (2), 35 Mitte, 36 (3), 101 oben links, oben rechts, Mitte rechts, unten links, unten rechts, 102 (3), 119 (3), 120 (2), 137 oben links, oben rechts, Mitte links, Mitte rechts, unten rechts, 156 (2), 173 (2), 174 oben links, oben rechts, Mitte links, unten links, unten rechts, 191 unten, 192 (4).

Die Zeichnungen fertigte Michael Hofbauer, Wittendorf, nach Vorlagen des Autors.

Register

Seitenziffern mit * verweisen auf Abbildungen

Das Aquarium.
Eine Einführung in die Süßwasseraquaristik. Von Lothar Seegers. 2. verb. Aufl. 1988. 127 S., 71 farb. Fotos, 15 Zeichn. (Ulmer Tb 10) DM 14,80
ISBN 3-8001-6217-2

Die Buntbarsche der Alten Welt – Tanganjikasee.
Von Hans J. Herrmann. 240 S., 170 farb. u. 60 schw.-w. Abb. DM 45,–
ISBN 3-8001-7905-9

Welse.
Biologie und Haltung der Siluriformes in der aquaristischen Praxis. Von Harro Hieronimus. 1989. Ca. 250 S., 200 farb. Fotos, 20 Zeichn., 25 Verbreitungsktn. ca. DM 98,–
ISBN 3-8001-7169-4

Korallenfische.
Von Jürgen Lange. 178 S., 70 farb. Fotos, 40 Zeichn. DM 58,–
ISBN 3-8001-7158-9

Salmler.
Schwarmfische im Aquarium. Von Helmut Pinter. 176 S., 58 farb. Fotos, 27 Zeichn., 2 Ktn. DM 48,–
ISBN 3-8001-7180-5

Die Buntbarsche der Neuen Welt.
Südamerika. Von Rainer Stawikowski. 288 S., 176 farb. u. 105 schw.-w. Abb. DM 45,–
ISBN 3-8001-7932-6

Aquarienpraxis – Süßwasser.
Von Uwe Werner. 120 S., 53 farb. u. 44 schw.-w. Abb. DM 32,–
ISBN 3-8001-7926-1

Beliebte Fische für kleine Aquarien.
Von Uwe Werner. 64 S., 28 farb. u. 26 schw.-w. Abb. DM 12,80
ISBN 3-8001-7929-6

Nutzfische halten.
Eine Anleitung zur Teichwirtschaft. Von Gerhard Haider. 228 S., 30 farb. Fotos, 68 Zeichn. DM 42,–
ISBN 3-8001-7157-0

Prospekte kostenlos

Erhältlich in Ihrer
Buch(Fach)handlung
oder beim **Verlag Eugen Ulmer**
Postfach 70 05 61, 7000 Stuttgart 70

E.U.
VERLAG
EUGEN
ULMER